# 청소년 활동론

전동만 장수한 공저

양서원

# 서문

“청소년”이라고 하면 가장 먼저 연상되는 단어는 무엇이 있을까? 여러분의 생각은? 여러 가지 단어와 표현이 있을 것이다. 그러나 필자는 “가능성”과 “할 수 있다”라는 말이 가장 먼저 떠오른다. 필자는 무엇이든 이룰 수 있고, 어떤 일이든 해낼 수 있을 것 같은, 그리고 진정 이루고, 해내고야 마는 청소년의 잠재동력을 믿어 의심치 않는다.

그러나 2021년, 2년째 전 세계가 코로나19 팬데믹 상황이 계속해서 이어지고 있는 실정이다. 이에 새로운 단어들이 생겨나기 시작하였다. 대표적인 단어로 코로나블루가 있는데, ‘코로나19’와 ‘우울감(blue)’이 합쳐진 신조어다. 코로나19 확산으로 사회적 거리두기 기간이 장기화하고 집에 갇혀 지내면서 사회적 고립감이 증대돼 우울감이나 무기력증으로 이어지는 현상을 말한다. 그런 가운데 활발한 활동을 필요로 하는 시기인 청소년들은 긍정적 활동이 부족하여 신체적 · 심리적 압박감이 나날이 심해지고 있다.

특히, 청소년들은 학교수업이 비대면으로 진행되면서 인터넷과 디지털 기기와의 잦은 접속이 불가피해지고, 컴퓨터와 핸드폰의 사용통제에서 완전히 자유로워지게 되었다. 이는 청소년이 또래들과의 직접적인 만남의 기회가 줄어들었다는 것을 의미한다. 이러한 상황은 청소년들이 교우들과의 관계를 이어나가는 소통방식으로 인터넷과 SNS를 과하게 사용하는 현상이 나타나면서, 코로나블루로부터 사이버폭력 또는 사이버불링 등 청소년들의 활동 욕구가 부정적으로 표출되고 있는 실정이다. 이것은 청소년들의 시설 출입 제한과 청소년활동 관련 행사 등이 대부분 취소되면서 청소년활동 자체가 상당히 위축되어 나타난 현상으로 볼 수 있을 것이다.

그러나 코로나19 팬데믹 이후, 도래할 포스트 코로나 시대를 대비해 청소년의 일상과 청소년활동의 변화에 선제적으로 대응하고, 청소년활동의 안정적인 인프라 구축에 도움이 되고, 청소년활동이 코로나19 이전보다 훨씬 더 새롭고, 미래지향적인 활동으로 나아가기를 기대해 본다.

본서 『청소년활동론』에서는 청소년들이 미래 사회에 적응하는 데 필요한 청소년 진로활동과 예비 청소년지도자에게 반드시 필요한 청소년활동 지도 방법 영역을 중점적으로 기술하였다. 아울러 개인적으로 추천하고자 하는 장르는 청소년활동이론으로, 청소년기뿐만 아니라 성인기에도 자기 성장에 많은 도움이 될 수 있는 경험학습이론과 몰입이론은 언제나 빠져들게 만드는 이론이라고 생각한다.

마무리로 본서의 집필은 학계의 자료와 청소년활동 현장에서 활동 중인 동문들과의 토론과 다양한 의견들이 많은 부분 반영되어서 완성될 수 있었기에 고마움을 전한다. 그럼에도 불구하고 부족한 부분에 대한 한계는 충분히 인지하고 있다. 앞으로 계속되는 수정과 보완을 통하여 더욱 더 좋은 책으로 거듭날 것을 약속한다.

끝으로 본서가 나오기까지 미소로 믿어 주시고 든든한 버팀목이 되어주신 장수한 교수님과 가장 가까운 곳에서 마음 지킴이 역할을 해 준 노은주 씨에게 진심으로 감사의 마음을 전한다.

2021년 8월

**전 동 만**

# 차 례

## 제1장 | 청소년활동의 정의 및 필요성



## 제2장 | 청소년(활동)정책의 역사

## 제3장 청소년활동 관련 이론



## 제4장 청소년활동 관계 법령



## 제5장 청소년활동과 안전

## 제8장 | 청소년활동 현황과 발전방안



## 제9장 | 청소년활동과 지역사회

## 제10장 청소년활동 관련 시설 현황



## 제11장 청소년활동 프로그램과 운영

## 제12장 청소년활동 지도방법



## 제13장 청소년과 진로활동

## 제14장 청소년 관련 전문직

제1장

# 청소년활동의 정의 및 필요성

1. 청소년활동의 정의 및 특성
   1) 청소년활동의 정의
   2) 청소년활동의 특성
2. 청소년활동의 효과 및 필요성
   1) 청소년활동의 효과
   2) 청소년활동의 필요성

# 1 청소년활동의 정의 및 특성

청소년은 인간의 생애주기에서 아동기를 마치고 성인기에 미치지 않는 연령의 사람을 의미한다. 청소년에 대한 연령 규정은 법규마다 다소 차이가 있으나, 일반적으로 '청소년'이라 함은 만 13세에서 만 18세(중학교 1학년부터 고등학교 3학년까지)의 사람을 지칭하고 있으며, 다르게는 '학생'이라는 용어로 통용되기도 한다(서연, 2021).

「청소년기본법」에서는 청소년의 연령을 9세에서 24세까지로 규정하고 있으며, 「청소년보호법」의 청소년은 만 19세 미만인 사람으로 규정하고 있다.

신체적 · 정신적 · 사회적으로 아동에서 성인으로 되어 가는 청소년기에는 다음의 여러 가지 발달심리학적인 특성을 보인다(정옥분, 2000).

첫째, 청소년기에 들어서면서부터 급격한 성장을 거쳐 신체적으로는 성인의 수준에 도달한다.

둘째, 청소년의 생활과 행동에는 성적 성숙이 기초가 되어 종전의 불안정성이 사라지면서 점진적으로 세련된 양상으로 변한다. 이성에 대한 관심이 높아짐에 따라 가족으로부터는 소원해지지만, 반면에 이성에 대한 적응은 긍정적인 방향으로 변한다.

셋째, 성격구조에 있어서도 원초아, 자아가 강하게 표면화된다. 원초아가 우세하게 될 때에는 청소년기 특유의 공격성이 나타나고, 범죄행동까지 저지르게 된다. 반대로 자아가 우세하게 될 때에는 불안이 많아지고 금욕주의, 지성화 등의 경향이 두드러지게 나타나 원초아를 억제하면서 자아를 방어하게 된다.

넷째, 자아의식이 발달하여 모든 생활과 행동의 기초를 이룬다. 사고는 추상적 · 관념적이 되고, 현실에 대해서는 비판적이어서 때로는 급진적인 방향으로 휩쓸리기도 한다.

다섯째, 자의식이 높아지는 것과 동시에 자존심, 자기주장, 독립심이 강해진다. 권위에 반항하여 고독을 즐기고 갈등에 깊이 고민한다.

여섯째, 각 단계의 심리적 발달의 모든 면을 쌓아 올려서 개성이 뚜렷해진다. 건설적으로 정서작용을 이용하고 생활세계와 각종 생활영역의 터전을 찾아감으로써 개인의 특이성, 독자성이 나타난다.

일곱째, 자의식의 발달과 개성이 강해지면서 부적응 현상이 나타나기도 한다.

청소년기에 성장하며 발달하는 것은 인지적 · 정서적 · 사회적 · 신체적 영역에서의 변화를 토대로 민주시민사회에서 요구하는 필수적인 행동역량을 청소년들이 갖추게 됨을 의미한다. 그리고 이러한 변화들은 청소년활동의 과정을 통해서도 나타난다. 즉 청소년활동에서 제공되는 다양한 활동기제와의 상호작용과 경험학습의 과정을 통해 자신에게 잠재되어 있는 역량들을 개발하고, 이를 밖으로 표출시켜 종국에는 사회를 변화시킬 수 있는 힘을 얻게 된다. 특히 청소년기는 전 생애 인간발달의 과정에서 성장과 발달이 급격하게 이루어지는 시기이다. 따라서 청소년들이 사회적으로 필요한 역량을 기를 수 있도록 다양한 교육적 활동이 마련되어야 한다(김진호 외, 2020).

## 1) 청소년활동의 정의

「청소년기본법」제3조 제3호에서 청소년활동의 정의는 청소년의 균형 있는 성장을 위하여 필요한 활동과 이러한 활동을 소재로 하는 수련활동 · 교류활동 · 문화활동 등 다양한 형태의 활동을 말한다.

구체적인 내용으로 '수련활동'은 "청소년이 청소년활동에 자발적으로 참여하여 청소년기에 필요한 기량과 품성을 함양하는 교육적 활동으로서 청소년지도자와 함께 청소년수련거리에 참여하여 배움을 실천하는 체험활동"을 의미한다. '교류활동'은 "청소년이 지역 간, 남북 간, 국가 간의 다양한 교류를 통하여 공동체 의식 등을 함양하는 체험활동"을 말하며, '문화활동'은 "청소년이 예술활동, 스포츠활동, 동아리활동, 봉사활동 등을 통하여 문화적 감성과 더불어 살아가는 능력을 함양하는 체험활동"을 하는 것을 정의한다(「청소년활동진흥법」제2조 제3~5호).

위의 정의에서 말하는 궁극적인 청소년활동이란 청소년의 복지를 증진하며 청소년에 대한 교육을 보완하고 균형 있는 성장을 도우며, 성장 시 청소년이 필요한 배움을 스스로 선택하고 실천하는 활동이다. 벤슨과 피트만(Benson & Pittman, 2001: 장수한, 2014 재인용)은 '청소년들이 다양한 체험과 경험, 활동 등을 통해 청소년기에 당면한 기본적인 욕구를 충족시키고, 성공적인 성인으로서의 삶을 위해 필요한 역량들을 발달시켜 나가는 일련의 과정'이라고 정의하였다.

따라서 청소년활동의 목적은 수련, 문화, 교류라는 도구적 활동을 통해 청소년의 균형 있는 성장을 하게 하는 것으로, 이는 성인기에 어느 곳에서 무엇이든 할 수 있는 힘, 즉 "역량"을 갖추는 개념으로 규정하며 아래 [그림 1-1]과 같이 방향을 전개하였다(권일남, 2011).

출처: 권일남, 2011.

**그림 1-1** 청소년활동 정의와 역량의 관계

청소년활동은 청소년 개인의 역량을 강화하고, 다양한 능력을 보유할 수 있도록 하며, 청소년들이 자신들의 삶의 질을 개선시켜 자신의 변화 및 도움뿐만 아니라 더 나아가서는 가정과 사회 및 국가자원의 효율성에 적극적으로 대처하는 힘을 키우는 것이라 할 수 있다. 이러한 개별적 요소를 통합하여 청소년활동의 개념을 요약하면 [표 1-1]과 같이 정리할 수 있다(권일남, 2018).

**표 1-1 청소년활동의 개념**

| 영역 | 개념 |
|---|---|
| 일반적 개념 | • 청소년들이 입시 위주의 교육으로 인하여 학습다양성의 체험에 대한 기회가 다소 제한되고 있다는 점과 올바른 여가 기회의 부족으로 문화적 감수성 체험의 기회 부족을 해소해야 한다는 점을 극복하기 위하여 제공되는 요소 |
| 법적 개념 | • 「청소년기본법」과 「청소년활동진흥법」등 청소년 관련법을 통해서 청소년들에게 제공하는 활동의 유형으로 수련활동, 교류활동, 문화활동 등의 영역 |
| 경험학습으로서의 개념 | • 학습자로서의 청소년들이 다양한 체험활동을 통해서 오감의 경험을 이끌게 되고 인지적·정의적 영역에서 지각의 변화를 일으키고 행동의 변화까지 유도하는 활동 체험의 기대 |
| 과정으로서의 개념 | • 청소년활동은 체험의 특성상 도입 단계에서부터 결과를 이끄는 단계까지 폭넓게 이해되는데 그동안 청소년활동은 성취결과에만 초점이 맞추어져 있었다는 점을 극복하고 활동의 과정을 중시해야 한다는 점을 설명하는 개념 |
| 개인의 발달에 영향을 미치는 역량으로서의 개념 | • 청소년기의 성장에 필요한 가치로서 활동체험을 통해서 개인의 발달과정에서 효과적인 요소를 역량증진의 측면에 두고 이러한 역량의 요소가 자아, 성취동기, 문제해결, 대인관계, 갈등해결, 리더십, 신체건강, 시민성 등의 성취를 이룬다는 활동의 개념 |

출처: 조미영, 2009. 수정·보완; 권일남 외, 2018 재인용.

따라서 청소년활동의 개념은 1980년대 이후 최근까지 많은 국내 청소년 관련 학자들과 활동가들에 의하여 정의되고 있지만 그 개념을 정의하는 것은 매우 어렵다(권일남, 2011). 또한 청소년활동에 대한 개념은 「청소년기본법」제3조 제2호에서의 "청소년육성" 개념과 밀접한 연관성을 갖는다. 내용으로는 청소년활동을 지원하고 청소년의 복지를 증진하며 근로 청소년을 보호하는 한편, 사회 여선과 환경을 청소년에게 유익하도록 개선하고 청소년을 보호하여 청소년에 대한 교육을 보완함으로써 청소년의 균형 있는 성장을 돕는 것을 말한다. 이러한 이유로 청소년육성도 청소년활동의 개념과 함께 넓은 범위로 보아야 할 것이다.

조영승은 청소년육성의 개념을 '청소년들이 학교교육에서 배양한 지적능력을 바탕으로 도덕적 능력을 함양하도록 하고, 이러한 능력함양에 영향을 미치는 유익한 여건을 조성하거나 유해한 요인을 개선함으로서 지 · 덕 · 체를 고루 갖추어 조화롭게 성장할 수 있도록 돕는 기능'이라고 정의하고 있다(조영승, 1998).

청소년육성의 궁극적인 목표는 '청소년들이 사회와 자연 속의 수련터전에서 수련거리에 참여하여 체험과 숙달의 방법으로 수련활동을 전개함으로서 덕성을 함양하고, 감성을 계발하는 것'으로 정의하고 있다(조영승, 1998).

따라서 청소년활동의 현장에서 활용되는 청소년활동의 개념을 정리해 보면, 학술적으로 활용되고 있는 청소년활동의 개념은 [표 1-2]와 같이 학자들마다 또는 활용되는 여건과 환경에 따라서 매우 다르게 적용되고 있음을 알 수 있다(권일남, 최창욱, 2011).

**표 1-2 청소년활동에 대한 제 학자들의 개념 정의**

| 학자 | 개념 |
| --- | --- |
| 강대근(1981) | • 청소년의 생활 전체를 포괄하는 것 |
| 김정명 외(1992) | • 실생활에서 청소년의 자발적 참여에 의해 이루어지는 제반 체험 중심의 활동 |
| 한준상(1992) | • 청소년 스스로 학교, 가정, 그리고 사회의 실 생활권에서 요구되는 여러 가지 활동 그 자체에 자발적으로 참여함으로써 다양하게 이루어지는 여러 가지 체험 중심 활동 |
| 한국청소년개발원(1993) | • 제3의 교육기회로서 청소년의 인간형성, 자기정체성 확립에 공헌할 수 있는 장 |
| 조용하 외(1994) | • 청소년들의 자발적 참여에 기초하여 학교나 지역사회에서 이루어지는 다양한 집단 체험활동 |
| 한승희(1994) | • 청소년들이 주어진 환경 속에서 개인적 또는 사회적 가치나 목표를 실현하기 위하여 행하는 모든 정신적·육체적 행위 일반 |
| 권이종(1997) | • 여가활동-신체·심리·지적 발달은 물론 능동적 인간이 되게 하며 규칙을 지키고 공정성을 존중하는 습관을 길러줌. 타인과의 협동적 관계를 유지하며 지도력을 발휘할 수 있는 자질을 함양시키고 계발하며 자기 표현 기회를 제공 |
| 전국재(1998) | • 건강한 자아개념을 형성하고 사회성을 개발하는 데 결정적인 영향을 미치는 것<br>• 교실이라는 틀에서 벗어나 청소년이 주체가 되어 이들에 의해 자발적으로 이루어지는 집단 활동을 통한 제반 체험활동학습<br>• 청소년들이 이들의 삶의 현장에서 청소년활동 지도자의 도움을 받아 자발적으로 참여하여 이들이 주체가 되어 연속적으로 이루어지는 체험 중심의 집단활동 |
| 권일남(1999) | • 학교의 교실이나 폐쇄된 공간에서 벗어나 새로운 경험을 유도할 수 있는 중요한 활동으로서 청소년들이 자신의 일생 중 다양한 경험의 시기에 자아탐색을 통한 자신감의 확충과 정체성 확립에 기여도가 매우 높은 활동<br>• 청소년활동을 경험학습과 관련하여 ① 청소년들에게 활동경험(experience the active)을 부여해 주며, ② 자신에게 일어난 일을 설명함으로써 경험을 공유하게 되고(share the experience), ③ 공통된 주제를 논의하여 자아정체감을 형 |

| 학자 | 개념 |
|---|---|
| | 성하는 경험의 과정을 습득하게 되며(to process the experience), ④ 실생활에 유익한 학습경험이나 실질적 기술을 습득하는 학습경험으로부터 자신의 삶에 대한 좌표나 원칙에 이르기까지 일반화가 가능하고(generalize from the experience to form principle or guidelines), ⑤ 학습된 내용을 다른 상황에 적용(to apply what was learned to another situation)할 수 있는 능력을 기르게 함 |
| 천정웅·김정주<br>(1999) | • 청소년활동이란 교내 외 생활권 및 자연권에서 청소년의 자발적인 참여에 의해 이루어지는 다양한 체험 중심 활동<br>• 수련활동을 포함하여 청소년문화활동 및 교류활동, 자생·자율활동 등 청소년들이 주체적인 참여활동을 모두 포함하는 것 |
| Larson<br>(2000) | • 지역사회 중심의 청소년조직 및 자발적이고 구조적인 청소년을 위한 모든 활동과 프로그램 |
| 구태익(2000) | • 청소년기에 필요한 발달과업을 수행하기 위한 제반활동 |
| Pittman<br>(2000) | • 청소년개발은 청소년들이 사회적·도덕적·정서적·신체적·지적 능력을 갖출 수 있도록 하기 위해 마련된(research-based) 일련의 통합적(coordinated)·경험적(experience) 과정을 통해 청소년기와 성인기의 도전에 대처할 수 있도록 준비하게 하는 것을 의미 |
| Benson & Pittman<br>(2001) | • 청소년들이 다양한 체험, 경험 및 활동 등을 통해 청소년기에 당면한 기본적인 욕구를 충족시키고, 성공적인 성인으로서의 삶을 위해 필요한 역량을 발달시켜 나가는 일련의 과정 |
| 전성민<br>(2003) | • 청소년 스스로의 흥미에 의한 활동과 함께 환경과의 상호작용 과정에서 파생되는 스트레스, 불안, 역할갈등, 사회 관습 및 규범과의 부조화 등에서 기인한 욕구를 충족하고 가치를 재정립하고 생활기술을 획득함으로써 주위환경에의 대처능력을 강화하고, 새로운 변화에 지속적으로 직면하면서 자기실현에의 의지를 유지하고 발현할 수 있도록 청소년을 지원하는 전문 프로그램 서비스 |
| 이광호<br>(2003) | • 청소년활동, 체험활동 및 수련활동의 관계는 청소년활동이 체험활동과 수련활동을 포괄하는 개념으로서, 청소년체험활동과 수련활동은 그 본질적 가치와 성격 면에서 동일하지만 의도적인 조직화·체계화·전문화·제도화의 수준에서 차이를 가지는 활동으로 이해 |
| 조영승<br>(2003) | • 청소년들이 조화로운 인격체를 형성하기 위하여 자발적으로 공동체를 구성하고, 생활권이나 자연권 속에 마련된 수련터전의 수련거리에 참여하여 청소년지도사의 도움을 받아 심신단련·자질배양·취미개발·정서함양·봉사활동 등 배움을 실천하는 전문적·의도적·집단적·체계적 체험활동 |

<table>
<tr><th>학자</th><th colspan="3">개념</th></tr>
<tr><td rowspan="4">김호순<br>(2004)</td><td rowspan="3">학문적<br>접근</td><td>교육학적 접근</td><td>기본적인 생활습관을 몸에 익히도록 하여 공동생활의 태도를 배우고 교우관계를 확대하여 청소년의 자주성을 향상시키는 목적을 갖는 활동</td></tr>
<tr><td>심리학적 접근</td><td>행동학습의 측면에서 기본적으로 바람직한 행동특성을 육성하는 동시에 바람직하지 않은 행동을 감소시키는 활동</td></tr>
<tr><td>사회학적 접근</td><td>청소년의 성장이나 발달에 중요한 기여를 하는 활동</td></tr>
<tr><td colspan="2">정책적 접근</td><td>「청소년기본법」 제3조3항 및 동법 시행령 제3조<br>① 문화적 감성을 함양하기 위한 수련활동<br>② 과학 및 정보화능력을 배양하기 위한 수련활동<br>③ 봉사와 협력정신을 위한 수련활동<br>④ 모험심과 개척정신을 키울 수 있는 수련활동<br>⑤ 전문적 직업능력을 준비할 수 있는 수련활동<br>⑥ 국제적 감각을 고양하기 위한 수련활동<br>⑦ 환경의식을 함양하기 위한 수련활동<br>⑧ 기타 청소년의 건전한 육성에 필요한 수련활동</td></tr>
<tr><td>청소년개발원<br>(2004)</td><td colspan="3">• 청소년들이 청소년기의 발달과업과 관련하여 성과를 거두기 위해 행하는 일련의 행동이나 작용</td></tr>
<tr><td>김진화<br>(2005)</td><td colspan="3">• 청소년의 소질과 특기를 함양하기 위하여 청소년시설과 단체에서 운영하는 청소년 체험활동</td></tr>
<tr><td>이광호<br>(2005)</td><td colspan="3">• 실제 생활에서 청소년의 태도와 흥미를 바탕으로 청소년이 자발적으로 참여하는 실제적 활동</td></tr>
<tr><td>전명기<br>(2006)</td><td colspan="3">• 청소년이 학교 밖에서 현재의 성장발달에 필요한 욕구를 충족하면서 독립적인 사회성원으로서 이행해 가는 시기에 필요한 그들의 주장을 펼치고 영향력을 가지며 건전한 사회의 성인이 되기 위한 다양한 기회에 참여하고 활동하고 이러한 청소년 자신의 활동이 가능하도록 지지하는 성인들의 동반적 지원</td></tr>
<tr><td>배규환 외<br>(2007)</td><td colspan="3">• 청소년들이 청소년기의 발달과업과 관련하여 성과를 거두기 위해 행하는 일련의 행동이나 작용</td></tr>
<tr><td>유진이<br>(2007)</td><td colspan="3">• 수련활동-청소년의 건전육성과 학교교육의 보완이라는 형식으로 꾸준히 기반을 조성, 학교교육에서 이룰 수 없는 다양한 학습경험의 충족을 통해 청소년들이 생활의 다양성을 얻도록 유도</td></tr>
<tr><td>이광호·변윤연<br>(2007)</td><td colspan="3">• 지식 위주의 틀에 갇힌 한국 사회 청소년들이 자신에게 잠재되어 있는 가능성의 거인을 스스로 깨울 수 있게 하는 주도적이고 창조적인 활동</td></tr>
</table>

| 학자 | 개념 |
|---|---|
| 권일남·정철상·김진호·김영철(2008) | • 청소년들이 행하는 자발적·비조직적 활동과 조직적이고 체계적인 목적을 가지고 수행하는 활동<br>• 청소년 모두를 유익하고 건전한 사회의 구성체로 성장시켜 국가자원으로 개발하려는 의도를 가진 모든 활동<br>• 개인의 성장발달을 기초로 타인과 지역사회 및 모든 관계요소에 긍정적 가치를 부여하는 활동 |
| 오해섭(2008) | • 지역사회청소년개발은 단순히 예방적인 차원을 넘어서는 것<br>• 청소년들이 자신의 역량 개발에 대한 욕구충족 과정에 몰입(commitment)하게 될 때 그들의 문제행동에 대한 관심이나 관여 정도는 자동적으로 예방될 수 있다고 보는 관점<br>• 적극적 관점의 지역사회 청소년활동은 청소년들이 성인기로의 성공적인 이행을 위해 필요한 역량을 스스로 개발하고 발전시키려는 일련의 과정으로 시민역량, 사회적 역량, 문화적 역량, 인지적 역량, 직업적 역량으로 구성 |
| 김진호(2008) | • 청소년의 긍정적인 성장과 발달을 목적으로 하는 교육적 활동<br>• 청소년의 자발적 참여의지에 의해 발현되는 자율적 활동 |
| 권일남·김태균(2009) | • 세계시민의식의 수용을 위한 목적 달성을 위해 개인의 역량이 인지적·정의적 차원에서 필요한 기제를 구축하고 실현해 나가는 체득화과정<br>• 개인이 삶의 유지를 위해 필요로 하는 모든 체험활동 |
| 김윤나·박옥식(2009) | • 청소년들의 발달과업 및 성인으로서의 성공적인 삶을 위해 필요한 역량을 발전시키는 행동 또는 상호작용 |
| 이교봉(2009) | • 교육을 보완하여 청소년의 균형 있는 성장을 돕는 것 |
| 조낙억·이광호(2009) | • 집단구성원 간의 새로운 지적 자극을 통해 사실적 정보를 교환하고 습득할 뿐만 아니라 새로운 가능성과 내면적 문제를 해결함으로써 다양한 성과를 경험하는 활동 |
| 진은설·임영식(2009) | • 청소년의 균형 있는 성장을 위하여 필요한 다양한 활동으로 청소년지도자(청소년지도사, 교사, 전문강사 등)와 함께 하는 활동 |
| 전명호(2009) | • 청소년이 가정이나 학교에서 경험하기 어려운 다양한 성장경험을 경험케 하여 그들의 감성 및 사회성 계발을 위한 제반여건을 제공해 주어 또래집단 속에서 자신의 감정을 조절하고 통제하여 타인에 대한 배려와 양보를 학습하여 이타적인 인간으로 성장하도록 도와주는 것 |
| 권일남·김태균(2010) | • 야외에서 주로 이루어지는 교육으로서 야외라는 장소를 이용하여 주제를 찾고 교육을 수행할 목적으로 이루어지는 활동<br>• 생애발달과정의 한 단계인 청소년기에 발달과업을 수행하기 위한 제반활동<br>• 청소년들이 스스로 행하는 자발적·비조직적 활동과 조직적이고 체계적인 목적을 가지고 수행하는 활동을 통해 청소년 개개인의 내외적 역량을 발현시켜 사회인으로서 살아가는 데 필요한 힘을 갖추는 것 |

| 학자 | 개념 |
|---|---|
| | • 청소년이 사회환경과의 상호작용 과정에서 파생되는 스트레스, 불안, 역할갈등, 사회관습 및 규범과의 부조화 등을 해소시키고 가치를 재정립하여 생활기술을 획득케 함으로써 주위환경에의 대처능력을 강화하고, 새로운 변화에 지속적으로 직면하면서 자기실현에의 의지를 유지하여 발현할 수 있도록 청소년을 지원하는 전문프로그램 서비스 |
| 권일남·오해섭·이교봉<br>(2010) | • 청소년들이 청소년기의 발달과업과 관련하여 성과를 거두가 위해 행하는 일련의 행동이나 작용<br>• 청소년기의 발달과정에서 나타날 수 있는 개인의 인성적 측면이나 정서적 불안정 요소를 극복하고 이를 개인 성장의 변화에 수용하도록 만들어 주는 것 |
| 문성호·문호영<br>(2010) | • 청소년기에 필요한 개인 및 사회적 역량을 발달시키기 위한 일련의 체험활동 |
| 이광호<br>(2010) | • 체험적 요소를 핵심적으로 고려하는 학교 밖 청소년교육의 주요한 교육방법적 기제 |
| 김소희<br>(2008) | • 청소년활동이 지닌 의의는 크게 개인적 측면과 사회적 측면으로 나누어 개인적 측면으로 청소년들은 다양한 활동을 통해 각기 다른 능력이 있다는 것을 알게 됨과 동시에 자신의 능력을 확인할 수 있게 됨으로써 자아존중감이나 자기효율성이 증가하여 긍정적 자기인식을 가짐. 이러한 긍정적인 자기인식은 학교생활에도 영향을 미쳐 학업성취도 향상을 가져오게 함 |
| 정철성<br>(2002) | • 청소년활동은 청소년이 즐거움을 경험하게 하며 자신이 수행하는 과업이나 행동의 범위를 확대하는 기능을 함 |
| 임근옥<br>(2007) | • 청소년활동은 경험을 통해 잠시나마 학업과 입시의 스트레스를 벗어날 수 있으며 새로운 사람과의 만남과 색다른 경험으로 인해 즐거움을 얻게 함. 그리고 사회적 책임감을 증진시켜 타인과의 관계개선, 개인의 능력고양, 개인 삶의 질적 가치제공에 효과적이며 궁극적으로 청소년의 전인적 성장과 공동체의식의 함양에 크게 기여함 |
| 전명기<br>(2010) | • 청소년활동의 목적은 청소년 개인의 역량을 강화하고 다양한 능력을 보유할 수 있도록 하며 청소년들이 자신들의 복지서비스를 활용할 수 있게 하는 것 |
| | • 청소년활동의 개념은 청소년이(학교 밖에서) 현재의 성장발달에 필요한 욕구를 충족하면서 독립적인 사회성원으로 이행해 가는 시기에 필요한 그들의 주장을 펼치고 영향력을 가지며 건전한 사회성인이 되기 위한 다양한 기회에 참여하고 활동하고 이러한 청소년 자신의 활동이 가능하도록 지지하는 성인들의 동반적 지원 |

| 학자 | 개념 |
|---|---|
| 김현철·최창욱·민경석 (2010) | • 청소년활동을 체험활동으로 명명하고 이를 청소년기의 발달과업을 수행하기 위해 자발적으로 참여하려는 제반의 활동으로 규정<br>• 청소년활동을 이론화하려는 일련의 연구들이 유용한 개념으로 받아들이고 있는 Pittman의 긍정적인 청소년개발(positive youth development) 개념. 즉, '청소년들이 다양한 체험, 경험, 활동 등을 통해 청소년기에 당면한 기본적인 욕구를 충족시키고, 성공적인 성인으로서의 삶을 위해 필요한 역량들 즉, 사회적·도덕적·정서적·신체적·인지적·직업적 측면에서의 역량들을 발달시켜 나가는 일련의 과정(Pittman, 1999)과도 통하는 개념으로 설명 |

출처: 권일남 외, 2011.

전명기(2006)는 청소년활동을 '청소년이 현재의 성장 발달에 필요한 욕구를 충족하면서 독립적인 사회성원으로 이행해 가는 시기에 필요한 그들의 주장을 펼치고 영향력을 가지며 건전한 사회성원이 되기 위한 다양한 기회에 참여하여 활동하고, 이러한 청소년 자신의 활동이 가능하도록 지지하는 성인들의 동반적 지원'으로 정의하고 있다. 이러한 정의는 그간 청소년의 참여, 동등한 지위, 시민적인 소양 등의 관점이 새롭게 접목된 것으로 보인다.

## 2) 청소년활동의 특성

청소년활동은 청소년의 균형 있는 성장을 위한 체험활동 형식을 띄는 경험학습으로서 다양한 유형의 활동을 포괄하며, 그 특성 또한 유형에 따라 다양하게 제시될 수 있다. 청소년활동에 공통적이고 보편적으로 적용될 수 있는 청소년활동의 특성은 다음과 같다(황윤미, 2010).

첫째, 청소년활동은 청소년 중심의 활동이다.

둘째, 청소년활동은 청소년의 균형 있는 성장을 지향하는 목적지향적 활동이다.

셋째, 청소년활동은 청소년이 자발적 참여의지에 의해 발현되는 자율적 활동이다.

넷째, 청소년활동은 지속적으로 경험을 재구성하는 체험적 활동이다.

다섯째, 청소년활동은 모험적이고 도전적인 활동이다.

이러한 활동특성을 지닌 청소년활동은 청소년들에게 교육적 몰입, 적극적 가치, 사회적 능력의 측면에서 효과적으로 작용하는 장점을 가지고 있다. 청소년활동이 청소년에게 효과적으로 작용하기 위해서는 활동의 주체가 되는 청소년과 청소년활동을 지도하는 청소년지도사, 청소년활동에 필요한 시설과 설비를 갖추고 청소년지도자에 의해 체계적이고 조직적인 청소년활동을 실시하는 청소년시설, 그리고 청소년활동을 실현시키는 데 필요한 청소년활동 프로그램이 중요한 구성요소로 작용한다.

## 2 청소년활동의 효과 및 필요성

### 1) 청소년활동의 효과

박경미 외(2020)는 청소년활동 효과에 대해 다음과 같이 구분하여 분석하였다. 분석결과 청소년활동의 효과는 삶의 만족, 자아개념, 진로정체감, 학교적응, 문제행동, 시민의식, 개인역량 등 총 7개 영역으로 구분되었다. 첫째, 삶의 만족은 주관적 안녕감, 행복감, 삶의 만족도, 가정생활만족도, 긍정적 정서 등에 영향을 미친다. 둘째, 자아개념은 자아존중감, 자아탄력성, 자기효능감을 포함하는데 주로 친사회성, 리더십, 공동체의식, 세계시민의식 등 시민의식이 발달한다.

셋째, 진로정체감은 진로정체감, 진로성숙도, 진로의식이 해당하며 청소년활동의 경험이 개인의 진로계획 수립이나, 수립할 의지, 실천 등에 영향을 미친다. 넷째, 학교적응은 학교생활적응과 성적, 학습에 대한 자기 주도성 등이 포함되며, 학교생활적응은 학습활동에 집중하거나 학교규칙을 잘 지키는지, 청소년의 교우관계나 교사와의 관계에 미치는 효과와 자기주도성은 학습에 대한 애착, 도전정식, 자기이해 등에 대해 효과가 나타났다.

다섯째, 문제행동은 청소년비행, 휴대폰의존도, 게임중독, 음주, 흡연, 가출, 공격성,

우울, 분노, 정서 상태에 대한 변화를 측정하여 효과를 확인하였다. 이는 스스로 비행 경험을 보고한 청소년이 청소년활동 이후 문제행동의 감소와 우울 및 분노, 공격성 등의 정서적 성향에 변화를 경험하는 효과를 파악하였다. 여섯째, 시민의식은 다문화 수용도, 세계시민의식, 시민성, 대인관계, 협업능력, 공동체의식 등을 포함한다. 먼저 다문화수용도, 세계시민의식, 시민성에서 다문화수용성은 다문화 이웃(친구)을 수용하는 정도, 다문화 사람들과의 교제 및 결혼에 대한 인식 등의 효과를 포함하였고, 세계시민의식은 인간의 보편적 가치, 다양성의 가치, 세계적 문제에 대한 흥미와 관심, 세계적 문제해결에 대한 참여의식 등의 효과가 해당한다. 시민성은 자율성, 참여의식, 공동체의식을 종합하여 시민성이라는 통합적 용어로 효과를 확인하였다.

마지막으로 개인역량은 청소년활동 관련 역량, 리더십, 임파워먼트, 생활역량의 효과이다. 청소년활동 관련 역량은 프로그램의 내용과 관련된 역량이 향상되는 것으로, 문화예술활동에 참여한 경우 문화예술 이해력이 높아지는 효과를 말한다. 그리고 리더십, 임파워먼트, 생활역량은 개인의 내적 변화와 대인관계, 사회참여를 중심으로 청소년활동과 관련된 역량 향상과 개인의 내·외적 성장을 종합적으로 보여주는 효과라고 할 수 있다(박경미 외, 2020).

## 2) 청소년활동의 필요성

청소년기는 심리학적·생물학적·법적으로 많은 것을 알고 성장하는 단계이지만, 청소년 자신을 책임지기에는 내외적으로 미성숙한 단계라고 정의할 수 있다. 아동기에는 독립적인 의지 등 여러 가지가 부족하고, 사회에서의 역할을 감당하기에 많은 부족함이 있지만, 청소년기에는 어느 정도 사회적인 역할을 감당할 수 있는 위치에 이르게 된다. 따라서 청소년활동은 청소년기의 건전한 발달로 성공적인 성인으로서 삶을 살기 위해 필요한 사회적·도덕적·정서적·신체적·인지적·직업적 능력을 발달시켜 나가는 일련의 과정을 의미한다(신성철 외, 2020).

그리고 청소년활동은 「청소년기본법」을 근거로 하여 청소년의 권리와 책임, 가정의 책임에 관하여 법적인 목적을 분명히 한다. 청소년의 기본적 인권은 청소년 활동 · 청소년 복지 · 청소년 보호 등 청소년 육성의 모든 영역에서 존중되어야 하며(청소년기본법 제5조), 가정은 청소년 육성에 관해 1차적 책임이 있음을 인식하고, 따뜻한 사랑과 관심을 통해 청소년이 개성과 자질을 바탕으로 자기발전을 실현하고 국가와 사회의 구성원으로서의 책임을 다하는 후계 세대로 성장할 수 있도록 노력해야 한다(청소년기본법 제6조).

따라서 청소년활동은 자발적 · 능동적 참여가 가장 중요하며 체험활동을 중심으로 이루어진 학습 목표를 달성하고 나아가서는 청소년활동이 효율적인 방향으로 접근할 수 있도록 이론적 개념을 정립하고 근거를 제시함에 따라 청소년활동의 목적이 학교에서의 성적과 같은 외적 준거로서 판단하던 관점에서 벗어나 청소년의 성장에 필수적인 요소를 중점으로 설정하여 청소년활동을 합리화하는 것을 목적으로 한다.

제2장

# 청소년(활동)정책의 역사

1. 청소년정책의 변천과정
   1) 청소년정책의 형성기(1945~1987년)
   2) 청소년정책의 성장기(1988~1997년)
   3) 청소년정책의 전환기(1998~2007년)
   4) 청소년정책의 확장기(2008년 이후)

2. 청소년정책의 기본계획과 청소년활동
   1) 한국청소년기본계획(1992~2001년)
   2) 제1, 2차 청소년육성 5개년계획(1993~2002년)
   3) 제3차 청소년육성 5개년계획(2003~2007년)
   4) 제4차 청소년정책 기본계획(2008~2012년)
   5) 제5차 청소년정책 기본계획(2013~2017년)
   6) 제6차 청소년정책 기본계획(2018~2022년)

## 1 청소년정책의 변천과정

우리나라는 삼국시대에 고구려의 경당[1]이나 신라의 화랑도[2]에서 볼 수 있는 바와 같은 청소년수련활동이 청소년교육의 주요 영역으로 자리 잡고 있었다. 그러나 100여 년 뒤에 삼국이 통일되고 난 후, 특히 원성왕 4년(788)에 독서삼품과라는 과거제도가 생기면서 청소년교육제도와 청소년육성제도의 성격을 동시에 가졌던 화랑제도는 소멸되고 말았다[3](조영승, 2003).

그 후 1876년 일본과 맺은 강화도조약으로 국토가 개방되면서 17~18세기부터 형성된 실학을 바탕으로 개화사상이 확산되어 갔다. 종래의 제도와 관습을 타파하고 서양의 문물을 받아들여 부강국가로 만들고자 하는 개혁의 물결이었다. 이러한 개혁은 역사적 흐름이었고 득세한 일본 군부세력의 교육입국조서[4]가 반포된 것이 우리나라 근세 청소년정책의 중대한 갈림길이었다(조영승, 2003).

근대의 우리나라는 1988년 청소년업무 전담부서가 출범하면서부터 본격적으로 중·단기 청소년 정책계획이 수립되고 시행되었다. 그리고 청소년이 공동체의식을 함양하고 자기주도적인 역량을 증진하며 시대 변화에 맞춘 인재로 성장하기 위해 청소년활동에 대한 정책 수립과 지원이 형성되고 발전하였다(이윤지, 2021).

청소년정책은 행정조직과 정책에 따라 변화와 발전을 거듭해 왔으며 시대적 상황과 패러다임에 따라 차이가 있다(김진호 외, 2009; 김기헌 외, 2019). 따라서 청소년활동에 관한 개념도 정책의 변화와 함께 확대 해석되고 있으며, 청소년정책이 형성되고 확장되는 과정에서 청소년활동 관련 정책의 변천과정을 구체적으로 살펴보고자 한다(이윤지, 2021).

1) 경당(扃堂)은 삼국시대 고구려의 미성년 학교 즉 서민교육기관으로서 경전을 독서하고 활쏘기를 연습하였다고 한다. 태학은 상류층 자제를 대상으로 교육하는 관학이었다(다음백과, 2021).
2) 신라가 6세기 초반 국세가 비약적으로 발전하자 원시공동체 사회부터 존속해 오던 청소년들의 심신 수련단체를 국가적으로 양성한 것이다.
3) 화랑제도는 사라졌지만 그 정신과 수련방법은 오늘날의 청소년육성제도 속에 반영되어 있다.
4) 1895년(고종 32) 2월 2일에 고종이 발표한 교육에 관한 조서이다.

## 1) 청소년정책의 형성기(1945~1987년)

### (1) 시대적 상황

형성기는 1945년 일제 강점기 해방 이후부터 1987년 「청소년육성법」이 제정되기까지의 기간이다(김기헌 외, 2019). 우리나라는 해방 이후 바로 한국전쟁을 겪으면서 전쟁고아가 많이 발생하여 시설수용 아동 등 요보호아동을 대상으로 한 구호, 생계 해결 차원의 청소년정책을 시행하였다(김진호 외, 2009). 1960년대에는 청소년 문제와 범죄가 점차 증가하여 사회적으로 대응하기 위해 법적·행정적·제도적 장치를 마련하기 시작하였다(김진호 외, 2009). 그리고 1970~1980년대는 한국 사회가 빠르게 경제성장을 하였고 1982년에는 중·고등학생의 두발 및 교복 자율화 조치가 발표되기도 하였다(김기헌 외, 2019).

### (2) 청소년정책 패러다임

청소년에 대한 사회적 대응의 기본적 패러다임은 청소년 문제나 범죄의 심각성을 인식하고, 규제, 보호 및 예방 중심이었다(김진호 외, 2009). 청소년은 미성숙한 존재로서 각종 사회적 유해환경으로부터 희생될 수 있어 상처받기 쉽고 보호·지도되어야 하는 사회적 존재로 인식되었다(김진호 외, 2009).

### (3) 청소년행정

청소년행정은 주로 국내 치안과 행정을 담당하는 부처를 중심으로 청소년 보호·선도·육성을 위한 것이었다(김진호 외, 2009). 1964년 청소년보호대책위원회의 출범으로 청소년이 처음으로 중앙정부의 독자적인 정책대상으로 부각되었으며, 위원회는 청소년육성과 보호에 관한 제반사항을 심의하여 국무총리 등에게 건의하는 역할을 수행하였다(김기헌 외, 2019).

위원회의 심의사항은 청소년에 관한 종합적인 시책의 수립, 범국민 운동의 전개, 단체활동 지원, 시설 설치 확대 등이었다(김기헌 외, 2019). 1977년 위원회의 명칭이 청소년

대책위원회로 변경되었다(김진호 외, 2009). 청소년에 대한 사회적인 관심이 점차 확산되었지만 청소년업무는 전담부서 없이 각 부처로 분산되어 있어 청소년업무의 총괄 · 조정 기능이 미흡하다는 한계가 있었다(김기헌 외, 2019).

1983년 청와대와 총리실, 문교부 등이 참여한 청소년종합대책반을 구성하여 청소년정책 전반에 대해 검토하였고 종합대책과 세부추진계획을 발표하기도 하였다(김기헌 외, 2019).

### (4) 청소년정책

1983년과 1984년에 대구와 서울의 유흥업소 화재로 많은 청소년이 사망하는 사건이 발생하여 정부는 청소년종합대책반을 구성하고 청소년정책 전반에 대한 점검 결과를 토대로 '청소년문제개선 종합대책'과 세부추진계획을 발표하였다(김광웅 외, 2009; 김기헌 외, 2019 재인용). 종합대책은 점차 심각해지고 있는 청소년 문제에 대응하기 위해 청소년 대책 기구 개편과 기획조정기능 확대, 청소년보호윤리 형성, 건전한 청소년 문화 여건 조성, 가정과 학교 기능 강화, 유해환경 정화, 비행청소년 선도 등을 제시하였다(김진호 외, 2009).

종합대책을 토대로 국무총리실에 청소년업무 전담조직이 설치되었고, 청소년대책위원회의 기능이 강화되었으며 청소년복지관계법의 입법, 청소년 보호운동의 전개, 청소년활동에 대한 지원이 이루어지는 등 청소년정책에 큰 변화가 나타나게 되었다(이용교, 1995; 김기헌 외, 2019 재인용). 당시의 청소년활동은 청소년의 성장 발달을 돕는 적극적인 의미에서보다는 문제를 예방하는 수단적 의미로 소극적 수준에서 수용되고 지원되었다(김진호 외, 2009).

## 2) 청소년정책의 성장기(1988~1997년)

### (1) 시대적 상황

성장기는 청소년업무 전담부서가 출범하고 본격적으로 중단기 청소년정책계획이 수립 · 시행되는 시기이다(김기헌 외, 2019). 당시 청소년들은 '혼탁한 사회의 어린 희생자들'(한겨레신문, 1990.11.29. 사설)과 같은 '사회의 희생자'들이거나 혹은 '무서운 10대에 무책인가'(경향신문, 1990.4.10. 사설)하는 등의 '문제로서의 청소년' 등의 이미지로 부각되었다(김진호 외, 2009 재인용).

### (2) 청소년정책 패러다임

청소년정책 패러다임은 1991년 한국청소년기본계획과 「청소년기본법」에 의해 건전한 청소년 성장 발달을 지원하는 적극적인 청소년육성으로 전환하였다(김진호 외, 2009). 패러다임의 전환은 기존의 문제 예방적 접근과 대응으로는 양적으로나 질적으로 심각한 사회문제로 대두되고 있는 각종 청소년 문제에 효과적으로 대응할 수 없을 뿐만 아니라 신체적 · 정신적으로 나약해져 가는 청소년 발달상의 문제도 해결하기 어렵다는 판단에서 비롯된 것이었다(김진호 외, 2009).

기본적 패러다임이 일부 문제 청소년 대책에서 전체 청소년 대상 정책으로 변화가 이루어졌다는 평가를 받기도 하였다(김민, 2008; 김기헌 외, 2019 재인용).

### (3) 청소년행정

1988년 올림픽을 앞두고 청소년국이 체육부에 설치되었는데 청소년 문제에 대한 관심과 더불어 새로운 행정부서인 체육부의 독자적인 업무영역 확보 노력에 맞물려 작용하였다(김기헌 외, 2019). 올림픽이 성공적으로 개최된 이후에는 체육부 내 청소년 부분의 비중이 높아져 1991년 청소년정책조정실로 부서 위상이 높아졌다(김기헌 외, 2019).

청소년정책을 수립하고 심의하는 기구인 청소년대책위원회는 청소년육성위원회로 명칭을 변경하고 조직도 개편되었다(김기헌 외, 2019). 청소년육성위원회는 「청소년육성법」에 의거하여 종합계획 수립, 관계부처 시책 조정 및 협조, 시설 설치 및 기원, 청소년지도자 양성, 청소년 인격 형성, 국제교류 등을 심의하였다(체육부, 1989; 김기헌 외, 2019 재인용).

체육부는 중앙과 지방의 청소년정책 전달체계가 완비됨에 따라 청소년육성정책의 체계적 추진을 위한 종합계획 수립에 착수하였고 1991년 6월 청소년육성위원회의 심의를 통해 최종 확정하였다(체육청소년부, 1991; 김기헌 외, 2019 재인용).

1993년 문민정부[5]가 출범하면서 정부의 조직 개편으로 체육청소년부와 문화부가 문화체육부로 통합되어 청소년업무는 문화체육부 청소년정책실로 이관되었고 이전에 비해 조직과 인력이 크게 축소되었다(김기헌 외, 2019).

### (4) 청소년정책

체육부는 중앙과 지방의 청소년정책 전달체계가 완비됨에 따라 청소년육성정책의 체계적 추진을 위한 종합계획 수립에 착수하였다(김기헌 외, 2019). 1990년 대통령의 청소년육성장기계획 수립 지시에 의거하여 체육부 내에 청소년육성10개년계획위원회가 설치되었고 관련 부처 회의, 전문가 검토, 공청회 등의 과정을 거쳐 '한국청소년기본계획'이 확정되었다(체육청소년부, 1999; 김기헌 외, 2019 재인용).

1993년 새로운 정부가 출범하면서 청소년업무가 문화관광부로 이관되었고 한국청소년기본계획의 시행도 중단되었지만, 한국청소년기본계획은 최초의 청소년육성 관련 종합계획으로서 이후 중단기 청소년정책계획 수립의 모델로 활용되고 있다(김기헌 외, 2019).

제1차 청소년육성 5개년계획(1993~1997년)은 수련활동 위주의 청소년정책에서 벗어나 가정과 학교, 청소년 보호와 선도, 국민 참여 부문을 반영하고 문화, 체육, 청소년 시책이 상호 유기적인 연계하에 추진되는 방향으로 구성되었다(문화체육부, 1993; 김기헌 외, 2019 재인용). 이에 따라 청소년정책의 과제를 가정과 학교의 역할 증대, 청소년보

5) 군인이 아닌 일반인 출신의 대통령이 통치하는 정부를 말한다(정치학대사전편찬위원회, 2021년 4월 9일 검색).

호 및 선도, 건전한 청소년활동의 지원, 청소년교류 확대 · 강화, 국민참여 확산 및 추진체제의 강화 등 5개 영역으로 설정하고 수련활동의 비중을 축소하였다(문화체육부, 1993; 김기헌 외, 2019 재인용).

## 3) 청소년정책의 전환기(1998~2007년)

### (1) 시대적 상황

전환기는 1997년 국무총리실 청소년보호위원회의 출범에서부터 국가청소년위원회가 청소년업무를 담당한 2007년까지의 기간이다(김기헌 외, 2019). 1990년대 중반에 접어들어면서 한국 사회는 물질적 풍요를 바탕으로 새로운 사회문화적 변화가 있었고 디지털의 등장으로 인해 세대 간 힘과 권력 관계의 변화 및 10대의 사회적 힘이 강화되었다(김진호 외, 2009).

### (2) 청소년정책 패러다임

과거에는 청소년에 대한 사회적 인식을 미래 사회의 주역이 되기 위한 준비과정으로 보았으나, 이제는 인간적 권리유보 시각에서 성인과 동등한 사회구성원으로 보는 권리 증진 측면이 강조되는 것으로 패러다임이 전환되었다(김진호 외, 2009).

사회적 대응방식은 과거 성인 주도의 소수 문제청소년 선도 · 보호 위주에서 청소년 스스로의 자율 · 참여와 다수 건강한 청소년의 활동 지원으로 전환하였다(문화관광부, 1997; 김진호 외 2009 재인용).

### (3) 청소년행정

1997년 7월 「청소년보호법」이 시행되면서 문화체육부 장관 소속의 합의제 행정기관으로 청소년보호위원회가 설립되었고, 정부조직 개편에 따라 1998년 국무총리 소속의 독립행정기관으로 재발족하게 되었다(김기헌 외, 2019). 기존의 청소년업무는 1998년 문화체육부의 청소년정책실에서 부처 명칭을 바꿔 문화관광부 청소년국으로 옮기면서 조직 규모와 인력이 크게 축소되었고 청소년정책이 육성정책과 보호정책으로 이원화되는 상황이 발생하였다(김기헌 외, 2019).

청소년 중앙행정조직이 이원화되면서 효율적인 정책 추진이 어려웠고 환경 변화에 능동적으로 대응하기 어려웠다(김기헌 외, 2019). 이러한 문제점을 해결하기 위해 2005년 국가청소년위원회를 출범하여 문화관광부의 육성업무와 청소년보호위원회의 보호업무를 통합하였다(김기헌 외, 2019).

#### (4) 청소년정책

1998년 제2차 청소년육성 5개년계획(1998~2002년)은 청소년을 오늘의 사회 구성원으로서 권리를 보장하고 정책 주체로서 참여에 기초한 다수 건강한 청소년의 활동을 지원하는 방향으로 전환하였다(문화관광부, 1998; 김진호 외, 2009 재인용). 1998년에 도입된 청소년위원회 제도와 청소년헌장의 개정은 청소년을 주체로 참여를 강조하는 가장 대표적인 사례라고 할 수 있다(김기헌 외, 2019). 1990년에 제정된 청소년헌장은 미래의 주역임과 동시에 현재 삶의 주체인 청소년의 권리와 책임을 명시하는 방향으로 개정작업이 이루어졌다(김기헌 외, 2019).

2003년 제3차 청소년육성 5개년계획(2003~2007년)은 청소년의 열악한 인권상황, 주5일 근무(수업)제의 도입, 정보화의 가속화 등 사회적 상황을 반영하여 수립되었다(김기헌 외, 2019). 2003년 「청소년기본법」이 개정되었고, 2004년 「청소년활동진흥법」과 「청소년복지지원법」이 제정됨으로써 청소년정책의 체계적인 추진기반이 마련되었다(김기헌 외, 2019).

### 4) 청소년정책의 확장기(2008년 이후)

#### (1) 시대적 상황

확장기는 2008년 청소년업무가 보건복지가족부로 편입되었다가 2010년 여성가족부로 이관되어 현재에 이르는 기간이다(김기헌 외, 2019). 핵가족화, 맞벌이 가족 및 이혼 가정 증가 등으로 가족의 보호 · 지지 기능이 약화되고, 위기청소년이 지속적으로 증가하였으며 정착지원이 필요한 다문화청소년 및 북한이탈청소년이 증가하였다(관계부처 합동, 2010).

### (2) 청소년행정

2008년 약 20년 간 독자적으로 추진되어 오던 청소년업무가 보건복지부의 아동업무, 여성부의 보육업무와 통합되어 보건복지가족부 아동청소년정책실의 소관업무가 되었다(보건복지가족부, 2008; 김기헌 외, 2019 재인용).

그동안 아동 · 청소년정책이 각각 독자적으로 발전해 오다가 보건복지가족부의 아동청소년정책실의 출범을 계기로 통합된 것이다(김기헌 외, 2019). 하지만 아동 · 청소년 기본법과 기본계획을 수립하는 과정에서 2010년 1월 정부조직법이 개정되어 청소년 업무는 여성가족부 청소년가족정책실로 이관되었다(김기헌 외, 2019).

2021년 현재 청소년업무는 여성가족부 청소년가족정책실의 청소년정책관 아래 정책과, 활동진흥과, 활동안전과, 자립지원과, 학교밖청소년지원과, 보호환경과를 비롯하여 새로 신설된 위기청소년 통합지원정보시스템구축, 2023 세계잼버리지원단 등으로 분장되어 추진되고 있다(여성가족부 홈페이지, 2021).

### (3) 청소년정책

2008년은 제4차 청소년정책 기본계획이 시작되는 해였으나 이명박 정부 출범 후 정부조직 개편으로 청소년업무가 보건복지가족부로 이관되고 아동 · 청소년을 통합하면서 제4차 청소년기본계획안이 보류되었다(김기헌 외, 2019). 하지만 2010년 청소년업무의 여성가족부 이관 계획이 폐기되면서 그동안 보류되었던 제4차 청소년정책 기본계획이 수정 · 보완 작업을 거쳐 재확정되었다(김기헌 외, 2019). 제4차 청소년정책 기본계획 방향을 통합적, 보편적, 수요자 중심으로 두고 지금까지 사용해 온 '육성계획'이라는 명칭을 '정책기본계획'으로 변경하고 정책의 영역을 확대하였다(조혜영, 2018).

제5차 청소년정책 기본계획(2013~2017년)은 급변하는 사회환경에 미리 대응하는 선제적 정책, 모든 청소년을 대상으로 하는 포괄적 정책, 정책영역 전반을 포괄하는 균형적 정책, 실제로 청소년이 체감할 수 있는 실질적 정책으로 설정하였다(관계부처 합동, 2012). 5차 기본계획 기간 중 「2014년 학교 밖 청소년 지원에 관한 법률」이 제정되어 그동안 정책의 사각지대에 놓여있던 학교 밖 청소년을 체계적으로 지원할 수 있는 법적 근거가 마련되었다(김기헌 외, 2019).

제6차 청소년정책 기본계획(2018~2022년)은 청소년들이 공정하고 안전한 사회환경에서 자기주도적 참여와 활동을 통해 현재를 즐기고, 미래사회에 필요한 역량을 갖추어 자립할 수 있도록 종합적인 지원을 추진하고 있다(관계부처 합동, 2018).

청소년정책을 좁은 의미에서 살펴보면, 청소년의 권리와 참여, 청소년활동, 청소년복지, 청소년 안전과 보호, 청소년의 교육, 청소년과 노동, 청소년의 비행 및 범죄, 청소년정책 추진체제 등 대체로 여성가족부가 주도하는 청소년정책들을 말한다. 물론 청소년 유관부처인 '보건복지부(청소년복지의 일부 업무)', '교육부(청소년의 안전과 보호, 청소년의 교육 중 일부 업무)', '고용노동부(청소년과 노동의 일부 업무)' 등이 청소년 관련 정책 및 업무 중 일부에 대해 여성가족부와 정책적 협력관계를 유지하면서 추진하고 있다. 이러한 협의적 범주의 청소년정책은 대체로 「청소년기본법」을 근간으로 하여 「청소년활동진흥법」, 「청소년보호법」, 「아동 · 청소년의 성보호에 관한 법률」, 「학교 밖 청소년 지원에 관한 법률」 등 관계 법령이나 중장기 청소년정책 기본계획에 근거하여 추진된다(여성가족부, 2020).

## 2 청소년정책의 기본계획과 청소년활동

청소년정책 기본계획은 「청소년기본법」에 근거해 1992년부터 시작하여 제6차까지 계획되어 청소년과 관련한 기본계획을 수립하고 청소년활동도 지원하고 있다. 이번 장에서는 청소년정책 기본계획 정책 자료를 바탕으로 청소년활동과 관련한 정책 및 계획 내용이 어떻게 변화해왔는지 살펴보고자 한다(문화체육부, 1993; 문화관광부, 1997; 문화관광부, 1998; 문화관광부, 2000; 관계부처합동, 2010; 관계부처합동, 2012; 관계부처합동, 2018).

**비전**: 현재를 즐기는 청소년, 미래를 여는 청소년, 청소년을 존중하는 사회

▲

| 정책목표 | | | |
|---|---|---|---|
| 청소년 참여 및 권리증진 | 청소년 주도의 활동 활성화 | 청소년 자립 및 보호지원 강화 | 청소년정책 추진체계 혁신 |

청소년 주도의 지원적 · 협업적 청소년정책으로의 전환

▲

| 중점과제(12) | | | |
|---|---|---|---|
| 청소년 참여 확대 | 청소년활동 및 성장지원 체계 혁신 | 청소년 사회안전망 확충 | 청소년정책 총괄 · 조정 강화 |
| 청소년 권리증진 기반 조성 | 청소년 체험활동 활성화 | 대상별 맞춤형 지원 | 지역 중심의 청소년정책 추진체계 강화 |
| 청소년 민주시민 성장 지원 | 청소년 진로교육 지원체제 강화 | 청소년 유해환경 개선 및 보호지원 강화 | 청소년지도자 역량 제고 |

출처: 여성가족부, 2018.

**그림 2-1** 「제6차 청소년정책 기본계획(2018~2022년)」 비전, 목표 및 중점과제

「제6차 청소년정책 기본계획(2018~2022년)」은 청소년이 미래를 준비하는 존재일 뿐 아니라 현재 삶을 영위하는 존재라는 인식에 기초한다. 이에 따라 「제6차 청소년정책 기본계획」은 청소년들이 공정하고 안전한 사회환경 속에서 자기주도적 참여와 활동을 통해 현재를 즐길 수 있도록 하고, 미래사회에 요구되는 역량을 갖추는 데 필요한 종합적인 지원을 추진하는 것을 핵심 방향으로 설정하고 있다.

## 1) 한국청소년기본계획(1992~2001년)

### (1) 정책비전

청소년들이 꿈과 희망을 갖고 보람 있고 유익한 삶을 누릴 수 있도록 국민의 의식과 사회환경을 개선하고, 스스로 자질과 능력을 계발할 수 있는 수련활동의 기반을 마련한다.

### (2) 청소년활동에 관한 정책

① 일반 청소년의 자질 함양을 위한 수련활동 체제 마련

② 청소년수련활동 중심의 청소년육성제도 기반 조성

③ 청소년 교류: 국제교류, 남·북한 청소년 동질성 확보

## 2) 제1, 2차 청소년육성 5개년계획(1993~2002년) - 2000년 시행계획

### (1) 정책비전

「오늘의 사회 구성원」

**목표** 1. 청소년의 삶의 질 향상과 건전한 민주시민의식 함양

**목표** 2. 21세기 사회를 주도할 수 있는 자질과 능력 배양

### (2) 청소년활동에 관한 정책

#### ① 청소년의 권리보장과 자율적인 참여 확대

**가. 청소년의 자생·자율활동 지원**

- 자율활동 활성화 정도에 대한 평가와 차등지원
- 청소년 참여확대를 위한 지역 청소년 '자율활동' 경진대회 개최
- 청소년 놀이공간 확대와 문화 프로그램 실시
- 청소년클럽·소집단·동아리·동호인회 형성 지원
- 지역단위의 자율프로그램 및 청소년운동 지원
- 청소년여름문화학교 운영지원
- 장한 청소년 및 청소년육성 유공자 포상

**나. 공동체의식을 함양하는 청소년봉사활동 생활화**

- 학생봉사활동활성화를 위한 교육제도 개선 및 학교 여건 조성
- 봉사활동 프로그램 개발·보급 및 터전 관리
- 봉사활동 활성화를 위한 여건 조성
- 중앙·지역센터, 타봉사기관 간의 역할 분담과 기능 강화
- 자원봉사자 교육내실화 및 자원봉사지도자 연수 확대
- 자원봉사 정보뱅크 설치·운영
- 지역별 청소년자원봉사 박람회 개최
- 청소년자원봉사센터의 효율적인 운영

#### ② 청소년이 주체가 되는 문화·체육 중심의 수련활동 체제 구축

**가. 청소년이 활동주체가 되는 공간 확충과 운영 활성화**

- 국립 청소년수련시설
- 공립 청소년수련시설
- 민간 청소년수련시설 건립 및 운영활성화 지원

나. 특성화 · 차별화된 수련프로그램 개발 · 보급

- 21세기 청소년상 실현을 위한 프로그램 개발 · 보급
- 청소년활동 활성화 기반조성
- 수련활동 프로그램 데이터베이스 구축
- 지방자치단체 수련활동 지원
- 민간단체 우수 수련활동 지원
- 호국정신함양 수련활동 지원

다. 청소년단체의 자율화 · 특성화

- 청소년단체협의회의 기능활성화
- 청소년 1인 1단체 가입 활성화
- 청소년단체활동의 전문성 강화 추진
- 청소년단체의 지역 중심 활동 강화
- 시민단체 · 종교단체 및 자생단체 등과의 청소년활동 연계 추진
- 비회원 청소년대상 프로그램 개발 권장

라. 전문화된 청소년지도사의 양성 · 활용

- 전문화된 청소년지도사 양성 · 활용

### ③ 국제화·정보화시대의 주도능력 배양

가. 청소년의 창조적 문화감수성 함양

- 문화감수성 향상 프로그램 개발 · 보급
- 청소년 창작문화예술제 등 청소년 창작 문화활동 지원

나. 지역 간 · 국가 간 청소년교류의 내실화

- 청소년국제교류
- 국내 지역 간 청소년교류

다. 남북 청소년 교류기반 조성

## 3) 제3차 청소년육성 5개년계획(2003~2007년)

### (1) 정책비전

「청소년과 함께 꿈과 희망의 동북아 중심국가 실현」

**목표** 1. 청소년 권리신장 및 자발적 참여 기반 구축

**목표** 2. 주5일제 대비 창의적 청소년활동 여건 조성

**목표** 3. 취약계층 청소년복지 지원 강화

**목표** 4. 청소년건강 보호 및 유해환경 정화

**목표** 5. 추진체제 정비 및 범국민적 참여 확산

### (2) 청소년활동에 관한 정책: 주5일제 대비 창의적 청소년활동 여건 조성

#### ① 청소년활동 시설 확충 및 운영 활성화

- 국립 청소년수련시설 특성화
- 특성화된 국립청소년스페이스캠프 건립
- 청소년수련시설 확충
- 청소년수련시설 설계공모전
- 청소년수련시설 내 청소년운영위원회 구성 · 운영

#### ② 청소년단체 활성화 및 청소년지도사 양성

- 청소년단체 활성화
- 청소년지도사 양성 및 배치 지원

#### ③ 청소년활동 지원 및 특성화 다양화

- 청소년활동 활성화기반 마련
- 청소년활동 프로그램 다양화 · 특성화
- 자치단체 청소년활동 지원
- 민간단체 청소년활동지원

- 청소년수련시설 프로그램 지원

④ 청소년 문화·예술활동

- 청소년 드림프로젝트 추진
- 청소년문화존 지정 운영
- 청소년 책읽기사업 추진
- 청소년 문화예술 활성화 지원

⑤ 국내·외 청소년교류활동 지원

- 청소년 국제교류 기반 구축
- 청소년 국제교류 활성화
- 남북 청소년 교류사업의 단계적 추진
- 교포청소년 및 지역 청소년 교류활성화

## 4) 제4차 청소년정책 기본계획(2008~2012년)

### (1) 정책비전

「꿈을 키우는 청소년, 희망을 더하는 가족, 밝은 미래사회」

**목표** 1. 청소년은 자기주도적 역량을 바탕으로 꿈을 키우고 실현

**목표** 2. 꿈이 있는 청소년으로 성장하면서 건강한 가족 구성원으로 자리 잡고, 행복하고 안정적인 가족관계를 형성

**목표** 3. 함께 키워낸 청소년과 행복한 가족을 통해 지속 발전하는 미래사회 구현

### (2) 청소년활동과 관련된 현황 및 진단

① 여가시간 부족으로 자원봉사, 동아리활동 등 다양한 체험활동과 사회참여가 미흡하여, 지식기반사회가 요구하는 창의력 등 새로운 지식창출능력 배양 곤란

② 우리나라 청소년의 학업성취도는 높으나, 학업에 대한 흥미는 저조하여 역량강

화를 위한 동기 부족

③ 건전한 사회인으로서 지녀야 할 소양 함양을 위해 시민교육 및 인성교육 강화 필요

④ 직업과 학교교육의 연계를 위하여 직업교육 강화 필요

### (3) 청소년활동에 관한 정책: 청소년의 자기주도적 역량 증진

#### ① 다양한 체험활동 기회 확대

**가. 체험활동을 통한 역량계발 지원시스템 강화**

- 체험활동 지원사업의 체계성 확립(여성가족부)
- 체험활동 정보제공체계 마련(각 부처)
- 청소년활동종합기록관리시스템 구축·운영(여성가족부)
- 학교의 창의적 체험활동 지원체계 강화(교과부)

**나. 다양한 체험활동 프로그램 개발·확대**

- 각 부처·지자체별 체험활동 프로그램 개발·보급(전 부처)
- 건전한 놀이문화 조성 및 스포츠활동 여건 강화(여성가족부, 문화부)
- 청소년 동아리활동 활성화(여성가족부)
- 체험활동 프로그램 국가 인증제 개선(여성가족부)
- 청소년활동프로그램 공모사업 개선(여성가족부)

#### ② 시민역량 증진 및 인성교육 강화

**가. 사회참여 활동 강화**

- 청소년 참여활동 체계 강화(여성가족부, 교과부)
- 온라인·미디어 매체 활용 참여 확대(여성가족부)
- 청소년의 지역사회 변화운동 지원(여성가족부)
- 학교 자치활동 활성화(교과부)
- 청소년 자원봉사활동 활성화(여성가족부, 행안부, 교과부, 복지부, 외통부)

### 나. 청소년 언어순화 및 인성교육 강화

- 가정의 청소년 인성 교육기능 강화(여성가족부, 방통위, 교과부, 문화부)
- 학교의 인성교육 및 올바른 언어습관 교육과정 내실화(교과부)
- 인성 및 언어순화 저해 매체환경 대응 강화(여성가족부, 문화부, 방통위)
- 인성함양을 위한 사회적 지원체계 강화(여성가족부, 행안부, 문화부)

### 다. 글로벌 시민역량 증진

- 청소년의 다양한 국제교육 기회 확대(여성가족, 외통부)
- 국제교류 사업 체계화(여성가족부)

## ③ 자기주도적 진로개척 지원

### 가. 체험활동 중심의 진로지도 강화

- 직업체험활동 인프라 확대(고용부, 여성가족부, 교과부)
- 직업체험활동 및 진로상담 프로그램 확대(고용부, 교과부, 법무부, 여성가족부)
- 학교 내에서의 진로교육 강화(교과부)

### 나. 건전한 아르바이트 여건 조성

- 청소년 근로보호 강화(고용부, 여성가족부)
- 교육적 고용프로그램 운영 확대(고용부, 여성가족부)
- 청소년 건전아르바이트 업소 인증제 도입(여성가족부, 고용부)

### 다. 청년층 취업 및 창업 지원

- 청년 일자리정보 제공 강화(고용부)
- 청년 직업훈련 및 취업 지원(고용부, 중소기업청, 여성가족부)
- 청년 창업 지원(중소기업청, 고용부)

## 5) 제5차 청소년정책 기본계획(2013~2017년)

### (1) 정책비전

「청소년이 행복한 세상, 청소년이 꿈꾸는 밝은 미래」

**목표** 1. 청소년의 역량 함양 및 미래핵심인재로 양성

**목표** 2. 청소년의 자기주도적 참여와 권리증진

**목표** 3. 청소년의 균형 있고 조화로운 성장

**목표** 4. 청소년의 안전하고 건강한 생활 환경

### (2) 청소년활동과 관련된 현황 및 진단

① 저출산·고령화로 인해 부양해야 할 노인인구 급증, 생산가능인구의 조세 및 사회보장비 부담 증가로 미래세대 역량 강화 중요성 증대

② 다양한 역량 증진을 통해 균형 있는 성장을 지향하는 세계적 추세에 따라 미래인재 양성에 필수적인 핵심역량에 대한 지원 필요성 부각

③ 인성교육과 체험활동 증진을 위해 청소년 시기에 꼭 필요한 건전한 성장활동 여건조성과 청소년 수련 시설 등 활동인프라 확충 요구

### (3) 청소년활동에 관한 정책: 청소년의 다양한 역량강화

#### ① 청소년 역량증진 활동 활성화

- 청소년역량지수 개발(여성가족부)
- 청소년시설 인프라 확대 및 역량 강화(여성가족부)
- 학교-지역사회 협력 등을 통한 체험활동 강화(여성가족부, 교과부, 각 부처)
- 청소년 희망카드 도입(여성가족부)
- 청소년 문화예술활동 활성화(여성가족부, 문화부)
- 청소년 자원봉사 및 기부문화 활성화(여성가족부, 교과부, 행안부, 복지부)
- 자기주도적 체험활동 확산 추진(여성가족부)

② 글로벌·다문화 역량 강화

- 모든 청소년의 다문화 감수성 함양(여성가족부, 문화부)
- 다문화 프로젝트 추진(여성가족부)
- 한민족 청소년 네트워크 구축(여성가족부, 외통부)
- 청소년 국제교류 프로그램 다원화(여성가족부, 외통부)
- 남북한 청소년 교류기회 활성화를 위한 기반조성 및 상호이해 증진(통일부)

③ 청소년의 인성 및 민주시민 교육 강화

- 인성교육 및 품성계발 지원체계 강화(여성가족부, 행안부, 교과부, 방통위, 문화부)
- 청소년 언어순화 프로그램 개발 및 보급(교과부, 문화부)
- 청소년 민주시민교육 강화(여성가족부, 교과부)
- 건강한 또래문화 형성을 위한 또래상담 활성화(여성가족부, 교과부)

④ 청소년의 참여 활성화

- 온라인 · 미디어 매체 활용 참여 확대(여성가족부)
- 청소년의 정책결정과정 참여 확대 및 모니터링제 강화(여성가족부)
- 청소년 참여기구 운영 활성화(여성가족부)
- 청소년 참여예산제 도입(여성가족부)

## 6) 제6차 청소년정책 기본계획(2018~2022년)

### (1) 정책비전

「현재를 즐기는 청소년, 미래를 여는 청소년, 청소년을 존중하는 사회」

**목표** 1. 청소년 참여 및 권리증진

**목표** 2. 청소년 주도의 활동 활성화

**목표** 3. 청소년 자립 및 보호지원 강화

**목표** 4. 청소년정책 추진체계 혁신

### (2) 청소년활동과 관련된 현황 및 진단

① 제4차 산업혁명 등 급변하는 사회환경 적응에 필요한 중점역량 기반의 청소년 활동 체계 구축 필요

② 청소년의 삶의 질을 제고하는 문화예술활동 등 다양한 체험활동기회 제공 필요

③ 내실 있는 진로체험활동 확대를 통해 청소년의 진로역량을 개발하고, 취·창업 지원을 통해 청소년의 경제활동 지원

### (3) 청소년활동에 관한 정책: 청소년 주도의 활동 활성화

#### ① 청소년활동 및 성장지원 체계 혁신

**가. 역량기반 청소년활동 지원체계 구축**

- 4차 산업혁명시대가 요구하는 역량지원체계 구축(여성가족부)
- 중점 추진영역 중심 활동 및 창의적 융합인재 양성 지원(여성가족부, 교육부, 중소벤처기업부)
- 소프트웨어(SW) 교육 현장 안착지원 및 활성화(교육부)
- 지역사회 기반 청소년 활동 연계 기능 강화(여성가족부)

**나. 청소년 주도 프로젝트 활동 활성화**

- 청소년 주도 다양한 활동 기반 마련(여성가족부)
- 청소년의 소질과 적성에 맞는 교육 기회 제고(교육부)
- 디지털플랫폼을 통한 청소년활동 성과의 집적 및 공유기반 마련(여성가족부)

**다. 과학기술·산업 분야 핵심인재 양성**

- 산업계-과학교육 간 연결고리를 통한 과학·기술분야 인프라 구축(여성가족부, 과학기술정보통신부, 교육부, 산업통상자원부)
- 창의적 기술 역량 증진 프로그램을 통한 인재 발굴(산업통상자원부, 특허청)
- 창의역량 제고를 위한 공학교육 혁신 및 창의적 공학인재 양성(산업통상자원부)
- 청소년 기업가 정신 함양을 위한 비즈쿨 확대 운영(여성가족부, 중소벤처기업부)

라. 수요자 중심으로 청소년활동 인프라 재구조화

- 청소년수련관, 청소년문화의집을 '청소년센터(가칭)'로 변경, 종합시설로 개편하고 기능과 역할 재정립 추진(여성가족부)

## ② 청소년 체험활동 활성화

가. 청소년 문화예술활동 지원

- 청소년 동아리 활동 및 어울림마당 활성화 등을 통한 청소년문화활동 장려(여성가족부, 문화체육관광부)
- 문화기반시설 연계를 통한 청소년문화활동 지원(문화체육관광부, 여성가족부)
- 문화시설 · 여가시설 등에서의 청소년 우대 활성화(여성가족부)

나. 청소년 스포츠 활동 활성화

- 청소년의 운동 흥미 제고를 위한 맞춤형 스포츠 활동 프로그램 확대(문화체육관광부)
- 청소년이 누릴 수 있는 생활체육 보급을 위한 강사 및 인프라 확대(문화체육관광부)
- 여성청소년의 신체활동 장려 방안 마련(여성가족부, 교육부)

다. 국제교류 활성화 및 내실화

- 청소년 국제교류 활동 정보 공유의 장 마련(여성가족부)
- 청소년 국제교류 프로그램 특성화 및 교류활동 내실화(여성가족부, 외교부, 교육부)
- 청소년교류의 새로운 모델 개발 및 확산(여성가족부)
- 2023 세계 잼버리[6] 성공적 개최를 위한 체계적 기반 마련(여성가족부)

라. 남북 청소년 교류 기반 조성

- 통일체험연수 프로그램 운영 등을 통한 기반 조성(통일부)
- 통일 대비 북한이탈청소년 대상 프로그램 개발 및 교육(여성가족부, 통일부)

---

6) 세계스카우트잼버리는 세계스카우트연맹에서 4년마다 개최하는 전세계적인 청소년 야영활동으로 전 세계 회원국 5만여 명 이상의 청소년 및 지도자들이 참가하여 문화교류 및 우애를 다지는 세계 최고의 청소년 국제 행사이다. 2023년에 우리나라 새만금에서 「제25회 세계스카우트잼버리」가 개최된다(2023 새만금 「제25회 세계스카우트잼버리」 공식 사이트, 2021).

- 청소년 수련시설을 활용한 통일체험 프로그램 개발 및 홍보 추진(여성가족부, 통일부)

### 마. 청소년 체험활동 안전관리 강화

- 안전한 청소년수련활동을 위한 환경 조성(여성가족부, 교육부)
- 체험활동 안전 강화를 위한 종사자 안전교육 확대(여성가족부)
- 수련활동 활성화 및 프로그램 안전 향상 도모(여성가족부)
- 위험도 높은 체험활동 안전관리 강화(문화체육관광부, 여성가족부, 교육부, 해양경찰청)

## ③ 청소년 진로교육 지원 체제 강화

### 가. 대상별 맞춤형 진로활동 내실화

- 자유학기제, 교과 연계 등 초·중등 학생 대상 진로활동 확대(교육부, 과학기술정보통신부, 여성가족부)
- 진로탐색-개발-취업을 연계한 대학생 진로활동 실시(교육부, 고용노동부)
- 청소년 대상 맞춤형 진로체험 확대 실시(여성가족부, 고용노동부, 지자체)
- 지역격차 해소를 통한 청소년의 진로체험 기회의 형평성 제고(교육부)

### 나. 학교 밖 청소년 대상 진로교육 강화

- 학교 밖 청소년을 위한 '청소년 작업장' 활성화(여성가족부, 지자체)
- 학교 밖 청소년을 위한 '내일이룸학교' 운영 활성화(여성가족부)
- 학교 밖 청소년 취·창업 기반 조성 및 자립동기 강화(여성가족부, 문화체육관광부, 중소벤처기업부)

### 다. 진로교육 활성화를 위한 협력체계 구축

- 청소년수련시설을 활용한 진로교육 강화(여성가족부, 교육부)
- 지역 연계를 통한 진로체험활동 강화(여성가족부, 교육부, 전부처)

### 라. 청소년(청년) 취업 지원 기반 강화

- 청소년(청년)이 체감할 수 있는 지원 인프라 확충(여성가족부, 고용노동부)
- 청소년(청년) 고용의무제 확대 및 중소기업 청소년(청년) 추가 고용장려금 도입(고용노동부)

### 마. 청소년(청년) 창업 활성화

- 체계적 창업 준비를 위한 교육 및 지원 내실화(교육부, 고용노동부, 중소벤처기업부)
- 창업 생대계 조성을 위한 스타트업, 벤처 기업 자생력 제고(과학기술정보통신부, 금융위원회, 중소벤처기업부)
- 청소년(청년) 창업 활성화를 위한 국내외 환경 조성(과학기술정보통신부, 중소벤처기업부)
- 사회적 경제활동 지원(교육부, 여성가족부, 지자체)

제3장

# 청소년활동 관련 이론

1. 경험학습이론
   1) David A. Kolb의 경험학습 모형
   2) Peters Jarvis의 경험학습 모형
2. 몰입경험이론
3. 구성주의이론
   1) 인지발달이론
   2) 사회발달이론
   3) 구성주의와 학습자 중심 교육과의 관계

청소년기는 심리학적으로나 생물학적으로나 법적으로 많은 것을 알고 성장하는 단계이지만, 청소년 자신을 책임지기에는 내외적으로 미성숙한 단계라고 정의할 수 있다. 아동기에는 독립적인 의지 등 여러 가지가 부족하고, 사회에서의 역할을 감당하기에 많은 부족함이 있지만, 청소년기에는 어느 정도 사회적인 역할을 감당할 수 있는 위치에 이르게 된다. 따라서 청소년활동은 청소년기의 건전한 발달로 성공적인 성인으로서 삶을 살기 위해 필요한 사회적 · 도덕적 · 정서적 · 신체적 · 인지적 · 직업적 능력을 발달시켜 나가는 일련의 과정을 의미한다(신성철 외, 2020).

청소년활동을 통하여 사회적응방법을 익히고 인간관계 즉, 대인관계에 필요한 태도와 대응능력을 습득할 수 있다. 이렇게 주도적으로 이루어진 체험 중심의 경험을 통한 학습목표를 달성하고자 한다. 이러한 청소년의 능력 개발에 대하여 청소년활동이 기본적으로 갖추어야 할 구성 요소와 청소년 관련 이론을 바탕으로 청소년활동의 체계적인 방향을 제시하고자 한다(전동만, 2021).

## 1 경험학습이론

경험학습(experimental learning)이라는 개념이 본격적으로 교육적인 연구와 주제로 등장하게 된 것은 19세기 중엽 미국에서 기인한다. 지식전달자인 교사의 형식적이고 추상적인 교육으로부터 학생들의 경험에 기초한 교육 접근으로 전환하려는 시도로 시작되었다. 경험의 중요성에 의한 인식은 경험학습론의 선구자라고 할 수 있는 존 듀이(John Dewey, 1859)부터 '경험'에 깊은 관심을 가진 콜브(kolb, 1984)는 '경험의 전환을 통해 지식을 창조하는 과정', 자비스(P. Jarvis, 1987)는 경험학습을 '경험의 지식, 기능 및 태도로 전환시키는 과정', 매지로우(J. Mezirow, 1991)는 '경험의 의미를 새롭게 수정하여 해석하는 과정'으로 학습은 경험의 전환(Transformation)을 통해 이루어진다고 하였다. 이러한 것은 학습자가 직접 실천해 봄으로써 문제해결을 위한 가설 형성, 증거 수집, 가설 인정 혹은 기각, 또 다른 가설 형성 등의 절차를 거치게 되는 것이다(조미영, 권일남, 2011).

## 1) David A. Kolb의 경험학습 모형

콜브(Kolb)는 경험학습이론을 최초로 모형화하여 실제와 연결시키고자 시도하였으며, 학습의 결과물보다는 학습의 과전에 치중하면서 학습은 경험을 원천적으로 하는 지속적인 과정을 4단계의 순환과정으로 [그림 3-1]과 같은 학습모형을 제시하였다(나일주, 2010).

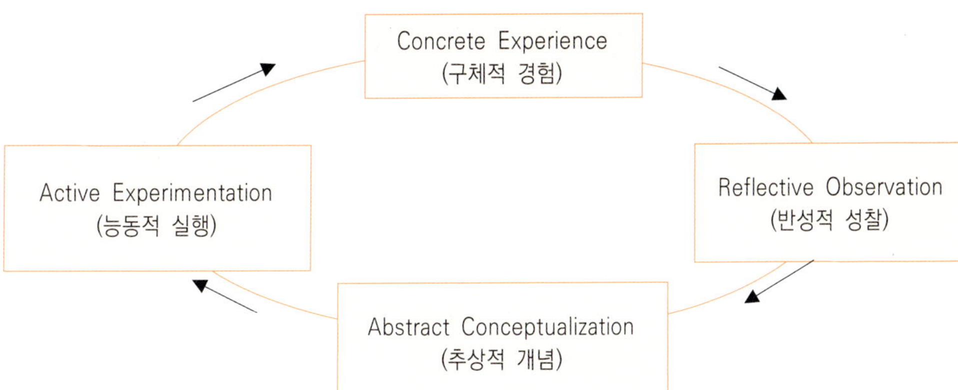


출처: 나일주, 2010.

**그림 3-1** Kolb의 학습 순환과정(Learning Cycle)

1단계는 사실적으로 경험하는 구체적인 경험(Concrete Experience) 즉, 몰입단계, 2단계는 각기 다른 관점에서 경험을 해석하고 반성하는 반성적 성찰(Reflective Observation) 단계, 3단계는 반성적 성찰을 이론으로 통합하도록 일반화하고 원리와 개념을 창출하는 추상적 개념(Abstract Conceptualization)단계, 4단계는 학습된 구체적인 다른 상황에서 검증하는 능동적 실행(active experimentation)단계로서 이러한 네 단계 즉, 구제적인 경험을 관찰 → 반성 → 추상화 → 일반화 하는 과정이 반드시 포함되고 상호 연계되어야만 학습 또는 경험의 변화가 일어니게 된다. 그러나 경험은 있고, 반성이 없거나 실제 행동으로 연속되지 않는다면 학습은 일어나지 않았다고 할 수 있는 것이다.

Kolb는 경험학습 모형의 네 가지 특징을 강조하였다. 첫째, 학습은 결과보다 과정을 중시한다. 둘째, 지식이란 획득되거나 전달되는 독립된 전체가 아니라 계속적으로 창조되는 변형(Transformation)의 과정이다. 셋째, 학습은 객관적 경험과 주관적 경험을 모두 변화시킨다. 넷째, 학습을 이해하기 위해서는 지식의 본질을 이해하여야 한다. 따라서 경험은 인간의 학습 발달의 원천으로 간주된다(나일주, 2010).

## 2) Peters Jarvis의 경험학습 모형

자비스(jarvis, 1987; 1992)는 콜브의 '모든 학습은 경험으로부터 시작된다'는 견해는 수용하였지만 개념의 일부를 비판하면서 자신의 경험학습 개념을 정립하였다.

인간의 학습은 항상 경험으로부터 시작되며, 모든 경험이 반드시 학습을 초래하는 것은 아니지만, 경험 그 자체가 학습의 잠재적인 기초가 된다는 것이다. 하지만 고려하여야 할 부분은 인간 학습의 성격을 규명하거나, 고립되어 있는 인위적인 상황이 아니라 시간과 공간, 그리고 인간의 사회적 성격 등을 강조하고 있다(나일주, 2007).

자비스는 콜브의 모형이 가지고 있는 단순함과 추상성을 지적하면서(Jarvis, 1992; 권두승, 1997; 재인용), 인간경험에 주목한 학습경험을 할 수 있는 다양한 학습상황을 모형화하고자 하였다. 자비스는 한 인간이 경험에 의해 변화해 가거나 아니면, 경험에도 불구하고 변화하지 않고 지나가는 과정에서의 여러 요소들을 지적하고 이들 간의 관계를 모형화한 것이다. 이러한 학습과정 모형을 개발함에 있어서 어떠한 모형이라도 현실을 대폭적으로 단순화할 수밖에 없다는 점을 인정하였다. 특히 학습이란 원래 매우 복잡한 일련의 과정이기 때문에 학습과정을 조금이라도 쉽게 설명할 수 있는 '틀'을 제시하는 것이 필요하며, 이를 위해 학습과정 모형을 개발하였다는 것을 강조하였다(Jarvis, 1987; 나일주, 2010, 재인용).

자비스의 경험학습 모형의 특징으로는 인간의 학습과정(learning process)을 인간과 연결시키고 있다. 따라서 학습과정의 시작은 인간으로부터 시작하여 어떠한 형태로든 영향을 미친다. 즉 인간은 학습경험을 통하여 성장, 발달할 수도 있지만, 변화 없는 상태로 존재할 수도 있고, 어떤 경우에는 학습경험의 결과에 오히려 상처를 받을 수도 있는 것이다. 학습의 결과 인간은 새로운 지식, 기능, 다른 태도, 변화된 자기 개념 등 여러 가지 조합을 지닐 수 있게 된다. 이것은 인간이 지니는 복잡성을 의미하는 것이기도 하다. 따라서 자비스가 '보다 경험이 풍부한 인간'이라는 것을 강조하고 있다는 점은 학습경험이 앞으로의 학습을 보다 풍부하게 할 수 있다고 하는 것이다.

청소년활동은 경험을 통해 학습을 유지하고자 하는 과정이라고 할 수 있다. 학습이라는 것은 다양한 방법으로 정의되는데, 가장 일반적으로는 인간 개개인의 행동 변화와 경험에 초점을 둔 것이라고 정의되고 있다(권일남 외, 2008).

청소년활동을 학습으로 접근하는 것으로 적용 가능한 이론에는 행동주의이론, 인지주의이론, 사회적 학습이론 및 경험주의이론을 제시할 수 있다. 그중 경험주의이론은 직접 경험으로부터 의미를 발견하고 현실세계의 내적 의식을 구축한다는 것인데, 수련활동 등 야외교육을 통해 학습이 이루어진다는 청소년활동의 이론적 토대로 언급되고 있다(권일남 외, 2008; 한국청소년정책연구원 엮음, 2007; 오해섭, 2002).

## 2 몰입경험이론

몰입(Flow)은 칙센트미하이(Csikszentmihalyi, 1975)[1)]에 의해 처음으로 소개되었고, 자신이 하고 있는 일에 빠져 있는 최적의 심리상태를 말한다. 몰입은 도전(challenges)과 기술(skill)의 함수관계, 즉 개인이 경험하게 되는 활동이 도전수준과 자신이 인식하는

1) 미하이 칙센트미하이(Mihaly Csikszentmihalyi, 1934, 헝가리의 심리학자)는 몰입이론을 창시하였다. 경험표집방법은 몰입을 측정하는 데 가장 많이 쓰이는 방법이다.

능력 간의 함수관계로 설명이 가능하다(Csikszentmihalyi, 1990; 박정배 송병국, 2011; 재인용).

몰입이론(Flow Theory)에 따르면 도전수준 또는 과제의 난이도에 따라 자신의 능력수준이 균형을 이루게 되면 몰입을 경험하게 되고, 자신의 능력에 비해 도전 수준이 높으면 능력 부족에 따른 불안(anxiety)을, 도전에 비해 자신의 능력수준이 높으면 지루함(boredom)을 경험하게 되며, 도전수준이 낮고 자신의 능력도 낮으면 무관심(Apathy)을 경험하게 된다. 이러한 몰입경험은 자신이 참여하고 있는 도전과제에 대한 흥미와 적극적 참여를 유발하게 되며 창조성(creativity), 즐거움(enjoyment), 최상 경험(peak experience), 능력개발(talent development), 자기존중감(self-esteem) 등을 경험하게 해준다(Csikszentmihalyi, 1993; 박정배·송병국, 2011; 재인용). 이러한 몰입에는 몰입 자체를 목적으로 하는 자기 목적성을 가지는 특성이 있으며, 몰입 과정에서 나타나는 두 가지 심리상태가 나타난다. 첫째는 긍정적 심리상태이며, 두 번째는 부정적 심리상태이다(전동만, 2021).

몰입(Flow)이론은 긍정심리학에서 주목한 행복한 삶의 주요한 경험요소이기도 하지만, 청소년의 경우에는 청소년 체험활동, 청소년 진로상담, 청소년 학습방법의 영역으로 확대되어 몰입을 기초로 많은 이론적 연구가 진행되고 있다. 최근 '즐거움과 유능함'에 집중하는 몰입(flow)경험을 청소년 진로상담분야에서 몰입(flow)이론을 적용한 한 연구는 개인이 일에서 추구하고자 하는 즐거움과 유능함을 동시에 얻는 것이 가능하다는 전제에서 출발한다(김창대, 2002). 즉 내담자의 흥미와 능력이 균형을 이룬 상태에서 몰입을 통해 즐거움과 유능함을 경험하고, 그러한 경험이 자신의 진로발달 및 진로결정과도 직접적으로 연결된다고 주장하였다. 청소년활동 프로그램 참여자의 몰입경험(flow experience)을 결정하는 요인에 대한 한 연구에서는, 참여 동기는 활동의 몰입 여부에 크게 기여하지만, 이외에도 개인이 해당 활동에서 느끼는 즐거움과 유능함이 참여 동기를 매개로 하여 몰입경험과 밀접한 상관관계가 있다는 것을 검증하였다(김진호, 2008).

이와 같은 몰입이론을 통하여 청소년들이 청소년활동을 실행하는 과정에 몰입을 경험하게 한다면 청소년활동 자체가 매우 즐거울(enjoyment) 것이며, 프로그램의 적극적인 참여가 이루어지며 진정한 몰입경험을 하게 될 것이다. 그리고 청소년활동 프로그램 과정에 몰입함으로써 경험하는 만족감 · 성취감 등은 청소년기에 미래의 긍정적 인생관을 가지게 되는 계기가 될 것으로 예상해 볼 수 있을 것이다(전동만, 2021).

청소년활동을 통해 청소년들이 성장한다는 것은 많은 경험을 통해서 자신의 품위(品位)[2]를 상승시키는 것을 의미한다. 그리고 점차 더 높은 수준의 품위를 탐색하면서 끊임없는 변화를 체험하는 것과 같다(장상호, 2004). 따라서 청소년활동에서 지향하는 성장과 발달은 고정된 것이 아니라 지속적으로 완성되고, 성숙하며, 세련되는 과정이라고 할 수 있다. 이러한 과정 속에서 청소년들은 자연적 과정에서 허용하지 않는 일종의 환희와 같은 유쾌한 감정을 느낄 수 있을 것이다. 그리고 이러한 과정들은 칙센트미하이(1988, 1990)에 의해 밝혀진 몰입경험(flow experience)과 매우 유사하다. 예컨대 칙센트미하이와 칙센트미하이(1988)는 화가가 그림 그리기에 몰입하고 그 일을 끝내자마자 곧바로 다음 단계의 일에 착수하는 흥미로운 현상을 추궁해 나가는 과정에서 사람들은 점차 더 복잡한 도전이 기다리고 있는 일에 가치와 매력을 느낀다는 사실을 밝혀 내었다. 즉, 경험이 점차 성장하는 과정을 포함하는 활동에서는 사람들이 외적 보상을 떠나 활동 그 자체에 몰입하는 경향이 있다는 것이다(장상호, 2006: 재인용). 이는 몰입경험이 '청소년의 지속적인 성장과 발달'을 지향하는 청소년활동과 밀접하게 관련된 것임을 시사한다(전동만, 2021).

2) 장상호(2004)는 끊임없이 발전하는 인간성을 품위(品位; translalent)라는 개념으로 축약하여 설명하고 있다. 즉 인간의 가능성은 무한하되, 그것을 실현시켜 나가는 거점은 현재 상태이다. 그리고 교육이 추구하는 바람직한 인간상은 현품(現品)을 토대로 그 다음의 높은 단계인 미품(未品)을 점차적으로 추구함으로써 드러난다. 따라서 교육은 품위를 연결하고 향상시키는 과정이라고 그는 주장한다.

## 3 구성주의이론

구성주의는 지식의 형성과 습득에 관한 상대주의적 인식론을 기반으로 하는 학습 이론이다. 지식의 구성은 인간 내부를 중심으로 대상과의 만남에서 주관적인 경험을 바탕으로 구성된다. 지식 구성의 주체는 학습자 개인이며, 구성 방식은 학습자가 개인들과 상호작용하는 사회적인 경험을 통해서 이루어진다(서진원, 2005).

**표 3-1 구성주의 학습원칙**

| 구성주의 학습원칙 | 세부적 내용 |
|---|---|
| 체험학습 | • 학습자의 선수지식, 관심, 배경에서 학습의 출발<br>• 문화적 동화를 통한 전문인으로서의 변화 |
| 자아성찰적 학습 | • 자기주도적 학습, 자기규율적 학습, 문제해결 능력<br>• 토론을 통한 성찰적 사고 실천 |
| 협동학습 | • 다른 학습자들과의 대화참여를 통한 문화적 동화<br>• 그룹시너지 효과(학습효과, 다양한 시각 노출)<br>• 개인 생각이나 견해에 대한 타당성 검증 및 심화학습 |
| 실제적(authentic) 성격의 과제 제시 | • 학습과 성과의 연계성(지식의 전이성 증가)<br>• 학습과제의 상황성과 실제성 고려<br>• 학습동기의 증가(주인의식) |
| 교사의 역할: 코치, 동료학습자 | • 학습의 조력자, 코치<br>• 학습자들과의 대화참여를 통해 새로운 시각, 내용 등을 학습할 기회(동료 학습자로서의 역할)<br>• 학습자들에 대한 참된 의미의 신뢰와 권위이양 실천 |

출처: 강인애, 2003.

이러한 학습과정에서 지식은 학습자 개인의 새로운 경험을 통하여 구성되거나, 필요에 따라 활용하고자 지식의 새로운 개념으로 변화하는 실제 세계의 맥락을 중심으로 습득된다(강재원, 2017). 그리고 개인의 특정한 사회적 경험과 상대주의적 인식론에서 출발하여 피아제의 인지발달이론과 사회적 상호작용이 내면화되어 인지발달이 이루어진다고 보는 비고츠키의 사회발달이론이 구성주의이론의 형성에 기초가 되었다(서진원, 2005).

### 1) 인지발달이론

피아제(Piaget)의 관점은 '발생학적 인식론'으로 지식은 개인 내에서 발생학적으로 나타나며, 인지적 갈등을 통해 새로운 단계로 발달되어 간다. 인지발달의 기제(mechanism)로서 동화, 조절, 평형화의 용어로 설명하고 있다. 동화(정), 조절(반), 평형화(합)의 과정을 통해 아동은 스스로의 세계를 구조화하는 존재임을 강조한다. 개인 내에서 발생한 지식들은 조절과 평형화의 과정을 거치면서 타인과 공유된 지식체계를 갖게 되면서 '사회적' 지식의 차원으로 발전된다(이혜경, 권오영, 이양, 2002).

피아제의 인지발달이론에 의한 구성주의 교육의 원리는 네 가지로 요약할 수 있다. 첫째, 아동들은 인지발달 단계에 따라 실재에 관한 해석을 달리한다. 둘째, 학습자가 참여할 수 있고 동화와 조절의 적응 과정이 일어나는 활동과 상황에 의해 인지발달이 촉진된다. 셋째, 학습자료와 학습활동들은 아동의 신체 또는 정신 활동에 적절한 것이어야 한다. 넷째, 학습자들이 적극적으로 참여할 수 있고 도전적인 학습방법을 사용하여야 한다(정형원, 이대웅, 2008).

### 2) 사회발달이론

비고츠키(Vygotsky)는 학습과 발달의 관계에서 교육은 학습으로 발달을 유도할 수 있으며, 적극적인 학습으로 인하여 발달이 촉진될 수 있다고 주장한다. 이는 일방적인 학습의 영향력만을 강조한 것이 아니라 학습과 발달의 관계는 보다 상호적이며, 학습이 발달에 영향을 줄 뿐만 아니라 발달이 학습에 영향을 주기도 한다는 것으로 볼 수 있다. 즉 학습이 이루어지기 위해서는 학습의 역할에 초점을 두고, 이로 인해 학습의 발달 촉진의 원인이 될 수 있다(김재건, 2007).

비고츠키의 이론에서 비롯한 사회발달 이론의 원리는 두 가지로 요약할 수 있다. 첫째, 인지적 발달은 특정한 나이에 있어서 특정한 범위에 제한되어 있다. 둘째, 사회적 교류를 통하여 완전한 인지적 발달이 이루어진다(정형원, 이대웅, 2008).

### 3) 구성주의와 학습자 중심 교육과의 관계

구성주의 학습원칙과 학습자 중심 교육원칙을 '지식에 대한 개념', '학습에 대한 개념', '학습자에 대한 개념' 그리고 '교사에 대한 개념' 등 네 가지 영역으로 나누어 비교해 보면, 학습자 중심 교육의 학습원칙과 구성주의이론이 모든 영역에서 서로 밀접한 연관이 있음을 알 수 있다. 먼저 지식은 외부에서 학습자에게 전달될 수 있는 것이 아니라, 학습자 개개인이 주어진 현상, 사건, 정보 등을 자신의 선경험, 선지식 등을 기반으로 스스로 의미를 부여하고, 해석하고, 이해하게 되는 결과이다. 다만, 구성주의이론은 '협동학습'과 '과제의 실제성' 또는 '과제의 맥락성(상황성)'이 중요하게 언급되고 있는 점이 다르다. '학습자 중심'이란 개념이 '교사 중심' 개념과 대비되면서 동료학습자와의 관계보다, '학습자 개인, 그리고 학습자 개인의 인지적 발달'에 초점을 두는 점에서 구별된다고 하겠다. 교사의 역할에서는 두 이론 모두 '학습의 촉진자(faciliatator 또는 scaffolder)'로서의 역할을 강조하고 있으며, 학습자 역할이 변화됨에 따라 교사의 역할도 달리 이루어져야 할 것이다(강재원, 2017).

제4장

# 청소년활동 관계 법령

1. 청소년활동 관련 법적 개념
   1) 청소년활동 법적 개념
   2) 청소년활동 포괄적 개념
   3) 청소년활동 개념의 특수성
2. 청소년활동의 법적·제도적 기반 및 지원
   1) 청소년활동의 법적 기반
   2) 청소년단체활동 관련법

# 1 청소년활동 관련 법적 개념

## 1) 청소년활동 법적 개념

청소년활동의 법적 · 포괄적 개념은 정건희(2020)의 『지역사회 청소년 운동 관점에서 청소년 운동 관점의 청소년활동론』에 따르면 1980년대 이후부터 최근까지 청소년활동 및 정책이 비약적으로 발전했음에도 불구하고 여전히 청소년 활동의 개념에 대해서는 사회적 합의를 이루지 못하였고 청소년활동, 수련활동, 체험활동 등 다양한 용어를 사용하고 있다. 그동안 청소년 활동에 관한 많은 연구들이 수행되었으나 이들 연구에서 사용되는 청소년(수련)활동의 개념은 「청소년기본법」에서 규정하는 개념 이상의 정의에서 더 나아간 것이 없다(김민, 2010).

1991년 한국청소년기본계획이 수립되면서 모든 계획의 중심에 수련활동을 상정하여 '청소년수련활동'에 대한 법적 개념을 사용하기 시작하였고, "심신을 단련하고 자질을 배양하며 배움을 실천하는 체험활동으로서 청소년의 전인적 성장을 위하여 지식교육과 함께 필수적인 활동"으로 정의하였다. 이 당시에는 청소년의 유형을 학생청소년, 근로청소년, 복무청소년, 무직청소년으로 구분하였고, 이들의 보편적인 활동을 고유활동, 임의활동, 수련활동으로 나누었으며 '수련활동(생활권이나 자연권에서 심신단련, 자질배양, 취미개발, 정서함양, 사회봉사 등 배움을 실천하는 체험활동 영역)에 한해 정책적으로 지원하였다. 이후 2004년에는 1991년에 제정된 「청소년기본법」이 개정되고, 「청소년진흥법」이 제정되면서 다양한 활동을 포함하는 상위개념으로서 '청소년활동'의 개념이 등장하게 되었다(박은희, 2021).

새롭게 정의된 '청소년활동'의 개념은 "청소년의 균형 있는 성장을 위하여 필요한 활동과 이러한 활동을 소재로 하는 수련활동 · 교류활동 · 문화활동 등 다양한 형태의 활동"으로 제시되었다(「청소년기본법」 제3조제3항). 이렇게 청소년활동의 개념 안에는 '수련활동', '교류활동', '문화활동'이 포함되었다. 이 개념들을 구체적으로 살펴보면 우선 '청소년수련활동'은 "청소년이 청소년활동에 자발적으로 참여하여 청소년 시기에 필요한 기량과 품성을 함양하는 교육적 활동으로서 청소년지도사와 함께 수련거리에 참여 배움을 실천하는 체험활동"을 의미한다. '청소년 교류활동'은 "청소년이 지역 간, 남북 간, 국가 간의 다양한 교류를 통하여 공동체의식 등을 함양하는 체험활동"이며, '청소년문화활동'은 "청소년이 예술활동, 스포츠활동, 동아리활동, 봉사활동 등을 통하여 문화적 감성과 더불어 살아가는 능력을 함양하는 체험활동"을 의미한다(「청소년활동진흥법」 제2조).

그러나 청소년활동의 법적 개념은 활동의 현장과 다소 거리가 있으며, 위에서 보는 바와 같이 '수련활동' 개념의 외연은 넓어진 데 반해 '청소년활동'의 개념은 축소되었다(김현철 외, 2013). 또한 수련활동과 청소년활동의 개념 표현은 다르게 되어 있지만 실제로 별 차이를 느끼기가 어렵고 실제 활동 현장에서도 수련활동과 청소년활동의 개념을 구분하여 사용하지 않는다는 점은 여전히 개념에 있어서 문제점을 수반하고 있다(박은희, 2013).

## 2) 청소년활동 포괄적 개념

기존의 연구들은 청소년활동에 대해 다양하게 정의한다. 긍정적인 성장과 발달을 목적으로 하는 교육적 활동이며 청소년의 자발적 참여의지에 의해 발현되는 자율적 활동으로(김진호, 2008), 지역사회 중심의 청소년 조직 및 자발적이고 구조적인 청소년을 위한 모든 활동과 프로그램(Larson, 2000)으로 정의하기도 한다.

또한 김윤나와 박옥식(2009)은 청소년들의 발달과업 및 성인으로서의 성공적인 삶을 위해 필요한 역량을 발전시키는 행동 또는 상호작용으로 청소년활동의 의미에 대해 발달과정 중에 필요한 활동이라는 점과 청소년들의 자발성(자율성)을 전제로 하고 있다. 이러한 점은 청소년활동 특성을 말해주는 것이기도 하다. 즉 청소년활동이 되기 위해서는 반드시 자발적인 참여가 이루어져야 하며 그 내용에 있어서 발달과정 중에 필요한 것이다. 그리고 한국청소년정책연구원의 보고서를 살펴보면 청소년활동이 수련활동의 의미와 재결합하면서 의미의 제약을 가져왔다고 하였는데 수련활동 개념을 제거하고 보면, 청소년활동에서 강조되는 의미들은 크게 세 가지로 축약하였다(권일남, 최창욱, 2011).

첫째는 발달과업의 수행이며, 둘째는 자발적 참여이고, 셋째는 체험활동이다. 결국 청소년활동은 '청소년기의 발달과업을 수행하기 위해 자발적으로 참여하는 체험활동'이라고 말할 수 있다. 발달과업의 수행은 궁극적인 목표이며, 자발적인 참여는 수단 또는 방법이고, 체험활동은 내용이라고 할 수 있다. 물론 청소년활동을 '체험활동'으로 규정하는 것은 청소년활동의 범주를 제한한다. 그러나 '체험활동'은 한국교육이 안고 있는 교육활동의 문제점을 극복하는 대안적인 활동으로 의미를 지니며, 청소년정책이 끊임없이 유지해 온 기조와도 일치한다. 대중성을 확보하기 위한 개념으로서도 청소년활동보다는 청소년체험활동이 더 적절하다고 하였다. 청소년 체험활동은 청소년수련활동 개념을 대체할 개념으로서도 유용하며, 그간의 청소년활동의 개념을 포섭하기에도 적절하다(김현철, 최창욱, 민경석, 2010)고 명시하였다.

아울러 청소년기본법에서 명시하고 있는 청소년활동의 법적 개념들에 대해 표로 제시하면 다음과 같다(박은희, 2021).

**표 4-1 청소년활동의 법적 개념**

| 구분 | | 내용 |
|---|---|---|
| 법적 개념 | 청소년기본법 제3조 | 3. 청소년의 균형 있는 성장을 위하여 필요한 활동과 이러한 활동을 소재로 하는 수련활동·교류활동·문화활동 등 다양한 형태의 활동을 말한다. |
| | 청소년활동진흥법 제2조 | 3. "수련활동"이라 함은 청소년이 청소년활동에 자발적으로 참여하여 청소년 시기에 필요한 기량과 품성을 함양하는 교육적 활동으로서 청소년지도자와 함께 청소년 수련거리에 참여하여 배움을 실천하는 체험활동을 말한다.<br>4. "교류활동"이라 함은 청소년이 지역 간·남북 간·국가 간의 다양한 교류를 통하여 공동체의식 등을 함양하는 체험활동을 말한다.<br>5. "문화활동"이라 함은 청소년이 예술활동·스포츠활동·동아리활동·봉사활동 등을 통하여 문화적 감성과 더불어 살아가는 능력을 함양하는 체험활동을 말한다. |

출처: 법제처 홈페이지

즉, 청소년활동은 일반적으로 학습다양성의 측면에서 체험의 기회가 제한되어 접근되었고, 법적으로 수련·교류·문화활동의 영역을 뜻하며, 경험학습으로서 체험을 통한 오감의 경험을 갖게 하고, 결과보다는 활동의 과정을 중시하고 개인에게 역량을 증진시키는 활동이다. 결국 이러한 개념을 종합하여 권일남(2016) 등은 청소년활동은 청소년기에 이루어질 수 있는 모든 체험적 활동을 의미하며 법적인 활동을 포함하여 비자발적인 활동뿐만 아니라 자발적인 활동까지도 포함하는 것을 말한다고 설명했다. 이렇게 청소년활동의 개념에 대한 체험 중심으로 다양하고 포괄적인 접근은 청소년활동이 모든 것에 두루 미치거나 통하는 성질로서의 보편성을 강조하게 된다는 것이다(박은희, 2021).

### 3) 청소년활동 개념의 특수성

청소년활동은 포괄적인 용어다. 「청소년기본법」, 「청소년활동진흥법」에서는 수련활동 중심의 관점으로 체험에 중점을 둔 공공영역의 활동으로 정리해 왔고, 교육학에서는 체험과 연계하여 체험활동, 체험교육이라고 설명했으며, 인권운동과 시민운동 등의 현장에서의 청소년활동은 '운동'으로 진행하는 청소년조직과 변화에 집중되어 있기도 하다.

김현철 외(2013)는 청소년활동이라는 말은 매우 포괄적인 말로서 '활동'이라는 단어 자체가 포괄적인 말이라고 하고, '청소년활동'의 개념은 다음과 같이 두 가지 측면에서 특수성을 지닌다고 했다.

첫째, 정책적 개념으로서의 특수성이다. 청소년활동 개념은 학문적인 토대를 갖춘 개념이라기보다는 정책적인 개념으로 출발했다(김민, 2010; 전명기, 2010). 타 부처에서 보편적으로 사용되는 개념이 아닌 특수한 개념이다. 특별활동이나 재량활동, 자율활동, 동아리활동과 같이 교육정책에서 '활동'이라는 개념들이 사용되었거나 사용되고 있지만, 이러한 활동들을 통칭해서 '청소년활동'이라고 하지는 않는다. '청소년활동 정책'이라는 용어는 다른 정책 영역에서는 거의 사용하지 않는다. 최근 교육정책에서는 '체험활동'이라는 용어가 자주 사용되며, 알상적으로는 '청소년활동' 개념보다는 청소년 체험활동 개념이 보편적으로 사용되고 있다. 「청소년기본법」은 청소년활동을 '청소년의 균형 있는 성장을 위하여 필요한 활동과 이러한 활동을 소재로 하는 수련활동, 교류활동, 문화활동 등 다양한 형태의 활동'으로 규정하고 있지만(제3조), 청소년활동 개념이 학문적으로 보다 심도 깊게 논의되어야 한다는 주장이 제기되기도 한다(김민, 2010; 전명기, 2010).

둘째, 청소년활동 개념은 한국의 청소년이 처한 상황과 관련된 정책적인 개념으로 외국에서 사용되는 개념에 비해서도 특수한 개념이다. 유럽의 경우에는 대체로 청소년활동(youth activity)보다는 청소년사업(youth work)이라는 개념이 보편적으로 사용된다. 영국에서도 'Youth Activity'라는 개념이 사용되기는 하지만, 학교교육과 구별 짓는 차원에서 'Youth Work'라는 용어로 사용되고 있다(박선영 2013: 이민희, 2013). 프랑스에서 '청소년활동'에 해당되는 개념은 'amation socioculturelle'로 직역하면 '사회문화적 활력충전(혹은 생기 충전)'이라는 의미를 가진다. '사회문화적'이라는 형용사를 붙이지 않고 'amation (활력충전)'이라는 용어도 종종 사용되지만 내용적으로 보면 유럽의 다른 나라에서와 같이 포괄적인 개념이 '청소년사업'의 개념과 유사하다(신선미, 2013). 일본에서는 우리나라와 마찬가지로 '청소년활동'이란 개념이 사용되기는 하지만, '체험활동' 개념이 보다 보편적으로 사용되며, 정책적인 용어로서도 '체험활동' 개념이 더 많이 사용된다(박은희, 2021).

청소년육성 개념도 사용되지만 청소년육성은 유럽에서 사용하는 '청소년사업'과 같이 포괄적인 개념으로 사용되며, 우리나라에서 사용하는 '청소년육성' 개념과 흡사하고, 인지적인 영역의 발달보다는 정의적 영역이나 인성에 강조점을 둔다. 유럽의 경우 '청소년사업(youth work)' 개념이 보다 보편적으로 사용되는 이유는 청소년들을 대상으로 하는 사업이 통합적인 성격을 띠기 때문이다. 일본의 청소년육성 개념 또한 마찬가지이다. 즉, 청소년활동을 청소년에 대한 보호나 청소년복지와 엄밀히 구분하기보다는 통합적인 개념으로 사용한다. 이러한 점 때문에 최근에는 '청소년활동' 개념이 '청소년사업', 내용적으로는 '청소년육성' 개념과 크게 다르지 않다(김민, 2010). 그에 비해 청소년활동 개념은 협의의 개념이다. 달리 말하면, 청소년활동은 청소년사업이나 청소년육성의 하위개념이거나 또는 수단이라기보다는 다른 하위영역인 청소년보호나 복지 또는 교육 등의 영역과 독립적인 개념이 아닌 도구적인 개념으로 이해되는 것이 바람직하다. 따라서 청소년활동정책은 학교 밖의 정책만을 의미하지 않으며, 취약위기 청소년을 대상으로 하는 정책과 배타적이지도 않아야 한다. 반면, '청소년활동' 개념은 주로 '청소년수련활동'으로 등치되어 왔으며(김민, 2010). 그에 따라 '청소년수련활동'개념의 외연이 너무 넓게 이해되어 왔다.

「청소년기본법」과 「청소년활동진흥법」상의 청소년활동의 개념 정의는 이러한 문제를 고스란히 보여준다, '청소년수련활동' 개념의 외연은 넓어진 반면, '청소년활동'의 개념은 축소되었다. 따라서 '청소년수련활동' 개념은 축소되어야 하며 '청소년활동'의 개념은 확장되어야 한다(박은희, 2021).

## 2 청소년활동의 법적 · 제도적 기반 및 지원

### 1) 청소년활동의 법적 기반

#### (1) 청소년활동에 관한 법

① 청소년 활동에 관한 법률

- 청소년활동과 직 · 간접적으로 관련된 모든 법령 · 규칙이다.
- 청소년활동의 개념, 구성요소, 범위와 내용 등이 포함된다.

② 청소년활동(체육청소년부, 1991)

- 청소년이 주어진 환경 속에서 개인적 · 사회적 가치, 목표 실현을 위해 행하는 모든 정신적 · 육체적 행위를 말한다.

③ 청소년활동의 영역

- 한국청소년기본계획(체육청소년부, 1991)에서는 청소년고유활동영역, 수련활동영역, 임원활동영역의 세 가지로 구분하고 있다
- 사회통념상의 청소년활동은 청소년들의 학교 정규교육이나 직업활동을 제외한 다양한 체험활동을 총칭한다.
- 청소년활동의 개념은 너무 광의적이기 때문에 관련법의 범위 또한 매우 광범위하다.

④ 청소년기본법이 규정하고 있는 청소년활동의 범위(청소년기본법 제3조)

- 청소년의 균형 있는 성장을 위해 필요한 활동과 이를 소재로 하는 수련, 교류, 문화활동 등 다양한 형태의 활동을 말한다.

### (2) 청소년활동에 관한 법

① 청소년활동진흥법

- 청소년수련활동 중심에서 수련활동, 교류활동, 문화활동 등 대부분의 활동이 청소년 활동에 포함되도록 개념을 확대하고, 정책적 지원범위를 확장한다.
- 청소년활동 활성화를 위한 다양한 제도적 기반 마련
- 특화시설 추가, 시설구분 현실화, 청소년 참여 보장
- 청소년활동에 관한 제반 사항을 단일법으로 체계화

② 청소년활동진흥법의 주요 내용

- 청소년활동 진흥을 위한 관계기관과의 협조
- 청소년 참여 보장(청소년운영위원회 설치 등)
- 지원 체계 명시(청소년활동지원본부 설치 등)
- 청소년활동 시설의 다양화
- 청소년수련활동인증제도 도입
- 청소년교류활동 진흥

- 청소년문화활동 참여기반 조성

### (3) 청소년활동의 보장

#### ① 청소년활동 지원의 방향

- 국가 및 지방자치단체의 적극적인 지원
- 청소년활동 관련 시설, 프로그램, 지도자에 대한 대책수립 및 지원
- 다양한 기관과의 협력체계 구축
- 청소년 참여 보장
- 청소년운영위원회 설치 및 청소년의 의견을 시설운영에 반영

#### ② 청소년활동지원본부 등 주요 기관

- 한국청소년진흥센터: 활동지원본부
  ➜ 활동정보수집 · 제공, 활동지원, 인증제 운영 등
- 지방청소년진흥센터
  ➜ 해당 지역 활동정보 제공, 활동기록, 관리 등
- 학교 및 평생교육시설과의 협력체계 구축
  ➜ 활동지원본부 및 지방센터는 이들 시설과 협력체계 구축
  ➜ 협력기관에서 필요로 하는 청소년활동 관련 사항을 지원

### (4) 청소년활동시설 유형과 설치·운영

#### ① 청소년활동시설의 유형과 특성

- 청소년활동시설은 크게 청소년수련시설과 청소년이용시설로 구분

※ **청소년수련시설**: 수련활동에 필요한 시설, 설비, 프로그램을 갖추고 청소년 지도자의 지도하에 수련활동을 실시하는 시설을 말한다.

- 청소년수련시설의 유형
  - ➜ 청소년수련관, 청소년수련원, 청소년문화의집, 청소년야영장
  - ➜ 청소년특화시설, 유스호스텔
- 청소년이용시설
  - ➜ 수련시설이 아닌 시설로서, 시설 설치 목적의 범위 내에서 청소년 활동 실시와 청소년의 건전 이용 등을 위해 제공할 수 있는 시설

### ② 청소년수련시설의 설치와 운영

- 국가 · 수련시설의 설치와 운영
  - ➜ 시설 확충, 프로그램 제공 등 여건 마련
  - ➜ 수련활동의 방향, 시설 운영방향 제시
  - ➜ 국가: 국립수련시설 설치 · 운영
  - ➜ 지자체: 수련관 1개소 이상(시·군·구), 문화의집 1개소 이상(읍·면·동) 등
- 민간부문의 수련시설 설치
  - ➜ 지자체장 허가 → 수련시설 설치 · 운영
  - ➜ 수련시설 건립 시: 수련시설건립심의위원회 심의
  - ➜ 3,000호 이상 건립 주택단체 → 수련시설 포함
- 수련시설의 운영
  - ➜ 수련시설 운영 전 관할지 등록
  - ➜ 원활한 시설 운영 → 운영대표자 선임
  - ➜ 시설 운영 · 안전 · 위생 관련 교육 → 연 1회 이상
  - ➜ 공공시설의 민간위탁 운영(청소년단체 등)
  - ➜ 시범 수련시설 지정 · 육성

### ③ 한국청소년수련원 및 청소년수련시설협회

- 한국청소년수련관
  - ➜ 수련시설 운영 → 각종 모델 개발 · 보급

→ 수련활동 활성화, 수련시설 체계적 지원

→ 주요 업무: 국가가 설립한 시설 운영, 수련거리 시범운영, 수련시설의 국제 교류 및 협력사업 지원, 지도자 연수 등

→ 수련시설 간 정보교류, 협력체계 구축

→ 상호간 권익과 교류사업 추진

→ 회원시설의 사업 · 활동 →협력 · 추진

※ **지방청소년수련시설협회:** 특정 지역 중심 활동

### (5) 청소년수련활동에 대한 지원

#### ① 청소년수련활동 지원 및 수련거리 개발·보급

- 국가 · 지자체의 수련거리 개발 · 보급
  - → 유형별 다양한 수련거리 개발 · 보급
  - → 청소년 발달원리에 근거하여 개발
- 국가 · 지자체의 수련활동 활성화 지원
  - → 다양한 수련활동 운영, 참여시간 확보, 안전보험제, 단체회원 확대
  - → 수련활동, 실적의 진학 · 취업 반영 등

#### ② 청소년수련활동인증제 도입·시행

- 청소년활동에 대한 국민적 신뢰 제고
- 청소년의 활동 기록 관리, 요청시 참가기록 발급 등

#### ③ 수련지구의 지정과 조성

- 명승고적지, 역사유적지, 자연경관 수려지역
- 청소년활동에 적합, 이용 편리 지역 → 수련지구 지정
- 수련활동의 효율적 전개 → 여건 조성

### (6) 청소년교류활동의 지원

① 교류활동 진흥시책 개발·시행

② 다양한 교류활동 지원

- 국제청소년 교류, 남북/교포청소년 교류
- 지자체 차원의 자체적 교류활동(자매 도시 등)

### (7) 청소년문화활동의 지원

① 청소년문화활동 기반 구축

② 청소년축제 발굴 지원

③ 청소년동아리활동의 활성화

④ 청소년자원봉사활동의 활성화

## 2) 청소년단체활동 관련법

### (1) 청소년단체 및 한국청소년단체협의회 관련 법규

① 청소년단체에 대한 지원

- 국가 · 지자체: 행정적 · 재정적 지원
- 지원범위: 청소년활동, 복지, 보호 등에 관한 사업

② 한국청소년단체협의회

- 1965년, 15개 민간단체로 창립
- 주요 사업: 회원단체에 대한 협조 · 지원 등
- 청소년기본법 제40조: 소요경비 지원

### (2) 개별 청소년단체 관련 법률

#### ① 스카우트 활동 육성이 관한 법률

- 스카우트 활동 지원·육성 목적: 1969년 제정
- 국가·지자체의 지원
  - ➜ 스카우트 활동 관련 편의 제공, 원조 지원
  - ➜ 유사명칭 사용금지
  - ➜ 연간 사업계획, 진행상황 실적 → 보고

#### ② 한국청소년연맹육성에 관한 법률

- (사)한국청소년연맹 지원·육성: 1981년 제정
- 가맹단: 아름단, 누리단, 한별단, 한울회, 보람단, 국가·지자체의 지원
  - ➜ 연맹의 조직·활동 → 편의제공, 협조, 지원
  - ➜ 유사명칭 사용금지
  - ➜ 운영경비 및 시설비, 경비 보조 등

#### ③ 한국청소년해양단육성에 관한 법률

- 한국해양소년단연맹 지원·육성: 1984년 제정
- 국가·지자체: 운영경비, 시설비, 행사경비 보조

#### ④ 유네스코활동에 관한 법률

- 유네스코 활동 지원: 1963년 제정
- 국제 기구 협력사업, 자체활동 지원

### (3) 청소년활동의 제도적 기반: 청소년수련활동인증제

#### ① 청소년수련활동인증제 도입 배경

- 선진 각국: 다양한 인증제도 도입·시행
  - ➜ 목적: 청소년 관련 서비스의 실적 수준 향상
  - ➜ 유형: 프로그램·서비스 인증, 시설·기관인정, 청소년 개인의 성취수준 인증 등

- 청소년 시설 평가 → 시범시설 지정
- 프로그램 평가 → 전문화 · 특성화 프로그램 선정
- 청소년자원봉사활동터전 인증제도
  - ➜ 표준화와 인증제 도입의 기초적 성격
  - ➜ 2006년, 한국청소년진흥센터 인증제 도입

※ **청소년수련활동인증제:** 일정 기준 이상의 형식적 요건과 질적 특성을 갖춘 청소년 활동에 적당한 절차로 성립되었음을 공적 기관에 의해 증명하는 제도이다.

# 제5장

# 청소년활동과 안전

1. 청소년활동과 안전
   1) 청소년안전사고의 정의
   2) 청소년활동과 안전의식
   3) 청소년활동 안전사고의 유형
2. 안전관련 법률과 청소년지도자
   1) 청소년활동 안전에 관한 법률
   2) 청소년안전사고 관련 법률
   3) 청소년안전사고와 청소년지도자

# 1 청소년활동과 안전

청소년활동은 청소년들의 긍정적인 성장·발달과 개발을 목표로 하는 목적적 활동으로서 청소년활동은 청소년의 성장·발달과 청소년개발의 관점에서 접근할 필요가 있다. 따라서 청소년발달은 청소년기의 시간적 흐름에 따라 나타나는 생물학적·인지적·사회정서적 변화라고 정의할 때 청소년발달의 개념은 성장, 성숙, 학습의 개념과 밀접하게 관련되어 있다(김진호 외, 2008).

여기서 "성장"이란 청소년 개개인의 신장, 체중, 골격 등과 같은 신체적이고 생리적인 변화와 같은 양적 증가와 관련된다. 성장은 크기의 증가로 인한 양적 변화를 의미하며, 몸무게가 늘어나고 키가 크는 것 등이 여기에 속한다. 반면 성숙이란 뇌기능의 분화나 사춘기의 이차성징 출현과 같이 개체가 환경의 영향보다는 유전적 소질에 의해서 변화하는 과정을 의미한다(이현림, 김영숙, 2006).

이렇듯 청소년발달을 정의할 때 성장, 성숙의 개념과 함께 반드시 논의되어야 할 부분은 경험이다. 청소년이 실생활에서 접하게 되는 모든 심리적·물리적 환경과의 상호작용이 바로 경험이라 할 수 있다. 발달에서 경험은 매우 중요한 역할을 담당한다. 일반적으로 성장·성숙은 경험 없이는 일어나지 않는다. 이와 같이 청소년 발달을 경험과 관련지어 볼 때 학습은 외부적으로 주어지는 경험이나 훈련의 효과에 의해서 나타나는 행동상의 변화를 의미한다. 따라서 청소년발달의 개념은 유사개념인 성장·성숙·학습을 모두 포함하는 포괄적인 의미를 지니고 있다(이현림, 김영숙, 2006).

하지만 청소년들의 활동에 있어 비극적인 안전사고가 수시로 발생하면서 청소년들의 신체적·정신적 발달에 제동이 걸리는 상황이 연출되고 있는 실정이다. 즉, 청소년들이 다양한 활동을 통하여 건강하게 성장할 수 있는 기회를 잃게 된다는 것이다(조아미 외, 2016).

안전사고의 원인으로는 물적, 인적, 환경적 측면에서 고려해 볼 수 있는데 이중에서도 인적 요인이 가장 크다고 할 수 있다(이명선, 박경옥, 2006). 청소년활동에 있어서 안전은 가장 기본적인 전제이다. 아무리 우수한 청소년활동이라고 해도 안전이 담보되어 있지 않으면 그것은 청소년활동으로서의 의미와 가치를 상실한 것이다(조아미 외, 2016).

그리고 청소년들의 학교안전과 관련하여서는 교육부(2015)에서 학교급별 학교 안전교육 7대 영역을 발표하기도 하였다. 여기에는 생활안전, 교통안전, 폭력 및 신변안전, 약물·사이버 중독, 재난안전, 직업안전, 응급처치가 포함되어 있다. 또한 학생안전지수가 개발되기도 하였다(교육부, 2014). 하지만, 학교에서의 안전과 관련한 매뉴얼은 「청소년활동진흥법」의 개정과 여성가족부, 한국청소년활동진흥원 등에서 이미 개발·보급되었고, 2015년에 청소년활동안전센터가 개소되어 청소년의 안전에 관한 기본은 갖추어졌다고 보인다.

## 1) 청소년안전사고의 정의

안전의 사전적인 정의는 '위험이 생기거나 사고가 날 염려가 없음 또는 그런 상태'를 의미하며 위험, 사고, 재난, 위기 등이 발생하지 않도록 하거나 없는 상태를 안전이라 할 수 있다(교육부, 2014).

일반적으로 안전(Safety)의 개념은 위험사고 및 위험 가능성을 제거하고자 행동 변화에 의해 생긴 상황이나 상태라고 정의하며(Florio, 1962), 사고(Accident)의 개념은 접두사 'Ac'와 떨어진다는 뜻의 'Cido'를 어원으로 예기치 못한 사건으로 인해 발생하는 물질적·신체적·정신적 손실을 의미한다(한국산업안전보건공단, 2003). 두 개념을 종합하여 안전사고의 정의를 살펴보면, 사고위험이 발생할 수 있는 시설에서 안전수칙 위반, 부주의, 안전교육 미비 등 재산 또는 사람의 피해를 발생시키는 사고라고 정의되며(한정훈, 2007), 그 원인을 물적·인적·환경적 원인에 의해 발생한다고 보았다(Haddon, 1970: 김문수 외, 2021 재인용). 이러한 안전사고의 개념은 다양한 분야에서 정의하는 바가 조금씩 다르지만, 우선적으로 청소년 분야에서 주로 사용되는 개념을 확인해보고자 한다.

학교안전공제회와 교육부에서 정의한 학교안전사고의 개념에서는 학교사고 또는 학생사고 등의 용어로 정의하고 있으며(김문수 외, 2021), "학교에서 발생하는 사고에서 학생이 당한 사고 이외의 피해 당사자에 따라 학부모, 교원, 행정직원, 지역주민이 당한 사고, 학교 시설물 파손, 화재와 붕괴사고 등이 포함되어 학교를 둘러싼 발생할 수 있는 모든 사고"를 학교안전사고라고 정의하고 있다(학교안전공제중앙회, 2010). 「학교안전사고 예방 및 보상에 관한 법률」에서의 정의는 "교육 활동 중 발생한 사고로서 학생·교직원 또는 교육 활동 참여자의 생명 또는 신체에 피해를 주는 모든 사고 및 학교급식 등 학교장의 관리·감독에 속하는 임무가 직접적인 원인이 되어 학생·교직원 또는 교육 활동 참여자에게 발생하는 질병"이라고 정의하고 있다.

선행연구를 살펴보면, 협의적 정의에서 박영석(2002)은 학교의 영역 안에 놓여 있는 상태에서 불가항력적·의식적·자연발생적 행위로 인해 발생한 피해를 준 일체의 행위를 총칭한다고 정의하였고, 광의적 정의에서 김현기(2014)는 교육 활동 중 발생한 사고를 포함하여 쉬는 시간, 운동장 개방에 따른 저녁 시간대, 학생 부주의까지 교육활동과 무관하게 발생하는 사고도 포함하여 학교안전사고를 정의하였다(김문수 외, 2021 재인용).

여성가족부와 한국청소년활동진흥원에서의 청소년안전사고 개념으로는 "청소년활동 안전은 활동 전 과정에서 사고 발생의 위험이 없이 편안하고 온전한 상태 유지, 사고 예방, 대응체제 구축을 의미한다"라고 정의하였다(여성가족부, 2015).

그리고 청소년시설과 청소년지도자는 매년 증가하고 있으며 청소년활동에 참여하는 청소년들도 자연스레 많아지고 있다(여성가족부, 2020). 그러나 청소년안전사고 또한 지속적으로 발생하고 있다. 학교 내 안전사고 건수를 살펴보면, 2016년 116,077건에서 2019년 138,784건으로 증가하였으며 교외 활동 중 안전사고도 연간 5천여 건 수준으로 나타났고(학교안전공제회, 2020), 씨랜드 화재 사건(1999.6)부터 태안 사설 해병대 캠프 사고(2013.7), 세월호 침몰사고(2014.4) 등 크고 작은 사건·사고들이 끊임없이 발생함에 따라 청소년안전사고에 대한 방안이 절실하게 필요할 것이다.

### 2) 청소년활동과 안전의식

청소년활동에서의 안전 또는 청소년활동 안전의식이 무엇인가에 대해서는 이제까지 우리 사회에서 중요하게 논의된 바가 없는 실정이다(조아미, 이진숙, 강영배, 2016). 따라서 청소년활동의 안전사고에 대응방안의 연구·개발을 위해서는 안전의 개념적 정리가 필요하다.

안전에는 사전적 의미 이외에 다른 측면의 설명도 있다. 안전의 사전적 정의와 함께 안전을 설명함에 있어 함께 논의되는 용어로 가장 많이 사용되는 것이 '안전문화와 안전분위기'라는 용어이다. 안전문화라는 용어는 체르노빌 원전에서 발생한 폭발사고를 분석하는 과정에서 처음 사용되었는데, 조직 내에 안전문화가 부재하기 때문에 원전사고가 발생한 것으로 지적하면서 안전을 확보하기 위해서는 무엇보다 조직 내에 안전문화가 우선적으로 형성되어야 함을 주장하였다. 이와 유사한 개념으로 안전분위기라는 개념이 있다. 이는 안전과 관련된 조직 구성원의 안전한 행동과 사고발생 가능성을 예측하는 결정적인 요인이 된다는 입장을 표명한다(문기섭, 장영철, 2014).

한국산업안전관리공단(1999)에서는 안전의식의 함양이라는 것을 자신의 안전의식 수준이 어느 정도인지를 아는 것으로부터 시작된다는 측면에서 안전행동 형성에 기여하는 습관, 태도 및 지식의 중요성을 주장하고 있으며, 교육부(2014)에서도 안전에 대한 지식, 태도, 습관을 안전의식 형성의 단계로 정의하고 있다. 따라서 청소년활동 안전의식은 청소년활동의 안전을 위한 선행조건으로서, 개인, 기관, 지역사회의 측면에서 안전의식이 포함된다(조아미 외, 2016).

### 3) 청소년활동 안전사고의 유형

최근 청소년들의 안전과 관련된 일련의 사건들이 자주 발생하면서, 청소년활동에서 안전문제에 대해서 많은 관심이 쏠리고 있는 것이 현실이다. 특히 학교와 관련한 안전사고를 중심으로 청소년들의 안전사고에 관한 연구들이 현재 활발히 진행되고 있다.

교육부에서 2014년 이후 청소년활동안전센터 설치에 관한 예산이 확정되면서(김문수, 2017), 2015년 1월 12일부로 안전센터가 실질적으로 운영되기 시작하였다. 이에 따라 청소년활동 안전사고에 대한 유형으로는 크게는 시간별 안전사고와 유형·장소별 안전사고로 나누어 살펴볼 수 있다.

먼저, 시간별 사고유형의 청소년활동 안전의식에서, 조아비 외(2016)는 전반적인 활동 프로그램의 전개에 있어 모든 활동의 단계를 교육활동 전, 교육활동 중, 교육활동 후로 나누어 잠정적으로 구분하였다.

**표 5-1 청소년지도자의 청소년활동 안전의식 평가척도의 단계별 내용**

| 단계 | 내용 |
|---|---|
| 교육활동 전 | • 안전한 활동을 위한 안전관리규정, 매뉴얼 등에 대한 지식 정도<br>• 안전장비의 상태에 대한 파악 정도<br>• 사전답사에 대한 인식<br>• 안전사고 예방교육에 대한 생각<br>• 참가신청서 중요성에 대한 인식<br>• 수련활동 신고제 및 인증제에 대한 인식<br>• 안전교육 자료의 중요성에 대한 인식 |
| 교육활동 중 | • 활동 중 위험요인에 대한 인지 정도<br>• 안전사고 발생 시 위기관리능력을 가지고 있는지에 대한 생각<br>• 교통안전, 식품위생, 시설안전 등에 대한 점검 정도 등 |
| 교육활동 후 | • 활동 후 참여자의 건강상태에 대한 관심<br>• 안전사고 대처의 적절성<br>• 참여자의 정서상태에 대한 관심 등<br>• 활동 후 안전관련 평가회의 및 대책수립 행동 여부<br>• 안전사고 발생 시 사후관리의 적극성 |

출처: 조아미 외, 2016.

구체적으로 살펴보면, 첫째, 교육활동 전에는 안전한 활동을 위한 안전관리 규정, 매뉴얼 등에 대한 지식, 안전장비의 상태에 대한 파악, 사전답사에 대한 의식, 안전사고 예방교육에 대한 생각 등으로 볼 수 있다. 둘째, 교육활동 중에는 활동 중 위험요인에 대한 인지 정도, 안전사고 발생 시 위기관리능력을 가졌는지에 대한 생각, 교통안전, 식품위행, 시설 안전 등에 대한 점검 정도 등이다. 셋째, 교육활동 후에는 참여자의 건강상태에 관한 관심, 안전사고 대처의 적절성, 참여자의 정서 상태에 대한 관심 등에 청소년지도자는 주요 역할을 해야 한다고 정의하였다(조아미 외 2016).

청소년활동에서의 활동유형 · 장소별 안전사고는 청소년수련활동 안전종합매뉴얼에 따라 크게는 실내활동과 실외활동으로 분류된다. 실내활동으로는 일반강의실, 실험강의실, 강당(공연장), 다목적실, 체육관, 실내수영장으로 구분되며, 실외활동으로는 공동체활동, 명랑운동회, 추적활동, 모닥불놀이, 챌린지활동, 인공암벽, 공중하강시설(짚라인)으로 구분된다. 수상 · 수중활동은 스킨스쿠버, 래프팅, 야외수영으로 구분되며, 동계활동은 스키, 스노보드, 썰매로 구분된다. 이동 · 숙박형은 야영활동, 도보 · 산행, 자전거로 구분되며 동력이동수단을 차량으로 구분된다(한국청소년활동진흥원, 2016).

## 2 안전관련 법률과 청소년지도자

### 1) 청소년활동 안전에 관한 법률[1]

#### (1) 재난 및 안전관리 기본법

「재난 및 안전관리 기본법」은 재난안전 분야의 기본적 법률로서, 각종 재난으로부터 국토를 보존하고 국민의 생명 · 신체 및 재산을 보호하기 위하여 국가와 지방자치단체의 재난 및 안전관리체제를 확립하고, 재난의 예방 · 대비 · 대응 · 복구와 안전문화활동, 그 밖에 재난 및 안전관리에 필요한 사항을 규정함을 목적으로 하고 있다.

#### (2) 자연재해대책법

「자연재해대책법」은 태풍, 홍수 등 자연현상으로 인한 재난으로부터 국토를 보존하고 국민의 생명 · 신체 및 재산과 주요 기간시설을 보호하기 위하여 자연재해의 예방 · 복구 및 그 밖의 대책에 관하여 필요한 사항을 규정함을 목적으로 하고 있다.

1) 법제처 홈페이지, 2021년 6월 30일 검색 및 인출.

### (3) 산업안전보건법

「산업안전보건법」은 사업장에서의 산업안전 · 보건에 관한 기준을 확립하고 그 책임의 소재를 명확하게 하여 산업재해를 예방하고 쾌적한 작업환경을 조성함으로써 근로자의 안전과 보건을 유지 · 증진함을 목적으로 하고 있다.

### (4) 고압가스 안전관리법

「고압가스 안전관리법」은 고압가스의 제조 · 저장 · 판매 · 운반 · 사용과 고압가스의 용기 · 냉동기 · 특정설비 등의 제조와 검사 등에 관한 사항 및 가스안전에 관한 기본적인 사항을 정함으로써 고압가스 등으로 인한 위해를 방지하고 안전을 확보함을 목적으로 하고 있다.

### (5) 액화석유가스의 안전관리 및 사업법(약칭: 액화석유가스법)

액화석유가스의 수출입 · 충전 · 저장 · 판매 · 사용 및 가스용품의 안전 관리에 관한 사항을 정하여 공공의 안전을 확보하고 액화석유가스사업을 합리적으로 조정하여 액화석유가스를 적정히 공급 · 사용하게 함을 목적으로 하고 있다.

### (6) 전기용품 및 생활용품 안전관리법(약칭: 전기생활용품안전법)

전기용품 및 생활용품의 안전관리에 관한 사항을 규정함으로써 국민의 생명 · 신체 및 재산을 보호하고 소비자의 이익과 안전을 도모함을 목적으로 하고 있다.

### (7) 시설물의 안전관리에 관한 특별법(약칭: 시설물안전법)

시설물의 안전점검과 적정한 유지관리를 통하여 재해와 재난을 예방하고 시설물의 효용을 증진시킴으로써 공중의 안전을 확보하고 나아가 국민의 복리증진에 기여함을 목적으로 하고 있다.

### (8) 학교안전사고 예방 및 보상에 관한 법률(약칭: 학교안전법)

학교안전사고를 예방하고, 학생·교직원 및 교육활동참여자가 학교안전사고로 인하여 입은 피해를 신속·적정하게 보상하기 위한 학교안전사고 보상공제 사업의 실시에 관하여 필요한 사항을 규정함을 목적으로 하고 있다.

### (9) 식품안전기본법

식품의 안전에 관한 국민의 권리·의무와 국가 및 지방자치단체의 책임을 명확히 하고 식품안전정책의 수립·조정 등에 관한 기본적인 사항을 규정함으로써 국민이 건강하고 안전하게 식생활을 영위하게 함을 목적으로 하고 있다.

### (10) 위험물안전관리법

위험물의 저장·취급 및 운반과 이에 따른 안전관리에 관한 사항을 규정함으로써 위험물로 인한 위해를 방지하여 공공의 안전을 확보함을 목적으로 하고 있다.

### (11) 화재예방, 소방시설 설치·유지 및 안전관리에 관한 법률(약칭: 소방시설법)

화재와 재난·재해 그 밖의 위급한 상황으로부터 국민의 생명·신체 및 재산을 보호하기 위하여 화재의 예방 및 안전관리에 관한 국가와 지방자치단체의 책무와 소방시설등의 설치·유지 및 소방대상물의 안전관리에 관하여 필요한 사항을 정함으로써 공공의 안전과 복리 증진에 이바지함을 목적으로 하고 있다.

### (12) 식품위생법

식품으로 인하여 생기는 위생상의 위해를 방지하고 식품영양의 질적 향상을 도모하며 식품에 관한 올바른 정보를 제공하여 국민보건의 증진에 이바지함을 목적으로 하고 있다.

## 2) 청소년안전사고 관련 법률

청소년안전사고와 관련된 법률은 크게 「헌법」, 「민법」, 「국가배상법」, 청소년 관계 법으로 구분하여 살펴볼 수 있다(김문수, 지영섭, 2021). 먼저, 「헌법」에서는 기본법을 전제하고 있으며 전제조건으로는 자신의 신체, 생명, 건강 등의 위협에서 벗어나 자기 결정권의 행사를 실현해야 하고 국가는 국가적 차원에서 보건, 재해 예방, 국민 보호의 과제 등을 명시해야 함을 규정하고 있다(「헌법」 제34조 제6항, 제36조 3항). 이러한 관점은 크게 소극적 관점과 적극적 관점에서 안전 보호의 의무를 살펴볼 수 있다(김대환, 2014).

소극적 관점에서는 국가의 간섭을 최소화하여 개인의 자유가 침해되지 않는 선에서 인간의 존엄을 보장하는 객관적 요청, 방어할 권리, 생명 및 신체 자유를 침해하지 않을 권리 등을 갖는다. 적극적 관점에서는 두 가지로 나눠볼 수 있는데, 첫째는 국민의 안전권이 위협받는 상황이 있으리라 예측됨에도 불구하고 국가가 적극적으로 개입하지 않을 시, 둘째는 국민의 안전이 다른 이의 행위를 통해 위협이 예측되거나 실제 받고 있음에도 국가가 이를 방지하는 행위를 게을리할 시에 국민의 안전이 희생된다고 본다(전광석, 2015). 이러한 내용은 「헌법」 제29조에 명시되어 있으며 실질적으로는 공무원의 직무상 불법행위 혹은 국가 및 지자체에 대한 배상 청구의 권리로서 직무상의 불법행위에 대한 책임을 법률적으로 명시하고 있다(장영수, 2012). 다음으로, 「민법」에서는 불법행위에 대해 제750조, 책임무능력의 감독자 책임 제755조, 사용자의 책임 제756조, 공작물 등 점유자 혹은 소유자의 책임 제785조, 공동불법행위자의 책임 제76조에 의거 특수불법행위를 규정하고 있다. 제750조~제752조는 고의나 과실 여부에 의해 손해 발생 또는 위법행위에 대해 요구하며 책임무능력자의 불법행위 성립요건은 제753조, 제754조에 명시되어 있다. 그 외 일반 불법행위 요건으로는 성립조건에 따라 크게 가해자의 고의 또는 과실에 의한 행위, 가해자의 책임능력, 가해행위의 위법성, 가해행위에 의한 손해의 발생으로 정리해 볼 수 있다(김준호, 2013).

셋째, 「국가배상법」은 공무원의 수행업무에서 법령을 위반하여 고의 혹은 과실로 인해 타인에게 손해가 발생할 경우, 국가가 배상책임이 있음을 법적으로 규정하고 있다. 「헌법」 제29조 1항에 따라 제정된 「국가배상법」 제2조 제1항은 '국가 또는 지방자치단체는 공무원 또는 공무를 위탁받은 사인이 직무를 집행하면서 고의 또는 과실로 법령을 위반하여 타인에게 손해를 입히거나 자동차 손해배상 보장법에 따라 손해배상의 책임이 있는 때에는 이 법에 따라 그 손해를 배상하여야 한다'라고 규정하고 있다. 동법 동조 제2항에서도 '제1항 본문의 경우에 공무원에게 고의 또는 중대한 과실이 있으면 국가나 지방자치단체는 그 공무원에게 구상할 수 있다'라고 규정하였다.

마지막으로, 청소년 관계법에서는 「청소년기본법」, 「청소년복지지원법」, 「청소년활동진흥법」, 「청소년보호법」이 있다. 우선, 「청소년기본법」을 살펴보면 청소년정책에 관한 기본법적 성격을 지니고 있으며 제47조에서 제52조까지 청소년활동, 복지, 보호에 대한 지원 내용을 「청소년복지법」, 「청소년활동법」, 「청소년보호법」으로 따로 정하였다. 그중 「청소년활동진흥법」은 안전사고와 관련된 구체적인 내용을 담고 있다. 「청소년활동법」 제9조의2에서는 숙박 또는 비숙박형의 청소년활동을 주최하려는 자는 반드시 교육의 절차와 방법의 계획을 신고하도록 규정하고 있으며, 제9조의3에서는 참여 청소년의 건강상태 확인 및 사고에 대한 치료의 의무를 「응급의료에 관한 법률」, 「의료법」, 「약사법」에 따라 적정한 치료를 받도록 하여야 한다는 내용을 명시하고 있다. 그 외에도 제1조의 2 안전교육, 제18조의4 수련 시설의 종사자에 대한 안전교육, 제25조 보험 가입 등을 포함하고 있으며, 청소년 관련 종사자 및 사고유형에 따라 「아동복지법」, 「초·중등교육법」, 「평생교육법」, 「사회복지사업법」, 「국민체육진흥법」 등을 적용하고 있다.

### 3) 청소년안전사고와 청소년지도자

안전사고에서 청소년지도자의 법적 책임에 대한 판단기준은 크게 다섯 가지 주요한 가이드라인이 있다. 이는 미국에서 청소년활동 중 안전사고 발생 시 교사, 청소년지도자, 교육당사자의 개인적 책임을 인정하는  주요하게 고려되는 규정들이다(최윤진, 1998: 김문수, 지영섭, 2021 재인용).

첫째, 지도자가 사고에 대한 가능성을 예측할 수 있는지를 살펴보아야 한다. 김영희(2006)와 이혜란(2010)의 연구에서는 안전사고에 있어 사고 원인과 사고 발생에 대한 과실의 판례상에서도 사고예측 가능성에 따라 교육자의 과실 여부가 인정된다면 교육자는 사용자 민사상 배상책임을 다하여야 한다고 보았으며, 폭력사고는 교육자에게 불법행위자로서의 배상 책임, 본인 자초사고는 대리감독자로서의 민사상 책임, 시설 및 관리상의 문제에 의한 사고는 그 소유자에게 책임을 부여하고 있다.

둘째, 안전사고와 지도자의 행위 간 인과관계 여부를 판단해보아야 한다. 박재향(2002)의 연구에서는 인과관계의 근거가 되는 민법상 불법행위에 관한 조항을 기준으로 책임소재 규명 근거를 판단하였고, 정영신(2003)과 김영희(2006)의 연구에서도 통상적으로 요구되는 교육자의 보호와 감독의 의무에 대한 이행 여부와 사고와의 관계에 대해 주요한 판결기준이 될 수 있음을 보여주었다.

셋째, 지도자의 주의의무가 제대로 이행되었는지를 살펴보아야 한다. 이기호(2005)와 이설영(2008)의 연구에서는 교육자에 의해 사고가 발생한 경우에서 체벌과 같은 사례들은 사회상규상 객관적 타당성 유무이며 체벌이 아닌 사례는 주의의무의 이행이 주요 판단 요소가 될 수 있음을 언급하였다.

넷째, 주변 환경에 따라 어떻게 관리·감독의 적용 범위가 성립되는지를 살펴보아야 한다. 특히 휴식시간, 점심시간, 청소시간, 이동시간, 숙박시간 등 교육 활동 외 시간에서 청소년지도자의 책임 적용 범위를 구체적으로 살펴볼 필요가 있고, 교육자들은 사고가 예측 가능한 환경(실험실, 실습실, 야영장소 등)에서 관리·감독의 적용이 어떻게 성립될 수 있을지 따져보아야 한다.

마지막으로, 청소년 개인의 나이, 성별, 심리, 성숙 정도 및 건강 상태와 안전사고 간의 관계를 살펴보아야 한다. 특히 나이나 성숙 정도가 매우 어리거나 장애 여부, 신체적 결함, 정신적 질병 등이 있는 요보호청소년의 경우 특별 관리가 필요하다고 판단됨에 따라 특별한 보호가 요구된다.

제6장

# 청소년 창의적 체험활동



청·소·년·활·동·론

# 1 창의적 체험활동

## 1) 창의적 체험활동의 개념

창의적 체험활동은 교과 이외의 활동으로서 교과와 상호 보완적 관계에 있으며, 앎을 적극적으로 실천하고 나눔과 배려를 할 줄 아는 창의성과 인성을 겸비한 미래지향적 인재 양성을 목적으로 한다(교육과학기술부, 2009; 강지영, 2013 재인용). 창의적 체험활동은 '창의성'과 '체험활동'을 강조한다. '창의성'은 새로운 것을 창안해 내는 힘 또는 능력이고, '체험활동'은 학습자의 수행능력을 강조한다(교육과학기술부, 2009: 강지영, 2013 재인용).

교육과학기술부가 제시하는 창의성의 개념은 다양한 범교과적인 체험활동과 결합하고 있다는 점에서 새로운 면을 발견할 수 있다. 체험활동은 학습자의 실제적 경험 및 수행이 기초가 되어, '나눔과 배려를 실천하는 창의적 인재'는 적극적인 체험의 결과로서 얻어진다는 것이 교육과학기술부(2010)의 창의성에 대한 새로운 접근 방식인 것이다(강지영, 2013 재인용).

## 2) 창의적 체험활동의 도입 배경

창의적 체험활동은 지나친 교과 지식 위주의 학교교육 활동에서 벗어나 창의성과 폭넓은 인성교육을 통해 학생들이 인지적 · 정의적 · 심동적 기능을 골고루 갖추게 하려고 2009년 개정 교육과정부터 신설되었다(교육과학기술부, 2010). 창의적 체험활동은 교과와 상호보완적 관계 속에서 앎을 적극적으로 실천하고 심신을 조화롭게 발달시키기 위해 실시하는 교과 이외의 활동이며 창의적 체험활동을 통해 공동체 의식을 함양하고 창의적 삶의 태도를 기르는 것을 목표로 한다(교육부, 2016).

2009년 개정 교육과정에서 창의적 체험활동을 신설, 강화하게 된 배경은 학교교육이 지식 위주의 교육으로 흘러 전인교육을 지향하지 않고 있다는 점이다(정윤경, 2011).

이에 개정 교육과정은 "기존의 재량활동과 특별활동을 통합하여 '창의적 체험활동'을 신설하여 운행함으로써 개선하고자 한다"고 그 취지를 밝히고 있다(조난심 외, 2010: 35).

학교교육에 대한 비판이 집약적으로 이루어진 것은 19세기 말 20세기 초 근대교육이 본격화되는 시점에서 일어난 교육개혁운동의 시기이다. 이것은 전통적 학교교육의 폐단을 지적하고, 전인적 발달을 할 수 있는 학교교육을 주장하면서 일어난 것으로, '개혁교육운동' 또는 '신교육운동'이라고 한다(정윤경, 2011). 이러한 교육과정 개정에서 창의적 체험활동의 신설 배경 역시 신교육운동 시기의 학교교육에 대한 문제의식을 공유한다. 특이한 점이라면 기존의 재량활동과 특별활동에 '창의적'이라는 용어를 새롭게 더하여 창의적 체험활동으로 통합 신설하기로 한 점이다. 이것은 교육과정 총론에서 21세기 인재로 '글로벌 창의인재'로 정한 점이나, 교과부가 '창의 · 인성교육 혁신방안'을 내놓으면서 21세기 교육의 키워드로 '창의성'과 '인성'을 삼고 있는 것으로 반영한 것으로 보인다. 즉, 학교교육이 전인적 성장이 가능하도록 하는 데 '체험활동'을 교과와 연계하여 교육하고자 하며, 여기에 이러한 교육이 21세기 한국교육이 추구하는 창의성 발달에도 기여할 수 있어야 함을 강조한다(정윤경, 2011).

## 2 창의적 체험활동의 영역 및 운영 규정

창의적 체험활동은 2009년 개정 교육과정에서 기존의 특별활동과 창의적 재량활동을 통합하여 탄생한 교과 외 활동이다. 즉, 창의적 체험활동은 그 태생부터 학생의 주도적인 참여와 학교의 자율성을 발휘할 수 있는 영역으로 출발하였다(이승미 외, 2020). 그러나 2009년 개정 교육과정에서 39개의 범교과 학습 주제가 제시되었고, 2012년에 이루어진 2009년 개정 교육과정 부분 고시에 의하여 중학교에 학교스포츠클럽 활동이 도입되었으며, 이어 2015 개정 교육과정에서는 중학교에 자유학기까지 창의적 체험활동의 일부를 활용하여 편성 · 운영할 수 있도록 규정하였다. 초 · 중학교에서 창의적 체험활동은 자율활동, 동아리활동, 봉사활동, 진로활동의 4개 영역으로 구성되어 있다(교육부, 2015a).

그리고 교육부(2015a)에서의 교육과정 총론에서는 창의적 체험활동에서 4개 영역뿐 아니라 범교과 학습 주제, 자유학기, 학교스포츠클럽활동을 편성 · 운영하도록 규정하고 있다(이승미 외, 2020). 이와 같이 초 · 중학교에서의 창의적 체험활동 4개 영역과 교육과정 총론에서의 창의적 체험활동 4개 부분 외의 내용을 살펴보고자 한다.

## 1) 창의적 체험활동의 영역별 내용

창의적 체험활동은 자율활동, 동아리활동, 봉사활동, 진로활동의 4개 영역으로 구성되며, 이에 해당하는 유형을 명확하게 하기 위하여 구체적인 세부활동 내용을 다음과 같이 정리하였다(강지영, 2013).

**표 6-1 창의적 체험활동의 영역 및 내용 체계**

| 유형 | 성격 | 세부 활동내용 | |
|---|---|---|---|
| 자율 활동 | 학급이나 학교 구성원의 자발적이고 자율적인 참여를 중시하는 행동 | 적응활동 | 입학, 진급, 전학, 기본생활습관, 형성, 축하, 친목, 사제동행, 학습, 건강, 성격, 교우 등의 상담활동 등 |
| | | 자치활동 | 학급회, 학생회 협의활동, 모의 의회, 토론회 등 |
| | | 행사활동 | 시업식, 입학식, 졸업식, 종업식, 전시회, 발표회, 학예회, 경연대회, 학생건강, 체력평가, 체육대회, 수련활동, 현장학습, 수학여행, 문화답사, 국토순례 등 |
| | | 창의적 특색활동 | 학생·학급·학년·학교·지역특색활동, 학교전통 수립·계승활동 등 |
| 동아리 활동 | 학생들의 공통 관심사와 동일한 취미, 특기, 재능, 취미 등을 지닌 학생들이 | 학술활동 | 외국어회화, 과학탐구, 사회조사, 컴퓨터, 인터넷, 신문활용, 발명, 다문화탐구 |
| | | 문화예술 | 문예, 창작, 회화, 조각, 서예, 전통예술, 현대예술, 성 |

| 유형 | 성격 | 세부 활동내용 | |
|---|---|---|---|
| | 함께 묘여서 자발적인 참여와 운영으로 자신들의 능력을 창의적으로 표출하는 집단활동 | 활동 | 악, 기악, 뮤지컬, 오페라, 연극, 영화, 방송 등 |
| | | 스포츠 활동 | 구기, 육상, 수영, 체조, 배드민턴, 인라인스케이트, 하이킹, 야영, 민속놀이, 씨름, 태권도, 택견,무술 등 |
| | | 실습노작 활동 | 요리, 수예, 꽂꽂이, 조경, 사육, 재배, 설계, 목공, 로봇제작 등 |
| | | 청소년 단체활동 | 스카우트연맹, 청소년연맹, 청소년 적십자, 우주소년단, 해양소년단 등 |
| 봉사 활동 | 어떤 대가를 목적으로 하는 활동이 아니라, 자발적인 의도에서 개인이나 단체로 다른 사람을 돕거나 사회에 기여하는 무보수의 지속적인 활동으로 인간의 존엄성에 대한 인식뿐만 아니라, 더불어 사는 사회의 이해, 협동의식의 고취 등 다양한 의미를 부여할 수 있는 활동 | 교내봉사 활동 | 학습부진 친구, 장애인, 병약자, 다문화가정 학생 돕기 등 |
| | | 지역사회 봉사활동 | 복지시설, 공공시설, 병원, 농·어촌 등에서의 일손 돕기, 불우이웃돕기, 고아원, 양로원, 병원, 군부대에서의 위문활동, 채해구호, 국제협력과 난민구호 등 |
| | | 자연환경 보호활동 | 깨끗한 환경 만들기, 자연보호, 식목활동, 저탄소 생활습관화, 공공 시설물과 문화재 보호 등 |
| | | 캠페인 활동 | 공공질서, 교통안전, 학교 주변 정화, 환경 보전, 헌혈, 각종 편견극복 등 |
| 진로 활동 | 개인이 자신의 진로를 계획하고 그 진로에 대한 준비를 하며, 적절한 시기에 진로를 선택하고, 선택한 진로에 대해 잘 적응하고 발전할 수 있도록 도와주는 활동 | 자기이해 활동 | 자기이해 및 심성계발, 자기 정체성 탐구, 가치관 확립 활동, 각종 진로 검사 등 |
| | | 진로정보 탐색활동 | 학업정보탐색, 입시정보탐색, 학교정보탐색, 학교방문, 직업정보탐색, 자격 및 면허제도탐색, 직장방문 직업훈련 취업 등 |
| | | 진로계획 활동 | 학업 및 직업에 대한 진로 설계, 신로 지도 및 상담활돈 등 |
| | | 진로체험 활동 | 학업 및 직업세계의 이해, 직업 체험활동 등 |

출처: 강지영, 2013.

## 2) 교육과정 총론에서의 창의적 체험활동 외 내용

창의적 체험활동 교육과정의 영역이나 영역별 활동에는 명시되어 있지 않지만, 교육과정 총론에 창의적 체험활동에서 편성 · 운영하도록 규정한 항목으로는 범교과 학습 주제, 자유학기, 학교스포츠클럽 활동이 있다. 이 중에서 범교과 학습 주제는 초 · 중 · 고등학교 급에 모두 해당되고, 자유학기와 학교스포츠클럽 활동은 중학교 급에만 해당된다(교육부, 2015b).

**표 6-2 창의적 체험활동에서 편성·운영을 규정한 교육 활동**

| | |
|---|---|
| 범교과 학습 주제 | 범교과 학습 주제는 교과와 창의적 체험활동 등 교육 활동 전반에 걸쳐 통합적으로 다루도록 하고, 지역사회 및 가정과 연계하여 지도한다. |
| 자유학기 | 나) 자유학기에는 해당 학기의 교과 및 창의적 체험활동을 자유학기의 취지에 부합하도록 편성·운영한다.<br>다) 자유학기에는 지역사회와 연계하여 진로 탐색 활동, 주제 선택 활동, 동아리 활동, 예술·체육 활동 등 다양한 체험 중심의 자유학기 활동을 운영한다. |
| 학교스포츠 클럽 활동 | 가) 학교스포츠클럽 활동은 창의적 체험활동의 동아리 활동으로 편성한다.<br>다) 학교스포츠클럽 활동의 시간은 교과(군)별 시수의 20% 범위 내에서 감축하거나, 창의적 체험활동 시수를 순증하여 확보한다. 다만, 여건이 어려운 학교의 경우 68시간 범위 내에서 기존 창의적 체험활동 시간을 활용하여 확보할 수 있다. |

출처: 교육부, 2015.

위의 내용을 살펴보면, 먼저, 범교과 학습 주제와 관련된 규정이다. 2015 개정 교육과정에서는 범교과 학습 주제를 학교 교육 활동 전반에 걸쳐 통합적으로 다루도록 명시하고 있으며 학교의 실정에 따라 학교별로 다양하고 특색 있게 운영하도록 하고 있다(교육부, 2016). 특히, 교과 교육과정의 내용을 재구성하여 범교과 학습 주제를 교과 내에서 통합적으로 지도하는 것을 권장하고 있다(교육부, 2016).

첫 번째, 2015 개정 교육과정은 2009 개정 교육과정에 제시되었던 39개 범교과 학습 주제를 추가, 삭제, 통합 등을 통해 '안전 · 건강 교육, 인성 교육, 진로 교육, 민주시민 교육, 인권 교육, 다문화 교육, 통일 교육, 독도 교육, 경제 · 금융 교육, 환경 · 지속가능발전 교육'의 10개 주제로 범주화하였다(교육부, 2016). 이 외에도 문화 예술 교육, 미디어 교육, 의사소통·토론 중심 교육, 정보화 및 정보 윤리 교육 등은 범교과 학습 주제로 포함하지는 않았으나 관련 교과(군)에서 충실하게 다뤄지도록 하였다(교육부, 2016).

두 번째, 자유학기와 관련된 규정이다. 2015 개정 교육과정은 중학교 과정 중 한 학기는 자유학기로 운영하도록 하고 있고, 자유학기에는 해당 학기의 교과 및 창의적 체험활동을 자유학기의 취지에 부합하도록 편성·운영하도록 하고 있다(교육부, 2015b).

자유학기란 중학교 과정 중 한 학기 동안 학생들이 시험 부담에서 벗어나 꿈과 끼를 찾을 수 있도록 토론·실습 등 학생 참여형으로 수업을 개선하고, 진로탐색 활동 등 다양한 체험 활동이 가능하도록 교육과정을 유연하게 운영하는 제도이다(교육부, 2015c). 자유학기제는 2016년부터 모든 중학교에서 시행되고 있으며, 이 기간 동안 교과 및 창의적 체험활동 시수를 활용하여 학생의 희망과 관심사를 반영한 '자유학기 활동'을 170시간 이상 편성·운영하도록 하고 있다(교육부, 2015c). 학교 여건에 따라 교과(군)별 배당된 시간의 20% 범위와 창의적 체험활동 시수의 21시간 범위 내에서 '자유학기 활동'을 운영할 수 있다(교육부, 2015c). '자유학기 활동'은 진로탐색 활동, 주제선택 활동, 동아리 활동, 예술·체육 활동 등으로 구성하고 학교의 목표와 여건을 고려하여 각 활동을 균형 있게 운영하도록 하고 있다(교육부, 2015c). '자유학기 활동'의 세부적인 내용을 제시하면 [표 6-3]과 같다.

**표 6-3 자유학기 활동의 세부 내용**

| 구분 | 내용 | 목적·성격 | 학습내용 | 운영방법 |
|---|---|---|---|---|
| 진로탐색 활동 | 학생들이 적성과 소질을 탐색하여 스스로 미래를 설계해 나갈 수 있도록 체계적인 진로 학습 기회 제공 | 진로 탐색 기회 제공 | 진로직업 관련 내용 | 학생 희망 선택 |
| 주제선택 활동 | 학생의 흥미, 관심사에 맞는 전문적이고 체계적인 학생 중심의 인문사회, 탐구, 교양 프로그램 | 전문 프로그램 학습 기회 제공 | 학생들의 관심사에 따라 다양 | |

| 구분 | 내용 | 목적·성격 | 학습내용 | 운영방법 |
|---|---|---|---|---|
| 동아리 활동 | 학생들의 공통된 관심사를 바탕으로 구성된 자발적, 자율적인 학생 중심 활동 | 자치적, 자율적 활동 기회 제공 | 학생들의 관심사에 따라 다양 | |
| 예술·체육 활동 | 학생의 희망을 반영한 다양한 문화·예술·체육 활동 | 다양한 예술, 체육 활동 기회 제공 | 문화, 음악, 미술, 체육 관련 내용 | |

출처: 교육부, 2017.

셋째, 중학교에서는 학생들의 심신을 건강하게 발달시키고 정서를 함양하기 위해 학교스포츠클럽 활동을 편성·운영하도록 하고 있다(교육부, 2015b). 학교스포츠클럽 활동은 학교 폭력 문제 완화와 인성 교육 강화를 위해 2012년 개정 고시된 초·중등 교육과정(교육과학기술부 고시 제2012-14호)을 통하여 2012년 2학기부터 전국의 모든 중학교 1~3학년 학생을 대상으로 전면적으로 도입 및 시행되었다(교육부, 2017). 학교스포츠클럽 활동은 학년별 연간 34~68시간, 중학교 3년간 총 136시간을 운영하며 매학기 편성해야 한다(교육부, 2015b). 학교스포츠클럽 활동의 시간은 교과(군)별 시수의 20% 범위 내에서 감축하거나 창의적 체험활동 시간을 활용하여 확보할 수 있도록 하고 있다(교육부, 2015b). 학교스포츠클럽 활동은 창의적 체험활동의 동아리활동으로 편성하며 학교 여건에 따라 연간 68시간 운영하는 학교에서는 34시간 범위 내에서 학교스포츠클럽 활동을 체육으로 대체할 수 있다(교육부, 2015b).

### 3) 창의적 체험활동의 문제점 및 개선방안

창의적 체험활동 운영의 특성은 학생이 주도적으로 꿈을 실현할 수 있도록 적극적이며 능동적인 체험활동 강조하며(최혜림, 홍혜인, 김훈호, 2019), 단위학교가 학교와 학생의 요구에 적합하도록 자율적으로 결정하고 운영할 수 있다는 점이다. 이러한 조치는 창의적 체험활동 편성·운영의 의사결정에 대한 학교의 자율권을 보장하려는 국가의 의지를 반영한 것이나(교육부, 2017a), 교사 개인의 재량권에 의해 영향을 받게 되는 등 학교의 상황과 수행 정도에 따라 안정적인 운영의 위험 요소가 될 수도 있다(이승미, 이수정,

정영근, 2020).

학교에서의 창의적 체험활동 운영의 어려움은 여러 선행연구에서 보고되었다. 특히 교사 관련 요인으로는 교수법의 획일성, 교육과정 간의 비연계성, 일회적 프로그램 운영, 교사의 과도한 업무량 등이 운영과정에서 어려움을 초래하는 것으로 보고되었다(윤세민, 김선만, 2016). 무엇보다도 본래의 의도에 맞게 창의적 체험활동을 편성·운영하고 내실화를 위해서는 국가의 교육청 수준에서 교사 연수를 통해 교사의 전문성을 강화할 필요가 있다(이수정, 2020; 이승미, 이수정, 정영근, 2020). 물론, 교사 관련 요인 외에도 예산 지원 및 행·재정적 지원, 학생의 낮은 참여도와 미흡한 동기부여, 지역사회와의 연계 부족 등의 요인도 어려움으로 제시되고 있으며(윤세민, 김선만, 2016), 입시 위주의 교육 상황에서 학교 교육의 비본질적인 측면으로 인식되고 있다(김영순, 오영훈, 김미라, 2012).

이러한 어려움과 문제점을 개선하기 위해 일반교육 분야에서는 창의적 체험활동의 편성·운영에 관해 다양한 주제의 연구들이 진행되었다. 창의적 체험활동에 관한 교사의 인식(하강수, 장인실, 2018), 창의적 체험활동과 교과 융합 수업 방안(강방용, 홍기천, 2018), 창의적 체험활동의 가치와 역할(이윤복, 강현석, 2017), 창의적 체험활동 프로그램의 개발과 적용(오현주, 박재근, 2017), 창의적 체험활동의 편성·운영실태(이승미, 이수정, 정영근, 2020) 등 학교 현장에서의 구체적인 운영실태 및 특성을 파악하려는 시도가 이어지고 있다.

그리고 2015 개정 창의적 체험활동에서는 2009년 개정 창의적 체험활동의 4개 '영역'을 유지하였다. 하지만 '활동'은 조정하였다. 구체적인 내용은 [표 6-4]와 같다.

표 6-4 2009, 2015 개정 창의적 체험활동의 영역 및 활동 비교

| 2009 개정 창의적 체험활동 | | 2015 개정 창의적 체험활동 | |
|---|---|---|---|
| 영역 | 활동 | 영역 | 활동 |
| 자율활동 | • 적응 활동<br>• 자치 활동<br>• 행사 활동<br>• 창의적 특색 활동 등 | 자율활동 | • 자치·적응 활동<br>• 창의주제 활동 등 |
| 동아리활동 | • 학술 활동<br>• 문화예술 활동<br>• 스포츠 활동<br>• 실습노작 활동<br>• 청소년단체 활동 등 | 동아리활동 | • 예술·체육 활동<br>• 학술문화 활동<br>• 실습노작 활동<br>• 청소년단체 활동 등 |
| 봉사활동 | • 교내봉사 활동<br>• 지역사회 봉사 활동<br>• 자연환경 보호 활동<br>• 캠페인 활동 등 | 봉사활동 | • 이웃돕기 활동<br>• 환경보호 활동<br>• 캠페인 활동 등 |
| 진로활동 | • 자기이해 활동<br>• 진로정보 탐색 활동<br>• 진로계획 활동<br>• 진로체험 활동 등 | 진로활동 | • 자기이해 활동<br>• 진로탐색 활동<br>• 진로설계 활동 등 |

출처: 교육부, 2017.

위의 [표 6-4]에서 보는 바와 같이, 영역은 그대로 유지하였으나 17개의 활동은 12개의 활동으로 조정하였다. 변화된 부분은 중심으로 살펴보면, 자율활동 영역의 자치 · 적응 활동은 이전의 두 개의 활동을 통합한 경우이다. 창의주제 활동은 새로 도입하였다. 자율활동 영역의 매우 큰 변화는 '행사 활동'을 삭제했다는 점이다. 이 활동은 2009 개정 창의적 체험활동 영역 중 하나의 '활동'이었지만, 종래의 특별활동에서는 제3차 교육과정 시기에 '학교행사'의 영역으로 도입되어 늘 '영역'의 위상을 가지고 학교와 지역사회의 구성원으로서 갖추어야 할 역량과 태도를 신장하는 데 중요한 역할을 담당하였다. 특히, 공동체 구성원으로서의 책임감을 함양하고 민주시민의 기본 자질을 기르는 데 교육적 의의를 지닌 활동이었다(교육인적자원부, 1999). 비록 2009 개정 교육과정 시기에 자율활동의 '활동'으로 구성되었지만 그러한 기능을 담당하고 의의를

가진 활동이었다(유제순, 2019).

그런데 현행 교육과정에서는 “행사는 특정 영역이나 활동으로 국한되는 것이 아니라 영역 및 영역별 활동을 편성·운영하는 방법 중의 하나”로 보면서 “행사의 목적과 성격을 고려하여 적절한 영역이나 활동에 포함시킬 수 있다.”라고 규정하고 있다(교육부, 2017a, 2017b, 2017c: 유제순, 2019 재인용). 그러나 현실적으로 학교에서 반드시 진행하여야 하는 행사의 종류도 적지 않은 편이다. 또한 적절한 영역이나 활동을 찾아 포함시키는 것 또한 수월하지 않으며, 이러한 활동은 향후 교육주체들의 요구조사를 바탕으로, 복원에 대해 심도 있는 논의가 필요해 보인다(유제순, 2019).

# 제7장

# 청소년수련활동 인증제와 포상제

1. 청소년수련활동
    1) 청소년수련활동의 정의
    2) 청소년수련활동 프로그램
    3) 청소년수련활동 인증·신고제도
2. 청소년활동포상제
    1) 국제청소년성취포상제
    2) 청소년자기도전포상제

# 1 청소년수련활동

## 1) 청소년수련활동의 정의

체험을 중심으로 하는 청소년활동은 청소년들의 심리적 적응유연성의 강화와 사회적응력에 있어서도 긍정적인 효과가 있다. 이는 청소년활동이 사회와 분리되지 않고 사회현상에서 시작하기 때문에 활동의 과정을 통해 청소년들의 사회적응력을 높이고, 사회의 자원으로서 다양한 능력을 개발하게 된다는 것이다. 청소년활동의 목적은 청소년의 전인적인 성장을 지원하고 청소년들의 다양한 특성을 수용하고 개발하여 사회에 기여하도록 하는 데 있다(권일남, 2008).

청소년의 수련활동은 자신의 내면에 숨어 있는 잠재능력의 개발과 인식에 도움을 주고, 문제해결능력을 발휘함으로써 자신의 상황을 복합적인 시각으로 바라보는 안목을 가지게 해준다(권일남, 김영철, 2006). 청소년들의 체험활동 경험이 높을수록 자아존중감과 자아정체감, 진로정체감, 삶의 목표나 만족도가 높게 나타났으며(황진구, 허효주, 안현미, 2013), 청소년수련활동을 통한 경험이 청소년이 성장과 발달에 중요한 사회화 과정을 제공할 뿐만 아니라(김호순, 2004), 개인적 · 사회적 능력을 강화하여 개인적으로는 도덕성, 조직적 및 사회적으로는 시민성, 그리고 총체적으로 자아발달 등을 함양하는 데 중요한 수단이 된다(김소희, 권일남, 2008).

청소년수련활동의 개념은 「청소년기본법」에 따르면 "청소년이 생활권 또는 자연권에서 심신단련, 자질배양, 취미개발, 정서함양과 사회봉사로써 배움을 실천하는 체험활동"(제3조 제3호)으로 정의되고 있다. 이와 같은 법적 개념은 통상 지적 발달을 중시하던 학교교육 편향의 청소년발달(youth development)을 조화롭고 균형 잡힌 전인발달로 전환하기 위하여 청소년에게 다양한 체험과 참여의 경험을 제공해야 한다는 취지에서 만들어진 것이다. 따라서 청소년수련활동은 학교교육을 보완하고 청소년들에게 다양한 체험과 참여의 경험을 제공함으로써 청소년의 전인적 · 균형적 발달에 기여하고

자 하는 목적으로 탄생하였으며, 다양한 청소년체험활동을 의미하는 개념으로 자리 잡았던 것이다(장수한, 2014).

청소년수련활동에 대한 개념정의의 접근방법을 유형분류에 의해 크게 학문적 접근방법과 정책적 접근방법으로 분류한 수 다시 학문적 접근방법을 교육학적 접근, 심리학적 접근, 사회학적 접근으로 재분류한 경우도 있다(김호순, 2004: 문성호 외, 2016).

**표 7-1 청소년수련활동의 개념**

| 접근방법 | | 개념 |
|---|---|---|
| 학문적 접근 | 교육학적 접근 | 기본적인 생활습관을 몸에 익히도록 하여 공동생활의 태도를 배우고 교우관계를 확대하며 청소년의 자주성을 향상시키는 목적을 갖는 행동 |
| | 심리학적 접근 | 행동학습의 측면에서 기본적으로 바람직한 행동 특성을 육성하는 동시에 바람직하지 않은 행동을 감소시키는 행동 |
| | 사회학적 접근 | 청소년의 성장이나 발달이 중요한 사회화 과정을 제공하며 자아정체성의 확보에 기여하는 활동 |
| 정책적 접근 | | 「청소년기본법」제3조 제3항 및 동법 시행령 제3조<br>① 문화적 감성을 함양하기 위한 수련활동<br>② 과학 및 정보화 능력을 함양하기 위한 수련활동<br>③ 봉사와 협력 정신을 위한 수련활동<br>④ 모험심과 개척 정신을 키울 수 있는 수련활동<br>⑤ 전문적 직업능력을 준비할 수 있는 수련활동<br>⑥ 국제적 감각을 준비할 수 있는 수련활동<br>⑦ 환경의식을 함양하기 위한 수련활동<br>⑧ 기타 청소년의 건전한 육성에 필요한 수련활동 |

출처: 김호순, 2004: 문성호 외, 2016.

## 2) 청소년수련활동의 필요성

청소년수련활동이란 「청소년기본법」에 정의된 내용으로 청소년이 생활권 또는 자연권에서 신체단련, 자질배양, 취미개발, 정서함양과 사회봉사로써 배움을 실천하는 체험활동을 말한다. 즉, 청소년수련활동은 단순한 놀이나 행사가 아니라 교육적인 활동이고 그 방법은 훈련된 지도자가 있는 소집단 교육인 것이다. 따라서 청소년수련활동은 교육적인 조건, 즉 필요한 만큼의 지도자와 안전하고 효율적인 시설과 좋은 프로그램이 있어야 소기의 목적을 달성할 수 있는 체험활동이다. 학생 수련활동이 추구하는 교육적 목표와 교육적 의의를 여러 가지로 논의할 수 있겠지만 여기서는 자연환경교육, 인성교육, 자아실현, 전인교육의 내용으로 되어 있다(조용하, 2004).

청소년은 새로운 문화에 대한 호기심이 강하고 변화에 빠르게 적응하기 때문에 문화적 욕구와 환경도 급속도로 변화한다. 자연스럽게 문화와 소통하고 있고, 삶의 연장선상에 있는 청소년 문화는 매우 중요한 부분이다(백종현, 2005). 수련활동이 가지는 필요성을 청소년의 인간관계와 자아인지, 여가활용의 관점에서 찾아볼 수 있다.

첫째, 수련활동은 청소년의 인간관계를 개선시킨다. 입시에서 오는 과중한 압박감으로 인해 청소년들은 또래관계뿐만 아니라 여러 유형의 타인들과의 관계성을 형성하는데 장애를 가질 수 있다(김정국, 2002). 인간은 의식을 가진 주체적 존재이기 때문에 세상의 현실에 대해 있는 그대로 반응하는 것이 아니라 지각된 현상에 따라 반응한다(윤은종, 2003). 이러한 청소년들로부터 해방감을 맛볼 수 있는 수련활동은 이를 통해 인간관계를 개선시키는 역할을 감당하기도 한다(양혜인, 2004).

둘째, 수련활동은 청소년들의 자아인지를 확대시켜 주는 수단으로 자연이라는 야외환경에서의 경험을 통해 개인이나 집단으로서의 욕구를 충족시켜 준다(김정국, 2002).

청소년수련활동의 목적을 살펴보면 청소년의 조화로운 성장을 도모하기 위해서는 생활권 또는 자연권에 위치한 각종 수련시설의 효율적인 운영과 이들 기관이 제고하고 있는 시설 및 프로그램이 청소년의 관심과 흥미를 제공해 주는 수단으로 작용할 수 있을 때 청소년활동을 통한 청소년의 건전 육성이라는 기본 이념을 충분히 달성할 수 있는 계기가 될 수 있다(김년수, 2005).

청소년수련활동은 자연 속에서 단체생활을 하면서 여러 가지 프로그램을 통해, 그리고 훌륭한 지도자의 체험적인 교육을 통해서 청소년들이 정체성(identity)을 확립하고 자아를 발견할 기회를 가지며, 가정교육과 학교교육이 제대로 다루지 못하는 인간교육(informal education)을 수행할 수 있다는 점에서 필요성이 있다(장수한, 2014).

## 3) 청소년수련활동 인증·신고제도

청소년수련활동인증제는 「청소년활동진흥법」 제35조 근거에 따라 시행된 제도로서, 청소년수련활동이 청소년의 균형 있는 성장에 기여할 수 있도록 국가 및 지방자치단체 또는 개인·법인·단체 등이 실시하고자 하는 청소년수련활동을 인증하고, 인증된 수련 활동에 참여한 청소년의 활동 기록을 유지·관리·제공하는 청소년수련활동 프로그램에 대한 국가 인증제도이다.

국가는 2006년 3월부터 사회적·정책적 요구를 수용하여 청소년수련활동이 국민으로부터 안전하고, 신뢰받을 수 있는 환경에서 운영될 수 있도록 청소년수련활동 인증제도를 시행하고 있다(최혜영, 2021).

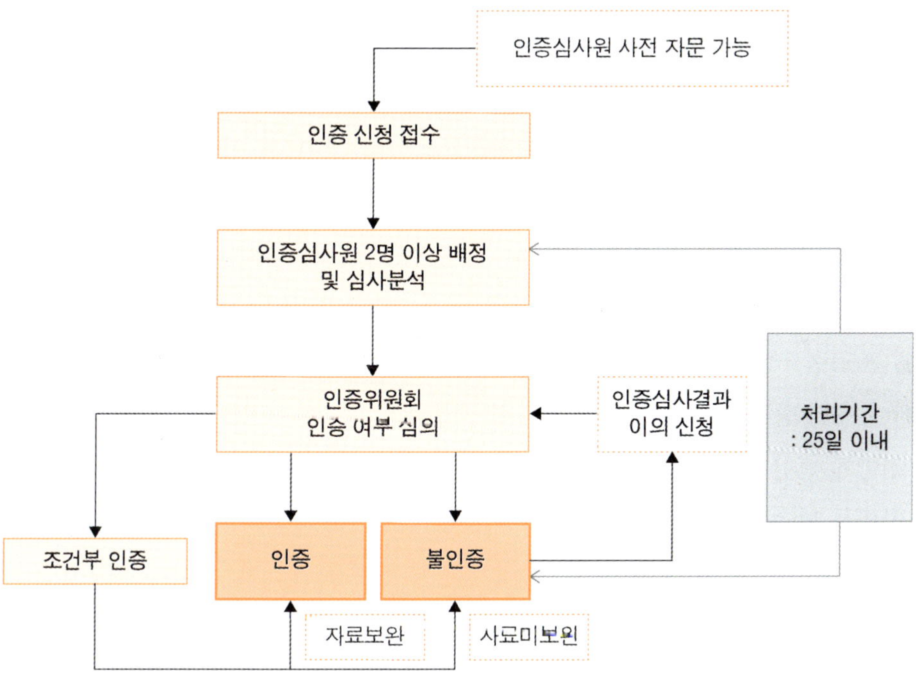


출처: 청소년활동정보서비스 e청소년 홈페이지, 2021년 6월 20일 검색 및 인출.

**그림 7-1** 인증절차 – 청소년수련활동인증제 운영규정 제29조 관련

청소년수련활동인증제의 주요 운영목적은 첫째, 국가가 인증함으로써 활동의 공공성과 신뢰성을 입증하여 정책의 실효성 제고, 둘재, 교육·사회적 변화에 따른 양질의 청소년활동참여 기회 제공, 셋째, 청소년활동 정보 제공 및 청소년 활동 참여 활성화, 넷째, 자기 계발 및 진로 모색 등, 활용 가능한 활동 기록 관리 및 제공 등이다(전명순, 2018).

청소년수련활동인증제는 프로그램의 적합성은 물론 인증기준에 따른 심의를 통해서 구체적이고 적절한 활동을 이행하도록 하는 지원체계를 갖추고 있다. 인증기준의 적시는 프로그램을 개발하는 주체의 경우 모호성을 줄이고 구체적인 기준을 명시해냄으로써 프로그램 개발자의 역할과 방향성 제시, 프로그램참가자의 경우 해당 내용에 대한 균형적 이해, 프로그램 지원자의 경우 프로그램을 통해서 얻고자 하는 구체적 성과 등을 이해하는 데 큰 도움이 된다. 인증제의 도입으로 학교 밖의 안전하고 다양한 활동프로그램 등 교육적 인프라 구축뿐 아니라 수요자 중심의 활동으로 새로운 체험학습 위주의 교육적 틀을 제공하는 교육적 효과를 얻고 있다(이광호, 2005).

청소년수련활동신고제는 「청소년활동진흥법」 제9조의2에 따라 19세 미만의 청소년을 대상으로 하는 청소년수련활동 계획을 사전에 신고하도록 하고, 관련 정보를 참가자가 편리하게 확인할 수 있도록 인터넷 등에 공개하는 제도이다. 청소년수련활동 관련 안전사고 예방을 위해 2013년 11월 '이동·숙박형 청소년활동 신고제도'로 도입되어 2014년 7월부터 '숙박형 등 청소년수련활동 신고제도'로 신고 대상과 활동을 변경하여 운영 중이다. 신고제도를 통해 수련활동의 신고를 준비하는 과정에서 활동 운영 전반에 관한 안전 요소를 점검하게 되고 범죄 경력자 등 결격 사유가 있는 지도자의 참여를 막을 수 있으며, 안전 보험 가입을 의무화하여 보다 안전한 수련활동을 진행할 수 있도록 하였다. 또한 신고 수리된 활동 정보를 인터넷 홈페이지 등에 공개함으로써 청소년, 학부모 등 정보가 필요한 모든 사람이 쉽게 수련활동 정보를 알 수 있도록 하여 활동 선택과 참여 결정에 도움을 주었다(최혜영, 2021).

신고제 관련 주체 및 요건으로는 19세 미만의 청소년을 대상으로 숙박형 청소년수련활동 및 비숙박형 청소년수련활동을 주최하려는 자는 소재지 관할 기초자치단체에 신고 서류를 갖추어 참가자 모집 14일 전까지 신고해야 한다. 다만, 「청소년활동진흥법」 이외의 다른 법률에서 지도·감독 등을 받는 비영리 법인 또는 비영리 단체가 운영하는 경우나 청소년이 부모 등 보호자와 함께 참여하는 경우, 종교단체가 운영하는 경우와 비숙박형 청소년수련활동 중 「청소년활동진흥법」 제36조 제2항에 따라 인증을 받아야 하는 활동이 아닌 경우는 신고 대상에서 제외된다(최혜영, 2021).

## 2 청소년활동포상제

### 1) 국제청소년성취포상제

'국제청소년성취포상제(The Duke of Edinburgh's International Award, Korea)(이하 국제포상제)'는 1956년 영국 엘리자베스 2세 여왕의 부군인 에딘버러 공작에 의해 시작되어 현재 130여 개 국가에서 운영되고 있다. 국제포상제를 총괄하는 '국제포상재단(International Award Foundation)'에는 '국가사무국(National Award Operator)'과 '독립운영기관(Independent Award Center)'이 속해 있다. 국제포상제는 비경쟁성, 개별성, 균형성, 성취지향성, 자발성, 지속성 등의 열 가지 기본 이념을 바탕으로 활동이 이루어지며, 참여 청소년이 자기 주도성과 도전정신을 통해 자신의 역량을 지속적으로 개발시킬 수 있는 습관을 가질 수 있게 한다. 국제포상제에 참여할 수 있는 청소년의 연령은 만 14세부터 만 24세까지로 대한민국에 거주하는 청소년이면 누구나 참여할 수 있다. 포상활동은 봉사, 자기개발, 신체 단련, 탐험 네 가지 활동이며 각 활동별 주어진 최소 활동 기간을 충족해야 한다. 금장 활동의 경우 네 가지 활동과 더불어 추가로 합숙활동을 해야 한다. 포상단계는 동장(6개월), 은장(6~12개월), 금장(12~18개월)으로 활동영역 모두 포상활동별 최소 활동 기간을 충족하고 성취목표를 달성해야 포상을 받을 수 있다(한국청소년활동진흥원, 2021).

포상제의 추진현황으로는 국제청소년성취포상제(이하 국제포상제)는 2008년 한국청소년활동진흥원이 국제포상협회(TheDuke of Edinburgh's International Award Association)에서 국제포상제 독립운영기관 라이선스를 취득(2008.5.)하며 운영을 시작하게 되었다. 이후 지역사회를 중심으로 포상제 운영을 확대한 결과 2009년 호주에서 개최된 총회를 통해 임시회원(Provisional Membership) 자격을 획득하였다(2009.10). 한국 청소년활동진흥원은 2012년 정회원 자격 승급을 앞두고 국제포상재단(The Duke ofEdinburgh's International Award Foundation)의 신규 라이선스 체계 도입을 위한 시범운영사업에 참여하여 2013년 개정된 정관에 의한 세계 최초 정식라이선스(Full Licence/Full Membership) 체결 국가가 되어 대한민국의 국가사무국으로서 포상제를 운영하고 있다(2013.6). 또한 2014년 국제금장총회 및 국제위원회 회의를 개최함으로써 동 제도의 국내 참가자 확대 계기를 마련하고 한국사무국의 위상을 고취시켰다. 국제포상제는 포상 자체보다는 포상활동 과정에 의미가 있기 때문에 포상 활동에서 도전에 대한 실패는 없으며 언제든지 다시 시작하여 도전 가능하고 포상을 받을 수 있다. 이러한 원칙에 따라 참여 청소년은 자신과의 약속을 지킬 수 있는 도전을 지속적으로 이어가고 있다(한국청소년활동진흥원, 2021).

## 2) 청소년자기도전포상제

'청소년자기도전포상제(Korea Achievement Award)'는 2008년 우리나라에 도입된 국제청소년성취포상제(The Duke of Edinburgh's International Award, Korea)를 모태로 2010년부터 연구되었으며, 2011년부터 3년 간 현장적용을 위한 단계별 시범운영을 진행하여 2014년부터 정식운영하고 있다. 또한 청소년자기도전포상제는 17개 전국 시 · 도 청소년활동진흥센터와 10개 중앙운영사무국(주요 청소년단체 및 종교단체로 구성)에서 운영하고 있다. 청소년자기도전포상제는 성취 지향적 활동, 단계적 활동, 스스로 하는 활동, 다양한 활동, 재능의 발견 및 개발의 기회, 경쟁이 없는 활동, 좋은 친구가 되기 위한 활동, 즐길 수 있는 활동이라는 여덟 가지 기본 이념을 바탕으로 활동이 이루어진다. 이를 통해 참여 청소년들이 스스로 정한 목표를 성취해 가며 숨겨진 끼를 발견하고 꿈을 찾아갈 수 있도록 돕는다(한국청소년활동진흥원, 2021).

청소년자기도전포상제는 만 9~13세 청소년(초등학교 3학년~중학교 2학년)이면 누구나 참여할 수 있다. 포상활동은 봉사, 자기개발, 신체 단련, 탐험 네 가지 활동이며 주어진 최소 활동 기간을 충족해야 한다. 포상단계는 동장(4개월), 은장(4~8개월), 금장(6~12개월)으로 네 가지 활동영역 모두 포상활동별 최소 활동 기간을 충족하고 성취목표를 달성해야 포상을 받을 수 있다.

포상제 추진 현황으로 한국 청소년활동진흥원은 한국의 저연령 청소년(만 9~13세)의 자기주도적 성장을 지원하기 위하여 한국청소년정책연구원과 성취포상제 개발 연구를 진행하여 2011년 11개 기관에서 시범운영하였고, 2014년부터 전국적으로 확대 실시하여 2020년 현재 광역사무국 17개, 중앙운영사무국 9개, 운영기관 565개에서 운영하고 있다(한국청소년활동진흥원, 2021).

청소년자기도전포상제 한국사무국은 2014년 정식 운영 이후 가족형 포상제, 챌린지형 포상제, 자유학기제·학년제 연계 운영 등 신규 포상제 모형을 개발하여 저연령 청소년의 포상제 활동에 대한 장벽을 낮추고 다각화하기 위해 노력하고 있으며 포상지도자의 불필요한 업무 소모를 줄이기 위해 온라인 시스템을 도입하였다. 한편, 청소년이 포상제 네 가지 활동 영역에 모두 참여하고 각 단계에 맞는 활동 횟수를 충족하면 일련의 심사를 통해 포상활동 인증을 받을 수 있다. 이때 포상 심사는 청소년의 목표와 활동에 대해 높고 낮음, 옳고 그름으로 평가하지 않으며 청소년이 스스로 세운 목표에 도전하여 목표를 성취하였는지, 계획을 세운 대로 활동하였는지 등 활동 과정으로 청소년의 포상 여부를 판단한다(한국청소년활동진흥원, 2021).

# 제8장

# 청소년활동의 현황과 발전방안

# 1 청소년활동의 현황

체험을 중심으로 하는 청소년활동은 청소년들의 심리적 적응유연성의 강화와 사회적응력에 있어서도 긍정적인 효과가 있다. 이는 청소년활동이 사회와 분리되지 않고 사회현상에서 시작하기 때문에 활동의 과정을 통해 청소년들의 사회적응력을 높이고, 사회의 자원으로서 다양한 능력을 개발하게 된다는 것이다. 청소년활동의 목적은 청소년의 전인적인 성장을 지원하고 청소년들의 다양한 특성을 수용하고 개발하여 사회에 기여하도록 하는 데 있다(권일남, 2008).

청소년활동은 다양한 관점에서 사회통합에 기여할 수 있다. 청소년의 건강한 성장을 위해 다양한 사업과 프로그램의 개발 등을 지원함으로써 청소년 스스로에게는 자아실현과 자기계발을 이룰 수 있는 계기가 될 수 있고 사회적으로는 통합과 발전을 이룰 수 있다. 아울러, 청소년활동의 현황을 청소년백서(2020)를 통해 알아보고 그 외 현재 시점에서 비대면청소년활동을 어떻게 바라볼 것인가 하는 코로나19 이후 상황의 청소년활동과 다양한 체험 위주로 진행되는 4-H청소년활동과 청소년활동 운영·실태에 대한 전반적인 내용을 한국청소년활동진흥원(2021)을 통해서도 함께 알아보고자 한다.

## 1) 청소년활동 지원: 청소년프로그램 공모사업(활동분야)

'청소년프로그램 공모사업(활동분야)'은 청소년활동 활성화를 위해 다양한 청소년활동 프로그램의 개발을 유도하고, 우수 청소년활동 프로그램 발굴·확산을 통하여 청소년의 균형적인 성장을 지원하는 사업이다. 청소년의 잠재역량을 개발할 수 있도록 진로역량 개발, 민주시민의식 제고, 문화·예술체험활동 활성화 프로그램 등 다양한 분야의 청소년활동 프로그램을 선정하여 지원한다. 2012년부터 활동·참여·보호 분야별로 운영되던 청소년프로그램 공모사업을 통합함에 따라 '청소년프로그램 공모사업'

내 '활동분야'로 운영해 오고 있으며, 2020년에는 성평등 의식 제고, 진로역량 개발, 문화감수성 제고 등 38개 활동프로그램을 선정하여 지원하고 있다(신성희, 2021).

## 2) 청소년문화활동

「청소년활동진흥법」 제2조(정의)에 따르면, 청소년문화활동은 청소년이 예술·스포츠·동아리·봉사활동 등을 통하여 문화적 감성과 더불어 살아가는 능력을 함양하는 체험활동을 의미한다. 청소년문화활동은 청소년들의 문화적 감수성 증진을 통하여 입시 위주의 환경 속에서 청소년의 삶의 질을 향상하고자 추진되고 있다. 청소년문화활동은 청소년들의 상시적이고 자율적인 참여를 통해 지역사회 중심으로 건전한 청소년 문화를 형성하는 데 목적을 둔다. 청소년문화활동은 지방자치단체와 연계하여 운영되고 있으며, 대표적인 사업으로는 '청소년동아리활동'과 청소년어울림마당' 지원사업이 있다(한국청소년활동진흥원, 2021).

### (1) 청소년동아리활동

청소년동아리활동은 청소년들이 문화·예술·스포츠·과학 등 다양한 취미활동을 통해 건강한 또래관계를 형성하고 자신의 특기·소질을 개발할 수 있는 자율적 활동이다. 여성가족부는 전국 시·도별 청소년 시설 및 각급 학교(초·중·고등)의 동아리활동 활성화를 위하여 인근 청소년수련시설과 연계해 우수 청소년동아리를 선정하여 지원하고 있으며, 2017년부터는 2,500개의 청소년동아리를 선정·지원하고 있다.

### (2) 청소년어울림마당

청소년어울림마당은 청소년이 생활권 주변에서 문화적 감수성을 높일 수 있는 다양한 문화·예술·놀이 체험의 장으로 운영되고 있다. 청소년어울림마당은 청소년들이 주체가 되어 기획·진행하여 청소년의 다양한 문화표현의 장으로 운영될 수 있도록 하고 있으며, 모니터링을 통해 청소년 눈높이에서 청소년들의 욕구가 적극 반영될 수 있도록 유도하고 있다. 청소년어울림마당은 2004년과 2005년에 8개 광역시 · 도에서 운영되었으나, 2006년부터 11개시 · 도로 확대되었고 5개 시 · 도가 시범사업 대상으로 지정되었다. 2008년도에는 16개 시 · 도, 90개시 · 군 · 구로 청소년어울림마당이 확대 · 실시되었으며, 2011년부터는 16개 시 · 도 대표 어울림마당과 110개 시 · 군 · 구 어울림마당이 지원 · 운영되고 있다.

### 3) 청소년자원봉사활동

우리 사회에 만연한 물질만능주의와 치열한 입시 위주 교육에 매몰된 청소년들의 인성을 함양하고, 공동체 의식을 제고하며, 민주시민으로서의 자질 향상과 사회생활에 필요한 직업에 대한 탐색 및 준비 등을 할 수 있도록 지원하기 위한 제도 및 시스템의 필요성이 대두되었다. 1995년 대통령자문기구인 교육개혁위원회에서는 「5 · 31 교육개혁방안」을 제안함으로써 청소년들로 하여금 입시 위주의 학교교육에서 탈피하여 다양한 체험활동 및 봉사활동을 할 수 있는 제도적 틀을 마련하였다(한국청소년활동진흥원, 2021). 청소년 자원봉사 추진현황은 다음과 같다.

#### (1) 청소년자원봉사 포털사이트(http://dovol.youth.go.kr) 개발 · 운영

청소년봉사활동 관리시스템(CS버전)은 2005년 청소년자원봉사활동 관리를 위해 구축되었으며, 이로 인해 시 · 도 청소년자원봉사센터가 지역별 봉사활동 기관 및 봉사활동 프로그램과 실적 등을 보다 쉽게 관리 · 지원할 수 있게 되었다. 청소년들 또한 온라인상에서 실시간으로 봉사활동 신청 및 경력 관리, 봉사활동 확인서 출력 등의 기능을 더욱 편리하게 이용할 수 있게 되었다. 2008년에는 사용자 편의성 확대 및 기능 강화를 위한 청소년봉사활동 관리시스템 3개년 계획을 수립하고, 기존 지역별로 운영 · 관리되었던 시스템(CS버전)에서 통합 시스템(WEB버전)으로 개편하였다.

또한, 기존청소년봉사활동 관리시스템에서 청소년자원봉사 포털사이트로 발전시켜 청소년 봉사활동관리의 안정성, 편리성, 정보 제공 확대 등을 도모하였다. 2012년에는 여성가족부 청소년통합정보시스템과 통합 작업을 추진하여 기존 청소년자원봉사 포털사이트(dovol.youth.go.kr)를 개편하였으며, 정부 부처 간 칸막이 제거를 통해 이용자의 편리성을 증대하자는 정부3.0의 일환으로 2014년 7월부터 여성가족부 청소년자원봉사 포털사이트(Dovol)와 안전행정부 자원봉사 통합관리시스템(1365나눔포털)의 연계서비스를 제공하고 있다. 이를 통해 Dovol-1365나눔포털 간의 자원봉사 실적 연계는 물론 교육부의 교육행정정보시스템 '나이스(NEIS)'를 통하여 학생생활기록부에 봉사활동 실적을 온라인으로 전송할 수 있도록 하고 있다. 2017년에는 청소년활동정보서비스(youth.go.kr)와 통합하여, 청소년자원봉사활동뿐만 아니라 청소년국제교류, 자유학기제 연계 체험활동 등 타 청소년 활동 정보와의 연계도 강화하였다.

### (2) 청소년자원봉사활동 현황

청소년자원봉사는 개인, 가족, 동아리·단체 등의 유형으로 활동에 참여하며, 일손돕기·환경미화·취약계층 활동 보조 등의 노력봉사, 학습 지도·멘토링·공부방 운영 지원 등의 교육봉사, 지역행사 운영·보조, 캠페인 활동 등의 문화봉사, 청소년들의 다양한 재능을 활용한 재능봉사 활동 등 다양하게 이루어지고 있다.

청소년봉사활동은 봉사활동 인증터전을 통해 이루어지고 있는데, '인증터전'이란 청소년 활동정보서비스 포털(youth.go.kr)에 봉사활동 실적을 등록·운영·관리할 수 있도록 17개 시·도 청소년활동진흥센터에서 인증한 기관을 의미한다. 현재 활동 인증터전으로는 청소년기관 및 단체, 사회복지기관 및 시설, 문화·예술시설 및 단체, 체육·관광시설 및 단체, 의료보호시설 및 단체, 기업체(사회공헌재단 등) 등의 다양한 기관이 참여하고 있다.

2016년부터는 청소년자원봉사의 안전한 봉사활동 환경 보장과 자발적 봉사참여 촉진을 위해 자원봉사 상해보험 지원을 시작하였으며, 2017년부터는 자원봉사 포털(1365나눔포털, VMS) 간 종합보험 통합 제공 추진을 통해 자원봉사 상해보험 수혜 대상자를 크게 확대하였다. 한편, 2017년부터 청소년 자기주도형 봉사활동 사업이 추진되고 있다. 자기주도형 봉사활동은 청소년이 지역사회의 문제나 변화가 필요한 주제를 스스로 조사 · 분석하고, 참여하는 봉사활동을 의미한다. 기존 봉사활동이 봉사시설 및 기관의 담당자(성인)가 계획한 봉사활동에 청소년들이 참여하는 형식으로 진행되는 반면, 자기주도형 봉사활동은 참여 청소년들이 스스로 활동의 목적과 수단, 실행방법을 기획하고 실행한다는 점에서 큰 차이가 있다. 2017년에는 자기주도형 봉사활동 시범사업으로 4개 시 · 도(대전, 경기, 광주, 전남)에서 27개 팀이 참여하였으며, 자기주도형 봉사활동 매뉴얼(청소년용, 지도자용)이 개발 · 보급되었다. 2018년에는 전국 17개 시 · 도로 확대 · 운영하여 총 930명, 2019년에는 총 1,393명, 2020년에는 총 2,064명의 청소년들이 지역사회의 문제 등에 대해 스스로 생각해보고 봉사활동을 주도적으로 실행하는 자기주도형 봉사활동에 참여하였다.

## 4) 청소년 국제교류

### (1) 국가 간 청소년 교류

국가 간 청소년 교류는 상대국 청소년 담당 부처와의 약정 등에 의해 매년 정기적으로 실시되는 사업으로 청소년 기관 및 시설 방문, 양국 청소년 간의 토론, 가정방문, 역사 · 문화 유적지 답사, 산업 시설 견학 등을 통해 청소년관련 정보와 경험 등을 교환하고 각국의 문화를 체험할 수 있는 기회를 제공한다. 2019년에는 총 319명(10개국 파견 149명, 초청 170명)이 국가 간 청소년 교류활동에 참여하였다. 2020년에는 코로나19 확산에 따라 해외 파견 및 초청이 불가능하여 일본, 브루나이 현지 청소년과 비대면 교류를 실시하여 온라인을 통한 각국 문화소개 및 공동 과제 수행, 토론회 등 프로그램을 진행하였다(한국청소년활동진흥원, 2021).

### (2) 한 · 중 청소년교류

2003년 7월 한 · 중 양국 정상 간의 청소년 교류 합의에 따라 2004년부터 우리 정부의 공식 초청으로 한 · 중 청소년교류가 시작되었다. 2012년부터 수교 20주년을 맞이하여 한 · 중 양국 청소년 500명씩 교류하였다. 2016년 하반기 중국 측 사정으로 한 ·

중 청소년 교류는 중단되었으나, 2018년 8월 한·중 청소년교류 재개를 위한 협력 약정이 체결되었으며 2018년 하반기부터 초청·파견 사업을 재개하였다. 2020년에는 코로나19 확산에 따라 출입국 제한 등으로 추진되지 못했다.

### (3) 국제청소년리더 교류 지원

2017년에는 한·중 청소년 교류의 실질적이고 파급적인 효과를 고려한 새로운 형태의 발전 모델 개발 및 교류 기반 구축을 위하여 국내체류 중국유학생과 한국청소년 간 교류시범사업을 신규 추진하였다. 대학과 민관협력을 통하여 국내 총 10개 대학 내 1,000여 명의 한·중 청소년 상호교류 활동을 지원하였다. 각 대학에서는 특성화된 주제를 선택하여 오리엔테이션, 특강, 멘토링, 교류 활동, 지역, 문화, 역사, 스포츠, 생태 등 탐방, 팀별 결과 발표 등 다양한 청소년교류활동을 실시하고, 여성가족부에서는 대학별로 전문가 컨설팅, 현장 방문, 사업성과 정리, 결과 보고 등의 체계적인 프로그램 운영을 지원하였다. 2018년에는 지원 대상을 다국가 유학생으로 확대하여 34개국 유학생, 2019년에는 41개국 유학생이 한국 청소년과 교류하였다. 2020년에는 코로나19의 확산으로 소규모 팀별 활동을 통해 교류를 이어갈 수 있도록 지원하고 있다. 앞으로도 동 프로그램의 운영을 통해 청소년의 실질적, 심층적 교류 효과를 추구하고, 참여대학 간 지식과 경험을 공유하여 교류 발전 모델을 개발 및 확산해 나갈 계획이다.

### (4) 한·아세안 청소년 서밋

'2020 한·아세안 청소년 서밋'은 '2019 한·아세안 특별 정상회의' 후속조치로 청소년 인적교류확대를 위해 청소년 간 소통의 장을 마련하였다. '한·아세안 청소년 서밋' 기간 동안 각국 청소년들은 온택트 방식으로 한·아세안의 동반 성장을 위해 필요한 청소년의 역할에 대해 함께 논의하고, 각국의 경험과 사례를 나누는 등 한·아세안의 협력 방안에 대한 견해를 공유하였다. 2020년에 처음 개최된 행사에 총 110명(11개국 각 10명)이 국가를 대표하여 참여하였다.

### (5) 청소년 해외체험 프로그램

2005년부터 실시되고 있는 청소년 해외체험 프로그램은 청소년들이 국제무대에서 활동할 수 있도록 지원하는 국제회의 및 행사 파견과 해외자원봉사 프로그램으로 구성 및 실시되며, 이를 통해 청소년들의 글로벌 역량을 강화하여 세계 시민의식을 함양하는 것을 목표로 한다. '청소년을 세계의 주역으로, 국제회의 · 행사참가단'과 '꿈과 사람 속으로, 대한민국 청소년 해외 자원봉사단' 등 두 개의 세부 프로그램으로 이루어져 있다.

#### ① "청소년을 세계의 주역으로", 국제회의·행사 참가단

청소년들이 국제회의 및 행사 등 다양한 해외 활동에 직접 참여하도록 지원함으로써 청소년의 국제적인 능력을 배양하고 국가 경쟁력을 제고하기 위해 2008년부터 추진해 온 사업으로 서류 심사와 면접을 통해 파견대상자를 선발한다. 2019년에는 3개 회의에 10명의 대표단을 파견하였다. 2020년에는 UN총회 제3위원회에서 실시한 비공식 온라인 토의에 청소년 대표가 참가하였으며, 코로나19의 지속적인 확산으로 그 외 대부분의 국제회의는 취소되었다.

#### ② "꿈과 사람 속으로", 대한민국 청소년 해외자원봉사단

청소년들의 자아실현과 글로벌 역량강화 및 세계 시민의식 함양을 목적으로 개발도 상국 및 저개발국의 아동, 청소년, 지역주민 등을 위하여 방학 기간을 활용해 대한민국 청소년 해외자원 봉사단을 파견하고 있다. 2019년에는 아시아 5개국에 7개 팀, 139명의 봉사단을 10일 내외로 파견하였다. 2020년에는 코로나19의 전 세계적인 확산에 따라 국내에서 해외 청소년을 위한 봉사활동을 전개하였다. 아시아 4개국(말레이시아, 베트남, 캄보디아, 필리핀) 청소년을 위해 교육봉사활동 콘텐츠를 제작하여 배포하였으며, 현지 청소년과 비대면으로 교류하는 시간을 가졌다.

### (6) 민간단체주관 청소년 국제행사지원

민간에서 개최하는 국제청소년행사를 지원하는 프로그램으로 2020년에는 '스카우트세계디지털야영대회' 프로그램 개최를 지원하였다. 특히, 코로나19의 확산에 따라 스카우트연맹은 기존 야영대회를 온라인으로 실시하여, 청소년들이 코로나19 상황 속에서도 다양한 활동을 접할 수 있도록 지원하였다.

### (7) 2023 새만금 제25회 세계스카우트잼버리

세계스카우트잼버리는 전 세계 170여 개국에서 5만 명 이상이 참여하여 다양한 문화에 대한 이해와 우애를 다지는 세계 청소년 야영 행사다. 1920년 영국 런던 올림피아 스타디움에서 34개국 8,000명의 스카우트들이 참가한 "제1회 세계스카우트잼버리"가 시초가 되어 이후 4년마다 개최하는 정규행사로 이어져 오고 있다.

잼버리(Jamboree)는 북미 인디언의 '즐거운 놀이', '유쾌한 잔치'라는 뜻을 지닌 말로서, 스카우트의 창시자인 '베이든 포우엘경'이 제1회 세계스카우트잼버리를 'Jamboree'라고 명명한 것이 유래가 되었다. 세계스카우트잼버리는 올림픽과 같이 4년마다 개최국을 결정하며, 대회를 유치한 국가는 3년마다 개최되는 세계스카우트총회에서 스카우트 회원국(1개국당 6표 투표)의 투표로 선정된다. 2019년까지 24회의 세계스카우트잼버리가 개최되었으며, 2023년에는 제25회 세계스카우트잼버리가 대한민국 전라북도 새만금에서 개최될 예정이다.

우리나라는 한국스카우트연맹 창립 100주년(2022년)을 기념하여 2016년 1월 세계스카우트연맹 사무국에 유치 의향서를 제출한 뒤 세계 6개 대륙 145개 국가를 돌며 유치활동을 펼치면서, 폴란드(그단스크)와 치열한 경쟁을 벌였다. 여성가족부는 2016년 7월 정부 국제행사심의위원회를 거쳐 세계스카우트잼버리(2023년)에 대한 국제행사 정부 지원 결정을 받고, 외교부와 협력하여 재외공관 등을 통해 160여개 회원국 대상 유치활동을 본격적으로 지원하였다. 2017년 2월에는 정·관계 주요 인사와 민간기업, 청소년정책 관계자 등 각계 인사로 구성된 '2023년 세계잼버리 대한민국 유치위원회'(위원장 이주영, 前국회부의장)가 만들어져 회원국 방문 등 유치활동, 온라인구성·파견 등의 역할을 수행하며 세계스카우트잼버리 유치에 큰 기여를 했다. 여성가족부, 외교부 및 재외공관, 새만금개발청, 전라북도, 한국스카우트연맹은 성공적인 민관 협력으로 유치활동을 벌인 결과 2017년 8월 16일 제41차 세계스카우트총회(바쿠, 아제르바이잔)에서 제25회 세계스카우트잼버리의 대한민국 유치가 최종 확정되었다. 이로 인해 우리나라는 영국, 미국, 일본 등에 이어 세계잼버리를 2회 이상 개최하는 세계 여섯 번째 국가가 되었다.

2023 새만금 「제25회 세계스카우트잼버리」는 'Draw your Dream!'을 주제로 청소년들이 자신이 원하는 대로 마음껏 잼버리를 만들어가고, 잼버리를 통해 자신의 꿈을 크게 그려 가기를 바라는 마음을 표현하였다. 엠블럼은 스카우트 대원들이 대한민국이라는 하나의 지붕 아래 함께 모여 즐겁게 축제의 캠프를 벌이는 모습을 한국의 기와와 텐트의 모양으로 형상화하였고, 그 안에서 벌어지는 즐거운 축제의 모습을 경쾌하게 표현하였다.

여성가족부는 2023 새만금 「제25회 세계스카우트잼버리」의 성공적 개최를 위하여 2018년에 조직위원회 설립 등 추진체계 구축 · 정부 차원의 예산 및 행정 지원 등을 담은 「2023 새만금 세계스카우트잼버리 지원 특별법」을 제정하고, 2019년에는 관련 시설, 안전, 기금 등 필요 사항을 규정한 새만금세계잼버리법 시행령을 제정 · 시행하였다. 또한, 2020년 7월 2일 창립총회를 개최하고 「2023 새만금 세계스카우트잼버리 조직위원회(이하 조직위원회)」(공동 조직위원장 이정옥 여성가족부 장관· 김윤덕 국회의원)가 공식출범하였다. 이후 조직위원회는 2020년 7월 13일 재단법인 설립 등기 완료를 거쳐 실질적 사무 집행기관인 조직위원회 사무국을 2020년 7월 20일 개소하고 본격적인 세계스카우트 잼버리 준비에 들어가게 되었다. 사무국은 시기별로 단계적 조직 개편 및 인력 확대 등 탄력적 직제 개편을 통해 차질 없이 행사준비를 해나갈 계획이다.

2023 새만금 「제25회 세계스카우트잼버리」는 청소년활동을 활성화하고, 미래의 주역으로 자라나는 청소년들에게 세계 청소년들과의 교류의 장을 마련함으로써 세계시민으로 성장할 수 있는 기회를 제공할 것이다. 전 세계 5만여 명의 스카우트 대원(청소년)과 지도자의 한국 방문은 국내 관광자원 및 문화자원 등과 연계되어 경제적 효과와 함께 고용창출 및 부가가치 유발효과도 클 것으로 평가되고 있으며, 개최지인 새만금 지역의 발전에도 긍정적 영향을 미칠 것으로 기대되고 있다.

## 5) 청소년 4-H 활동

4-H운동은 지역사회 청소년교육운동으로서 1990년대 초 미국에서 시작되었으며, 우리나라에는 1947년 미군정기에 도입되었다. 당시에는 농업이 가장 중요한 산업이었으며, 4-H운동은 청소년들에게 농업관련 과제활동으로 기술을 익히고, 리더십을 함양하여 지역사회 발전을 선도하는 핵심적인 역할을 했다(한국4-H본부, 2007).

2018년에 발표된 한국 4-H활동 지원 기본시책에 따르면, 회원들은 4-H과제(프로젝트)를 통해 생활 속에서 발생하는 문제를 해결하고, 알고 싶은 것을 스스로 학습하게 된다. 그리고 이러한 과제활동은 회원들의 역량을 개발하게 된다(농촌진흥청, 2017).

과제활동은 존 듀이(John Dewey)의 경험학습의 원리에 근거하고 있으며, 회원들은 '실천으로 배운다'라는 모토하에 다양한 체험활동을 하게 된다(National 4-H Council, 2008). 4-H회원 중 학교4-H회는 초·중·고등학교에 재학 중인 만 7~18세의 학생 청소년을 대상으로 하고 있으며, 학교에서 동아리활동 형태로 1~2명의 지도교사가 청소년회원들을 지도하게 된다. 청소년 4-H회원은 2000년 이후 매년 2,000여 명 이상 증가하고 있으며, 2017년 기준 1,650개회 6만 6천여 명이 회원으로 활동하고 있다(농촌진흥청, 2017).

4-H회는 과제이수(프로젝트학습)를 통한 자기개발활동을 통해 지·덕·노·체의 4-H 이념을 실천하는 것을 목적으로 삼고 있으며, 과거에는 농업 및 전통문화체험 등의 활동 중심으로 이루어지다가 최근에는 메이커 프로젝드, 퍼블릭 스피킹, 예능특기 개발, 주제에 제한을 두지 않는 다양한 프로젝트활동 등을 추진하고 있다.

우리나라에서 청소년단체 활동은 청소년의 전인적 성장을 위해 공교육체계와 서로 협력하며 청소년의 성장과 발전에 기여해 왔다. 그렇지만 청소년단체 활동이 학교 내 동아리활동으로 범위가 한정되고, 정책적 관심에서도 배제되면서 그 위상과 역할이 크게 축소되었다. 청소년단체 활동은 청소년들의 전인적 성장과 역량개발을 위해 중요한 위치를 차지하고 있음은 여러 연구들을 통해 증명되고 있다. 청소년단체 활동이 활동규모가 과거에 비해 위축되고, 그 위상이 과거에 비해 높지 않은 상황에서 일부 청소년단체들은 오히려 활동 범위를 확대하고 있으며, 규모나 내용 면에서도 발전을 이루어내고 있다. 4-H회의 경우, 청소년 회원 수가 매년 증가하고 있으며, 활동프로그램의 종류나 참여횟수도 확대되고 있음을 알 수 있었다(최영창, 2019).

## 6) 디지털 청소년활동

### (1) 디지털의 일상화

기성세대들과 다른 세계를 경험하고 자라나는 우리 청소년들에게 있어 여가와 문화활동은 매우 중요한 의미를 가진다. 이전부터 계속되어 오던 청소년들의 학업 부담감과 진로에 대한 두려움에 맞설 수 있는, 오로지 자신들의 선택으로 이루어지는 새로운 자신만의 시간이기 때문이다(김동찬, 2018). 10대 청소년은 다른 세대보다 온라인에서 더 적극적으로 상호작용하는 모습을 보인다. 추천 · 평점 주기 등을 거의 매일 하는 소셜미디어 적극 이용자가 10의 경우 37%에 달한다는 연구 결과(최지혜, 2017)도 있을 정도이다. 디지철 환경에서 태어나고 자란 현재의 10대 청소년은 텍스트보다 이미지 · 동영상에 더 민감하게 반응하고 SNS를 통해 적극적으로 정보를 습득한다(안소진, 김용찬, 2020). 청소년들은 동영상 플랫폼을 이용하는 이유로서 재미있고 다양한 콘텐츠가 풍부하여 학습을 비롯하여 자신의 관심사에 맞춤형 정보 검색이 용이하며 동영상임에 따라 내용을 이해하기 쉽다는 점을 제시했다. 청소년이 동영상 플랫폼에서 가장 많이 이용하는 장르는 게임, 음악, TV드라마 순으로 주로 여가 생활과 관련된 콘텐츠였다. 하지만 청소년들이 상술된 콘텐츠 이외에도 스포츠, 패션, 일상 브이로그를 비롯하여 학습 · 교육과 관련된 콘텐츠를 이용하고 있다는 점은 청소년들이 일상 활동의 모든 범위에서 동영상 콘텐츠를 이용하고 있다는 것을 의미한다. 동영상은 콘텐츠의 러닝 시간이 10분 이내로 길지 않은 편이며 시청자 및 제작자와 같은 구성원 간의 소통이 채널 커뮤니티의 게시판 및 스트리밍 서비스를 이용하여 이루어지고 있다는 점을 통하여 청소년들은 압축적이며 서사적이며 타인과 비대면으로 연결되는 생활양식에 익숙해지고 있음을 알 수 있다(오윤주, 2019: 권미정, 2020).

### (2) 포스트 코로나와 디지털 청소년활동

2020년 6월 이후 코로나 19가 장기화되어 감에 따라 청소년기관이나 청소년시설들은 온라인 청소년활동을 개발하여 운영하기 시작하였으나 청소년기관운영의 관점에서 보면 개관하지 못하여 발생하는 부작용이 큰 상황이다(박선영, 2020). 특히 생활권에 있는 청소년수련시설, 청소년수련관이나 청소년문화의집의 경우 청소년 이용료, 평생교육 이용료로 충당되던 기관의 운영에 필요한 재정을 마련하기 어려운 상황에 직면해 있다(박선영, 2020).

유엔(UN) 산하의 시민사회연합조직의 2020년 5월 보고서에 따르면 코로나로 인한 학교 밖 교육이나 청소년활동 참여의 감소가 청소년에게 심각한 부작용을 끼칠 것이라고 하였다. 학교교육의 공백도 중요하게 논의되어야 하지만 청소년활동 같은 informal leaning이나 non formal leaning의 공백이나 부족은 코로나 시대 이전보다 청소년에게 미치는 부정적인 영향이 매우 클 것이라고 전망하였다. 즉, 코로나로 인한 청소년활동의 축소는 청소년에게 신체적으로나 정서적인 건강의 문제를 초래할 것이고, 학교 중퇴율을 높일 것이며, 취약계층 청소년의 경우 더 많은 범죄와 학대 같은 위험에 노출될 확률이 높아질 것이라고 경고하였다(Conpact for Young People in Humanitarian Action, 2020: 박선영, 2020 재인용).

그리고 유엔은 코로나로 인한 학교 봉쇄 기간에 디지털 기기와 온라인 플랫폼을 활용하여 다양한 창의적인 방법으로 원격교육이 이루어져야 한다고 제시하였다(UN, 2020: 박선영, 2020 재인용). 특히 포스트 코로나 시대에는 학습자 맞춤형 온라인 교육이 본격적으로 시작될 것에 대비하여 온라인 플랫폼을 활용한 뉴 노멀(New Normal) 교육 방법과 내용을 갖추는 것도 필요해 보인다(임경화, 2020). 다만 한국처럼 이미 청소년이 과도하게 온라인과 스마트 기기에 노출되어 있는 상황에서 온라인 수업으로의 전환은 스마트 기기의 노출을 더 장기화하고 악화시킬 수 있어 신체건상과 스마트 기기 중독이나 과의존의 문제들을 어떻게 해결할 수 있을지에 대해서도 동시에 논의되어야 할 것으로 보인다(오재호, 2020).

청소년의 디지털 미디어 공간 내에서의 활동 청소년의 디지털 미디어 공간 참여 형태 디지털 미디어 공간에서 청소년들의 참여 형태는 콘텐츠 생산보다 이용 활동이 활발한 편이다. 매일 자신이 생산한 콘텐츠를 디지털 미디어에 업로드 하는 청소년은 약 12%이다(배상률 외, 2013). 반면 실시간 방송 및 동영상 사이트의 매일 이용률은 68%이다(김지경 외, 2018). 디지털 미디어 이용자들의 디지털 미디어 공간 참여는 그다지 자유롭지 않으며 의사 사회 상호작용의 영향력도 그다지 크지 않을 가능성이 있다. 청소년의 유튜브 이용의 긍정적 경험은 청소년들에게 유튜브 이용은 인지 · 정서 · 사회적 역량이 성장할 수 있는 기회이다. 청소년들이 유튜브 이용으로 인지역량의 성장을 경험한다는 것은 정보습득욕구가 충족되는 행위라고 할 수 있다. 면대면 학습 현장에서 유튜브의 활용은 학습자들에게 교과서의 내용과 같이 추상적 내용보다 체험과 같이 구체적인 자극이 필요한 교과목의 시간적 · 공간적 · 경제적 제약을 완화한다고 할 수 있다(신성희, 2021).

## 2 청소년활동의 발전방안

### 1) 4차 산업혁명의 이해와 청소년활동의 과제

4차 산업혁명의 사회적 변화에 따라 청소년의 미래에 있어서 가장 큰 영향은 인재상의 변화이다. 18세기 1차 산업혁명은 '증기기관'이 발명되면서 '기계화'라는 사회적 변화를 이끌었다. 이 시대에 사람들은 기계가 대체할 수 없는 인간만의 기술 훈련을 통해 인재를 양성했다. 그 후 2차 산업혁명은 19~20세기 초까지 진행되었으며 전기의 발명을 통해 산업화가 이루어졌다. 이 시기에는 대량생산이 가능해졌으며 이때의 인재상은 오래 배워 많은 지식을 갖고 있고, 자신의 지식을 많은 사람에게 동시에 가르치는 능력이 중요했다. 20세기 후반에 나타난 제3차 산업혁명시대에는 컴퓨터와 인터넷을 통해서 정보화 사회가 이루어졌다. 이 시대에 필요한 인재상은 세계의 변화를 알고, 영감이 있고, 열의가 있으며 지적인 능력을 가진 인물이었다(김명순, 2018).

개인에게는 정보 활용 능력이 중요한 시대로서, 21세기 4차 산업혁명시대에는 인간을 중심으로 온라인과 오프라인을 연결하는 인공지능(AI), 빅데이터(Big Data), 사물인터넷(Iot), 3D프린터 등의 ICT기술을 통해서 '지능화'가 이루어지고 있다. 따라서 4차 산업혁명시대에 필요한 인재상을 양성하기 위해 공교육에서의 보완 역할을 담당하고 있는 청소년활동영역 부분의 방향성을 가져야 할 필요가 요구되는 실정이다.

4차 산업혁명은 과거와는 또 다른 인재를 요구하고 있다. 교육부도 미래교육을 위해 유연한 학교제도, 학습자 중심의 교육과정, 학습자중심의 평가체제 그리고 지능정보형 학교시설을 미래의 학교로 제시하였다(EBS, 2016). 학교교육의 한계를 담당했던 청소년활동의 지도영역에서 4차 산업혁명사회에 필요한 역량은 무엇이며 어떻게 준비해야 하는가는 매우 중요한 요소가 되었다. 정부도 제6차 청소년정책 기본계획에서 제4차 산업혁명 등 급변하는 사회환경 적응에 필요한 중점역량 기반에 청소년 활동 체계 구축이 필요하다고 진단하였다(여성가족부, 2018). 시대의 변화에 따라 청소년활동의 방향과 활동을 담당하는 지도자들의 지도 내용과 방법도 시대의 변화에 따라 함께 달라져야 한다.

## 2) 청소년활동의 발전방안

디지털트랜스포메이션(Digital transformation)이라고도 하는 현상은 현 시대의 청소년들이 일상 속에서 사회 환경이 변화해 감에 따라 필수적으로 사용할 수밖에 없는 시대가 도래한 것이다. 특히 '핸드폰(온라인 기기)을 물고 태어나는 청소년'이라고 불릴 정도로 21세기의 청소년은 온라인 기기와 밀접한 관계에 있다. 청소년 활동의 범위와 발전방안을 새롭게 모색해야 할 때이다(김창현, 2016).

### (1) 창의성 지향 창의적 체험활동 프로그램 활성화

창의적 체험활동의 중요성은 창의적 사고와 남을 배려하는 마음을 키울 수 있는 실천적 활동의 도입에 있다. 정규 교과과정 및 방과 후 프로그램, 청소년활동 프로그램과 연계 및 통합을 강화하여 지역사회 기관과 연계하는 준비가 필요하다.

### (2) 인력풀 확장 및 예산지원 확대

문화예술강사, 스포츠강사, 방과후 보조강사, 인턴교사, 지역사회 코디네이터 등 학교와 학교 밖에 배치된 다양한 인력을 창의적 체험활동 인력으로 활용하거나 학부모 및 지역사회 봉사자들이 참여를 활성화하여 확장성을 가질 수 있다.

### (3) 지역자원 활용을 위한 협의체 구축

지역자원과의 연계를 강화하기 위해서 교육부 및 교육청단위로 MOU를 체결하는 등 사회적 여건 조성 및 자원 발굴 노력에 청소년활동기관이 함께해야 할 것이다.

### (4) 세대 간 청소년 멘토링을 통한 청소년활동

청소년에게는 보다 안정적인 성인의 양육을 경험하게 하는 것이고 노인에게는 무력감 해소와 자신의 존재가치를 확인하는 일이 될 수 있다. 노인세대를 청소년의 멘토로 활용하여 청소년활동을 고안할 필요가 있고 반대로 청소년이 노인의 멘토 역할을 하여 노인에게 필요한 IT기술이나 복잡한 기계사용을 알려주거나 말벗이 되어 정서적 교감을 나누게 할 수도 있을 것이다.

### (5) 청소년활동 온라인 콘텐츠 개발

온라인활동 과몰입으로 인한 부정적 영향 중에서도 가장 우려하는 부분이 사회적 관계의 단절로 사회적 지지를 형성하지 못하게 된다는 점이다. 온라인에서의 활동은 비대면으로 상호작용이 이루어지기 때문에 사회적 지지를 약화시키고 관계가 축소되어 고립될 뿐만 아니라 공동체 역량 저하와 사회성원으로서의 역할 수행에 어려움을 겪을 수 있다는 것이다(한국청소년정책연구원, 2019). 특히 온라인 활동의 한 부분인 온라인 게임에 대한 갈망은 과도한 사용으로 이어져 신체적·정신적 등 여러 가지 문제를 발생하며 게임을 많이 이용할수록 타인을 부정적으로 인식하고 사회적 관계가 약화된다고 하였다(한국청소년정책연구원, 2019). 반면 온라인 활동이 사회적 지지(또래관계)를 약화시킨다는 우려에도 불구하고 청소년들은 온라인 활동을 통해 관계를 유지하고 보완하는 창구로 사용하고 있으므로 건강한 친밀감과 유대감을 향상하기 위한 온라인 콘텐츠 개발이 필요하다고 하였다(송병국 외, 2017).

### (6) 청소년활동 유튜브 콘텐츠 개발의 중요성

청소년 유튜버들이 유튜브에서 영상을 제작하고 활동하는 동기는 '인정 동기', '자기표현 동기', '소통 동기', '오락 동기', '수익 동기'를 들 수 있다. 이 중 '인정 동기'와 '자기표현 동기'는 미디어 생산자로서 청소년 유튜버가 가지는 특성을 잘 보여주는 동기라고 할 수 있으며, 초등 유튜버에게서 주로 나타나는 '오락 동기'는 초등학생들의 변화된 미디어 활용을 보여주는 동기라 할 수 있다. '수익 동기'는 활동 시작의 계기라기보다 활동 과정 중에서 나타나는 부가 동기라고 할 수 있는데 유튜버 활동에서만 찾아볼 수 있는 특징적인 동기이다(안소진, 김용찬, 2020).

10대 유튜버들의 동영상 제작, 활동 과정에서 '사회적 관계'와 연관된 동기의 중요성을 재확인하였다는 것이다. 청소년들의 유튜버 활동이 단순히 동영상 제작과 유통에 그치는 것이 아니라 다분히 사회적 관계를 맺고 형성하는 사회적 과정임을 보여주는 것이다. 그러한 사회적 과정은 온라인상과 오프라인상 모두에서 이루어진다. 유튜버 활동을 통해 10대 청소년들은 사회적 관계의 확장을 경험한다(안소진, 김용찬, 2020).

"미디어를 통한 정체성 구현 방법"과 "이를 토대로 소셜미디어를 통해서 사람들과 만나고 커뮤니케이션 하는 방신에 대한 이해"(김양은, 2016)가 미디어의 능동적 생산자로서 활동하는 현시대 청소년들의 미디어 리터러시[1] 교육이라 할 것이다.

1) 리터러시(Literacy)는 흔히 문해력, 정보해석 능력 등으로 볼 수 있는데, 미디어 리터러시(Media literacy)란 이러한 리터러시 관점을 미디어 시대에 맞게 확장한, 미디어 시대에 필요한 문해력과 해석능력을 말한다.

# 제9장

# 청소년활동과 지역사회

1. 지역사회와 청소년의 관계
   1) 지역사회의 개념
   2) 청소년활동과 지역사회의 중요성
   3) 청소년과 지역사회환경 관련 이론
2. 청소년들의 성장지원을 위한 지역사회 네트워크 사업
   1) 혁신교육지구: 교육부
   2) 청소년 안전망: 여성가족부
   3) 다함께돌봄사업: 보건복지부-행정안전부
   4) 학교 밖 청소년: 여성가족부-교육부-법무부

# 1 지역사회와 청소년의 관계

## 1) 지역사회의 개념

지역사회의 개념은 영어의 'community'를 뜻하기도 하고, 특정 종의 생물이 특정지역에 모여 사는 것을 의미하는 생태학적 개념으로 쓰이기도 한다. 일반적으로 community는 'common' 또는 'communal'과 'unity'의 합성어로 인식되며, 공동, 공동체계, 공동 소유 등의 의미를 지니고 있다. 여기서 공동체는 매우 다양한 의미로 사용되었다. '목표나 규범, 수단을 공동으로 소유하는 집단을 뜻하기도 하고, '공동의 삶을 영위하는 자족적인 집단'을 의미하기도 한다(최인수, 전대욱, 2014).

지역사회는 두 가지 속성이 있음을 보여준다. 하나는 지역사회란 다른 지역과는 다른 특수성과 분리성을 나타내는 물리적 지리성과 지역적인 경계를 가진다는 것이고, 다른 하나는 사회적 혹은 문화적인 동질성, 합의성, 자조성 또는 다른 형태의 집단 행위와 상호작용을 갖는다는 것이다. 지역사회에 관한 학자들의 정의는 두 속성 중 어느 것을 강조하느냐에 따라서 다양하다(최일섭, 이현주, 2006).

지역사회에 대한 사회학적 관점과 사회복지학적 관점에서 대표적인 학자들의 정의를 살펴보면 다음과 같다. 맥키버(MacIver)는 '지역사회를 인간의 공동생활이 영위되는 일정한 지역을 의미한다'고 하였다. 이는 지리적으로 밀접하고 인접해 있는 곳에서 생활하는 가족과 개인의 집합체를 지역사회라고 정의하는 것이다(이지연, 2009).

## 2) 청소년활동과 지역사회의 중요성

청소년활동은 대체로 지역사회를 기반으로 이루어진다(Hart, 1997: 최경옥, 2017 재인용). 성인에 비해 사회를 직접 경험할 기회가 많지 않은 청소년들에게 지역사회 청소년활동 참여는 자신이 구성원으로 속해 있는 지역사회의 구조와 운영원리를 이해하게 하고 이를 통해 사회를 가깝게 느끼게 되는 기회라고 할 수 있다(박재숙, 2011).

따라서 청소년들은 청소년활동에 참여하면서 자아존중감과 자기효능감 및 자아탄력성을 향상시킬 수 있고 긍정적인 자기인식을 가질 수 있으며(김윤나, 박옥식, 2009; 문성호, 문호영, 2010: 허철수, 강옥련, 2010). 사회적으로 지역사회에 대한 공동체의식과 타인이해, 갈등해결 능력을 갖추게 된다(김현철 외, 2013: 박가나, 2009: 최형임 외 2012).

최근에는 협동심이나 공동체의식(김선숙, 안재진, 2012)과 시민성(이용교, 이중섭, 2010: 김영인, 2007), 협동심, 배려심과 같은 사회적 상호작용 능력과 리더십(최창욱, 김정주, 송병국, 2005)과 사회성(도종수, 성준모, 2013)과 같은 다양한 청소년 역량에도 기여하고 있는 것으로 보고되고 있다.

청소년은 인간관계로부터 커다란 영향을 받는데, 관계에서 지지를 받게 되면 안정감을 얻고, 사랑받고 있다는 느낌을 받으며, 자신에 대한 정체성도 찾을 수 있게 된다. 미시체계 관점으로 사회적 지지는 청소년으로 하여금 힘들고 어려운 시기를 헤쳐 나갈 수 있는 요소이다(Diener et al., 2008: 장재현, 2018 재인용).

## 3) 청소년과 지역사회환경 관련 이론

### (1) 레빈의 장이론

레빈(Lewin)에 의하면, 인간의 행동은 일순간에 존재하는 장에 의해서 결정된다. 그는 특정의 시점에서 특정인의 행동을 규정하는 모든 사실은 그 개인의 생활공간이라고 하였다(김경희, 1999). 이 생활공간은 환경과 사람으로 구성된다. 또한 생활공간은 하나의 역학적 전체 장으로서 사람이 변하면 전체의 특성도 변하며, 생활공간의 양상이 변하면 개인의 특징도 변하는 것이다. 생활공간 내의 환경도 사람도 그리고 개인이나 환경이나 그의 행동도 모두 상호 의존적인 관계에 있다. 그런데 개인 그 자체도 하나의 전체이므로 내부에 상호 의존적인 부분을 포함하고 있다(장수한, 2014).

레빈에게 있어서 환경은 최소한 두 가지 이상의 뜻으로 사용되었다. 첫째, 객관적 환경, 즉 개인이 당면한 자극상황으로서의 환경이다. 둘째, 심리적 환경, 즉 개인에게 존재하는 것으로서의 환경이다. 심리적 환경은 생활공간의 부분이다. 심리적 환경의 특성은 물리적 환경뿐 아니라, 개인의 특성에 의해서도 결정된다. 장이론은 구조적 개념체계에서 주된 관심은 심리적 환경에 있다. 심리석 환경에 분화된 영역들의 배치를 인지구조라고 한다(박병기, 2003).

이러한 장이론과 청소년과의 관계는 청소년이 생활하는 지역사회를 둘러싼 심리적 환경이 중요한 영향을 미친다는 것이다. 따라서 청소년들이 지역사회에서의 바른 성장을 위해서는 어른들이 지키고 있는 영역에서의 바른 노력이 반드시 필요할 것이다.

### (2) 반두라의 사회학습이론

반두라(Bandura)는 청소년기를 인간발달이론으로 설명하기보다는 학습이론으로 설명한다. 즉, 전통적 학습이론(고전적 조건화와 조작적 조건화)을 확대하여 인간의 사회적 행동을 설명하려고 하였다. 대표적인 사회학습 이론가인 반두라는 전통적 학습이론에서 무시하였던 감정이나 이미지 혹은 기대 등의 관찰 불가능한 내적 과정을 인정하고 소위 관찰학습에 의해 학습이 이루어진다고 주장하였다(조희, 1999). 그에 의하면 청소년기의 사회적 행동이나 성격은 외적 강화 없이도 타인의 행동을 관찰하고 이것을 모델링함으로써 습득된다고 하였다. 반두라 이론의 핵심 개념은 관찰학습 혹은 모델링과 인지적 의사결정 과정이라고 할 수 있다. 즉, 청소년이 타인의 행동을 관찰하고 인지적으로 처리하여 자신의 행동을 결정하는 과정을 포함하며 관찰학습 과정은 관찰대상이 되는 모델의 행동과 관찰자의 인지적 의사결정 과정의 두 가지 요인을 강조한다(이재경, 2006).

### (3) 러너의 발달맥락주의이론

발달의 맥락성(developmental contextualism) 이론은 성장하는 개인과 그 개인이 살고 있는 생태학적 맥락 사이의 상호작용에 초점을 맞추는 포괄적이고 종합적인 발달이론이다(김경희, 1999). 발달의 맥락성은 인간발달에 미치는 본성이나 유전의 영향을 옹호하지도 않고 그렇다고 해서 양육의 영향을 강조하지도 않는다. 그것은 단지 유기체와 맥락 사이의 역동적 상호작용만을 중요시한다. 이와 같은 발달의 맥락성 이론은 다음과 같은 세 가지 흐름을 반영하고 있다(김경희, 1999).

첫째, 생물학적 과정과 심리적 과정 및 사회적 과정 사이의 양방향적 호혜적 혹은 역동적 상호작용이 개인의 발달을 가능하게 한다는 비교심리학자(comparative)들의 주장을 수용한다. 비교심리학에서는 심리사회적 환경과 상관없이 생물학적 변화가 일어날 수 있다는 성숙의 개념을 거부한다. 둘째, 인간발달의 전 생애적 견해를 수용한다. 여기서는 청소년기 발달을 성명하기 위하여 발달의 맥락성을 활용하나 이것은 청소년기에 제한되지 않는다. 즉 전 생애발달이론이다. 셋째, 발달하는 개인과 그들이 생활하는 다양한 맥락인 미시체계, 중간체계, 회부체계 및 거시체계들 사이의 상호 관계를 중요시하는 브론펜브레너의 생태학적 모델을 수용·확장하고 있다.

### (4) 브론펜브레너의 생태학적 이론

브론펜브레너(Bronfenbrenner)는 인간이 직접 참여하고 있는 즉각적 환경을 미시체계(micro system), 미시체계와 미시체계를 연결하는 고리환경을 중간체계(meso system), 미시체계와는 직접적 연결이 없는 외적 환경을 외체계(exo system), 미시체계와 중간체계·외체계에 영향은 미치는 거시적 환경을 거시체계(macro system)라 하고 각 체계의 구성요소들은 상호작용하면서 인간의 성장 발달에 영향을 미친다는 많은 가설을 제시하고 있다(변용만 외, 2007). 청소년 개인의 미시체계는 가정, 학교, 청소년 수련장 등이 대표적 유형이며, 중간체계는 가정의 어머니와 학교의 교사가 가지는 관계이며, 외체계는 부모의 직장이나 교사의 가정이다. 거시체계는 사회통념, 사회제도, 보편적 가치관 등이 대표적인 유형이다. 여기에서 중간체계는 엄격하게 이야기하면 미시체계와 함께 이와 연결되어 있는 외부조건으로서 직접적 환경이며 외체계와 거시체계는 간접적 환경에 해당한다. 또한 미시체계와 외체계는 사회환경 중 물리적 환경과 심리적 환경의 인간관계를 포괄하며 거시체계는 심적 환경의 문화적 요소와 제도적 요소를 망라하고 있음을 알 수 있다(김경희, 1999).

정책대상을 아동과 청소년으로 구분하지 않고 아동정책과 청소년정책을 통합하여 접근하는 광의의 시간이 있는 반면, 아동과 청소년에 관한 근거 법률, 즉 「아동복지법」 및 「UN아동권리협약」에 따라 아동(0세~18세 미만)과 「청소년기본법」 등에 따른 청소년(9~24세)의 연령을 나누어 아동정책과 청소년정책을 구분하기도 한다(여성가족부, 2020).

우리나라도 1991년 「UN아동권리협약」에 가입을 계기로 아동과 청소년에 대한 정책적 노력을 활발하게 추진하고 있으며, 당시의 시의성을 반영하여 중앙정부와 지방자치단체 차원에서 어린이와 청소년들의 행복한 삶을 보장하고 건강한 환경을 조성하기 위한 다양한 제도와 구체적인 사업을 추진하고 있다.

## 2 청소년들의 성장지원을 위한 지역사회 네트워크 사업

그간 정부에서는 청소년들의 성장지원을 위한 다양한 지역사회 네트워크 정책들을 추진해 왔다. 정부의 지역사회 네트워크 정책들 중에서 교육부의 '혁신교육지구', 여성가족부의 '청소년안전망', 보건복지부-행정안전부의 '다함께돌봄사업'에 대해 각 사업별로 알아보고자 한다(장성철, 2021).

### 1) 혁신교육지구: 교육부

혁신교육지구는 '마을이 학교다'라는 구호 아래 지역사회와 단위학교가 함께 하는 네트워크 구축, 지역사회의 다양한 인적·물적 자원 조직, 단위학교가 수업혁신에 전념할 수 있는 기반 조성 등을 통해 지역공동체를 구축하려는 정책으로, 2011년 경기도교육청을 시작으로 전국적으로 확산되고 있다(성병창, 이상철, 2019).

혁신교육지구사업은 그간의 사업운영으로 교육과정 및 학교운영 혁신을 이루어 내고 있고, 공교육혁신 모델로서 중요한 역할을 해나가고 있다. 또한 학교와 마을(지역)과의 연계 협력을 통해 지역의 공동체성 회복과 마을교육공동체 구축을 이루는 성과를 내고 있지만, 혁신학교의 양적 확대(2019, 1,714개교 → 2020, 1,942개교)에도 불구하고 혁신동력의 미약, 제도적 문제 및 혁신학교 학력저하에 대한 부정적 시선도 여전하다(최인재, 2020).

교육부에서는 혁신교육지구의 우수심화모델 개발을 통한 자생적 변화를 추구하기 위해 '미래형 교육자치 협력지구' 사업을 시범 운영하고 있다. 이 사업의 주요 내용은 교육(지원)청과 지자체가 공동으로 협력센터를 설치·조직하는 것이다. 협력센터는 학교·교육(지원)청과 마을·지자체를 연계하는 허브역할을 수행하는 것이 주요 역할이다. 다음으로 읍·면·동 단위 마을교육 자치회를 구축하고 활성화하는 역할이다. 이를 위해 행안부와 연계하여 읍면동 단위 주민자치회 내 교육특위(분과) 형태의 마을교육자치분과를 추진하고 있다. 또한 혁신학교 선도 사업으로 자율학교 확대를 통해 역량 있는 교장 초빙, 교원 장기 근무, 지역사회 학습장을 활용한 마을 연계 교육과정 등이다(최인재, 2020).

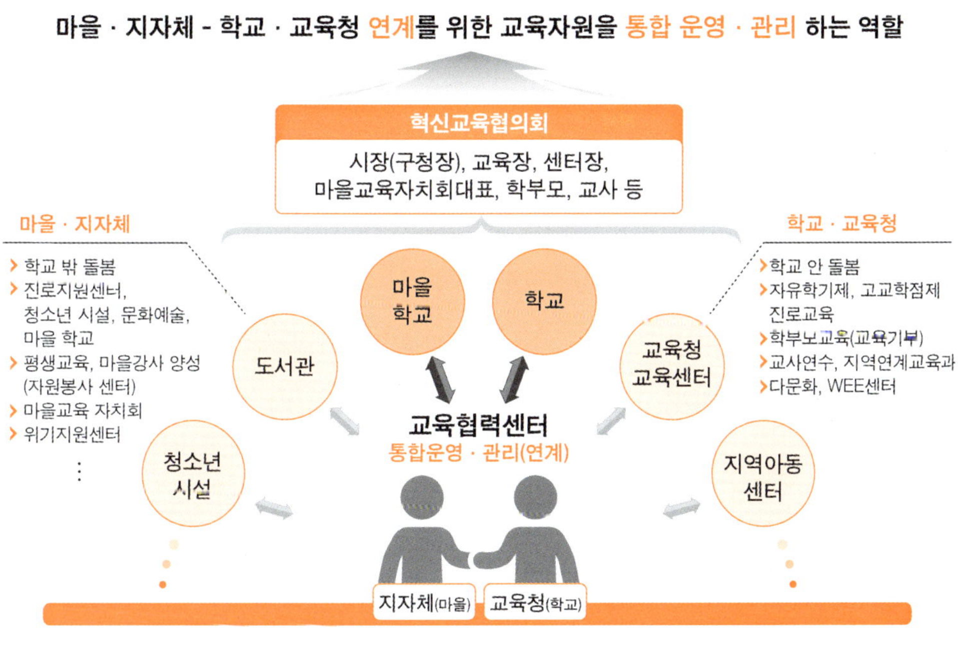


출처: 교육부, 학교혁신정책과, 2020.

**그림 9-1** 공동협력센터 역할(안)

## 2) 청소년 안전망: 여성가족부

청소년정책 중 청소년 보호체제는 1964년 내무부의 '청소년보호대책위원회'로부터 시작되어 주로 문제청소년에 대한 선도 중심으로 정책이 추진되어 왔다. 이후 1998년 국무총리청소년보호위원회에서 「청소년보호법」을 제정함으로써 육성과 아울러 청소년을 안전하게 보호해야 할 대상으로써 구체적인 보호대책들이 수립되었고, 국가적 차원에서의 청소년보호체계를 마련하였다(정재우, 2020).

정부에서는 청소년 보호와 관련하여 공적전달체계 마련을 위해 2005년부터 본격적으로 지역사회청소년통합지원체계(Community Youth Safety Net: CYS-Net)를 마련하여 운영하고 있다. CYS-Net은 지역사회 내 공공민간 청소년 관련 자원을 연계하여 학업중단, 가출, 인터넷 중독 등 위기청소년에 대한 상담, 보호, 교육, 자립 등 위기청소년을 위한 맞춤형 서비스를 제공하는 사업이다. 현재 전국 231개 지자체의 청소년상담복지센터에서 서비스가 제공되고 있다(장성철, 2021).

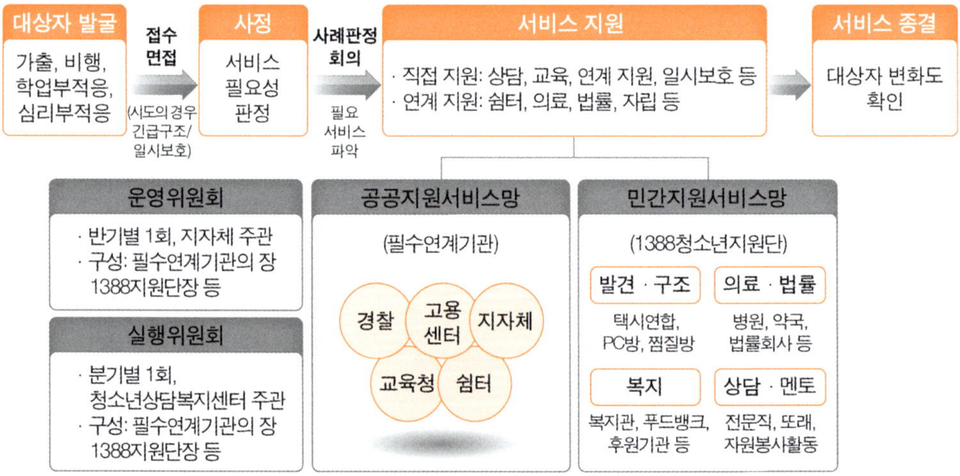


출처: 여성가족부, 한국청소년정책연구원, 2019.

**그림 9-2** 지역사회청소년통합지원체계(CYS-Net) 서비스 전달과정

하지만, 최근 청소년 집단폭력 및 자살 등 청소년 문제가 사회적 이슈로 대두되었고, CYS-Net에 대한 점검이 이루어지게 되었다. 다양한 경로를 통해 문제점으로 지적된 것은 첫째, CYS-Net에 대한 용어의 어려움과 이해 부족, 둘째, 지자체의 적극적 개입의 한계, 셋째, 필수연계기관의 위기청소년 연계의 한계 등이다(정재우, 2020).

여성가족부에서는 다양한 의견수렴을 통해 CYS-Net의 명칭을 2019년 7월부터 '청소년안전망'으로 변경하게 되었다. 그리고 청소년상담복지센터 내에서 운영되던 이 사업을 지자체 내 '청소년안전망팀'을 신설하여, 청소년전담공무원을 배치하도록 함으로써 사례연계와 지속적 사후관리를 강화해 나갈 계획이다. 2019년 하반기부터 청소년안전망 시범사업(서울 노원구, 부산 사하구, 광주 광산구, 경기 수원시, 전북 부안군 이상 5개소)을 실시하였으며, 2020년부터 본격적으로 지자체 청소년안전망팀 선도사업(서울 노원구, 부산 사하구, 울산 남구, 경기 군포시, 수원시, 파주시, 전북 부안군 이상 9개소)이 실시되고 있다(최인재, 2020).

2020년 선도사업에 이어 2021년에는 지자체 청소년안전망팀 사업을 확대하여 운영할 계획으로, 선도사업과 주요 사업은 지역 실정에 맞는 다양한 위기청소년 지원 사업 운영 모형 개발과 법·제도적 개선사항 도출, 청소년 중심의 욕구·위기도 조사 등을 바탕으로 고위기 청소년이 필요로 하는 신규 서비스 개발에 있다. 주요 사업내용은 시, 군, 구 내에 전담 조직을 갖추고 위기청소년 통합 지원을 위한 기능을 수행하는 것으로 위기청소년 지원 전담공무원 2인+청소년통합사례관리사 2~3인으로 '청소년안전망팀'을 구성하여 운영할 계획이다.

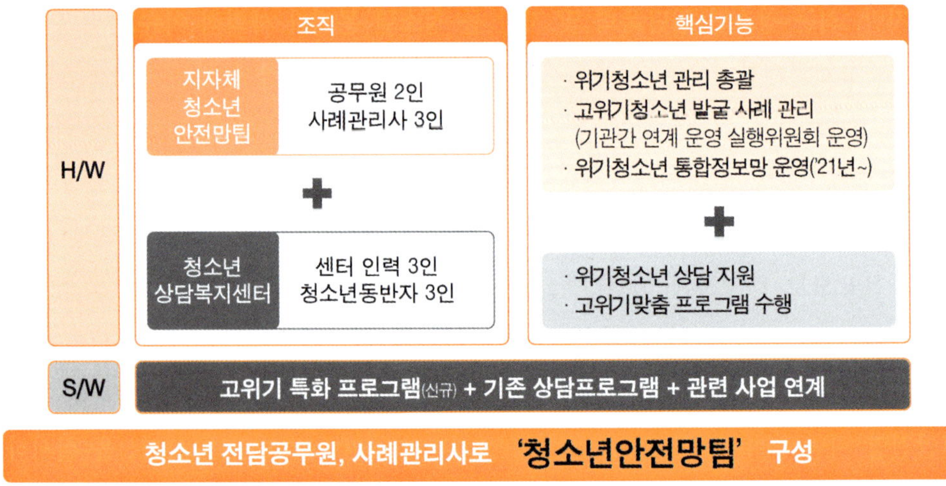


출처: 정재우, 2020.

**그림 9-3** 청소년안전팀 운영(안)

### 3) 다함께돌봄사업[1]: 보건복지부-행정안전부

다함께돌봄은 초등돌봄의 사각지대 해소와 지역 중심의 돌봄체계 구축을 목적으로 2017년 7월, 공모사업으로 10개 지역에서 시범 운영되었다. 2017년 17개소가 설치, 운영되다가 이후 전국적으로 확대되어 2019년 12월 기준 173개소가 설치 · 운영되고 있다. 정부는 2022년까지 5년간 전국적으로 1,800개소까지 센터의 수를 늘릴 계획이다. 센터의 운영은 지역 내 방과 후 초등돌봄(이용대상: 돌봄이 필요한 만 6세~12세까지의 초등학생) 아동의 거점 기능 수행을 위해 공공과 민간 자원의 연계를 통해 지역사회가 다함께 아동을 돌보는 자율적이고 유연한 체계로 운영하도록 지원하고 있다.

센터에서 제공되는 서비스는 아동의 안전한 보호, 등하원 지원, 안전하고 균형 있는 급 · 간식지원, 체험활동 및 교육, 문화, 예술, 체육 프로그램 연계 · 제공, 자녀돌봄 관련 상담 등의 서비스를 제공하고 있다. 돌봄유형은 일정한 기간이 정해진 정기적 돌봄인 상시돌봄과 학교 휴업, 이용자의 긴급사유로 갑자기 발생한 비정기적 돌봄인 일시

1) 출처: 다함께돌봄 홈페이지. https://dadol.or.kr

돌봄으로 나누어진다. 센터의 설치·운영주체는 지방자치단체이므로 직영방식으로 운영되거나, 돌봄서비스에 관한 전문성 활용 및 지역사회 참여를 활성화하기 위해 위탁 운영도 가능하다.

**표 9-1 다함께돌봄 추진체계**

| 추진체계 | 주요 역할 |
|---|---|
| 보건복지부 | • 기본계획 수립, 법령 및 지침 제·개정<br>• 평가 및 컨설팅, 현정지도·점검 등 사업관리 총괄<br>• 국고보조금 교부 및 관리<br>• 자원 연계를 위한 부처 간 연계 및 조정 |
| 다함께돌봄 사업지원단 | • 평가 및 컨설팅, 종사자 교육 등 시설운영 지원<br>• 다함께돌봄사업 전산시스템 구축·관리<br>• 다함께돌봄사업 홍보 및 연구·조사 등 |
| 시·도 | • 시·도별 사업계획 수립 및 사업 총괄<br>• 시·군·구 사업 지도·점검 및 국고보조금 예산 집행<br>• 광역 돌봄협의회를 통한 돌봄 서비스의 연계·조정 등 |
| 시·군·구 | • 시·군·구 사업계획 수립 및 센터 설치·운영<br>• 예산집행 및 지도·점검 등 센터 운영관리<br>• 기초 돌봄협의회를 통한 돌봄 서비스의 연계·조정 등 |

다함께돌봄 사업은 지역사회 중심의 주도적인 아동 돌봄 공동체의 기반을 조성한다는 측면에서 지역의 다양한 자원을 활용하여 방과 후 돌봄의 공백을 해결하고 맞벌이 가정, 취약계층의 양육부담을 줄일 수 있다는 장점이 있고, 기존의 지역아동센터와 달리 소득에 관계없이 모든 초등학생들이 이용할 수 있다는 점에서 차별성이 있다.

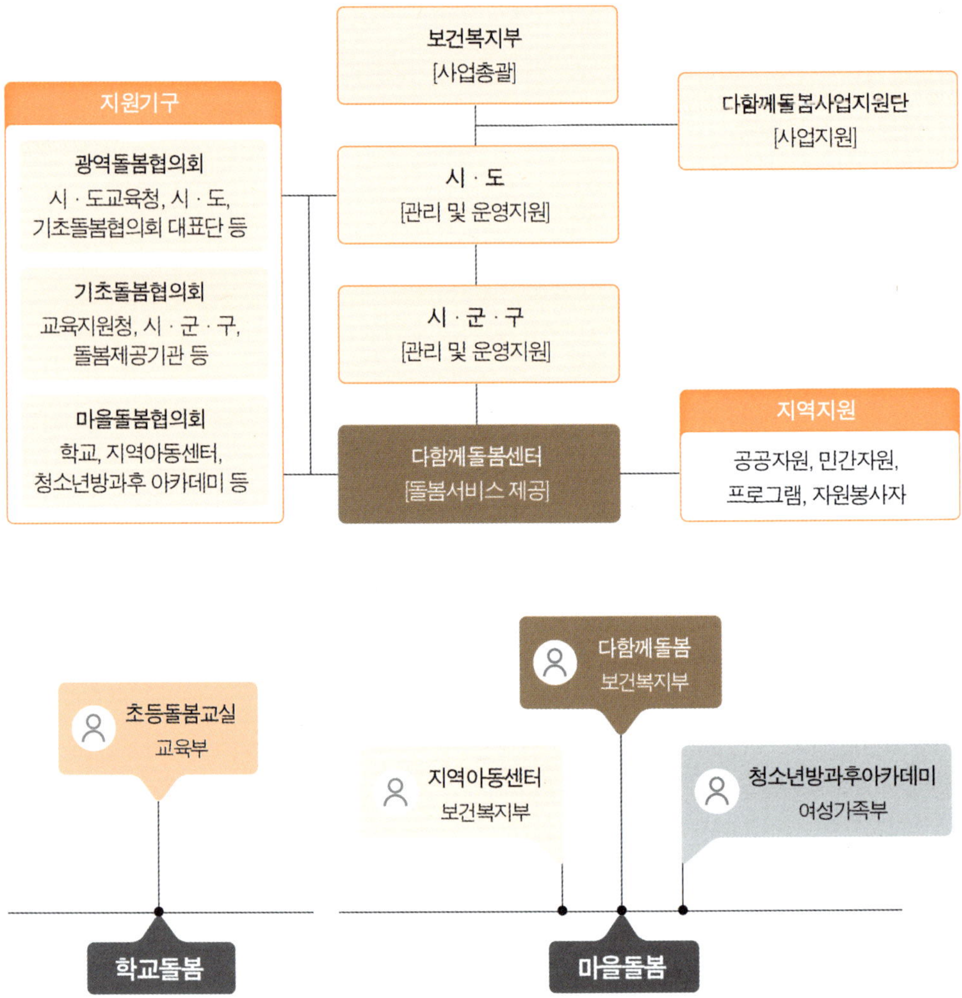


출처: 다함께돌봄 홈페이지. https://dadol.or.kr

**그림 9-4** 다함께돌봄 수행체계 및 온종일돌봄체계

## 4) 학교 밖 청소년: 여성가족부-교육부-법무부

학교 밖 청소년은 「학교 밖 청소년 지원에 관한 법률」 제2조 제2항의 가~다항에서 학교를 졸업하지 못한 청소년으로 정의하고 있다. 학교 밖 청소년의 규모는 가정에서

사실을 숨기는 경우가 많아 정확하게 파악할 수 없으나 각종 인구통계를 통해 65~70만 명으로 추산하고 있으며 「청소년기본법」상 청소년은 9~24세로 정의하고 있으며 이 중 9~18세 학령기 학교 밖 청소년은 35.5만 명, 19~24세 고졸미만자는 30~34만 명으로 추정하고 있다(박동, 2021).

2014년 5월 「학교 밖 청소년 지원에 관한 법률」이 제정되어 학교 밖 청소년 지원을 위한 법적인 근거가 마련되고 2015년 '학교 밖 청소년 지원센터'(꿈드림 센터)가 지정되어 운영을 시작했다. 그 이후 2019년 기준 전국에 총 209개의 '학교 밖 청소년 지원센터'가 학교 밖 청소년들을 발굴하고 지원하기 위하여 운영되고 있다(여성가족부, 2019).

학교 밖 청소년 지원센터는 학교 밖 청소년의 발굴은 물론 상담, 교육, 취업, 자립 지원 등 다양한 방면에서 학교 밖 청소년을 지원하고 있다. 이 외에도 학교 밖 청소년만을 대상으로 하는 것은 아니지만, 취약 계층의 청소년을 지원하기 위해서 청소년 특별지원, 청소년상담복지센터, 청소년동반자 프로그램, 쉼터 등 다양한 정책이 시행되고 있다. 하지만 이처럼 학교 밖 청소년의 자립을 위한 다양한 정책이 실효 중임에도 불구하고 부처 및 기관 간 연계 부족, 서비스 전달체계의 다원화 등의 문제가 존재하기 때문에 통합적이고 연속적으로 학교 밖 청소년의 자립을 지원해 줄 체계가 부족하다고 지적하였다(백혜정, 2015).

학교 밖 청소년을 위한 지역사회 지원은 학교 밖 청소년이 자립을 위한 준비과정에 들어서는 데 도움을 준다. 청소년상담복지센터의 학교 밖 지원사업의 상담 프로그램에 참여한 학교 밖 청소년을 대상으로 학교 밖 청소년들이 학업 중단 이후 무력해진 삶에서 나올 수 있게 해주는 통로가 되어주기도 하며, 지속적으로 학업지원을 받을 수 있게도 하고, 잃어버렸던 소속감과 관계를 회복하게 해주는 역할을 한다. 부모, 상담사와 같은 사회적 지지가 학교 밖 청소년의 자아존중감과 성취동기를 높이기도 하며, 부모, 친구, 교사가 제공하는 다양한 사회적 지지들이 학교 밖 청소년들의 소외감을 낮추고 진로를 탐색하는 데 도움을 주었다(이정림, 조영아, 2017).

# 제10장

# 청소년활동 관련 시설 현황

1. 청소년활동시설의 정의

2. 청소년활동시설의 설치·운영의 필요성

3. 청소년활동시설의 기능과 역할

4. 청소년활동에 따른 청소년 시설현황
    1) 청소년활동진흥법에 따른 청소년 시설
    2) 청소년시설 설치현황
    3) 청소년수련시설
    4) 청소년이용시설

5. 청소년단체
    1) 청소년단체의 개념과 역할
    2) 한국청소년단체협의회
    3) 한국청소년수련시설협회

30여 년간 청소년활동이 법적으로 제도화되면서 청소년활동 프로그램 개발, 청소년활동시설의 설치, 청소년지도사 양성 등 청소년활동에 대한 사회적 인식을 확산시켜왔으며 활동시설의 전반적인 수준을 높여왔다. 청소년활동시설은 다양한 청소년프로그램과 그에 적합한 시설 및 설비 등을 갖추고 청소년육성을 위한 터전을 제공하고 있으며, 국가의 청소년정책을 전달하는 지역사회 거점시설로 공익적 역할을 수행하고 있다. 청소년을 둘러싼 물리적 · 사회적 환경은 청소년의 삶의 전반에 매우 중요한 영향을 미칠 수 있어 청소년활동시설의 성공적인 운영에 대한 현실적이고 구체적인 접근이 필요하다. 따라서 청소년활동시설 운영에 중요하게 영향을 미치는 성공요인에 관한 연구는 안정적인 청소년활동 환경 조성을 위한 기반을 마련하는 데 매우 중요한 의미를 가진다(이수용, 2017).

2020년 청소년백서에 따르면 9세~24세의 청소년 인구는 851만 명으로 2015년 기준 961만 명에서 점차 감소하고 있는 추세이다(여성가족부, 2020). 그러나 현재 설치 · 운영되고 있는 전국의 청소년활동시설은 806개소로 전체 청소년인구를 감당하기에는 현실적으로 시설 및 지원이 턱없이 부족한 실정이다. 따라서 급격한 교육 환경 변화와 함께 발맞춰 우리나라의 청소년들의 발달과 성장을 위한 다양한 청소년활동을 제공하는 청소년활동시설의 추가적인 설치와 체계적이고 효율적인 운영을 통한 환경적 여건을 꾸준히 마련해 나가야 할 것이다(유예주, 2021).

한편 청소년수련원, 유스호스텔 등 숙박을 주로 하는 청소년수련활동을 실시하는 민간 활동시설들은 사회적 문제나 재난, 안전사고 등에 매우 취약한 실정이다. 대부분의 민간 청소년활동시설들은 국가나 지방자치단체 예산보조가 미미하여 사회적 문제들이 지속될 경우 운영악화로 인해 경영난을 겪기도 한다. 이러한 구조적인 문제들은 안전한 청소년활동 환경조성 및 전문 지도인력 구성, 프로그램 전문성 확보 등 청소년활동시설 운영을 활성화하는 주요 요인들의 작용을 저해시키는 원인이 될 수 있다. 청소년활동시설들의 유형에 따라 관리 및 운영여건은 각각 다를 수 있지만, 근본적인 운영 구조상의 문제들은 공통적으로 제기되고 있으므로 청소년활동시설 전반에 걸친 운영여건 개선이 시급히 요구되고 있다(이수용, 2017).

청소년을 둘러싼 물리적 · 청소년을 둘러싼 물리적 · 사회적 환경은 청소년의 삶의 전반을 크게 변화시킬 수 있는 사회성 향상에 매우 중요한 역할을 하고 있다. 청소년활동시설들이 운영상의 문제로 그 기능과 역할을 수행할 수 없게 된다면 고유의 정체성마저 퇴색될 수 있으며(맹영임, 길은배, 전명기, 2010), 청소년들의 건강한 성장에도 부정적인 영향을 미칠 수 있을 것이다. 따라서 청소년활동시설이 운영목적에 맞게 성공적으로 운영될 수 있도록 청소년활동시설 운영의 중요성공요인을 규명하고, 청소년활동시설 유형에 따라 우선적으로 관리해야 하는 요인들에 대한 연구가 반드시 필요하다고 볼 수 있다. 본 연구를 통해 청소년육성을 위한 안정적인 활동여건을 마련하고, 청소년정책을 기반으로 지역사회에서 공익적 역할을 수행하는 청소년활동시설의 목적을 달성하는 계기를 마련해야 할 것이다(이수용, 2017).

청소년활동시설의 설치 · 운영은 모든 정책의 시행 기반이 되는 장소와 시설을 마련하는 것으로 청소년육성에 있어 중추적인 역할을 하는 중요한 분야이다. 그리고 많은 재원이 소용되는 관계로 지방자치단체나 민간부문에서 쉽게 추진할 수 있는 사항이 아니다. 국가는 청소년육성을 위한 모든 면에서 최선을 다하여야 하지만 특히 많은 재원이 소요되는 청소년시설의 설치운영에 적극적인 의지를 가지고 꾸준히 정책의 개발과 투자를 하여야만 지방자치단체나 민간부문의 참여를 이끌어 다양하고 많은 시설을 확보하여, 이를 바탕으로 한 종합적인 청소년활동시설 운영활성화방안을 마련하여 내실 있는 효과를 얻을 수 있다(정군식, 2010).

## 1 청소년활동시설의 정의

청소년시설이나 단체는 청소년활동 프로그램을 제공함으로써 청소년의 성장과 발달을 촉진하는 일종의 서비스 기관으로 인식되어야 한다. 청소년지도사는 청소년들의 능동적인 참여와 경험 성장을 지원하는 조력자, 안내자, 상담자, 촉진자로서의 역할을 하는 존재로 인식되어야 한다(유진이, 2003).

청소년시설은 청소년단체로 표현되기도 하는데, 청소년단체란 "청소년들을 위한 활동의 장으로 청소년 개개인의 바람직한 사회경험과 인격형성에 도움을 주기 위하여 집단 활동을 적극적으로 편성한 조직체"로 그 개념을 규정지을 수 있다(유진이, 2003).

청소년단체는 청소년들로 하여금 그들과 유사한 연령대와 생활환경 속에서 성장하고 있는 또래와의 규칙적인 만남과 공동 활동을 통해 서로 공감대를 형성하며 사회성을 길러나가는 역할을 하는 곳이다. 청소년시설은 청소년의 활동 · 청소년복지 및 청소년보호에 제공되는 시설로 「청소년기본법」 제8조와 제18조, 「청소년활동진흥법」 제5조와 제11조에서 그 근거를 두고 있다(안병욱, 2020).

**표 10-1 청소년시설의 정의**

| 구분 | 내용 |
|---|---|
| 청소년기본법<br>제3조(정의) | 1. 청소년이란 9세 이상 24세 이하인 사람을 말함<br>3. 청소년 활동이란 청소년의 균형 있는 성장을 위하여 필요한 활동과 이러한 활동을 소재로 하는 수련활동·교류활동·문화활동 등 다양한 형태의 활동을 말함<br>6. 청소년시설이란 청소년 활동·청소년복지 및 청소년 보호에 제공되는 시설을 말함 |
| 청소년기본법<br>제8조(국가 및<br>지방자치단체의 책임) | 1. 국가 및 지방자치단체는 청소년육성에 필요한 법적·제도적 장치를 마련해야 함 |
| 청소년기본법<br>제18조(청소년시설의<br>설치·운영) | ① 국가 및 지방자치단체는 청소년시설을 설치·운영하여야 함 |
| 청소년활동진흥법<br>제2조(정의) | 1. 청소년 활동시설이란 청소년수련활동, 청소년교류활동, 청소년문화활동 등 청소년 활동에 제공되는 시설을 말함<br>2. 청소년수련활동이란 청소년이 청소년 활동에 자발적으로 참여하여 청소년시기에 필요한 기량과 품성을 함양하는 교육적 활동으로서 청소년지도자와 함께 청소년수련거리에 참여하여 배움을 실천하는 체험활동을 말함<br>3. 청소년교류활동이란 청소년이 지역 간, 남북 간, 국가 간 다양한 교류를 통하여 공동체의식 등을 함양하는 체험활동을 말함<br>4. 청소년문화활동이란 청소년이 예술활동, 스포츠활동, 동아리활동, 봉사활동 등을 통하여 문화적 감성과 더불어 살아가는 능력을 함양하는 체험활동을 말함<br>5. 청소년수련거리란 청소년수련활동에 필요한 프로그램과 이와 관련되는 사업을 말함 |

| 구분 | 내용 |
| --- | --- |
| 청소년활동진흥법 제5조(청소년활동의 지원) | ① 청소년은 다양한 청소년 활동에 주체적이고 자발적으로 참여하여 자신의 꿈과 희망을 실현할 충분한 기회와 지원을 받아야 함<br>② 국가 및 지방자치단체는 청소년활동을 활성화하는 데 필요한 청소년 활동시설, 청소년활동 프로그램, 청소년지도자 등을 위한 시책을 수립·시행하여야 함 |
| 청소년활동진흥법 제11조(수련시설의 설치·운영 등) | ① 국가 및 지방자치단체는 수련시설을 설치·운영하여야 함<br>2. 특별시장·광역시장·특별자치시장·도지사·특별자치도지사 및 시장·군수·구청장은 청소년수련관을 1개소 이상 설치·운영하여야 함<br>② 국가는 수련시설의 설치·운영 경비의 전부 또는 일부를 예산의 범위에서 보조할 수 있음 |

출처: 안병욱, 2020.

## 2 청소년활동시설의 설치 · 운영의 필요성

청소년활동시설은 청소년들이 일상의 생활환경 속에서는 다양한 여가문화 및 봉사활동 등을 하면서 자신의 진로를 위한 역량을 개발하는 활동을 하고 자연환경 속에서는 심신을 단련하고, 호연지기를 기르며, 친구와 함께 협력하는 각종 체험을 하도록 설치된 시설을 말하고 있다. 청소년활동시설은 지식의 습득을 통하여 미래의 발전을 창조해 가기 위한 학교의 교육과 함께 청소년들의 전인적 성장에 필요한 정서의 함양과 문화적 소양의 습득, 공동체 생활의 정신과 예절 등을 체험을 통하여 가르치는 중요한 시설이며, 청소년들이 자신의 미래를 위한 정신적 · 문화적 창의성과 역량을 갖출 수 있는 유용한 터전이다(안병욱, 2020).

## 3 청소년활동시설의 기능과 역할

청소년활동시설은 지난 20여 년 동안 청소년의 전인적 성장을 돕기 위해 청소년활동을 수행하는 고유의 기능들을 유지해 왔으며, 지역사회 최일선에서 청소년활동정책의 지역화와 같이 중요한 공공적 역할을 수행해 왔다. 그러나 아직까지 대부분의 청소년활동시설들은 사회적 위기에 심각하게 노출되어 있으며, 정부나 지자체의 재정지원이 없는 민간시설의 경우에는 인력 부족, 경영 악화 등의 문제로 인해 청소년활동시설의 본래의 기능마저 수행하기 어려운 실정이다. 한편 최근 청소년의 삶의 질에 대한 관심이 높아지면서 각 지역사회에서 핵심적인 청소년활동을 실천하고 있는 청소년활동시설의 역할과 기능에 대한 중요성들이 부각되기 시작하였다(이수용, 2017).

김형주(2016)는 청소년활동시설이 수행해야 할 기능과 역할은 청소년활동에 대한 개념을 어떻게 규정할 것이냐에 따라 그 기준이 달라질 수 있으며, 시대의 변화나 사회적 요구에 따라 수정될 수 있다고 제안하였다.

청소년활동시설의 운영은 수익성, 성과 등을 강조한 일반적인 기업의 운영의 목적을 벗어나 균형적인 청소년의 성장을 위한 효과적인 청소년활동의 정책적 수단이자 도구적 개념으로서 이해해야 한다. 또한 지역사회에서 안전하고 다양한 청소년활동공간을 제공하기 위한 목적으로 운영되어야 한다. 특히 청소년활동시설의 공공적인 역할에 대한 중요성이 새롭게 부각되면서 청소년활동시설의 역할 재정립이나 역할에 대한 청소년들의 인식, 청소년활동시설의 정체성 확립 방안과 정책적 함의에 관한 연구들도 꾸준히 논의되고 있다.

이에 김형주(2016)는 학교 내 자원과 인프라로 구축하기 어려운 교육적 욕구와 수요를 충족시키고, 청소년이 필요로 하는 활동들이 실현될 수 있는 운영체계를 갖추고, 서비스를 제공하는 청소년활동의 거점공간으로서의 중요한 역할을 수행해야 한다고 제안하였다. 특히 청소년수련시설의 인지도 개선을 위해 수요자 중심의 시설로 전환해야 하며 시설의 가시성 및 접근성을 높여야 한다고 강조하였다.

또한 청소년활동시설들은 기존의 수련거리와 프로그램을 제공하는 방식에서 벗어나 학교교육 등 타 분야와의 연계·협력을 통해 사회적 변화의 중심에서 지역사회 거점기관으로서의 역할을 확대해 나가야 한다고 제안하였다(김현철·임희진·정효진·민경석, 2013).

## 4 청소년활동에 따른 청소년 시설현황

### 1) 청소년활동진흥법에 따른 청소년 시설

청소년활동에 제공되는 시설의 종류를 「청소년활동진흥법」 제10조에서는 청소년수련시설과 청소년이용시설로 구분하고 있다. 청소년수련시설에는 청소년수련관, 청소년문화의집, 청소년특화시설, 청소년야영장, 유스호스텔이 있다. 청소년수련관은 다양한 수련거리를 실시할 수 있는 각종시설 및 설비를 갖춘 종합수련시설로 일상 생활권, 도심지 근교 및 그 밖의 지역 중 수련활동 실시가 적합하고, 청소년이 이용하기에 편리한 지역에 설치되어야 한다(유예주, 2021).

「청소년활동진흥법」 제11조에 따르면 시·도지사 및 시장·군수·구청장은 시·군·구에 1개 소 이상씩의 청소년수련관을 설치·운영해야 한다. 청소년수련원은 숙박기능을 갖춘 생활관과 다양한 수련거리를 실시할 수 있는 각종 시설과 설비를 갖춘 종합수련시설이다. 자연경관이 수려한 지역, 국립·도립·군립공원, 그 밖의 지역 중 자연과 더불어 행하는 수련활동 실시에 적합하며 청소년이 이용하기에 편리한 지역에 위치한다. 청소년들에게 자연과 더불어 숙박을 하며 단체 수련활동을 제공하는 기능을 가지고 있다(안병욱, 2020).

청소년문화의집은 간단한 수련활동을 실시할 수 있는 시설 및 설비를 갖춘 정보·문화·예술중심의 수련시설로서 청소년수련시설 중 가장 작은 규모의 시설이다. 지역사회에 가장 근접한 지역에 위치하며 청소년들이 일상적으로 이용할 수 있다. 청소년

야영장은 야영에 적합한 시설 및 설비를 갖추고 수련거리 또는 야영편의를 제공하는 수련시설이며 입지적 조건은 수련원과 같다. 유스호스텔은 청소년의 숙박 및 체류에 적합한 시설 · 설비와 부대 · 편익시설을 갖추고, 숙식편의 제공, 여행 청소년의 활동 지원을 기능으로 한다. 명승고적지, 역사유적지 부근 및 그 밖의 지역 중 청소년이 여행활동 시 이용하기에 편리한 지역에 입지한다. 그밖에 청소년의 직업체험 · 문화예술 · 과학정보 · 환경 등 특정 목적의 청소년 활동을 전문적으로 실시할 수 있는 시설과 설비를 갖춘 수련시설로 특화시설이 있다. 특화시설은 청소년문화교류센터, 청소년미디어센터, 청소년직업체험센터 등이 있다(안병욱, 2020).

청소년이용시설은 문화시설, 과학관, 체육시설, 평생교육기관, 자연휴양림, 수목원, 사회복지관, 청소년 활동 또는 청소년들이 이용하기에 적합한 시설, 청소년 활동과 관련되어 설치된 시설을 말한다. 청소년수련관은 다양한 청소년수련거리를 실시할 수 있는 각종 시설 및 설비를 갖춘 종합수련시설로 [표 10-2]와 같이 정의할 수 있다(안병욱, 2020).

**표 10-2** 「청소년활동진흥법」에 따른 청소년시설

| 구분 | 내용 |
|---|---|
| 청소년활동진흥법 제10조 (청소년 활동시설의 종류) | 1. 청소년수련시설<br>가. 청소년수련관: 다양한 청소년수련거리를 실시할 수 있는 각종 시설 및 설비를 갖춘 종합수련시설<br>나. 청소년수련원: 숙박기능을 갖춘 생활관과 다양한 청소년수련거리를 실시할 수 있는 각종 시설과 설비를 갖춘 종합수련시설<br>다. 청소년문화의집: 간단한 청소년수련활동을 실시할 수 있는 시설 및 설비를 갖춘 정보·문화·예술 중심의 수련시설<br>라. 청소년특화시설: 청소년의 직업체험, 문화예술, 과학정보, 환경 등 특정 목적의 청소년 활동을 전문적으로 실시할 수 있는 시설과 설비를 갖춘 수련시설<br>마. 청소년야영장: 야영에 적합한 시설 및 설비를 갖추고, 청소년수련거리 또는 야영편의를 제공하는 수련시설<br>바. 유스호스텔: 청소년의 숙박 및 체류에 적합한 시설·설비와 부대·편의 시설을 갖추고, 숙식편의 제공, 여행청소년의 활동지원을 기능으로 하는 시설<br>2. 청소년이용시설: 수련시설이 아닌 시설로서 그 설치 목적의 범위에서 청소년 활동의 실시와 청소년의 건전한 이용 등에 제공할 수 있는 시설 |

출처: 안병욱, 2020.

## 2) 청소년수련시설 설치현황

청소년수련시설은 수련활동에 필요한 여러 시설, 설비, 프로그램 등을 갖추고 청소년지도자의 지도하에 체계적이고 조직적인 수련활동을 실시하는 시설을 말한다. 청소년수련시설은 기능이나 수련활동 및 입지적 여건 등에 따라 다양한 유형으로 구분된다(여성가족부, 2020).

청소년수련시설을 시설과 역할에 따라 구분하면, '청소년수련관'은 다양한 수련활동을 실시할 수 있는 각종 시설 및 설비를 갖춘 종합수련시설을 의미한다. '청소년수련원'은 숙박기능을 갖춘 생활관과 다양한 수련활동을 실시할 수 있는 각종 시설과 설비를 갖춘 종합수련시설을 말한다. '청소년문화의집'은 간단한 수련활동을 실시할 수 있는 시설 및 설비를 갖춘 정보 · 문화 · 예술 중심의 수련시설을, '청소년특화시설'은 청소년의 직업체험 · 문화예술 · 과학정보 · 환경 등 특정 목적의 청소년활동을 전문적으로 실시할 수 있는 시설과 설비를 갖춘 수련시설을 의미한다. '청소년야영장'은 야영에 적합한 시설 및 설비를 갖추고 수련활동 또는 야영편의를 제공하는 수련시설을, '유스호스텔'은 청소년의 숙박체제에 적합한 시설 · 설비와 부대 · 편의시설을 갖추고 숙식편의 제공, 여행 청소년의 활동지원 등을 주된 기능으로 하는 시설을 말한다(여성가족부, 2020).

**표 10-3 청소년수련시설 현황** (단위: 개소)

| 구분 | 총계 | 수련관 | 문화의집 | 수련원 | 야영장 | 유스 호스텔 | 특화시설 |
|---|---|---|---|---|---|---|---|
| 계 | 799 | 191 | 294 | 159 | 32 | 108 | 15 |
| 공공 | 601 | 190 | 290 | 62 | 18 | 27 | 14 |
| 민간 | 198 | 1 | 4 | 97 | 14 | 81 | 1 |

출처: 여성가족부, 2020.

청소년수련시설포털 자료를 바탕으로 전국의 청소년수련시설을 살펴보면 전국의 청소년수련시설은 1992년 이전에는 150여 개에 불과하던 것이 1993년 제1차 청소년 육성 5개년계획(1993-1997년)의 시행으로 국가의 청소년수련시설 확충 정책이 시행되면서 매년 증가하여 2020년 12월 기준으로 전국에 799개의 청소년수련시설이 설치 운영되고 있다. 청소년시설 확충에 따른 접근성·편의성·효율성 등에 대한 시행착오를 거치면서 정착해 나가고 있다(여성가족부, 2020).

청년백서(2020)에 의하면 청소년수련시설 유형별 현황을 살펴보면 청소년문화의집이 294개소로 가장 많다. 그 다음으로는 청소년수련원이 159개소, 청소년수련관이 191개소, 유스호스텔이 108개소, 청소년 야영장이 32개소, 특화시설이 15개소 순으로 나타났다.

## 3) 청소년수련시설

### (1) 중앙정부의 수련시설 설치

청소년업무에 대한 관심은 1988년 청소년업무 전담부서인 청소년국이 당시의 체육부 내에 설치되고, 1991년에는 정부 부처의 명칭에 청소년이 들어간 체육청소년부가 설치되었으며, 1997년에는 유해환경과 물건으로부터 청소년을 보호하기 위한 청소년보호위원회가 설치되는 등 한때 높아져 왔으나 그동안 정부조직의 변경 때마다 청소년업무가 문화체육부, 국가청소년위원회, 보건복지가족부 등으로 이관을 거듭하다가 2010년 3월에는 여성가족부로 이관되는 등 아직도 정부의 주요 업무로 정착되지 못하고 있는 형편이며, 청소년시설의 수도 1991년 수립한 한국청소년기본계획에서 목표로 정한 4,343개소의 16%에 불과한 707개소가 운영되고 있는 실정이었다(정군식, 2010).

그러나 2020년 「청소년활동진흥법」에서는 국가 및 지방자치단체가 전국의 청소년이 이용할 수 있는 국립청소년수련시설을 설치·운영하도록 명시하고 있다. 이러한 역할을 담당할 시설로 '국립중앙청소년수련원', '국립평창청소년수련원' 및 '국립청소년우주센터', '국립청소년 농생명센터', '국립청소년해양센터'를 건립·운영 중이다(여성가족부, 2020).

### (2) 지방자치단체의 수련시설 설치

수련시설의 설치 · 운영사업에 대한 중앙정부의 재정지원이 확대된 이후 각 지방자치단체에 의해 많은 생활권 시설들이 설치 · 운영되고 있다. 1990년대부터 지방양여금이 청소년시설 건립에 사용되면서 지방자치단체의 청소년수련시설 설치사업에 중요한 재원으로 활용되었으며, 2005년부터 2019년까지 국가균형발전특별회계에 의한 지원으로 건립되었다(여성가족부, 2020).

지방자치단체가 건립하는 청소년수련시설은 주로 생활권수련시설로 행정구역별로 1개소씩 건립하는 것을 목표로 하고 있다. 「청소년활동진흥법」에 따르면 지방자치단체는 시 · 군 · 구에 청소년수련관을 1개소 이상 설치 · 운영해야 하며, 읍 · 면 · 동에는 청소년문화의집을 1개소씩 설치하여야 할 의무를 지닌다(유예주, 2021).

2019년까지 여성가족부에서는 지방자치단체의 수련시설 신규건립과 더불어 기존시설의 기능보강을 지원하여, 2017년도에는 51개소 신규건립, 79개소 기능보강, 2018년도에는 49개소 신규건립, 74개소 기능보강, 2019년에는 42개소 신규건립, 70개소 기능보강을 지원하였다. 2020년부터는 지방재정분권 실현을 목적으로 수련시설 건립 및 기능보강 사업 예산은 지자체로 이양되어 지자체의 실정에 맞게 추진해 나가고 있다(여성가족부, 2020).

### (3) 수련시설 설립 사전검토

「청소년활동진흥법」에 따르면 국립 및 지방자치단체가 수련시설을 설치하려고 할 경우, 입지조건이나 내부구조, 설계사항 등 건립의 타당성에 관한 내용을 포함한 기본계획을 수립하여 수련시설 건립심의위원회의 심의를 받은 후 시행하여야 한다. 수련시설건립심의위원회의 위원은 5인 이상 10인 이내로 구성하며, 위원 중 청소년 및 청소년 전문가의 참여비율을 각각 5분의 1 이상으로 해야 한다(여성가족부, 2020).

## 4) 청소년이용시설

### (1) 청소년이용시설 개념과 유형

청소년이용시설은 청소년수련시설이 아닌 시설이지만, 설치 목적의 범위 내에서 청소년 활동 실시와 청소년의 건전한 이용 등을 위하여 제공할 수 있는 시설을 의미한다(여성가족부, 2020).

청소년이용시설로는 ①「문화예술진흥법」제2조제1항제3호의 규정에 의한 문화시설, ②「과학관육성법」제2조제1호의 규정에 의한 과학관, ③「체육시설의 설치 · 이용에 관한 법률」제2조제1호의 규정에 의한 체육시설, ④「평생교육법」제2조제3호의 규정에 의한 평생교육시설, ⑤「산림 문화 · 휴양에 관한 법률」제13조, 제14조 및 제19조의 규정에 의한 자연휴양림, ⑥「수목원조성 및 진흥에 관한법률」제2조제1호의 규정에 의한 수목원, ⑦「사회복지사업법」제34조제4항의 규정에 의한 사회복지관, ⑧ 시민회관 · 어린이회관 · 공원 · 광장 · 고수부지와 그밖에 이와 유사한 공공시설로서 수련활동 또는 청소년 여가선용을 위한 이용에 적합한 시설 등이 해당된다(유예주, 2021).

### (2) 청소년이용시설 현황

#### ① 문화시설

문화예술시설로는 청소년들의 정서함양을 위해 국가가 건립한 국립중앙극장, 국립중앙박물관, 국립현대미술과, 국립국악원, 국립민속박물관, 국립중앙도서관 등이 있으며, 각 지역별로 박물관, 미술관, 도서관, 문예회관, 지방문화원 등의 시설이 있다. 문화공간은 공연시설(공연장, 영화상영관, 야외음악당 등), 전시시설(박물관, 미술관, 화랑, 조각공원), 도서시설(도서관, 문고), 지역문화 복지시설(복지회관, 문화체육센터), 문화보급전수시설(지방문화원, 국악원, 전수회관) 등으로 분류된다(유예주, 2021).

#### ② 과학관

과학관 중 대표적인 이용시설로는 국립중앙과학관과 국립서울과학관이 있다. 국립

중앙과학관의 상설전시관에는 4개 분야 약 4,100여 점의 전시품이 전시되고 있다. 이밖에 탐구관, 천체관, 영화관, 특별전시관, 야외전시장 등을 갖추고 있다. 국립서울과학관은 상설전시관, 특별전시관, 영화관, 과학교실, 세미나실, 놀이 및 휴식 공간 등을 갖추고 있다(유예주, 2021).

#### ③ 체육시설

우리나라의 체육시설은 정부의 지속적인 투자로 양과 질적인 측면에서 괄목한 만한 성장을 이루어 왔다. 정부는 국민의 건전한 여가선용과 생활체육활동을 증진하기 위하여 국민이 집 주변에서 쉽게 접근할 수 있는 생활체육시설과 전문선수의 육성을 위한 전문체육시설의 건설을 지원해 왔으며, 각종 국제경기대회 등의 개최를 계기로 국제수준의 체육시설을 확충하고 있다. 현재 정부가 지원하고 있는 공공체육시설의 종류로는 생활체육공원, 국민체육센터, 마을단위생활체육시설, 동네운동장, 길거리농구대, 시·군 기본체육시설 등이 있다(유예주, 2021).

## 5 청소년단체

### 1) 청소년단체의 개념과 역할

'청소년단체'는 「청소년기본법」에 청소년육성을 주된 목적으로 설립된 법인이나 대통령령으로 정하는 단체를 말하며, 제3조 제3호부터 제5호까지의 규정에 따른 '청소년활동', '청소년복지', '청소년보호'를 주요 사업으로 하는 단체로서 여성가족부장관이 인정하는 '청소년단체'로 정의하고 있다.

따라서 청소년단체는 청소년활동에서의 균형 있는 성장을 위하여 필요한 활동과 이러한 활동을 소재로 하는 수련활동·교류활동·문화활동 등 다양한 형태의 활동과 청소년복지의 정상적인 삶을 누릴 수 있는 기본적인 여건을 조성하고 조화롭게 성장·발달할 수 있도록 제공되는 사회적·경제적 지원을 말하며, 청소년보호에서의 건전한 성장에 유해한 물질·물건·장소·행위 등 각종 청소년 유해 환경을 규제하거나 청소년의 접촉 또는 접근을 제한하는 단체로 정의하고 있다.

「청소년기본법」 제28조에 명시된 청소년단체의 역할은 아래와 같다.

① 청소년단체는 아래의 역할을 수행하기 위하여 최선의 노력을 하여야 한다.
- 학교교육과 서로 보완할 수 있는 청소년활동을 통한 청소년의 기량과 품성 함양
- 청소년복지 증진을 통한 청소년의 삶의 질 향상
- 유해환경으로부터 청소년을 보호하기 위한 청소년보호 업무 수행

② 청소년단체는 제1항에 따른 역할을 수행할 때에 청소년의 의견을 적극 반영하여야 한다.

## 2) 한국청소년단체협의회

'한국청소년단체협의회(The National Council of Youth Organization in Korea)'는 "국제연합 헌장과 세계인권선언의 정신에 입각하여 국내·외 청소년단체의 상호연락과 제휴 및 협조를 도모함으로써 청소년활동의 발전에 기여함"을 목적으로 1965년 12월 8일 국내 15개 민간 청소년단체의 협의기구로 창립되었다. 청소년문제에 대한 공동연구, 정보교환, 청소년단체 간의 상호협력을 도모하고, 청소년관련 정부부처, 유관 사회단체, 각급학교 및 세계청소년기구와의 연계적인 협력체계를 구축하여 활동하고 있다(여성가족부, 2020).

한국청소년단체협의회는 1966년 8월 10일에는 '세계청소년단체협의회(World Assembly of Youth: WAY)'에 가입하였으며, 1972년 8월 15일에는 '아시아청소년단체협의회(Asian Youth Council: AYC)'의 창설멤버가 되어 우리 청소년들이 세계 속으로 발돋움하는 데 일익을 담당하는 등 청소년육성 운동을 확대·발전시키기 위해 노력해 왔다. 이러한 활동은 우리나라에서 「청소년육성법」과 「청소년헌장」 제정 등 청소년정책이 추진되는

데 크게 기여하였으며, 「청소년육성법」에 따라 1988년 11월 11일 사단법인으로서의 조직과 기능을 새롭게 정립하였다. 2005년에는 특수법인으로 전환하였으며,「청소년기본법」제40조에 근거한 "국가발전에 이바지할 수 있는 바람직한 청소년육성과 국내·외 청소년단체 상호간의 협력 및 교류와 지원"을 목적으로 하여 우리나라 청소년단체들의 협의체 역할 및 기능수행을 위한 활동을 하고 있다(여성가족부, 2020).

한국청소년단체협의회는 현재 7개의 지방청소년단체협의회를 포함하여 63개 청소년단체가 가입되어 있으며, 2020년 기준으로 262만여 명의 청소년회원과 26만여 명의 청소년지도자 등 총 287만여 명이 소속되어 활동하고 있다. 회원단체 가입은 「청소년기본법」에 준하여 "청소년육성을 주된 목적으로 설립된 법인 또는 청소년활동, 청소년복지 또는 청소년보호를 주요사업으로 하는 단체"가 신청하면 이사회 승인을 통해 이루어진다(여성가족부, 2020).

한국청소년단체협의회는 설립목적에 따라 다양한 사업을 수행하고 있는데, 청소년단체 활성화를 위해 회원단체가 행하는 사업과 활동에 대한 협조·지원, 지방청소년단체협의회에 대한 협조·지원, 청소년지도자의 연수와 권익증진, 청소년 관련 분야의 국제기구(WAY, AYC, UN Youth Unit, AUN 등) 활동 및 외국 청소년단체와의 교류, 청소년육성을 위한 홍보 및 실천운동, 청소년관련 도서출판 및 정보지원, 청소년활동에 관한 조사·연구지원, 우수 청소년단체와 모범 청소년지도자 및 청소년의 포상, 국제청소년센터의 운영 및 관리, 기타 청소년 및 단체의 육성을 위하여 필요한 사업 등을 추진하고 있다. 이와 함께 청소년관련 이슈를 분석하고 정책적 대안을 마련하고자 회원단체, 유관기관, 청소년관련기관·단체 등과의 연대를 통해 대정부·대국회 활동을 전개하였고, 청소년정책 현안을 공유하고 개선방안을 논의하기 위해 청소년정책토론회 등 관련 활동에 진력하였다. 또한, 청소년지도자의 전문 역량강화를 위해 청소년단체 소속 지도자 등을 대상으로 관련 국내·외 연수를 진행하였다. 청소년 분야 정보 활성화를 위한 청소년포털사이트를 운영하고, 특히 청소년학과목의 기본·전문지식 습득과 청소년지도자의 교양 함양을 위해 2017년부터 한국청소년단체협의회 사이버 평생교육원을 개설·운영하고 있다. 청소년학술정보지인 「오늘의 청소년」과 연간 사업실적을 망라한 사업 활동 종합보고서 발간 등 홍보 · 출판활동도 추진하고 있다(여성가족부, 2020).

이 외에도 회원단체 협력활동 프로그램 공모사업을 진행하여 27개 회원단체를 선정하여 단체활동 활성화를 지원하였고, 2020년에는 청소년지도자들의 소통을 통한 화합과 교류의 장인 '제16회 전국청소년지도자대회'를 개최하였고, 성년의 날 기념행사를 통해 성년이 된 청소년들을 축하하고 격려하여 청소년 분야에 대한 범사회적인 관심을 유도하고자 하였다. 또한 학교 내 청소년단체 활동 활성화 가능성 모색 연구 TF팀을 구성하여, 단체별 활성화방안 및 활동결과를 결과보고회(12. 1, 국제청소년센터)를 통해 발표하기도 하였다(여성가족부, 2020).

나아가 '세계청소년단체협의회'와 '아시아청소년단체협의회' 등 청소년국제기구의 정회원국으로서 역할을 다하였고, 코로나19의 확산에도 불구하고 비대면 영상회의 등을 활용한 '2020 한 · 아세안 청소년 서밋'을 통한 국제 교류 활동을 통해 청소년 및 청소년지도자들의 글로벌 역량 강화에도 힘쓰고 있다. 아울러 한국 청소년단체협의회는 국내 · 외 청소년 교류의 가교 역할을 담당하는 유스호스텔인 '국제청소년 센터'를 2000년에 개원하여 지속적으로 운영하고 있다. 센터에서는 매년 세계 각국의 청소년 및 지도자들이 참가하는 다양한 교류 사업을 개최하고 있고, 이 외에도 기업 및 기관의 교육연수 장소이자 지역주민을 위한 생활체육의 장으로 활용되는 등 청소년교류 및 지역사회의 활성화를 위한 역할을 수행하고 있다(여성가족부, 2020).

### 3) 한국청소년수련시설협회

'한국청소년수련시설협회(The Korea Association of Center)'는 전국의 820여 개 공공 및 민간 청소년수련시설(청소년수련관, 청소년수련원, 청소년문화의집, 청소년야영장, 청소년특화시설, 유스호스텔)의 발전을 위한 지원, 청소년수련시설 간 연계 협력을 위한 협의와 조정, 청소년수련시설 운영 활성화 정책 제안 등을 위해 1989년 10월 1일 민간 청소년수련시설 중심으로 창립하였다. 1994년 6월에 사단법인(문화체육관광부)으로 승인받았으며, 2002년도에 공공 청소년수련시설을 포함하여 조직과 기능을 재정립하였으며, 한국청소년수련시설협회로 명칭을 정하여 2004년 2월에 공포된 「청소년활동진흥법」제40조에 의거 2005년 9월에 특수법인(국가청소년위원회)으로 재출범하였다(여성가족부, 2020).

한국청소년수련시설협회의 주요 기능으로는 청소년활동 기반 확대 및 운영 활성화를 위한 지원기구로서의 역할을 수행하며, 지방청소년수련시설협회(14개소)와 시설유형별협의회(청소년수련관, 청소년문화의집, 청소년수련원, 유스호스텔)를 중심으로 구축되어 있다. 또한, 시설협회의 회원인 청소년수련시설 설치·운영자 및 위탁운영단체가 실시하는 사업과 활동에 대한 협력 지원, 청소년지도자의 연수·권익증진 및 교류사업, 청소년수련활동의 활성화 및 수련시설의 안전에 관한 홍보 및 실천운동, 청소년수련활동에 대한 조사·연구·지원사업, 청소년수련시설, 청소년사업 및 활동에 대한 범국민적 인식 제고를 위한 적극적인 홍보활동, 청소년활동 참여 극대화를 위한 지역사회 및 학교 등과의 연계사업 개발·운영지원, 청소년활동을 통한 지역문화 기반 조성을 위해 다각적인 실천 방안 수립, 청소년과 함께하는 지역공동체 조성을 위한 지방협회 구성 및 지역단위 청소년활동 지원체제 구축 등도 수행하고 있다(여성가족부, 2020).

한국청소년수련시설협회는 다양한 청소년활동 욕구 수용을 위한 청소년수련시설 특성화 지원, 청소년활동 기반 확대를 위한 청소년수련시설 설치 및 운영 컨설팅, 청소년수련시설의 안전운영 여건 개선 및 안전관리 능력 향상, 청소년수련시설이 행하는 사업과 활동에 대한 협력 및 지원, 청소년지도자의 연수·권익증진 및 교류사업, 수련활동의 활성화 및 수련시설의 안전에 관한 간담회 개최 및 홍보, 수련활동에 대한 조사·연구·지원 사업과 국제교류사업, 청소년진로교육 프로그램 개발 및 전문지도자 양성사업, 청소년수련시설 운영 및 사업의 우수사례를 발굴해 시설간의 벤치마킹의 기회를 제공하기 위한 우수사례 공모전, 청소년수련시설 운영자 및 지도자들의 역량상화를 위한 오픈강좌 등 청소년수련시설 질적 향상을 위한 사업 추진과 청소년수련시설의 정책 개발 및 추진 체계 구축 등 청소년활동 활성화를 위해 노력하고 있다.(여성가족부, 2020).

또한, 청소년수련시설의 주인인 청소년이 직접 자문·평가·참여토록 하는 청소년

운영위원회 활성화 지원 사업으로 우수 청소년운영위원회 선정 및 사례 발표, 전국 청소년운영위원회 대표단 구성·운영, 청소년운영위원회 청소년대표자 워크숍 등을 추진하고 있다. 한국청소년수련시설협회는 급변하는 사회 환경 변화, 안전성 강화를 요구하는 시대적 환경에 선제적·능동적으로 대응하기 위하여 변화와 혁신으로 청소년수련시설의 가치를 제고하고자 한다. 또한 청소년활동의 전문화 및 활성화를 통하여 청소년들이 건강하게 성장해 국가 성장 동력이 됨은 물론, 그들과 함께 땀 흘려 헌신하는 청소년지도자들이 좀 더 좋은 환경에서 활동할 수 있도록 지원하고 있다(여성가족부, 2002).

# 제11장

# 청소년활동 프로그램과 운영

1. 청소년활동 프로그램의 개발
   1) 청소년활동 프로그램의 정의
   2) 청소년활동 프로그램의 특성
   3) 청소년활동 프로그램의 유형
   4) 청소년활동 프로그램 개발의 원리
   5) 청소년활동 프로그램 개발의 통합모형
2. 청소년 지원사업
   1) 청소년활동 프로그램 공모사업
   2) 청소년 방과 후 아카데미
   3) 문화예술교육 지원사업
   4) 수련활동 지원
   5) 청소년활동 안전지원
   6) 청소년수련활동 신고제
   7) 어울림마당·동아리 활동

## 1 청소년활동 프로그램의 개발

청소년활동은 급격한 신체적 · 정신적 발달로 인한 심리적 혼란과 불안정감을 극복하고 자아정체감을 발견하는 계기가 될 수 있는 것으로 청소년들이 새로운 가치관을 정립하고 심리적 안정감을 발현하게 하는데 도움이 된다. 또한 인간관계를 개선시키고 시민으로서의 책임의식을 고양시키며 일상생활에서의 일탈, 즐거움, 몰입 등 다양한 심리적 편익을 제공한다. 뿐만 아니라 학업, 입시 등으로 인한 스트레스 해소는 물론 그들의 잠재능력과 재능을 최대한 발휘하게 한다. 이러한 과정을 통해 청소년들은 또래들과의 사회성을 향상시키게 되고, 활동으로 인한 성취감을 맛보게 된다(김경준 외, 2010).

급격한 사회변화과정에서 오늘날 청소년에게 요청되는 사회적 과제는 대내적으로 건강한 민주시민으로서의 역량을 함양하고 대외적으로는 글로벌 시대의 국제적 리더로서 그 능력을 함양하는 것이다. 이 과정에서 청소년활동은 청소년들에게 다양한 삶을 배우고 체험하는 과정이자 미래의 삶을 준비하는 과정으로 자리매김 되어야 한다. 따라서 청소년활동 프로그램은 일시적인 '놀거리'가 아닌 삶 자체를 배우고 준비하는 '체험의 과정'이자 '기획'으로서 생활 속의 다양한 체험기회를 제공해야 한다(김경준 외, 2010).

청소년지도자들이 청소년을 위한 다양한 청소년활동프로그램을 개발하고 제공하고 있다. 청소년프로그램은 청소년의 참여를 통한 인간본연의 인간성 회복이어야 하며, 청소년을 대상으로 청소년의 현재와 미래를 담아내고, 청소년 개인의 잠재력인 역량을 끌어내야 하며, 동일시와 정화작용, 통찰을 제공해야 한다(권일남 외, 2016).

### 1) 청소년활동 프로그램의 정의

청소년활동 프로그램은 현재 매우 광범위하고 다양한 형태로 수행되고 있는 청소년활동을 구체적으로 실행하기 위한 매개체이자 수단적 기능을 담당하고 있다. 또한 청소년활동 프로그램이란 다양한 청소년활동을 효과적으로 수행하기 위해 조직적으로 체계화되어진 구체적인 계획이자 지침으로써 프로그램의 기획, 설계, 실행, 평가 등 청소년기관에서 수행하는 프로그램 운영의 전 과정을 모두 포함하는 사업적 개념이다(김경하, 조용하, 2006).

청소년활동이 청소년에게 영향력 있게 작용되기 위해서 필요한 요소가 있는데, 그것은 활동주체로서의 청소년, 활동의 촉진자와 조력자로서의 지도자, 활동경험으로서의 프로그램, 활동환경으로서의 활동터전이다(권일남 외, 2016). 이 4가지 요소가 작용하여 청소년활동의 다양한 효과를 나타낸다. 이러한 요소 중 청소년활동의 꽃이라고 할 수 있는 것이 프로그램으로 청소년과 지도자가 만나서 하는 것이다. 지도자가 프로그램을 통해 청소년에게 영향을 미쳐 청소년의 성장과 변화를 도모한다. 청소년활동의 몰입을 통해 효과성과 지속성을 유지할 수 있게 하는 요소가 프로그램이고, 프로그램과 프로그램에 다양성에 대한 만족이 청소년활동 만족도에 영향을 미친다(윤은종, 2004: 정철상, 2002). 따라서 청소년의 건전한 성장과 잠재성의 성장을 바람직하게 발전시키는 것이 무엇보다 중요하다.

## 2) 청소년활동 프로그램의 특성

청소년활동 프로그램은 다양한 청소년활동을 보다 효과적이고 효율적으로 실현시키기 위해 필요한 활동내용과 그에 관련된 자원과 조건 등의 제반여건을 종합적으로 연결하여 단계적으로 자세히 편성해 놓은 것이다. 다른 유형의 프로그램과 달리 청소년활동 프로그램만이 가지고 있는 특특한 성격에 대해 살펴보면 다음과 같다(김경하, 조용하, 2006).

첫째, 청소년활동 프로그램은 청소년의 전인적인 성장발달을 목적으로 하는 인간중심 프로그램이다. 청소년활동 프로그램은 지덕체의 균형적인 발달을 위해 지식이나 기능습득 이외에 인격형성, 심신단련, 자질배양, 정서함양, 취미개발을 위한 다양한 내용을 제공하고 있다. 특히, 삶, 인간, 그리고 자기 자신, 타인, 자연과의 관계를 올바르게 인식하고 이해하고 이를 바탕으로 긍정적인 자아개념형성, 자아실현, 원만한 인간관계 형성이 가능하도록 하는 인간적인 활동환경을 제공하는 데 주된 관심을 두고 있다. 이러한 인간중심의 청소년활동프로그램은 결과보다 과정을, 논리나 객관적인 기준보다는 신뢰, 사랑, 이해 등 심리적 유대감에 기초한 인간관계가 더 중요시되도록 구성되어 있다(김경하, 조용하, 2006).

둘째, 청소년활동 프로그램은 청소년들의 요구반영과 자발적인 참여를 전제로 한 청소년 중심 프로그램이다. 청소년활동 프로그램은 선행된 의도적 목적에 의하기도 하지만 대부분 청소년들의 직접적이고 구체적인 요구 · 필요 · 흥미 등을 바탕으로 그 교육적 · 성장적 가치를 고려하여 활동목표와 내용이 선정된다. 따라서 청소년활동 프로그램은 청소년들의 다양한 특성과 요구에 따라 매우 다양한 형태를 취한다. 또한 청소년들 스스로가 자발적으로 활동에 참여하여 자율적으로 수행할 수 있도록 청소년 중심의 활동이 주로 선택된다(김경하, 조용하, 2006).

셋째, 청소년활동 프로그램은 청소년들의 실생활과 밀접하게 관련된 활동을 중심으로 한 생활 중심 프로그램이다. 청소년활동 프로그램은 보다 실제적이고 구체적인 목표아래, 활동내용을 청소년들이 일상생활이나 사회생활에서 실제로 겪는 경험이나 당면하는 문제들과 결부하여 현실생활에 의미 있는 활동을 부여함으로서 청소년들이 자신의 생활에 보다 충실하고 스스로 문제를 발견하고 해결할 수 있는 능력을 배양하고자 한다. 이러한 실생활 속에서의 직접적인 체험활동은 자연적, 사회적, 문화적 생활의 모든 영역에 걸쳐 이루어지도록 다양하게 구성되어 있다. 그러므로 청소년활동 프로그램은 청소년들의 진정한 필요와 요구를 바탕으로 청소년들이 실생활 속에서 직접 의의 있는 활동을 경험하게 하여 보다 나은 전인적인 성장발달을 조성하는 것이다. 즉 이론보다는 생활을, 지식보다는 행동을 미래의 준비보다는 현실 생활에의 적응을, 지도자보다는 청소년 중심의 활동을 중시하는 프로그램이다(김경하, 조용하, 2006).

### 3) 청소년활동 프로그램의 유형

청소년활동 프로그램의 유형은 프로그램의 목적, 대상, 지원기관 그리고 프로그램의 구조화 정도 등에 따라 네 가지로 구분되기도 한다(신성철 외, 2020). 첫째, 프로그램의 목적을 기준으로 보면 안전하고 관리된 환경을 제공하는 프로그램, 학습적·문화적 역량의 향상 기회를 제공하는 프로그램, 위험행동을 예방하기 위한 프로그램 등의 세 가지로 분류할 수 있다.

둘째, 프로그램의 대상을 기준으로 분류하면 연령에 따라 중·고등학생 연령이 청소년을 대상으로 하거나 가족 모두를 대상으로 할 수도 있다. 어린 연령의 청소년을 대상으로 한 프로그램은 청소년의 정상적인 발달과 사회에서 요구하는 역량개발을 위한 다양한 체험활동 위주로 운영되는 것이 보통이다. 또한 대부분의 청소년 프로그램이 청소년만을 대상으로 하고 있지만, 프로그램의 특성에 따라서 청소년과 부모 또는 멘토 등이 함께 참여할 수도 있다.

셋째, 프로그램 개발 지원기관에 따라 분류하는 경우이다. 중앙부처가 주최하여 공모하는 청소년프로그램과 지방자치단체가 해당 지자체에 거주하는 청소년만을 대상으로 지원하는 프로그램, 정부와 지방자치단체가 매칭으로 지원하는 청소년프로그램, 그리고 청소년기관이 고유의 설립목적에 맞게 자체적으로 개발하여 운영하고 있는 청소년기관 프로그램으로 구분할 수 있다. 그러나 대부분의 청소년기관은 중앙부처지원사업과 프로그램, 지자체지원사업과 프로그램, 고유목적사업과 프로그램이 혼재되어 운영되고 있다. 최근에는 청소년기관을 보다 전문화, 특성화하기 위해 지방자치단체 예산을 지원하여 전문성이 있고 특화할 수 있는 다양한 프로그램을 개발하는 데 주안점을 두고 있다.

넷째, 프로그램의 구조화 정도에 따른 분류이다. 고도로 구조화된 프로그램, 구조화된 프로그램, 느슨한 구조의 프로그램, 비구조화된 프로그램 등으로 분류될 수 있다. 세부적인 커리큘럼과 지침서를 가지고 있는 정도, 그리고 프로그램의 우선순위와 내용을 결정하는 과정에 청소년참여의 가능 여부 등이 구조화 정도를 결정하는 데 사용된다. 프로그램의 구조화 정도가 높을수록 세분화되고 전 과정에 대한 연계가 틀에 맞춰져 있게 되며, 구조화 정도가 낮을수록 선택적이고 자율적인 부분이 많다.

### 4) 청소년활동 프로그램 개발의 원리

프로그램을 개발함에 있어 단순히 프로그램 개발의 도구적인 절차와 기법을 알고 있는 것만으로는 충분하지 않다. 프로그램 개발전문가(program development specialist)로서 프로그램이 청소년들에게 무엇을 의미하고, 프로그램을 왜 개발해야 하며, 효과적인 프로그램을 개발하기 위한 이론과 접근방법에 대해 알고 있어야 할 것이다. 이러한 맥락에서 볼 때 프로그램 개발 상황에 적절하게 대처해 나갈 수 있도록 하기 위해 프로그램 개발의 기본 원리에 대해 언급하는 것은 큰 의미가 있다(한국청소년개발원, 2013).

첫째, 청소년 프로그램 개발의 출발은 청소년에게 필요한 프로그램의 내용이 무엇인가에 대한 질문에서부터 비롯되어야 한다. 그러므로 청소년지도 프로그램 개발은 본질적으로 다음 세 가지 질문에 해답을 제시하는 것부터 출발한다.

- 청소년지도 현장에서 청소년이 무엇을 체험(활동)해야 하는가?
- 왜 청소년이 그것을 체험해야 하는가?
- 청소년이 의미 있는 체험할 수 있도록 하는 방법은 무엇인가?

이 세 가지 질문에 대한 명확한 해답 없이 만들어진 프로그램은 의미가 없다.

둘째, 개발하고자 하는 프로그램이 왜 필요한가에 대한 명확한 해답을 가지고 있어야 한다. 청소년의 발달과업 측면, 청소년의 요구 및 흥미 측면, 청소년지도 기관 및 단체의 이념과 임무 측면, 국가 사회적 측면 등에서 구체적인 해답을 가지고 있어야 한다.

셋째, 청소년의 요구와 필요분석을 통해 프로그램의 내용을 선정하는 과정에 충실해야 한다. 청소년프로그램은 청소년의 자발적인 참여와 적극적인 활동이 전제되어야 함을 가정할 때, 프로그램 개발과정에 청소년의 요구와 필요를 확인하고 분석하는 것은 매우 중요한 과정이 아닐 수 없다.

넷째, 프로그램 개발은 협동적 노력이며 집단적 의사결정 과정이다. 프로그램을 개발은 한 개인의 노력만으로 많은 한계가 있다. 프로그램 개발팀을 만들어 추진해 나가야할 실천적 연구행위이기 때문이다. 또한 실제 프로그램을 개발하는 과정에서 많은 의사결정이 내려야만 할 상황을 접하게 된다. 이 과정에서 합리적인 의사결정은 매우 중요한 프로그램 개발의 원리 중에 하나이다.

다섯째, 프로그램 개발은 기술적 측면(technical aspect), 내용적 측면(content aspect), 설계측면(design aspect), 의사결정측면(decisionaspect), 정치적 측면(political aspect)이 고려된 통합적인 조화가 이루어져야 효과적이다. 프로그램 개발은 일정한 모델에 의해 전개되는 절차나 기법만으로 완성될 수는 없는 복합적인 요소들이 필요하다.

여섯째, 프로그램 개발 과정에 참여하게 될 청소년지도사에게 과정전문가(planing management expert), 학습설계전문가(instructionaldesign expert), 내용 전문가(subject matter expert), 의사결정전문가(decision making expert), 협상가(negotiating expert)의 역할이 필요하다. 제대로 된 프로그램이 개발되기 위해서는 프로그램 개발을 위한 진행 절차와 구체적인 기법에 능통해야 하고, 프로그램 속에 포함시킬 내용에 대해 전문적인 지식과 능력을 가지고 있어야 한다. 또한 프로그램을 개발하는 동안 관련된 많은 사람(stakeholder)의 요구를 조정할 수 있는 사회적 · 정치적 활동이 요구되는 바 협상 전문가의 능력이 절실히 요청된다.

일곱째, 프로그램 개발은 단순한 선형적 접근방법보다는 순환적이고 체제적 접근이 바람직하다. 현실적으로 프로그램 개발은 여러 단계를 동시에 수행하거나 필요에 따라 이전 단계에서 수행된 것을 반복적으로 되풀이해야 할 경우가 발생하기 마련이다.

여덟째, 프로그램 개발은 창조성 · 현실성 · 논리성이 필요하다. 프로그램 개발은 단순히 다른 프로그램을 차용하거나 수정 · 보완하는 것보다는 참신한 아이디어가 반영된 창조적인 내용이어야 할 것이다. 한편, 아무리 창조적인 내용이라 할지라도 프로그램의 운영 주체인 청소년지도기관 및 단체의 상황에 부합되는 현실성이 고려되어야 할 것이다(한국청소년개발원, 2013).

청소년활동 프로그램을 개발할 때 시기적으로, 사회적으로 자아역량을 향상할 수 있는 프로그램이 필요함을 말해주고 있다. 또한 청소년이 건강한 성인으로 사회 속에

잘 적응하기 위해서는 사회의 현상변화를 알고 대처할 수 있는 능력이 필요함을 나타내고 있다. 청소년 시기는 현재를 잘 살고 미래를 잘 준비해야 한다. 청소년활동 프로그램의 특징도 현재와 미래를 모두 담아내는 것이기 때문이다(권일남 외, 2016).

### 5) 청소년활동 프로그램 개발의 통합모형

청소년지도현장에서 적용할 수 있는 프로그램 개발의 통합적 모형을 그림과 같이 제시하였다. 이 모형은 프로그램 개발의 거시적 범위를 프로그램기획(program planning), 프로그램설계(program design), 프로그램마케팅(program marketing), 프로그램실행(program implementation), 프로그램평가(programe valuation) 등 다섯 개로 설정하여 각 영역에서 수행되어야 할 다양한 절차에 대해 비교적 체계적으로 정리하였다(한국청소년개발원, 2013).

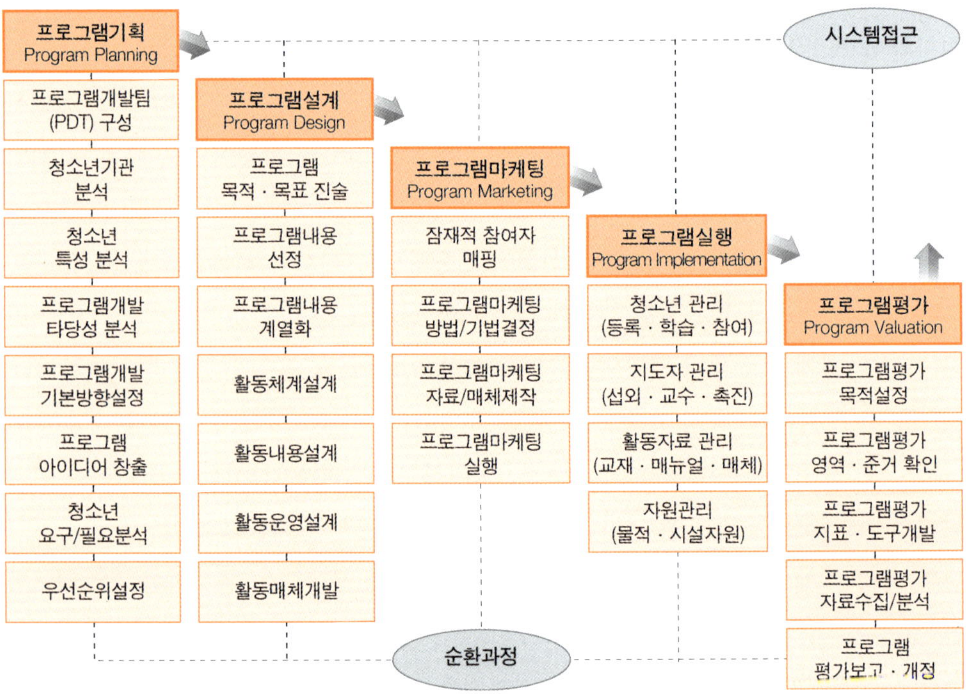


출처: 한국청소년개발원, 2013.

**그림 11-1** 프로그램 개발 통합모형

### (1) 청소년프로그램 기획

기획은 일련의 의사결정과정으로 영어의 planning에 해당하는데, 계획(plan)과 혼용되고 있다. 그러나 기획은 진행·과정으로서의 의미가 강하고, 계획은 기획의 결과로 나타난 최종산물로 보는 경우가 많다. 즉, 기획은 계획을 수립하고 집행하는 폭넓은 과정이며, 계획은 기획을 바탕으로 한 목표와 수단을 구체화시킨 형태이다. 기획이 정책적·장기적·포괄적·동적이라고 한다면, 계획은 구체적·단기적·부분적·정적인 개념으로 이행할 수 있다(정규서, 강태룡, 1993; 윤정길, 1987). 드로어(Dror, 1967)의 정의에서는 기획을 최적의 수단에 의한 목적 달성으로 방향 설정된 미래 행동을 위한 일련의 의사결정의 준비과정으로 정의하고 있다(York, 1982: 12; 한국청소년개발원, 2013 재인용).

청소년 프로그램 기획의 필요성은 불확실성의 감소, 합리성의 증진, 책임성의 향상, 의사결정과정에서의 참여 및 잠재적 가능성 확대, 효과성과 효율성의 증진 등이 논의되고 있다(York, 1982; 정무성, 정진모, 2001; 한국청소년개발원, 2013 재인용).

### (2) 청소년프로그램 설계

청소년의 궁극적인 성장을 위해서는 잘 짜여진 프로그램의 설계를 기초로 과학적인 운영이 이루어져야 한다. 청소년들의 성장에 필요한 핵심과제를 이행하도록 하는데 필요한 활동, 환경, 각종 도구를 과학적이고 체계적으로 배열하고 정리하는 과정이 필요하다. 성공적이고 효과적인 청소년프로그램은 설계의 개념화를 위한 청소년프로그램의 목적과 목표의 이해와 과학적 진단과 수요자 요구에 입각한 활동 방향 설정, 프로그램이 실행방법과 내용을 위한 청소년프로그램을 구성하는 활동수단의 선정과 청소년프로그램을 구성하는 내용의 논리성 제공, 실행 및 평가를 위한 청소년프로그램의 적절성과 청소년프로그램의 실행 평가 및 정리의 과정을 거쳐 이루어진다(권일남 외, 2016).

프로그램 설계(program design)란 프로그램 기획단계에서 확인된 교육적 요구와 필요를 기초로 프로그램 내용과 방법을 선정하고, 조직하는 과정을 말한다. 이를 위해서는 먼저 해당 기관이나 단체가 추구하는 이념에 맞추어 구체적인 프로그램의 목표를 설정하고, 다음으로는 그것을 실행하기 위한 프로그램 내용을 선정하며, 이를 효과적으로 전달할 수 있는 방법을 선택하고, 구체적인 프로그램 지도안을 구성하는 과정을 거치게 된다. 이와 같은 청소년프로그램을 설계할 때에는 다음과 같은 질문과정을 반드시 거쳐야 한다(한국청소년개발원, 2013).

① 해당 청소년 기관이나 단체가 추구하는 프로그램 목표는 무엇인가?
② 프로그램 목표를 추구하기 위하여 제공될 수 있는 교육적 경험은 무엇인가?
③ 이들 교육적 경험들은 어떻게 효과적으로 조직될 수 있는가?
④ 프로그램 목표의 달성 여부는 어떻게 평가될 수 있는가?

### (3) 청소년프로그램 마케팅

일반적인 의미에서 '마케팅(marketing)'이란 소비자의 요구와 욕구를 파악하여 그것을 충족시키기 위한 제품이나 서비스를 제공하는 경영 활동을 말한다. 즉, 고객의 관점에서 출발하여 그들의 필요를 더 잘 충족시켜 줄 수 있기 위해 노력하는 것이다. 이러한 마케팅이론을 하나의 사회적 기술로 파악하고 영리를 목적으로 하는 활동 이외의 분야에도 적용하려는 노력이 계속되고 있는 것이다. 이른바 '비영리 마케팅'이라고 불리는 이러한 활동은 사회적인 아이디어와 실천을 표적집단에 수용되도록 하기 위한 프로그램의 설계, 실시 및 통제를 의미한다. 즉, 비영리 마케팅이란 기업 이외의 자선단체, 정부기관 등의 비영리 조직들이 각각 그들의 아이디어와 실천이 사회적으로 수용되도록 하기 위해서 마케팅 기법을 도입하는 것을 말한다(Kotler, 1972: 홍부길, 1994 재인용). 이러한 비영리 마케팅의 원리는 청소년기관에도 적용되며 청소년기관들이 프로그램에 고객이 참여를 높이기 위해 여러가지 조치를 취하게 되는데 이것을 포괄적으로 지칭하는 것이 프로그램 마케팅이다(한국청소년개발원, 2013).

### (4) 청소년프로그램 실행

청소년프로그램 실행은 기본적으로 일정한 청소년들을 대상으로 청소년프로그램 지도자(전문가)가 특정한 프로그램을 특정 조직 내에서 실시하는 것으로 인식되고 있다.

이는 청소년프로그램 실행이 청소년, 프로그램 지도자(전문가), 프로그램, 그리고 조직 등과 같은 요인들의 결합에 의해 이루어지는 활동이라는 것을 의미한다.

그리고, 청소년프로그램의 단계를 준비단계와 실시단계로 나누어서 알아보면, 프로그램 실행이 계획한 바대로 체계적이고도 원만하게 진행되느냐의 여부는 준비단계에서의 점검 및 확인이 제대로 되어 있느냐에 달려 있다고 해도 과언이 아니다. 여기에서 말하는 점검이란 주로 프로그램 지도활동의 운영조직과 내용에 대한 사전 정비 및 연락을 취하는 것을 일컫는 말이다. 확인이란 각 준비상황에 대하여 재차 점검을 하고 확정짓는 것을 말한다.

실시단계는 실제로 프로그램 활동을 전개하는 단계로서 프로그램 활동에서 가장 핵심적인 과정이다. 이 단계는 계획되고, 설계된 청소년프로그램을 프로그램 지도안에 의거하여 실제적으로 행동에 옮기는 단계이다. 이 시기는 프로그램 지도활동의 생명이 달려 있는 때이고, 목표실현의 장이기도 하다. 이 단계를 실패함이 없이 명쾌하게 전개하기 위한 과제로서는 ① 역할분담 내용의 확인, ② 프로그램 지도안의 진행, ③ 상황변화에의 대응의 세 가지를 들 수 있다(한국청소년개발원, 2013).

### (5) 청소년프로그램 평가

청소년지도 과정에서 행해지는 평가는 아래의 다섯 가지 다양한 기능들을 가지고 있다(한국청소년개발원, 2013).

첫째, 평가는 대상에 대한 이해, 진단, 치료의 기능을 가진다. 교육지도 평가는 참여자의 성취 정도를 정확히 이해하는 것이 목적이다.

둘째, 청소년지도의 구성요소들을 개선시켜 주는 기능이 있다. 일반적으로 평가란 청소년 개인의 학습행위나 결과만의 평가가 아니며, 평가로 얻어진 자료는 청소년지도자, 청소년지도법, 청소년지도 프로그램 등을 평가하는 데 유효한 증거가 될 수 있다. 즉, 청소년지도 과정을 평가하여 얻은 결과는 청소년교육이나 지도의 질적 개선을 위한 생생한 증거가 된다.

셋째, 평가는 청소년들의 지도 및 학습 행위를 촉진시키기 위해 필요한 학습동기를 유발해 주는 심리학적 기능을 가진다. 다시 말하면 지도를 통해 습득한 학습결과에 대한 정기적 또는 수시로 실시하는 평가는 청소년들의 지도 참여 동기를 유발시키며 평가결과의 확인으로 학습 의욕을 촉진시키게 된다.

넷째, 평가결과를 청소년의 행동변화 및 학습효과의 판정에만 한정시키지 않고 생활지도나 상담의 자료로 활용할 수도 있다. 생활지도 역시 학습지도와 마찬가지로 교육의 중요한 기능이기 때문이다. 청소년의 적성, 흥미, 성격, 지능, 건강, 가치관, 태도, 개인적 문제 등과 같은 일련의 특성에 대한 정확한 진단과 평가 자료는 청소년을 있는 그대로 정확히 이해할 수 있는 좋은 근거가 된다.

다섯째, 주기적이든 불규칙적이든 평가가 실시됨으로써 청소년지도의 질적 수준이 유지될 수 있도록 하는 기능을 가지게 된다.

## 2 청소년 지원사업

### 1) 청소년프로그램 공모사업

청소년프로그램 공모사업(이하 프로그램 공모사업)은 여성가족부가 주최하고 한국청소년활동진흥원이 주관하는 사업으로, 청소년프로그램 공모를 선정된 프로그램에 한하여 예산을 지원함으로써 신규 프로그램 개발을 유도하고 운영 우수사례를 보급하여 청소년활동 활성화를 도모하고자 하는 사업이다(한국청소년활동진흥원, 2021). 청소년프로그램 공모사업은 「청소년활동진흥법」 제5조와 제34조, 〈보조금 관리에 관한 법률〉에 근거로 하는 사업으로서 분야는 아래와 같다.

**표 11-1 청소년 공모사업 분야**

| 사업 | 분야 | 내용 |
|---|---|---|
| 활동 | 학교 연계 청소년활동 | • 교과, 범교과, 창의적 체험활동, 자유학년제 프로그램 등을 학교 외(청소년시설 등)에서 운영하는 활동<br>• 학교와 연계하여 직업의 탐색 및 준비를 위한 현장체험 중심 활동<br>• 학교 내 동아리활동 등의 지원(예, 청소년지도사 파견)<br>• 학교 내 유휴 교실 등을 활용하는 활동<br>• 프로그램 기획 및 모집단계에서 학교가 참여하는 활동<br>• 방과후프로그램과 청소년시설·단체가 연계·추진하는 활동 등 |
| | 청소년 젠더프로그램 | • 청소년의 주체적인 성별 고정관념 해소, 성평등 의식 제고 등을 위한 성평등 문화 구축 활동<br>• 성평등 관점을 반영한 청소년활동(예, 성평등한 진로·직업 탐색 활동) |
| | 사회정서 역량 개발 | • 청소년에게 사회정서 역량*을 함양하는 활동<br>* 자기인식, 자기관리, 사회적 인식, 대인관계 기술, 책임 있는 의사결정 |
| 참여 | 청소년 사회참여 활성화 | • 청소년 권리 증진을 위한 활동<br>• 청소년 관련 환경 및 의식을 개선하는 활동<br>• 문화유산, 관광자원, 기후변화 대응 활동<br>• 지역사회 홍보 등 지역 특성을 고려하여 지역 발전에 기여하는 활동 |
| 보호 | 청소년 유해환경 개선 활동 | • 청소년 유해업소·약물 등 불법행위 모니터링<br>• 신종유해환경 감시·개선 활동 |

출처: 한국청소년활동진흥원, 2021

## 2) 청소년 방과 후 아카데미

여성가족부에서는 지방자치단체에서는 청소년에게 공적 서비스를 담당하는 수련시설(청소년수련관, 청소년문화의집 등), 지자체 공공시설, 민간운영시설 등을 기반으로 청소년의 방과 후 생활과 삶의 질 향상을 위해, 가정이나 학교에서 체험하지 못했던 다양한 청소년활동 프로그램 및 청소년 생활관리 등 청소년을 위한 종합 돌봄 서비스를 국가정책지원 하는 사업이다.

청소년 방과 후 아카데미는「청소년기본법」제48조의 2(청소년 방과 후 활동의 지원) '학교의 정규교육으로 보호할 수 없는 시간 동안 청소년의 전인적 성장 · 발달을 지원하기 위하여 다양한 교육 및 활동 프로그램 등을 제공하는 종합적인 지원 방안을 마련하여야 한다'에 의하여 아래의 운영목적에 따른다(신성희, 2021).

① 민주시민으로서의 정의 · 권리 · 의무 · 책임을 배우는 전인적 성장 발달을 도모
② 맞벌이 · 한부모 가정 등 돌봄이 필요한 가정에 교육 · 복지 지원을 통해 청소년의 건강한 성장 기반 마련
③ 지역사회 네트워크를 통한 다양한 인적자원 활용

추진방향으로는 지역사회에서의 청소년활동 · 복지 · 보호체계의 역할을 수행하고, 학교와 지역사회의 상호 신뢰 및 연계을 강화하며, 다양한 지역사회 인적 · 물적 자원을 연계하여 활용한다.

### 3) 문화예술교육 지원사업

여성가족부, 문화체육관광부가 공동 주최하고 한국청소년활동진흥원, 한국문화예술교육진흥원이 공동 주관하는 부처 간 협력 사업으로서 지역별 특성에 맞는 분야별 체험형 문화예술교육을 통해 문화 감수성을 증진하고, 문화예술교육을 지원함으로써 청소년의 문화예술 재능 및 소질을 발견할 수 있는 기회를 제공한다(신성희, 2021).

국내 우수 청소년활동 프로그램 사례로는 '상상이음'–군포시 당동청소년문화의집으로, 사업추진 배경으로는 '군포=쓰레기'가 연상되므로 이러한 이미지를 승화시키기 위해 재활용이라는 것을 바탕으로 시민운동의 역사를 긍정적으로 발전시키는 것이 필요했기 때문이다. 따라서 버려지는 쓰레기들을 재활용해 쓰임새를 높이고, 만듦새를 좋게 하기 위해 독창적인 재활용 놀잇감을 주민들과 함께 만들고 놀 수 있는 기회를 제공함으로써 생산적인 공동체문화를 만들어 낼 것으로 기대된다.

또한 당동청소년문화의집이 있는 군포1동은 예전에 아구랑이라 불렸는데, 아구랑이라고 불리는 '아구랑 설화'를 바탕으로 다양한 문화콘텐츠 개발을 통해 독창적인 마을 문화공동체 활동이 가능할 것으로 판단되며, 또한, 청소년 문화가 청소년들만의 향유문화가 아닌 문화 편중성의 극복을 위해 전통과 현대가 소통할 수 있는 매개로 설화를 선택함으로써 새로운 청소년활동의 장을 마련하는 데 도움이 될 것으로 기대된

다. 이러한 프로그램의 효과로는 아래와 같다.

① 지역적 특성 고려

첫째, 당동 일대의 아구랑 길에 얽힌 '아구랑의 의좋은 형제' 설화 내용을 바탕으로 한, 내가 살고 있는 지역 바로알기의 기회가 마련되었다.

둘째, 군포시 내에서도 상대적으로 낙후된 지역으로 인식되었는데 청소년들로 하여금 살아 움직이는 역동적인 마을의 모습을 그려볼 수 있었다.

② 전문가그룹 참여

첫째, 인형극, 퍼포먼스, 아카펠라, 젬베 등 다양한 분야의 전문가그룹이 참여하여 장기간 청소년들을 지도하고 함께하는 과정에서 청소년들이 단순 참여자가 아닌, 깊이 있는 관계 형성을 통해 지도자들과 함께 나누고 공유하는 과정들을 겪으며 성장할 수 있는 계기가 마련되었다.

둘째, 전문가 그룹들이 청소년들을 지도하고 교육하는 데 역할이 그친 것이 아니라 마을잔치에 함께 참여하면서 청소년들과 끝까지 함께하는 동반자로서 청소년들의 자존감 향상에 크게 기여하였다.

③ 참여 청소년들의 변화

첫째, 학교나 가정에서 체험할 수 없는 다양한 문화예술활동 프로그램으로 청소년의 작은 변화들을 느낄 수 있었다.

둘째, 몇 개월의 준비과정을 거쳐 마을잔치를 끝내고 난 뒤, 청소년들이 자신의 역할로 돌아갔을 때는 이전보다 학습태도 및 생활태도 면에서 좀 더 적극적이고 능동적인 모습으로 변화되었다.

④ 지역 학교와의 연계

첫째, 지역 소재의 중학교와 협의체를 구성하여 실무진을 꾸리고, 공동의 파트너십을 이루어 사업이 진행되었다.

둘째, 참여 청소년들의 출결뿐만 아니라 개별적 상황 등에 대해 서로 공유하면서,

청소년들을 참여대상자로만 보는 것이 아닌 하나의 존중받는 인격체로 바라보고 관심을 갖고 이끌 수 있었다.

셋째, 진행과정에서 학교공간을 많이 활용하면서, 학교 선생님들의 관심도 많이 이끌어낼 수 있었고, 실제 마을잔치를 준비할 때 선생님들의 자발적인 참여와 협조를 얻을 수 있었다.

## 4) 수련활동 지원

**표 11-2 수련활동 프로그램 지원내용**

| 프로그램 | 지원내용 |
|---|---|
| 학교단체 시범청소년수련활동 | • 청소년기에 필요한 역량향상과 건강한 성장을 위해 국가에서 인증한 청소년수련활동인증 프로그램 운영 |
| 청소년 독립군캠프 | • 대한민국의 미래를 열어갈 청소년들이 역사체험활동을 통해 올바른 역사의식을 함양하고, 독립군의 정신을 이어받아 건강한 민주시민으로서의 성장을 지원하고자 독립기념관과 협업하여 캠프를 운영 |
| 자유학기제 수업 | • 국립청소년수련원에서는 우주과학, 농업과학, 생명과학, 해양환경 등 특화 프로그램으로 당일체험을 운영하고 동아리 체험을 지원 |
| 사회배려 청소년 지원사업 | • 신체적·지리적·환경적 요인으로 인해 어려움을 겪고 있는 청소년에게 결핍요인을 극복할 수 있는 활동을 제공하여 균형성장을 지원 |

출처: 한국청소년활동진흥원, 2021.

## 5) 청소년활동 안전지원

청소년활동 안전과 관련한 활동현장의 어려움을 해소하고 다양한 안전지원을 통해 자율적 안전관리 문화 정착 및 안전한 청소년활동 환경을 조성하고자 '청소년활동 안전법률상담 서비스'를 제공하고 있다. 안전법률상담 서비스는 청소년활동 시 수반되는 안전사고(상해, 시설물사고, 교통, 위생 등) 관련 분쟁사항 또는 시설운영과 관련한 법률 해석의 어려움 등에 대해 전문가의 법률 상담을 통해 합리적인 해결방안 및 법률조력 기회를 제공하는 서비스이다.

**표 11-3 청소년활동 안전법률상담 서비스**

| 상담내용 | 주요 내용 |
|---|---|
| 청소년활동 안전사고 | • 청소년활동 중 발생할 수 있는 상해, 성범죄, 시설물, 위생(음식, 식중독), 기타 안전 등 관련한 사항 |
| 청소년활동 운영사항 | • 청소년시설(프로그램) 관리 및 운영(프로그램, 지도자, 활동시설)에 관한 법령 해석 및 자문, 각종 이의신청 및 행정 심판 등에 관한 사항 등 |

출처: 한국청소년활동진흥원 홈페이지, 2021.

## 6) 청소년수련활동 신고제

청소년수련활동 신고제도는 「청소년활동진흥법」 제9조의2에 따라 19세 미만의 청소년을 대상으로 하는 청소년수련활동 계획을 사전에 신고하도록 하고, 관련 정보를 참가자가 편리하게 확인할 수 있도록 인터넷 등에 공개하는 제도이다. 청소년수련활동 관련 안전사고 예방을 위해 2013년 11월 '이동 · 숙박형 청소년활동 신고제도'로 도입되어 2014년 7월부터 '숙박형 등 청소년수련활동 신고제도'로 신고 대상과 활동을 변경하여 운영 중이다(한국청소년활동진흥원, 2021).

신고제도를 통해 수련활동의 신고를 준비하는 과정에서 활동 운영 전반에 관한 안전 요소를 점검하게 되고 범죄 경력자 등 결격 사유가 있는 지도자의 참여를 막을 수 있으며, 안전 보험 가입을 의무화하여 보다 안전한 수련활동을 진행할 수 있도록 하였다. 또한 신고 수리된 활동 정보를 인터넷 홈페이지 등에 공개함으로써 청소년, 학부모 등 정보가 필요한 모든 사람이 쉽게 수련활동 정보를 알 수 있도록 하여 활동 선택과 참여 결정에 도움을 주었다.

청소년수련활동 신고제 관련 주체 및 요건을 살펴보면, 19세 미만의 청소년을 대상으로 숙박형 청소년수련활동 및 비숙박형 청소년수련활동을 주최하려는 자는 소재지 관할 기초자치단체에 신고 서류를 갖추어 참가자 모집 14일 전까지 신고해야 한다. 다만, 「청소년활동진흥법」 이외의 다른 법률에서 지도 · 감독 등을 받는 비영리 법인 또는 비영리 단체가 운영하는 경우나 청소년이 부모 등 보호자와 함께 참여하는 경우,

종교단체가 운영하는 경우와 비숙박형 청소년수련활동 중 「청소년활동진흥법」 제36조 제2항에 따라 인증을 받아야 하는 활동이 아닌 경우는 신고 대상에서 제외된다(신성희, 2021).

사전 신고제의 기대효과로는 청소년활동에 관심 있는 보호자 및 활동에 참여하려는 청소년에게 해당 활동의 안전성 여부를 확인할 수 있는 정보를 제공하여 청소년들의 선택권 보장하고, 본 제도를 통해 소비자들이 청소년활동 프로그램의 안전성과 우수성을 직접 확인 및 비교할 수 있게 함으로써 프로그램 운영자들의 자발적인 안전조건 준수를 유도하여, 사고 예방뿐만 아니라 청소년활동프로그램 영역에서 자유 경쟁체제를 활성화한다(신성희, 2021).

※ 사전 신고제: 청소년수련활동 주최자가 청소년활동진흥법에 따라 요건을 갖춘 신고서 등 구비서류를 해당 신고 접수기관(시·군·구 등)에 제출

### 7) 어울림마당·동아리 활동

청소년어울림마당 및 청소년동아리 활동 지원사업(이하 어울림마당·동아리 활동이라 함)은 여성가족부와 지자체가 주최하고 한국청소년활동진흥원이 주관하는 사업으로서, 청소년들에게 어울림마당·동아리 활동 등 다양한 체험활동 기회를 제공하여 역량개발 및 건강한 성장을 지원하는 사업이다(한국청소년활동진흥원, 2021).

어울림마당·동아리 활동은 「청소년활동진흥법」 제60조(청소년문화활동의 진흥), 제61조(청소년문화활동의 기반 구축), 제64조(청소년동아리활동의 활성화)의 법적 근거에 따라 청소년에게 지원하고 있다. 사업의 지원규모 및 활동분야는 [표 11-4]와 같다.

**표 11-4 청소년활동 지원규모 및 활동분야**

| 사업 | 지원규모 | 지원금액 | 활동분야 |
|---|---|---|---|
| 청소년<br>어울림마당 | 총126개소<br>(시·도 대표 16개소<br>시·군·구 110개소) | 시·도 대표 71백만 원<br>시·군·구 24백만 원 | 공연 및 전시, 체험활동, 진로체험, 교육 및 강의 등 |
| 청소년<br>동아리활동 | 총 2,500개 | 1개 동아리 당<br>1,250천 원 | 사회참여영역, 수리과학, 4차 산업혁명 관련, 인문사회, 역사, 미디어, 요리, 스포츠, 외국어, 진로, 기획, 비공연 문화예술, 취미, 특이공연 문화예술, 대중(공연) 문화예술 등 |

출처: 한국청소년활동진흥원, 2021.

2021년 현재 사업대상으로는 어울림마당은 청소년시설, 단체, 법인 등에 지원을 하고 있고, 동아리활동은 청소년(9~24세) 10명 내외로 구성된 청소년수련시설·단체 및 청소년 관련 시설·단체와 연계하여 활동하는 학교 동아리에 지원을 하고 있다.

# 제12장

# 청소년활동 지도방법

1. 청소년지도의 개념과 필요성
   1) 청소년지도의 개념
   2) 청소년지도의 필요성
2. 청소년활동 지도의 원리
3. 청소년활동 지도방법
   1) 청소년활동 지도방법의 개념
   2) 청소년활동 지도방법의 유형
   3) 청소년활동 지도방법 선정 시 고려사항
   4) 청소년활동 지도과정

# 1 청소년지도의 개념과 필요성

## 1) 청소년지도의 개념

청소년지도는 지도의 목적 및 목표를 달성하기 위하여 일정한 프로그램에 따라 진행되는 체험 중심의 교수방법을 의미한다. 청소년지도 현장에서 청소년 전문지도자가 청소년들을 실제 지도한다고 할 때, 그들에게 가장 크게 요구되는 실천적인 과제는 다름 아닌 청소년지도 방법에 관한 것이다. 즉 체계적인 프로그램을 통해서 지도목표를 효과적이고 효율적으로 달성할 뿐만 아니라 청소년들에게 의미 있고 매력적인 경험을 제공함으로써 그들로 하여금 바람직한 방향의 행동변화를 유도하기 위한 활동이 청소년지도인 것이다(한상철, 1998). 김진화(2004)는 청소년지도 개념을 구체적으로 이해하기 위하여 아래와 같이 몇 가지 알아보고자 하였다.

첫째, 청소년지도란 광의적으로는 청소년을 대상으로 하는 가정, 학교, 지역사회에서 이루어지는 모두 포함하지만, 주로 정규학교 교육체계 밖에서 이루어지고 있는 학교 밖의 교육으로 사회 교육적 성격이 강하다.

둘째, 청소년지도란 청소년의 인지발달에 지나치게 편중된 개입보다 청소년의 전인적 성장을 위해 신체적 발달, 도덕성 발달, 사회적 발달, 정의적 발달, 감정적 발달에 보다 큰 관심을 기울인다.

셋째, 청소년지도란 탈선과 비행에 빠진 문제 청소년만을 대상으로 하는 것이 아니라, 청소년기에 있는 모든 청소년을 대상으로 한다.

넷째, 청소년지도란 청소년들이 바람직하고, 건전하고, 온전한 상태로 성장, 발전할 수 있도록 하는 조직적인 목표지향 활동이다.

다섯째, 청소년지도란 단순히 정규 학교교육을 보조하는 지원적 차원이 아니라, 청소년이 건전하고 유능한 한 인간으로 성장하고 발전할 수 있도록 지원해 주는 새로운 대안적 패러다임으로 학교, 지역사회, 속에서 다른 체계와의 파트너십을 필요로 하는 활동이다.

## 2) 청소년지도의 필요성

청소년지도의 학문적 필요성의 근거는 평생교육 이념의 성숙과 학교교육의 한계, 청소년의 각종 문제 행위와 조치, 청소년활동의 효율성 등 몇 가지 차원에서 그 가능성을 찾아볼 수 있을 것이다(권일남, 1998).

첫째, 평생교육 이념의 성숙은 청소년이 사회구성원의 어엿한 주체로서 그들의 한 생애를 보다 더 바람직하게 성장하고 자신이 속한 사회 속에서 자신들의 잠재력을 충분히 발휘할 수 있도록 하여야 한다는 관점에서 비롯된 것이다.

둘째, 청소년의 각종 문제 행위와 조치과정에서 청소년지도의 중요성이 부각되기 시작하였다. 인생에 있어서 가장 민감한 시기인 청소년기는 내부적으로 신체적 · 심리적 갈등과 긴장이 최고조에 달해 있고, 외적으로는 기성세대와 다양한 모순적인 역할기대에 봉착해서 좌절감 속에서 청소년들은 자칫 이탈행위와 범죄 행위로, 심지어는 자살이라는 극단적인 행동으로까지 표출하고 있어 우리 사회의 심각한 사회문제로 부각되고 있다.

셋째, 청소년활동의 효율성 측면은 청소년지도의 방법론과 관련된다. 존 듀이는 그의 저서 『교육과 경험』, 『교육과 민주주의』라는 책 속에서 학습자가 활동을 통해 본질적으로 변화하는 것에 대해 강조한 바 있다. 이러한 원리로서 청소년지도 분야에서 경험학습에 의한 활동지도 방법론이 대두되고 있는 것은 청소년지도학이 방법론적으로 하나의 학문적으로 성장해 나가는 데 매우 중요한 이론적 토대를 마련해 주고 있다. 이 방법론은 청소년들을 활동의 주체로 간주하고 청소년들이 사전에 마련된 프로그램에 적극적으로 참여하고 행함으로써 새로운 경험을 체험한 후에 청소년들이 자신들의 체험을 서로 공유하고 자신만의 소중한 경험세계로 새롭게 조직하여 내면화시키고 일반화시켜 일상생활 속에서 자연스럽게 적용시켜 나가는 원리를 가지고 있다. 이러한 원리는 학교교육의 지식전달의 방법 원리와는 달라 청소년지도 과정에서 커뮤니케이션, 조직행위, 집단역동, 리더십 등의 기법이 많이 활용되고 있는 것은 경험학습의 원리에 근거를 두고 있는 것이라 할 수 있다.

경험학습은 전통적 학교교육(교실에서 이루어지는 간접적 지식의 전수를 통한 학습)의 문제점을 탈피하고, 교실 밖에서의 직접적인 경험을 통한 학습이 최선의 교육이라는 목표의 달성을 위해 전개되는 측면이 강하다(L. B. Sharp, 1947: 43), 특히 청소년지도에 있어 가장 많이 적용될 수 있는 야외교육의 방법은 직접적 경험을 통한 학습과 교수가 이루어짐으로써 학습방법의 개선에 가장 큰 도움을 주는 방법으로서, 청소년지도사는 청소년들에게 주의 깊게 계획을 하고 지도의 방법을 원용함으로써 청소년들의 학습과정에 도움을 주는 계기를 만들 수 있게 된다.

## 2 청소년활동 지도의 원리

청소년활동을 실제 현장에서 전개해 나갈 때 청소년활동지도의 기본적인 근거로서 청소년 대상 집단 또는 청소년활동의 형태와 유형에 관계없이 일반적이고 공통적으로 적용되어야 하는 원리로 오치선 외(1999)는 다음의 여섯 가지를 제시하고 있다.

첫째, 청소년 중심의 원리로서 청소년활동 지도방법은 청소년이 주체가 되는 청소년 중심의 활동 지도로 출발되어야 한다. 청소년지도는 청소년지도자나 기관 또는 단체가 중심이 되는 활동이 아니라 청소년들의 자발적인 참여와 내적 동기를 전제로 그들의 실생활 체험과 능동적인 활동을 중심으로 전개되어야 한다. 예컨대 활동과정의 평가에 있어서 청소년들로 하여금 스스로의 성과를 자체평가하고 그 결과를 인식하게 함으로써 프로그램에 대한 계속적인 참여의지를 높여주고 자신이 활동의 주체가 되고 있음을 실감하도록 해주어야 한다. 이 밖에도 프로그램에 대한 자체평가와 의견수렴 등을 통해 청소년 중심의 활동이 이루어지도록 배려하여야 한다. 청소년 중심의

지도방법에서 청소년지도자는 학습의 조력자, 안내자, 상담자, 방향잡이, 조정자로서의 역할을 더욱 비중 있게 맡게 된다.

둘째, 동기유발 및 유지의 원리이다. 청소년활동의 지도에 있어서 청소년들의 동기를 유발하고 유지할 수 있어야 한다. 청소년활동은 청소년들의 자발적인 참여를 전제로 하지만 지도과정에 있어 참여한 청소년들이 지도활동에 대하여 의미나 매력을 갖지 못한다면 더 이상 자발적인 참여는 보장할 수 없을 것이며, 청소년지도의 효과 또한 기대할 수 없을 것이다. 따라서 청소년지도는 다른 어떤 교육보다 그들에게 자신감과 만족감 등을 높여줄 수 있도록 계획되고 실천되어야 할 것이다.

셋째, 청소년활동 지도방법은 다양성과 융통성을 기본 원리로 삼고 있다, 다양한 특성과 욕구를 가진 청소년들을 획일적이 아닌 다양한 방법으로 지도함으로써 그들의 교육적 욕구를 최대한 충족시켜 주어야 한다. 또한 그들의 개인차를 최대한 인정해 주도록 해야 한다.

특히 청소년활동은 청소년 대상 집단의 다양함과 프로그램의 유형과 형태 또한 매우 다양한 특성을 고려할 때 형식적이고 획일화된 지도방법으로는 이를 수용하기 어렵다. 따라서 청소년활동이 전개되는 주변 여건과 환경, 대상 청소년집단의 특성, 활동 프로그램의 성격과 목적 등에 따라 융통성 있고 다양한 지도기법이 요구되고 있다.

넷째, 청소년과 청소년지도자는 상호 간에 상호학습의 원리가 적용되어야 한다. 청소년지도방법은 서로가 서로를 지원하고 격려해 주는 상호 협동적 관계를 통해 심리적 후원과 안정감 그리고 협동심을 발전시켜 나아가야 한다(오치선 외, 1999). 여기서 상호학습이란 청소년지도자와 청소년 간에 활동과정 속에서 긍정적인 지식과 경험의 교류를 통해 얻어지는 작용의 결과를 의미한다. 즉 청소년활동을 통해 청소년과 지도자가 상호 주고받는 긍정적 자극에서 오감을 통해 받아들이고 사고하며 판단하는 과정으로서 이러한 상호작용의 결과로 어떤 행위가 유발되는 것을 의미한다. 특히 청소년활동은 학교교육에서의 대면학습과는 달리 청소년들과 함께 몸으로 직접체험을 행하는 특수성을 고려할 때 원활한 소통과 상호작용은 더없이 중요하며 청소년과 함께 경험을 공유하고 우호적인 활동 분위기의 조성과 함께 더불어 할 수 있는 청소년활동

지도가 이루어져야 한다.

다섯째, 청소년활동지도는 경험 중심과 활동 중심으로 전개되어야 한다. 청소년지도 대부분의 내용이 정의적 영역과 관련된 태도 및 가치관 교육과 신체적 영역의 활동으로 구성되어 있다. 이는 학교교육에서의 전통적인 교육방법과는 달리 청소년들이 실제 행함으로써 습득할 수 있는 경험학습을 강조하고 있다. 뿐만 아니라 청소년지도 자체가 청소년들로 하여금 그들의 새로운 가치 있는 삶을 실제 체험하도록 하는 데 의미를 두고 있다.

여섯째, 전인성의 원리로서 청소년들의 인지적 · 정의적 · 기능적 특성이 통합될 수 있도록 계획되고 실천되어야 한다. 이는 청소년지도방법에 있어 전인성 원리를 강조한 것으로 인지적 내용에 대한 지도를 수행한다고 하더라도 청소년의 정의적 특성, 즉 가치관, 태도 그리고 대인관계 등을 동시에 지도할 수 있어야 하고, 정의적 특성을 지도한다고 하더라도 인지적인 면과 운동 기능적인 면을 동시에 고려한 지도가 이루어져야 한다.

## 3 청소년활동 지도방법

### 1) 청소년활동 지도방법의 개념

청소년활동 지도방법은 청소년들의 균형된 성장과 발달을 도모하고 성공적인 성인으로의 이행을 위한 수단적 성격의 청소년활동을 청소년지도자보다 체계적이고 효율적으로 수행하여 청소년활동이 지향하는 고유의 목적을 효과적으로 달성하고자 취하는 수단이나 방식을 의미한다고 볼 수 있다. 그러나 청소년활동은 구조화되고 형식화된 학교교육과는 달리 폭넓은 주제와 대상, 청소년의 참여 특성, 활동양식, 적용방법, 환경과 여건 등 매우 다양하고 광범위한 특성을 감안할 때 청소년지도 방법을 한마디로 정리하기에는 어려움이 따른다. 이러한 측면에서 청소년지도 방법에 대한 구체적인 개념으로의 접근을 위해 청소년지도 방법과 관련하여 비교해 볼 수 있는 내용으로서 교육방법이라는 용어는 "교육목적을 달성하기 위하여 사전에 준비된 프로그램을 구체적으로 실천하는 전략과 방법으로 어떻게 가르칠 것인가와 어떻게 학습을 지원하고 전개할 것인가를 포함하는 개념"이다(한국청소년개발원, 2006).

이러한 맥락에서 볼 때 청소년지도 방법이란 청소년지도사가 전문적으로 수행하는 행위만을 의미하는 것이 아니라 청소년의 참여 특성, 활동양식, 학습행위를 효과적으로 지원하는 다양한 조치와 개입들을 포함한다. 다시 말해 청소년지도사가 청소년의 활동과 학습을 촉진시키고 프로그램의 목적을 효과적으로 성취하기 위해 전개하는 일체의 행동과 수단을 의미한다(한국청소년개발원, 2006).

다시 말하면 청소년활동 지도방법은 단순히 청소년지도자가 청소년활동을 전개해 나가는 지도자의 개입전략과 행위만을 의미하는 것이 아니라, 청소년활동 프로그램 개발과정에서 분석하여 확정된 대상에 대하여 대상의 특성에 따라 어떤 규모와 형태로 조직화할 것인가, 그리고 조직화된 대상에 대하여 어떠한 수단으로 청소년활동을 전개하며 청소년활동지도 목적 달성을 위해 동기유발이 지속적으로 일어나도록 적재적소에서 청소년들을 긍정적으로 자극하여 촉진할 수 있는 각종 매체와 기법들을 효율적으로 활용하는 것이다. 또한 청소년활동과정에 청소년의 마음을 붙잡아 즐거움과 기쁨을 주고 몰입으로 이끌어 청소년활동 프로그램이 추구하는 목적을 효과적으로 성취하기 위해 전개되는 일련의 장치와 행위를 의미한다. 이와 같은 내용을 종합해 볼 때, 청소년활동 지도방법은 청소년지도자가 청소년활동을 보다 효율적으로 지도하기 위하여 의도적으로 행하는 일체의 활동이며, 지도활동에 동원되는 전략, 기술, 자료, 시설, 매체 등을 모두 포함하는 개념으로 볼 수 있다(한국청소년개발원, 2006).

## 2) 청소년활동 지도방법의 유형

청소년활동은 대상과 소재, 적용방식, 운영형태 등이 매우 다양하고 광범위한 특성에 비추어 볼 때, 청소년활동 지도방법 역시 매우 다양하고 광범위하여 그 유형을 일반화하여 통일된 유형으로 분류하기에는 어려움이 따른다. 그러나 보편적으로 지도방법은 청소년활동 지도대상의 규모, 청소년활동의 목적과 내용, 청소년활동의 주체, 청소년활동의 운영형태 등에 따라 분류되고 있다(한국청소년개발원, 2006).

### (1) 청소년활동 참가대상의 규모에 따른 분류

청소년활동을 지도하는 방법에는 일반적으로 청소년들이 활동하는 조직적인 상황에 따라 개인지도 방법과 집단지도 방법의 두 가지 형태로 나눌 수 있다. 개인지도 방법은 청소년 개개인이 혼자서 행하는 청소년활동을 지도하는 단순한 형태의 지도 방법이다. 이에 비하여 집단지도 방법은 많은 청소년들이 함께 모여서 협력하면서 활동을 수행하는 집단활동을 지도하는 방법이다.

한편 청소년활동은 개인 중심 지도방법보다는 주로 집단을 구성하여 구성원 상호 간의 영향을 주고받는 과정에서 타인과의 결합이나 성장기회의 경험이 공유되고 집단역동에 의해 청소년활동의 효과가 더욱 커질 수 있으므로 청소년활동은 주로 집단을 구성해 이루어지며, 청소년활동을 지도하는 주된 지도방법도 집단지도 방법이 활용된다.

이러한 집단 중심 지도방법의 적용에 있어 가장 중요한 것은 집단의 규모이다. 집단의 규모는 청소년활동의 참여수준과 목적달성에 영향을 주는 중요한 요소이나, 어떤 규모의 집단이 가장 이상적인 규모인지를 정확히 가늠하기는 쉽지 않다. 그러나 대체로 집단지도 방법은 청소년집단의 규모에 따라 크게 소집단지도 방법과 대집단지도 방법의 두 가지로 구분된다.

여기서 소집단지도 방법은 집단 구성원 상호 간 직접적인 접촉과 친밀한 의사소통이 가능한 적은 인원수로 구성된 집단을 지도하는 방법이다. 소집단의 인원수는 이론적으로 한 명의 지도자가 혼자서 통제할 수 있는 인원수로서 2명에서 20명까지로 볼 수 있다. 그러나 청소년활동의 현황을 고려할 때 소집단지도는 중집단규모인 20명에서 40명까지의 인원수를 포함한 집단을 지도하는 방법으로 보는 것이 타당하다. 한편 대집단지도 방법은 40명 이상 수백 명 또는 천 명이 넘는 사람들로 구성된 집합체를 지도하는 방법이다. 대집단은 단시간에 많은 사람들에게 정보나 지식을 제공하는 데는 적절하지만, 성원 간의 대면적 상호작용이 어렵고 지도자가 집단을 운영하기가 어렵다.

### (2) 청소년활동의 목적과 내용에 따른 분류

청소년활동 지도방법에 있어 청소년지도자가 청소년활동의 방향과 내용에 체계적으로 접근하기 위해 활동의 유형별 영역을 설정하고 활동영역에 대해 청소년들로 하여금 활동 목적과 내용을 보다 쉽게 이해하게 함과 아울러 활동 간 주어지는 과제에 대해 보다 잘 수행하게 하는 방법이다. 그러나 청소년활동을 목적과 내용 모두를 나열하고 설명하기에는 어려움이 따른다. 따라서 청소년활동 지도의 목적과 내용에 따른 분류는 현재 청소년활동에 있어 국가정책의 일환으로 추진되고 있는 청소년수련활동 인정제도에서 분류하는 영역과 내용을 토대로 정리하면 다음과 같다.

첫째, 건강·보건활동이다. 신체적·정신적으로 왕성한 성장과정에 있는 청소년 시기는 평생의 건강상태를 좌우하므로 이 시기에 체력을 증진시키고 신체를 균형 있게 유지하기 위한 조절기능이 반드시 필요할 뿐만 아니라 이를 토대로 정서적 안정감과 자신의 건강유지를 위한 인식과 능력을 갖추어야 할 필요가 있다. 건강·보건활동 영역에서 지도내용은 신체단련, 흡연·음주·약물·비만예방활동, 안전·응급처치활동, 성교육활동 등이 있다.

둘째, 과학정보활동이다. 첨단 과학기술과 지식기반사회, 유비쿼터스 사회로의 전환에 따라 요구되는 다양한 능력과 기술, 태도를 습득하는 것과 관련된 활동을 하는 것을 의미하는 것으로 지도내용은 모형 및 로봇활동, 인터넷 활동, 우주천체활동, 정보캠프활동, 영상매체활동 등이 있다.

셋째, 교류활동이다. 청소년이 지역 간, 남북 간, 국가 가의 다양한 교류를 통하여 공동체의식을 함양하는 체험활동을 말한다. 여기에서 지역 간 교류는 도농교류와 같은 국가 내의 문화권 교류를 의미하며, 남북 간 교류는 분단이라는 특수 상황 속에서 통일과 화합을 촉진하기 위한 교류활동을 의미한다. 그리고 국제청소년교류는 수행주체에 따라 정부 간, 지방자치단체 간, 청소년단체 간 교류로 분류되며, 교류내용에 따라 일반교류, 연구, 국제회의, 국제행사 등으로 분류할 수 있으며, 교류활동지도 내용으로는 청소년국제교류활동, 남북 청소년교류활동, 도·농 간 청소년교류활동, 국제이해활동, 다문화이해활동, 세계문화 비교활동, 한민족청소년캠프 등이 있다(배규환 외, 2007).

넷째, 모험활동 및 개척활동이다. 모험활동이란 자연환경 속에서 행하는 모든 활동으로, 경우에 따라서는 생존훈련 프로그램이라 불리기도 한다. 특히 모험·개척활동은 불확실성과 비일상성의 특징으로 인해 탐험요소가 가미된 활동이라 할 수 있다. 모험·개척활동에서의 지도내용은 탐사, 등반활동, 야영활동, 해양활동, 오지탐사활동, 극기훈련활동, 호연지기활동, 수상훈련활동, 한국의 산수탐사활동, 안전지킴이 활동 등이 있다.

다섯째, 문화예술활동이다. 청소년들의 문학적 감성과 더불어 살아가는 능력을 함양하는 체험활동으로서 문화·예술 활동뿐만 아니라 생활문화, 영상문화, 놀이문화, 전통문화, 환경문화, 출판문화, 창작활동 등 다양한 활동과정에 참여케 함과 아울러 지도함으로써 문화적 감성과 더불어 살아가는 능력을 함양하는 체험활동이 여기에 해당한다.

여섯째, 청소년자원봉사활동이다. 청소년자원봉사활동이란 경험학습의 일종으로서 자신의 정신적·육체적 자원을 활용하여 자발적인 의도로 타인이나 사회를 위해 계획을 가지고, 어떠한 대가도 요구하지 않으면서 일정 기간 동안 지속적으로 수행함으로써 보람과 재미를 느끼고, 자신이 가진 재능이나 소질을 발견하며, 자신이 살아갈 공동체적 삶의 영역을 체험함으로써 건강한 인성을 형성해 나가는 청소년지도활동이라고 할 수 있다.

일곱째, 청소년직업체험활동이다. 청소년들은 자신의 진로발달을 촉진시켜 자신의 진로를 계획하고, 직업을 선택하게 하며, 선택된 직업에 대해 준비하는 일련의 과정을 필요로 한다. 청소년직업체험활동이란 청소년 개개인의 올바른 직업선택을 위해 직업

체험을 통한 다양한 경험을 선택적으로 미리 해보게 함으로써 청소년기의 일에 대한 의미와 직업세계에 긍정적인 판단을 도출하도록 하기 위한 지도활동이라 할 수 있다.

여덟째, 환경보존활동이다. 미래 지구의 생태학적 지속 가능성은 필연적으로 자연환경보호와 직결될 수밖에 없다. 환경을 지키고 인간과 자연과의 생태학적 유기성을 강화하기 위한 자연친화적인 사고와 삶의 형성을 위한 지도활동으로써 환경보존활동 지도내용으로써 생태활동, 환경탐사활동, 자연지도 만들기, 숲 체험, 환경음식 만들기, 환경 살리기 활동, 시설보존활동 등이 있다.

아홉째, 자기(인성)계발활동이다. 청소년기의 발달과업인 자아정체감 형성을 돕고, 자아에 대한 이해와 수용을 바탕으로 타인과의 참만남 관계를 형성하도록 도우며, 자기의 건전한 성격개발과 인간관계 및 사회적응을 조력하는 데 목적이 있다. 자기(인성)계발지도활동의 내용은 표현능력개발 수련활동, 자기탐구활동, 자기존중감 향상 프로그램, 자기표현활동, 심성수련활동 등이 있다.

### (3) 청소년활동 주체에 따른 분류

활동주체에 따른 분류는 활동을 이끌어가는 주체가 누구이냐에 따라 지도자 중심 지도방침, 청소년 중심 지도방법, 지도자와 청소년의 상호작용에 의한 지도방법이 있으며, 그 내용은 다음과 같다.

첫째, 지도자 중심 지도방법은 활동이 주로 지도자 중심으로 거의 일방적으로 진행되면서 청소년들을 능동적으로 참여하는 것보다는 대부분 보고 듣는 소극적이고 수동적인 지도대상이 되는 방법이다.

둘째 청소년 중심 지도방법은 청소년들이 활동의 주체이며 원동력으로서 자발적으로 활동에 능동적으로 참여하여 직접 경험하면서 활동과제를 스스로 수행하도록 활동하는 방식이다. 여기서 지도사는 청소년들이 활동을 원활히 할 수 있도록 도와주는 역할을 담당하게 된다.

셋째, 상호작용 중심 지도방법은 지도자와 청소년들 간의 쌍방적인 의사소통을 통하여 이루어지는 방식이다. 활동은 청소년들의 적극적인 참여로 인하여 이루어지고 지도자는 활동 진행과정에 최소한의 역할만을 하게 된다.

### (4) 청소년활동 운영형태에 따른 분류

청소년활동의 운영형태는 매우 다양한 유형으로 전개되고 있다. 이는 앞서 제시한 바와 같이 청소년활동 자체가 삶과 관련된 실생활을 중심으로 이루어진 체험 위주의 활동으로써 청소년활동의 전체 운영형태와 유형을 하나의 틀로 아우르기에는 무리가 따른다. 그러나 대체로 청소년활동이 이루어지는 공간과 유형에 따라 지도자의 지도 형태와 추진수단, 안전관리 등이 달리 적용된다고 볼 수 있다.

현재 청소년활동이 전문적이고 체계적으로 이루어지는 공간으로서 청소년수련시설은 청소년들의 생활권역 내에 위치한 청소년수련관, 청소년 문화의 집, 청소년특화시설과 생활권역을 벗어나 주로 야외에 위치한 청소년수련원, 청소년야영장 등이 있다. 이러한 각각의 청소년수련시설에서 전개되는 청소년활동의 형태는 시설의 유형에 따라 달리 운영되고 있다. 생활권역 내에 위치한 청소년수련시설들은 청소년들이 숙박을 하지 않고 일정한 기간 내에 정기적으로 청소년활동에 참가하는 형태를 취하고 있는 반면 야외에 위치한 청소년수련시설은 일정 기간 집을 떠나 숙박을 하면서 집중적으로 청소년활동에 참가하는 형태를 취하고 있다. 따라서 청소년활동의 운영형태도 장소와 공간에 따라 일일정기형과 숙박형으로 구분할 수 있다. 물론 청소년수련시설이 아닌 곳에서도 이와 같이 숙박형과 정기형으로 진행될 수도 있다.

또 다른 한편으로는 청소년수련시설이 아닌 공간에서 장소를 옮겨가면서 이루어지는 형태의 청소년활동지도가 있다. 이러한 청소년활동형태에 따른 유형분류는 청소년수련활동인증제에서도 개별기준의 유형분류를 이와 같이 일일정기형, 숙박형, 이동형으로 구분하여 기준을 적용하고 있으며, 세부내용은 다음과 같다.

첫째, 정기형 청소년활동 지도는 청소년의 일상생활이 이루어지는 시간대에 1회 3시간 이상 당일 또는 일정 기간 정기적으로 이루어지는 비숙박 활동을 말하며 주로 생활권 청소년수련시설 또는 생활권역 내에서 이루어지는 청소년활동 지도를 의미한다.

둘째, 숙박형 청소년활동 지도는 청소년이 활동장에서 1일 이상 숙박을 하며 참가하는 활동으로서 주로 생활권역을 벗어난 야외 또는 자연권역에서 이루어지는 활동으로써 야외활동과 자연체험 위주의 활동 지도를 의미한다.

셋째, 이동형 청소년활동 지도는 활동장을 이동하면서 숙박을 하며 전개되는 활동으로서 주로 탐사활동, 국토순례활동 등이 여기에 속한다.

### 3) 청소년활동 지도방법 선정 시 고려사항

지도자는 여러 가지 지도방법을 활용하면서 청소년활동을 효율적으로 수행하여 활동의 효과를 높이기 위하여 노력할 것이다. 그러나 한 활동과제가 주어졌을 때 그 목표를 성취하기 위하여 그 활동에 적합한 지도방법을 선정하고 활용하는 일은 그리 쉽지 않다. 특히 청소년활동과 그 지도방법이 매우 다양하고 광범위한 것이기 때문에 여러 가지 지도방법 중에서 각각의 활동에 가장 적절하고 효율적인 지도방법을 선정하여 활용하는 일은 매우 어렵다(한국청소년개발원, 1994).

어느 한 가지의 지도방법이 다른 방법에 비하여 어느 경우에서나 모두 우수하고 효과적이라고 보기는 어렵다. 어떤 한 종류의 지도방법이 모든 지도대상자인 청소년들에게 다 적합할 수 없을 뿐만 아니라 모든 활동에나 다 효과적일 수 없기 때문이다. 아무리 우수한 지도방법이라고 하여도 청소년과 활동의 특성에 따라 그 효율성이 달라지기 때문에 그 어느 활동과제에나 다 적용하여 쓸 수 없다. 그러므로 청소년활동을 보다 효율적으로 수행할 수 있는 지도방법을 선정하기 위해서는 청소년활동, 지도대상인 청소년과 그 집단, 활동환경 등 여러 가지 요인들을 신중히 고려하여야 한다(한국청소년개발원, 1994).

#### (1) 청소년활동과제 선정의 고려

일반적으로 지도방법을 선정할 때에는 우선적으로 청소년들에게 주어질 활동과제가 무엇인지를 반드시 고려하여야 한다. 주어진 활동과제의 성격을 명확히 파악하기 위하여 다음 세 가지를 고려하여야 한다(한국청소년개발원, 1994).

첫째, 의도한 활동목표를 명확히 규정하고 분명히 이해하여야 한다. 무엇보다도 지도방법은 활동목표를 달성하기 위하여 존재하는 것으로서 아무리 좋은 지도방법이라도 그 활동목표에 적절하지 못하면 소용이 없기 때문에 활동목표에 가장 적합한 지도방법이 무엇인가를 고려하여야 한다. 활동목표는 활동의 방향을 제시할 뿐만 아니라 활동내용과 활동영역 그리고 활동여건까지 결정하는 구체적인 활동지침서이기 때문에 활동목표는 의도하는 결과와 결과를 달성하기 위하여 필요한 활동과제와 조건, 그리고 평가기준까지 구체적으로 진술되어 있어야 한다.

둘째, 활동목표가 어떤 활동유형에 속하는지를 파악하여야 한다. 활동목표를 분류하는 기준은 매우 다양하지만 일반적으로 지식과 정보습득을 위한 인지적 영역, 태도와 가치변화에 관련된 정의적, 조작적 영역, 그리고 동작기능이나 기술에 관련된 운동적 영역으로 분류될 수 있다.

셋째, 위에서 분류된 활동영역에서 실질적으로 이루어져야 할 활동과제와 활동을 위하여 필요한 활동상황을 고려하여야 한다. 각 활동목표에 따라 다르지만, 모든 활동을 위해서 공통적으로 필요한 일반적인 활동상황은 다음과 같은 활동을 포함한다(변영계, 1988; 한국청소년개발원, 1994).

① 활동을 도입하는 일
② 활동하도록 유도하거나 동기 유발하는 일
③ 활동내용, 개념, 문제해결의 단서 등을 제시하는 일
④ 기대하는 성취행동의 역할모형을 제시하거나 설명하는 일
⑤ 칭찬하거나 평가하며 환류시키는 일

이러한 활동상황에 여러 종류의 활동과제를 투입시켜 보면 그 활동과제에 따라 각각 다른 지도방법이 나타나게 된다.

### (2) 지도대상자의 특성 고려

보다 적절한 지도방법을 선정하기 위해서는 무엇보다도 먼저 지도대상인 청소년들의 다양한 특성들을 보다 깊이 있고 상세하게 파악하고 이해하여야 한다. 그중에서

지적 · 정의적 · 운동적 · 교육적 · 사회인구학적 특성 등을 고려하여야 한다(한국청소년개발원, 1994).

첫째, 지적 특성으로서 지적 영역에는 사실에 대한 인지나 회상의 지식, 내용에 대한 이해력, 어떤 새로운 상황에서 이전에 학습한 기본 지식을 활용하는 적용력, 내용의 구성 부분들을 분리하여 그 관례를 이해할 수 있는 분석력, 여러 부분과 요소를 하나의 체제로 결합하는 종합력, 준거와 외적 기준에 의한 판단력인 평가력 등이 포함된다(차갑부, 1993; 한국청소년개발원, 1994). 이러한 지적 특성은 활동 진행속도, 어휘나 문장 선택, 내용제시의 추상성이나 구체성 등을 결정하는 데 많은 도움을 주나 이들을 정확히 파악한다는 것도 매우 어려운 일이다.

둘째, 정의적 특성이다. 정의적 특성은 가치, 태도, 의견, 신념, 책임감, 인내력, 통제력, 필요, 요구, 동기, 흥미, 선호도 등 인성적 특성을 의미한다. 이러한 특성은 활동수행능력과 활동성취도에 영향을 미친다. 이 중 활동에 대한 관심과 흥미를 불러일으키기도 하고 딴 곳으로 돌리기도 하는 동기, 특히 내재적인 동기와 활동(특히 모호하거나 추상적인 활동)참여와 활동수행에 대한 부담, 염려, 걱정, 동요 등의 불안감, 자신의 활동 또는 환경의 통제력, 활동에 대한 선호도 등은 활동에 큰 영향을 미친다. 이들 요소들은 실제 지적 특성보다 더 중요하다고 볼 수 있다.

셋째, 운동적 특성이다. 운동적 특성은 감각을 통하여 사물에 대해 인식하는 것인 지각, 특정한 행동에 대한 사전 조정 또는 준비도인 자세, 구체적인 기술적 행동, 신체적 운동활동 등을 포함한다(차갑부, 1993; 한국청소년개발원, 1994). 이러한 특성은 활동수행능력과 활동의 효율성과 깊은 관계가 있으며, 지도방법 선정에 많은 제한을 준다. 특히 특수한 지각적 또는 신체적 특성을 가진 청소년집단을 대상으로 할 경우에는 그들을 수용할 수 있는 적절한 활동과업과 지도방법을 선정하여 지도한다.

넷째, 교육적 특성이다. 교육적 특성은 언어능력, 교육수준, 학교를 비롯한 일상생활 환경 속에서 배우고 체득한 모든 지식과 경험들을 포함한다. 이러한 교육적 특성은 활동내용과 그 수준의 결정, 활동의 계열화, 지도방법과 지도매체의 선정 등에 매우 중요한 영향을 준다. 특히 어떤 주제에 대한 선행지식과 경험의 여부와 정도는 활동수행능력, 나아가 활동의 효과성과 밀접한 관련이 있는 지도방법 선정에서 우선적으로 고려되어야 한다.

다섯째, 사회인구학적 특성이다. 지도방법을 선정함에 있어서 반드시 고려하여야 할 사회인구학적 특성으로 연령, 성, 사회문화적 배경 등을 들 수 있다. 흔히 청소년들을 동일한 성격을 가진 하나의 연령계층에 속하는 집단으로 간주하여 모든 청소년들을 동일시하는 경향이 있다. 그러나 청소년들은 연령집단 내에서도 성숙도, 통찰력, 의사소통과 상호작용과 같은 사회적 기술, 행동과 태도 등이 다르다. 그러므로 지도방법을 선정할 시에는 단지 연령만을 고려하는 것보다 그들의 성장·발달수준, 성별, 사회문화적 배경 등도 함께 고려되어야 한다.

### (3) 전체 집단의 특성 고려

집단은 매우 다양한 유형을 가지며, 각기 그 성격을 달리하고 있다. 그러므로 지도자는 지도하고자 하는 집단의 크기, 형태, 목적, 성격들을 체계적으로 파악한 후 이에 적절한 지도방법을 선정하여야 한다(한국청소년개발원, 1994). 따라서 집단의 크기와 전체 집단의 특성, 두 가지 유형으로 나누어 살펴보고자 한다.

첫째, 집단의 크기이다. 집단의 크기는 지도방법이 사용되는 집단의 적정규모를 말한다. 그러나 집단의 적정 규모는 활동목표, 지도대상인 청소년들의 특성, 활동성취에 필요한 조건 등에 따라 달라진다. 어떠한 활동을 수행하든 간에 집단은 목적을 효과적으로 달성할 수 있을 뿐만 아니라 청소년들이 만족스러운 활동을 할 수 있을 정도의 크기가 되어야 하기 때문에 청소년활동집단의 적정 규모를 정한다는 것은 매우 어렵다. 그러나 집단의 크기는 청소년활동의 효과성에 직접적인 영향을 미치기 때문에 반드시 집단의 크기에 따라 적절한 지도방법을 선정하여 융통성 있게 활용하여야 한다.

둘째, 전체 집단의 특성이다. 집단지도 방법을 선정하기 위하여 고려하여야 할 집단의 성격은 다음과 같다(강기호·차호원, 1987; 한국청소년개발원, 1994).

① 청소년들이 어떤 목표를 가지고 집단활동에 참여하게 되었는지 그 참여 동기를 파악하여야 한다.

② 청소년들이 사전에 집단활동의 목표와 내용 등을 알고 개인적 의지에 의하여 자발적으로 참여하는지 또는 외부요인에 의하여 의무적, 또는 타의적으로 활동에 참여하게 되었는지의 참여의지를 파악하여야 한다.

③ 청소년들이 어느 정도 유사한 목적, 연령, 성, 성격, 활동경험, 발달수준, 배경 등을 가지고 있는지 집단의 동질성 정도를 파악하여야 한다.

④ 활동수행이 지도자 중심으로 이루어질 것인지 청소년 집단 중심으로 이루어질 것인지 또는 지도자와 청소년들 간의 체계가 수직적 위계체계, 또는 수평적인 평등한 체계로 할 것인지 등 집단의 구조화를 결정하여야 한다.

⑤ 청소년들의 상호접촉이나 상호작용이 정서적·심리적인 유대를 기초로 비공식적으로 이루어지는 것인 지 아니면 역할과 업무수행과 관련된 형식적·기능적 관계에서 공식적이고 사무적으로 이루어지고 있는 지 집단의 상호관계를 파악하여야 한다.

⑥ 활동수행기간 동안 활동유형에 관계없이 처음 정해진 집단을 그대로 유지하느냐 아니면 활동유형에 따라 집단 구성원을 바꾸어 집단을 구성하느냐 하는 집단의 운영방법을 결정하여야 한다.

### (4) 활동환경

청소년활동이 전개되는 기관의 환경은 청소년들의 전체적 과업성취도에 많은 영향을 미치기 때문에 지도방법의 선정에 있어서 중요하게 고려하여야 할 요인이다. 대표적인 환경적 요인으로는 활동장소, 활동시간, 재정 등을 들 수 있다(한국청소년개발원, 1994).

첫째, 활동장소로서 활동장소를 고려할 때에는 방의 크기, 공간, 책상 또는 테이블, 의자배열, 가구, 분위기, 장소의 안정성, 편리성과 물리적 환경을 포함하여야 한다. 이러한 물리적 환경이 제대로 갖추어지지 않으면 활동수행이 적절히 이루어지기 어려우며 예기치 않은 문제점들이 생기기 쉽다. 특히 실제 활동이 이루어지는 방의 크기는 청소년들의 참여와 행동에 영향을 미친다. 적절한 크기의 방을 선택하기는 어려우나 청소년들이 활동할 수 있으며 외부로부터 방해받지 않을 정도의 크기이면 적당하다. 또한 칠판, 슬라이드, 녹음기, 비디오테이프 등 시청각매체를 활용할 수 있는 시설 여부도 파악하여야 한다.

둘째, 활동시간이다. 활동기간이나 시간은 활동의 목적과 내용, 유형, 그리고 집단의 특성과 크기 등에 따라 달라진다. 흔히 활동시간은 기관이나 대상자에 따라 행정적으로 결정되는 경우가 대부분이나 현실을 고려하여 집단지도의 목표와 특성이 최대로 반영될 수 있는 활동시간과 기간을 정하여야 한다. 한 단위활동의 적정 시간은 청소년들이 서로 친숙해지고 주요한 활동을 수행하여 목표달성이 충분히 이루어질 수 있는 시간이어야 한다. 또한 지도방법을 선정하는 데 있어서 일 년 중 또는 하루 중 활동이 전개되는 시간대를 고려하여야 한다. 즉, 활동시간이 방과 후나 방학기간이나 주말인 지 또는 하루 중 새벽인지, 한낮 또는 늦은 밤인 지에 따라 다양한 지도방법이 선택되어야 한다.

셋째, 재정이다. 전체적인 재정상태와 활동을 수행하는 데 필요한 비용은 활동 그 자체의 존재 여부를 결정할 정도로 중요한 요인으로서 지도방법 선정에 큰 영향을 미친다. 재정은 지도방법 활용 시에 필요한 장소와 자료, 지도매체, 시설과 기구 등의 사용여부를 결정하게 된다.

### 4) 청소년활동 지도과정

청소년활동 지도과정은 청소년들을 만나기 이전에 어떤 청소년 대상을, 어떤 목적으로, 목표달성을 위해 어떤 내용과 수단으로 청소년활동을 지도할 것인가에 대한 사전 준비로부터 활동지도의 종료까지 일련의 과정을 거친다. 이러한 지도과정은 대체로 사전단계로부터 도입단계, 실행·심화단계, 종결단계의 네 단계를 거치면서 사전단계에서 설정한 목적을 향해 위계적 목표를 설정하고 설정된 목표의 경로를 따라 지도해 나가게 된다(이희도 외, 1996; 이해주 외, 2009).

청소년지도의 과정은 각 단계마다 청소년지도자가 수행해야 할 과업들이 각기 다르게 나타나게 된다. 사전 단계는 계획단계로서 장차 펼쳐질 청소년활동을 효과적으로 지도하기 위한 전반에 대한 계획수립과 청소년활동 지도에 필요한 제반 사항을 준비하는 단계이다. 도입단계에서는 청소년활동에 대한 동기유발과 지도자와 청소년 그리고 참가자 상호 간 친밀한 분위기를 조성하고 우호적 관계를 형성해야 하며, 심화(발전)단계는 청소년활동의 목표가 실현되는 단계로서 활동과정 자체에 중점을 두어야 하는 단계이다. 종결단계는 청소년활동 전반에 대한 정리를 통한 재인식의 과정과 활동의 실행이 가져온 성과와 의미에 대한 피드백, 평가 등이 이루어지는 단계이다(이희도 외, 1996; 이해주 외, 2009).

### (1) 사전단계

청소년활동의 사전단계는 장차 전개될 청소년활동을 사전에 계획하는 단계로서 지도자가 수행해야 할 과업들은 청소년활동 프로그램 개발의 기획단계에서 확인된 목표를 설정하고 집단의 구성과 활동내용, 활동방법을 선정하고 청소년지도활동에 필요한 공간과 인적·물적 자원을 조달하는 등을 준비하는 단계로서 구체적인 내용은 다음과 같다(이희도 외, 1996; 이해주 외, 2009).

첫째, 청소년활동 지도목표의 설정으로서 지도목표는 청소년지도의 일반적인 목적, 프로그램의 목표 등 위계로 구분될 수 있다. 다시 말하면 프로그램을 설계하고 개발하는 데 있어서 프로그램의 목표를 설정해야 하고 프로그램 내의 각 단위활동을 계획하는 데 있어서도 구체적인 목표를 진술해야 한다. 이러한 다양한 위계적 수준의 목표들은 다음의 두 가지 공통적인 기능을 갖는다.

① 지도목표는 청소년지도의 지침이 되고, 평가의 준거가 될 수 있도록 구체적이고 명세적이어야 한다. 목표는 지도의 방향을 안내하는 기능과 학습경험 선정 기준으로서의 기능 그리고 평가준거로서의 기능을 갖는다. 따라서 구체적이고 명세적인 형태로 진술될 때 목표의 기능을 충실히 수행할 수 있다.

② 지도목표는 청소년들에게 의미 있는 것이어야 한다. 즉, 목표의 의미성이란 청소년의 직접적·장기적 생활설계에 도움이 되어야 한다는 것과 그것이 청소년의 현

재 준비도에 비추어 성취 가능한 것이어야 한다는 것을 포함한다(한상철 외, 2008). 이러한 구체적인 지도목표를 설정할 때에는 다음 세 가지 요소를 고려하여야 한다.

① 청소년지도 목표는 구체적인 행동용어로 표시되어야 한다.

② 목적한 행동변화를 가져오기 위해서는 어느 정도의 시간이 필요한지, 그 기간이나 시간적 빈도 등과 같은 시간 조정이 포함되어야 한다.

③ 지도목표의 평가를 위한 기준이 명시되어야 한다(이해주 외, 2009 재구성).

둘째, 집단의 구성이다. 청소년활동지도에서 지도의 대부분은 청소년활동지도의 지도 대부분은 청소년활동의 효과성을 고려한 집단활동이 대부분이다. 그러나 청소년활동을 위한 집단구성은 청소년들의 개개인의 특성과 청소년활동에 참가하는 동기와 목적, 집단의 규모, 구조화 등에 따라 청소년활동지도의 양상이나 목표성취 정도가 크게 달라질 수 있다. 따라서 집단구성 시에는 청소년들이 어떤 목표를 가지고 집단활동에 참여하게 되었는지 또는 청소년들이 어느 정도 유사한 목적, 연령, 성, 성격, 활동경험, 발달수준, 배경 등을 가지고 있는 지 등에 대한 집단의 동질성 정도를 파악하고 동질성과 이질성에 대한 적절한 조합과 청소년의 행동 특성을 적절히 반영한 체계적인 구성을 통해 집단 내의 청소년 상호 간 원활한 상호작용을 조장하고 촉진할 필요가 있다. 또한 집단의 규모에 있어서도 청소년활동의 지도와 목표달성에 지대한 영향요소로서 적정 규모의 집단을 판단하여야 한다. 일반적으로 청소년활동의 목적범위가 단순하고 한정되어 참가 청소년이 수행하여야 할 과제가 구체적인 경우에는 소집단이 적절하고 그 반대의 경우에는 대집단이 적절한 경우가 있다.

셋째, 활동내용 선정으로서 활동내용은 활동목표 달성을 위한 구체적인 수단으로써 매우 중요한 단계이다. 프로그램 내용의 선정기준으로 야스모토 고지로(安本幸次郎, 1983; 이해주, 2009 재인용)는 다음과 같은 기준을 제시하였다.

① 효과성: 프로그램을 통해 기대되는 활동의 성과

② 효율성: 주어진 활동의 여건으로서 청소년의 조건, 예산, 시설·설비의 조건, 활동시기, 활동단계 등의 여건 속에 최소의 노력으로 최대의 효과를 제고

③ 적시성: 청소년의 능력이나 경험에 적절한 내용

④ 긴급성: 사회적 상황이나 지역적 과제에 따른 우선순위
⑤ 중요성: 청소년의 요구에 관계없이 취급되어야 할 가치 있는 내용
⑥ 요구성: 청소년이 요구하는 내용 등이다.

이러한 기준에 따라 청소년활동 프로그램 내용이 선정되고 난 이후 선정된 내용을 조직하고 편성하기 위한 일반적인 원칙으로 다음의 네 가지를 들 수 있다.

① 활동내용 상호 간에 밀접한 연결을 지으면서
② 구체적인 데서 추상적인 것으로
③ 쉬운 것에서 어려운 것으로
④ 가까운 곳에서 먼 곳으로 관련지어 구성해야 한다는 것 등을 제시할 수 있다(이해주 외, 2009 재구성).

넷째, 청소년활동 환경의 준비로서 앞으로 전개될 청소년활동에 대비하여 청소년활동에 투입되어야 할 시설과 설비, 장비를 준비하고 소요재원을 조달하는 등의 활동의 환경과 여건을 준비하여야 한다. 물리적 환경으로서 청소년활동이 전개될 실행 장소는 청소년활동의 유형과 목적에 따라 매체와 공간, 장비, 도구 등이 매우 다양하게 소요되고 투입된다. 청소년활동을 전개하기 위한 환경의 준비는 청소년활동의 성과를 재고하고 지도목표를 달성하는 데 지대한 영향을 미치는 요소이므로 계획단계에서 면밀한 분석을 통해 준비 리스트를 작성하고 준비과정에 이를 토대로 한 체크리스트를 나련하여 빠짐없이 챙거야 한다. 이러한 활동환경의 준비와 더불어 실제 활동을 위해 소요되는 예산은 얼마이며, 어떻게 그 예산을 확보할 것인가를 검토하고 준비해야 한다. 예산은 크게 개발비용, 전달비용, 평가비용으로 구분된다. 개발비용이란 프로그램을 개발하는 데 소요되는 비용을 의미하며, 전달비용은 프로그램을 실시하는 과정에 소요되는 비용으로 상사료, 참여자 비용, 시설 사용료, 활동자료비, 활동비용 등이다. 프로그램 전달비용은 청소년들이 체감할 수 있는 비용으로서 전달비용이 충분히 책정된다면 청소년들의 프로그램에 대한 만족도를 높일 수 있다. 평가비용은 프로그램 결과를 평가하는 데 소요되는 비용이다(이해주 외, 2009).

### (2) 초기단계

초기단계는 청소년활동이 시작되고 청소년활동에 참가한 청소년들과의 첫 만남이 시작되는 단계로서 청소년들은 새로운 사람과 환경에 대한 긴장감과 어색함을 노출하게 된다. 긴장감과 어색한 분위기는 청소년들의 행동을 경직시키고 활동에 적극적인 참여를 꺼리게 한다. 따라서 초기단계는 긴장되고 어색한 분위기를 해소하고 참가 청소년들의 닫힌 마음의 문을 열게 하여 우호적인 관계를 형성하는 데 초점이 맞추어질 필요가 있다. 열린 마음은 참가 청소년 상호 간 상대방을 이해하고 자신을 이해시켜 활동에 능동적으로 참여하고 실행토록 하는 요소로서 이후 활동의 진행에 많은 영향을 미칠 수 있다. 또한 이후 경험하게 될 활동에 대한 기대와 흥미를 갖도록 동기를 부여하여야 한다. 아울러 활동을 통해 청소년들이 성취하게 될 목표에 대한 설명과 활동의 진행방법과 흐름을 안내해 줌으로써 청소년들이 초기 불안을 해소하고 활동에 능동적으로 참가할 수 있도록 소상하고 친절한 설명이 필요하다. 초기단계에서 지도자가 수행해야 할 구체적인 과업은 다음과 같다.

첫째, 편안하고 우호적인 활동 분위를 조성하여야 한다. 사람은 누구나 새로운 환경과 새롭게 만나는 대상에 대하여 두려움과 긴장감을 갖고 있다. 특히 청소년기는 발달특성상 부끄러움과 수줍음을 많이 타는 시기로서 첫 만남은 매우 어색하고 자연스럽지 못한 분위기가 형성된다. 이러한 분위기를 깨트려 활동의 목표를 이루어갈 수 있는 최상의 분위기를 만들어 가는 것이 매우 중요하다. 이런 상황에서 자연스러운 분위기 조성을 위해 적용할 수 있는 것은 청소년 상호 간 소개의 시간을 마련하여 청소년 상호 간 관심사와 흥미를 공유하고 공통점을 도출할 수 있는 기회를 제공하는 것이다. 이때 지도자는 청소년 상호 간 공통적 특성과 관심사를 연결하여 주고 청소년 사이에 의사소통과 감정의 교류가 일어나도록 할 필요가 있다. 또한 소개 시에는 단순한 소개방법보다는 전체가 즐겁고 유쾌할 수 있는 다양한 소개방법들을 동원하여 적용함으로써 경직된 분위기를 해소하고 자연스럽고 우호적인 분위기가 조성되도록 유도하여야 한다.

둘째, 활동의 목표에 대한 명확한 설명과 활동의 흐름과 지원에 대한 안내가 이루어져야 한다. 청소년활동에 참가한 청소년들은 자신들이 성취해야 할 과업에 대한 분명한 목적의식을 견지하고 자신들의 관심사에 대한 자발적 의지의 발현을 위해 구체적이고 명료한 목표를 제시하고 설명해야 한다. 목표는 무엇을 이룰 것인가, 무엇을 달성할 것인가. 어디에 도달할 것인가를 제시하는 것으로서 청소년들이 활동을 통해 무엇인가를 성취할 수 있을 것이라는 긍정적 기대를 갖게 되도록 함과 동시에 청소년들이 이를 이해하고 청소년활동에 몰입할 수 있도록 해야 한다.

분명하고 구체적인 목표제시와 함께 목표달성을 위해 수행해야 할 과제들과 단위활동 프로그램의 흐름과 내용에 대한 안내를 통해 사전에 청소년 자신들이 체험하고 수행해야 하는 것들을 인식하고 유·무형의 준비를 시켜야 한다. 또한 활동기간 동안에 주최기관에서 제공하는 서비스나 지원의 내용과 제약사항 등을 사전공지하여 활동편의에 대한 지원의 범위를 이해시킴으로써 도움을 받을 수 있는 부분과 자신이 스스로 해결해야 하는 부분에 대한 인식을 할 수 있도록 하여야 한다.

셋째, 자발적이고 적극적인 참여유도를 위한 흥미와 동기를 유발시켜야 한다. 흥미란 활동의 핵심이 되는 대상, 그리고 그 활동을 실현하는 데 수단과 장애를 제공하는 대상에 마음이 사로잡혀 있다는 것을 의미한다. 따라서 흥미는 청소년들의 활동에 집중하고 그것을 일관성 있게 지속적으로 수행하도록 하는 기능을 한다(김진호 외, 2009). 이러한 흥미를 바탕으로 동기를 유발시켜 청소년활동의 매력성과 참여에 대한 의지를 높여야 한다.

### (3) 심화단계

심화단계는 지도목표의 달성을 위한 가장 직접적이고 구체적인 단계이며, 지도시간의 대부분이 이 단계의 활동에 소요된다. 지도내용에 따라 지도자의 다양한 지도방법이 동원될 수 있다. 그러나 대체로 청소년들 스스로 활동을 해나가도록 하고 지도자는 청소년활동을 지원하고 조력하는 역할을 담당하는 것이 바람직하다. 사전에 마련된 프로그램에 따라 진행하되 프로그램에 고착되지 않고 상황에 따라 융통성과 창의성을 발휘해 나가는 것도 이 단계에서 요구하는 중요한 지도기술이다. 그리고 초기단계에서 이루어진 동기유발이 계속 지속될 수 있도록 노력하여야 하며, 적재적소에서 청소년들을 자극하고 그들의 활동을 목표활동으로 통합시킬 수 있도록 하여야 한다(한상철, 2008).

심화단계에서 지도자가 관심을 갖고 지도해야 할 전략과 과제는 청소년활동 심화단계 전개상의 기본 전략과 과제 그리고 활동전개 과정상의 조정을 위한 전략 등이며 구체적 내용은 다음과 같다.

첫째, 청소년활동 심화단계 전개상의 기본 전략과 과제로서 구체적인 내용은 [표 12-1]과 같다.

**표 12-1 프로그램 전개상 실행부분에서의 전략과 과제**

| 요인 | 목표 | 지도자의 전략 및 과제 |
|---|---|---|
| 전개부분<br>(자극) | • 청소년의 주의 유지<br>• 소년의 관심 형성<br>• 청소년의 적극적인 참여 확대 | • 모든 청소년에게 적절한 반응을 보여라<br>• 참여과정에 대한 책무성을 주지시켜라<br>• 지도과정을 참가자의 관심과 흥미를 연결지어라<br>• 참여활동으로부터 얻게 되는 이익을 명백하게 제시하라<br>• 참여과정에 있어서 적극적인 반응 및 참여를 유도하도록 하라<br>• 연속적인 경험을 위한 기회조건을 만들어라 |
| 전개부분<br>(영향) | • 지도과정 내에서 청소년의 정서 격려 및 통합<br>• 집단 내에서 최적의 정서적 풍토유지 | • 참여과정에 있어서 선택적으로 인간적인 관점을 강조하고 다루어라<br>• 적절하다면 청소년으로 하여금 물리적·정서적 수준에서 직접적인 인지적 경험을 하도록 도와라<br>• 선별적으로 활동내용 및 지도절차를 청소년의 관심과 일치하도록 하여라<br>• 참여집단 내에서 응집력을 개발·극대화할 수 있도록 협동적인 목표구조를 사용하라 |

출처: 한국청소년개발원, 1997.

둘째, 활동전개 과정상의 조정을 위한 전략으로서 프로그램을 실시함에 있어서는 여러 가지 상황변화로 인하여 계획되고 설계된 안을 그대로 실행할 수 없는 경우가 생기게 된다. 이미 작성된 안이 아무리 과학적이고 체계적인 유용성을 지닌 것이라

하여도 실시활동 상황과 환경에 따라 절충이 필요하므로 원래 계획했던 지도안은 그 상황에 맞게 수정되지 않으면 안 된다. 더욱이 보다 바람직한 방향으로 지도과정이 개선되기 위해서는 여러 가지 통로를 통하여 계획안을 수정하고 새롭게 변용하여 실시하여야 할 필요성이 생기게 된다(한국청소년개발원, 1994).

※ 실외활동의 경우는 악천후로 인한 피치 못한 상황에 대비한 실내용 프로그램을 반드시 준비하여 모면하는 기지가 필요하다.

### (4) 종결단계

종결단계는 전 단계에서 지도하고 활동한 내용을 총괄하고, 조직하고 결론짓는 총결산의 단계이다. 이 시기는 지도활동의 최고조이며 결과의 단계이다. 이 단계의 주요 목적은 청소년들이 개인적으로 또는 공동으로 활동한 결과를 심리적으로는 자신감과 만족감의 정서를 갖게 하고, 사회적으로는 이러한 개인적인 경험을 서로 교환하고 통합하는 기회를 갖는 것으로 프로그램 전체에 관련된 것을 이해하는 데 있다. 따라서 이 부분에서는 지금까지의 프로그램 참가활동에 대한 확신감을 갖게 하고 그 결과를 강화할 수 있는 제반 활동을 하여야 한다. 이를 위하여 구술방법이나 기술방법 등을 통하여 개인이나 그룹별로 발표하고 그에 대한 논의를 할 수 있는 기회를 보장할 수 있어야 한다. 이 단계에 있어서 지도자가 유념해야 할 전략 및 과제를 제시하면 [표 12-2]와 같이 나타낼 수 있다(R. J. Wlodkowski, 1985; 한국청소년개발원, 1994 재인용).

**표 12-2 프로그램 전개상 실행부분에서의 전략과 과제**

| 요인 | 목표 | 지도자의 전략 및 과제 |
| --- | --- | --- |
| 종결부분<br>(자질형성) | • 청소년의 확신감, 자아결정력 그리고 내적 동기를 높일 수 있는 방법에 대한 인식 | • 활동결과에 대한 숙지, 진전, 책임감 등에 관하여 지속적인 피드백을 제공하라<br>• 필요하다면 건설적인 비판을 행하여라<br>• 참여활동에 대하여 효과적으로 칭찬하고 상을 주도록 하여라<br>• 활동과제의 성공적인 달성에 대하여 청소년의 중요성과 책무성을 인식, 확인하도록 하라 |

| 요인 | 목표 | 지도자의 전략 및 과제 |
|---|---|---|
| 종결부분<br>(영향) | • 참여활동에 대한 외적 보상 제공<br>• 청소년들로 하여금 학습행동에 대한 적극적인 변화를 인식하도록 도와줌<br>• 참가 및 학습활동에 대한 지속적인 동기 유지 | • 초기에 부정적인 참여활동에 있어서 참여를 격려할 수 있도록 유인책을 제시하라<br>• 참여결과를 일상생활을 통하여 발휘할 수 있도록 외적 강화방법을 고려하라<br>• 청소년으로 하여금 참가결과에 대하여 명백히 인식하도록 하라<br>• 참여활동에 대한 의미 있고, 적극적인 매듭을 위하여 강화요인을 제공하고 격려하라 |

출처: 한국청소년개발원, 1997.

# 제13장

# 청소년과 진로활동

1. 진로의 이해
   1) 진로의 정의
   2) 진로이론
2. 진로활동과 청소년
   1) 진로활동
   2) 청소년기, 진로의 중요성과 역량

# 1 진로의 이해

우리는 살아가는 동안 매일 일을 하면서 일생을 보낸다. 하지만 인간이 왜 일을 하며, 또 일을 반드시 하여야만 하는가라는 질문에 대해서는 명확한 답을 내리기가 쉽지 않다. 그러나 한 가지 분명한 것은 인간은 직업을 통해 비로소 일다운 일을 수행하게 되며, 자신에게 적합한 직업을 선택하기 위해서는 앞으로의 삶을 어떠한 방향으로 나아갈 것인지에 대한 진로선택이 무엇보다 중요하다는 것이다(장수한, 2014).

## 1) 진로의 정의

사람은 일생 동안 끊임없이 변화하고 성장하며 발달한다. 그리고 사람은 일상생활 속에서 생산적인 목적을 위해 스스로 활동하면서 일생을 살아간다. 또한, 사람은 일다운 일을 수행할 때, 만족함을 얻게 되고, 나아가 자아실현을 이룰 수 있게 된다. 사람에게 있어 진로는 한 사람이 전생애 동안 일상생활 속에서 자신과 다른 사람에게 특정 혜택을 주고 생산적인 목적을 얻기 위해, 그리고 자아실현을 하기 위해 의도적으로 행하는 활동이라고 할 수 있다. 이는 사람이 일생 동안 변화 · 성장 · 발달하는 것과 마찬가지로 진로 역시, 진로 발달 단계에 따라 일의 세계를 인지하는 진로인식 단계, 자신의 적성 · 흥미 · 성격 · 가치관 등에 적합한 일의 세계를 구체적으로 탐색하는 진로 탐색 단계, 선택한 직업에 종사할 수 있는 능력을 계발하는 진로준비 단계, 그리고 취업 후 직업에 종사하면서 직무능력 향상과 전 · 이직에 대비하는 진로 유지 및 개선 단계로 구분한다(이무근, 2004).

진로란, 첫째, 인생을 살아가는 과정에서 선택하게 되는 모든 일을 뜻한다. 둘째, 일을 중심으로 한 개인의 전체 생애 과정을 가리키는 용어로서, 진로에는 개인이 태어날 때부터 시작하여 자신의 교육, 직업, 결혼, 가정생활 등 삶의 모든 선택 문세가 포함되는데, 이 중에서 가장 중요한 요소는 직업이다. 셋째, 진로에 대한 의식은 신체적 · 지적 · 정서적 발달과 마찬가지로, 차츰 성숙해 가면서 발달한다. 자기를 이해하고, 직업 세계를 탐색하는 과정을 통해 진로 의식이 성숙한다. 넷째, 진로는 개인이 참여하는 다양한 역할(학습자, 작업자, 소비자, 시민, 부모), 개인 등이 처한 환경(학교, 일터, 지역사회, 가정), 그리고 전 생애에 걸쳐 일어나는 사건(취직, 결혼, 퇴직) 등을 밝히고 관련시킨다(다음백과, 2021).

진로(Career)란 한 사람이 일생을 통해 수행하게 되는 모든 일로 정의된다(Brolin, 1991: 선곡유화 외, 2020 재인용). 근래에 와서는 개인의 삶을 통해 자신이 가지고 있는 능력을 최대 발휘하고 역할을 다하여 자아실현을 해나가는 그 자체를 의미하고 있다(선곡유화 외, 2020).

## 2) 진로이론

진로이론에서 매우 다양한 이론들이 발전되어 왔는데, 이러한 이론들은 크게 진로 발달 과정에 초점을 둔 이론, 진로 선택에 주목한 이론, 사회문화적 관점을 수용한 이론들로 나누어 볼 수 있다. 따라서 다양한 진로이론 중 대표적인 발달이론이라고 볼 수 있는 긴즈버그와 슈퍼의 이론을 살펴보고자 한다(정혜숙 외 2015).

### (1) Ginzberg의 진로선택발달이론

긴즈버그(Ginzberg, 1984)는 진로 학문분야의 제1세대 학자로서 직업의 선택이라는 의사결정은 지속적인 흐름 속에서 일련의 결정들을 내리는 발달적인 현상으로 보았다. 따라서, 직업선택은 1회에 이루어지는 행위가 아니라 어릴 적부터 시작하여 20대 중반까지 지속되는 과정으로 보았다. 직업선택 과정은 바람(wishes)과 가능성(possibility) 사이에서 현실을 고려한 타협(compromise)으로 볼 수 있으며, 이와 같이 타협이 이루어져 한번 정해지면 되돌릴 수 없는 비가역적인 특성을 가진다고 보았다.

직업선택은 개인의 태도에 기반하여 이루어지는데, 태도는 가치관, 정서적 요인, 교육의 양과 종류, 실제 상황적 여건 등 네 가지 요인 간의 상호작용으로 이루어지며,

3단계(환상기, 잠정기, 현실기)에 걸쳐서 진로선택 발달이 이루어진다고 보았다.

먼저 환상기에서는 직업에 대한 다양한 역할놀이와 상상놀이를 하면서 직업에 대한 생각을 가지기 시작하는데, 이 단계에서는 직업에 대한 객관적인 정보 없이 단편적인 느낌이나 유아기의 환상에 따라 판단하는 시기이다. 이 시기의 아동들은 현실적인 제한을 인식하지 못하기에 자신이 원하는 대로 직업을 가질 수 있다고 믿는다.

두 번째 단계인 잠정기는 11세부터 16세 정도까지 지속되는 시기로서 시험적인 직업선택 단계이다. 청소년 초기 단계인 이때부터는 흥미, 능력, 가치라는 세 가지 하위단계를 거치면서 수집되는 정보에 근거하여 직업선택 과정을 가지는데, 아직 현실적인 요인들이 고려되지 않기 때문에 시험적, 혹은 잠정적 단계라 불린다. 먼저 흥미는 11~12세에 해당하며, 이 시기에는 자신이 흥미로워 하는 것, 좋아하는 것에 근거하여 직업선택을 한다. 다음은 능력단계로 13~14세가 이 단계에 속하며, 자신이 흥미로워하는 직업이 어떤 능력을 요구하는지, 자신이 그 능력을 가지고 있는지를 시험하고 이해하는 단계이다. 15~16세까지는 가치단계로서 자신이 추구하는 가치, 삶의 방향과 우선순위에 대하여 고려하고 이에 맞는 미래직업을 선택하려는 단계이다.

마지막 단계인 현실기는 17세 이후부터 해당하며 이 단계에서 비로소 현실적인 선택이 이루어지게 된다. 따라서 앞 단계에서 중심이 되는 자신의 흥미, 능력, 가치, 기회뿐만 아니라 직업의 현실적인 조건, 자신의 특성 같은 현실적인 요인들을 고려하여 자신의 희망과 현실 간에서 타협하여 결정에 도달하게 된다. 현실기는 세 개의 하위단계(탐색, 결정화, 구체화)로 구분된다. 탐색단계에서는 잠정적인 진로선택들을 좁혀나가는 시기로서 관련된 직업들을 탐색하기 시작하고, 결정화 단계에서는 자신의 진로를 정하여 자신의 진로결정에 관련된 내적·외적 요소를 종합하여 결정을 내리고자 한다.

### (2) Super의 생애진로발달이론

슈퍼의 이론(Super, 1980; Super, Savickas & Super, 1996)은 진로이론 중에 가장 포괄적인 이론으로 평을 받고 있으며, 긴즈버그와 같이 발달적 입장을 취했으나 긴즈버그의 진로발달이론은 20대까지만 포함한 것에 비하여 슈퍼의 이론은 아동기부터 노년기까지 전생애적인 발달로 설명하고 있다. 슈퍼는 진로발달과 직업선택을 구분하여 설명하였고, 진로발달에 영향을 미치는 요인을 크게 개인적 요인과 환경요인으로 구분하면서, 이 두 요인이 상호작용하여 진로발달을 해나간다고 주장하였다.

슈퍼의 이론은 크게 진로자기개념이론(self-concept theory), 전생애이론, 생애역할 이론의 세 가지 측면으로 요약하여 볼 수 있다. 먼저 진로자기개념이론은 슈퍼의 이론의 근간으로, 슈퍼는 진로발달을 진로에 대한 자기개념의 발달로 보았고, 진로자기개념을 형성해 나가면서 자신의 진로자기개념과 일치하는 직업을 선택한다고 보았다.

전생애이론은 진로발달을 전생애적인 발달과정으로 해석한 것으로, 진로발달은 생물학적 발달과는 달리 다양한 사회환경과의 상호작용 속에서 이루어지는 사회심리적 발달로 보았다. 연령대별로 각기 다른 발달 과업이 이루어지듯이 진로발달도 연령대별로 5단계(성장기, 탐색기, 확립기, 유지기, 쇠퇴기)를 거친다고 보았다.

먼저, 성장기는 주로 13세 전후의 아동기에 해당하는데, 이 시기에는 자신이 흥미로워 하는 것 등 기본적인 자기이해를 바탕으로 하여 자아개념과 관련된 능력, 태도, 흥미 그리고 욕구가 중심이 된다. 이 시기에는 환상기, 흥미기, 능력기를 거친다. 환상기에는 호기심이 기반이 되어 직업을 탐색하고 자신의 주관적 생각에 의한 직업인식이 이루어지며, 다음에 나타나는 흥미기에서는 자신의 흥미를 중심으로 직업에 대한 구체적인 정보 등을 이해하고 진로를 탐색한다. 그 후 능력기에서는 직업 세계를 보다 현실적으로 지각하게 되고 직업 성공에 있어서 능력의 중요성을 인식한다.

둘째, 탐색기는 환상기 이후 24세까지의 청소년부터 성인초기의 시기로서 신체, 인지, 정서 등의 폭넓은 변화를 수반하게 된다. 이때는 진로에 대한 구체적인 의사결정이 이루어지는 시기로서 다양한 활동을 통하여 자아개념을 확립하고 직업탐색을 시도한다. 따라서 진로교육에 있어서 가장 중요한 시기라고 할 수 있으며, 이 시기는 결정화 구체화, 실행으로 이루어진다. 먼저 결정화 시기에서는 성장기에서 획득한 자신과 직업에 대한 이해를 바탕으로 진로에 대한 선호가 점차 명확해지는 시기이다. 구체화기는 경정화기에서 자신이 선호하는 몇 개의 직업들 중에 특정한 직업에 대한 선호가 구체화되는 시기이다. 실행기는 구체화기에서 선택한 특정 직업에 대하여 노력을 기울이는 등 구체적인 행동을 실행하는 단계이다. 이 시기는 청소년 후기나 성인초기에 나타난다.

셋째, 확립기는 25세부터 45세까지의 청년기 및 성년기에 해당하는 시기로 직업경험을 통하여 자신의 역할과 자아개념을 실행해나가는데, 이 시기에서는 정착, 공고화, 발전의 발달과업을 수행한다. 정착기에서는 직업의 문화에 적응해나가고 이것이 자신의 자아개념과 부합하는지 등을 평가하며 자신의 직업 지위를 안정화시켜 나간다. 공고화에서는 자신의 업무능력을 인정받고 직업 안에서 직업인으로서의 자아정체감을 공고히 해나가며, 발전단계에서는 자신의 역할과 정체성을 확장하고 더 높은 수준의 직업역할과 책임감을 발전시켜 나간다.

넷째, 유지기는 45세 이후 65세 이전까지의 중년기로 자신의 수행수준을 유지 및 개선해 나간다. 이때는 보유(자신의 성취를 지속적으로 유지), 갱신(익숙한 직업 기술과 지식을 새로운 것으로 변환), 혁신(과거와 다른 방식으로 과제를 시도, 다른 종류의 과제 수행, 새로운 도전) 등의 발달과업을 이행할 필요가 있다.

마지막으로 쇠퇴기에서는 수행했던 일의 속도를 줄이고 은퇴를 준비하여 은퇴 후의 생활에 만족하는 것이 발달과업이다.

이러한 슈퍼의 이론에서와 같이 진로는 전생애의 삶과 매우 밀접한 연관성을 가지고 있으며, 청소년기에만 필요한 활동이 아니라 평생을 위한 과업인 것이다.

## 2 진로활동과 청소년

### 1) 진로활동

진로활동은 진로를 파악하기 위해 행해지는 일련의 모든 활동을 말한다. 진로활동보다는 진로교육이라는 말을 주로 사용하기도 하는데, 그 의미를 살펴보면 진로를 위한 활동을 진로교육으로 언급하고 있어 둘의 차이가 있다기보다는 같은 맥락에서 사용된다고 볼 수 있다(전명순, 2017). 베일리와 슈타트(Bailey & Stadt, 1973)나 호이트(Hoyt, 1974)는 삶의 가치, 역할, 만족과 연관해서 개인에게 의미있는 일에 대한 방향을 세우는 경험과 교육이라고 진로교육을 보았고, 김충기(2004)나 홍후조(2013)는 자신의 학업 및 직업진로를 인식하고 탐색하여 합리적으로 선택하여 결정할 수 있도록 준비하는 능력을 길러주는 활동으로 정의하였다. 또한 한국진로교육학회(2011)는 현명하게 진로선택과 진로발달을 해 생산적인 사회구성원으로 성장하고, 행복한 개인의 삶을 살 수 있도록 돕는 과정이라고 하였다. 여러 정의들을 통해 진로활동은 한 개인이 자신의 특성을 알아 현명한 진로선택을 해 행복하고 만족스런 삶을 살 수 있도록 하는 교육적 경험이라고 할 수 있다(전명순, 2017).

청소년의 진로활동은 청소년이 자기이해, 진로결정, 진로선택 역량 등을 증진시키기 위해 경험하는 다양한 진로 및 직업관련 활동을 의미한다(문성호 외, 2016). 이에 우리나라는 2015년 「진로교육법」이 제정되었고, 제2조 1항에 따라 진로교육은 "국가 및 지방자치단체 등이 학생에서 자신의 소질과 적성을 바탕으로 직업세계를 이해하고 자신의 진로를 탐색 · 설계할 수 있도록 학교와 지역사회의 협력을 통하여 진로수업, 진로심리검사, 진로상담, 진로정보 제공, 진로체험, 취업지원 등을 제공하는 활동"을 의미한다(이무진, 2018).

그리고 「진로교육법」 제4조에 의하면 진로교육은 학생의 참여와 직업에 대한 체험을 바탕으로 이루어져야 하며, 국가 및 지역사회의 협력과 참여 속에 다양한 사회적 기반을 활용하여 이루어져야 한다(법제처, 2021).

이무진(2018)은 제시된 진로활동과 유사한 용어의 개념을 종합하였으며 내용은 [표 13-1]과 같다.

**표 13-1** 진로활동 및 유사 용어의 개념

| 구분 | 연구자 | 개념 |
|---|---|---|
| 진로교육 | Baily & Stadt | 개인이 만족스럽고 생산적인 삶을 누릴 수 있도록 진로에 대한 방향을 세우고 선택하며, 그에 대한 준비를 돕기 위해 제공되는 일체의 경험 |
| | 이지연 외 (2009) | 자아에 대한 인식으로부터 출발하여 자신의 능력과 소질을 개발하고 개인에게 가장 적합한 진로를 선택하여 의미 있고, 생산적인 활동에 종사함으로써 행복한 삶을 영위할 수 있도록 도와주는 의도적·계획적·체계적인 교육활동 |
| | 정윤경·김나라·서유정(2011) | 개인이 자신의 적성, 흥미, 능력에 알맞은 일을 자각, 탐색, 준비, 유지 및 개선할 수 있도록 취학전 교육부터 시작하여 일생 동안 학교, 가정, 지역사회의 공동적인 노력에 의하여 학습하는 경험의 총체 |
| | 진로교육법 (2015) | 국가 및 지방자치단체 등이 학생에게 자신의 소질과 적성을 바탕으로 직업세계를 이해하고 자신의 진로를 탐색·설계할 수 있도록 학교와 지역사회의 협력을 통하여 진로수업, 진로심리검사, 진로상담, 진로정보 제공, 진로체험, 취업지원 등을 제공하는 활동 |
| 진로상담 | 진로교육법 (2015) | 학생에게 진로정보를 제공하고 진로에 관한 조언과 지도 등을 하는 활동 |
| 진로체험 | Ginzberg (1972) | 작업 근로자로서 완전한 정체성을 가지지 않으면서 직업세계와 작업환경에서 작업과제에 대해 경험할 수 있는 의도되고 체계화된 프로그램 |
| | 김신영·최운실 (2014) | 직접적인 직업체험뿐 아니라 진로탐색을 위해 전문가강의나 시청각 직업정보의 탐색 등 진로탐색을 위한 간접적 체험을 포괄하는 활동 |
| | 진로교육법 (2015) | 학생이 직업 현장을 방문하여 직업인과의 대화, 견학 및 체험을 하는 작업체험과, 진로캠프·진로특강 등 학교 내외의 진료교육 프로그램에 참여하는 활동 |
| 진로(탐색)활동 | Jordaan (1963) | 자기 자신이나 그를 둘러싼 환경에 관한 정보를 끌어내기 위하여 수행되는 정신적, 육체적 활동 |
| | Stumpf, Colarelli, & Hartman (1983) | 직업세계, 직무 또는 조직과 관련하여 이전까지 자극영역 내에 있지 않았던 정보에 접근하고자 하는 행동적, 인지적 활동 |
| | 진미석·손유미 (2001) | 직업세계에 대한 전반적인 탐색과 보다 구체적인 직업에 대해 알아 가는 과정 |
| | 서울특별시교육청 (2002) | 진로학습, 진로상담검사, 진로체험 등의 활동을 포함하여 학생 스스로 진루를 탐색하고 설계할 수 있는 체계석인 프로그램 |

출처: 민수빈, 2017: pp.9-10; 이무진, 2018 재인용.

청소년 진로활동은 청소년의 균형 있는 성장을 위하여 사회 전반에서 이루어지고 있는 진로 및 직업을 소재로 하는 다양한 형태의 활동이 되어야 한다. 청소년 진로활동은 청소년이 자기이해, 진로결정, 직업선택 역량 등을 증진시키기 위해 경험하는 폭넓은 다양한 활동을 의미한다(노지혜, 2018).

## 2) 청소년기, 진로의 중요성과 역량

역량이란 요구 지향적이고, 내적인 정신구조이며 맥락의존적인 것으로 파악하고 있으며, 개인의 성공적인 삶과 동시에 사회발전에 공헌할 수 있는 능력, 개인의 구체적인 업무수행에서가 아닌 다양한 사회적 장면으로부터 요구를 효과적으로 수행하는 데 도움이 되는 능력, 소수 엘리트들에게 내재해 있는 능력이 아니라 모든 사람이 학습을 통해 습득할 수 있는 능력으로 정의하고 있다(Rychen & Salganik, 2001: 남수정, 2011 재인용).

진로역량은 진로·직업역량으로도 다루어졌는데, 삶의 지향점을 설정하고, 진로를 선택하여 이를 실제로 구현할 수 있도록 준비하고 노력하는 과정에서 필요한 지식, 기술, 태도, 가치와 성향으로 정의되었다(안창규, 박성미, 1999: 장희선, 2019 재인용). 한국교육개발원의 김창환 외(2014)는 진로·역량을 진로설계, 진로직업탐색, 직업수행역량으로 되어 있다고 보았고, 김경화(2012)는 자기관리 및 직업탐색, 진로계획 및 관리로 구성하였다(장희선, 2019).

따라서 진로역량은 진로를 선택하고 준비하는 과정에서 필요한 지식, 기술, 태도로 구성되는 총체적 능력이라 할 수 있다(Akkerman 외, 2013: 장희선, 2019 재인용).

권일남(2008)은 교육학적 입장에서 특히 발달과업 그리고 학계에 논의되고 있는 역량개발이라는 관점에서 청소년활동에 접근한다. 활동체험이 개인 발달과정에 효과적인 요소인 역량증진의 측면에서 역량의 요소인 지아, 성취동기, 문제해결, 대인관계, 대인관계, 갈등해결, 리더십, 신체건강, 시민성 등의 성취를 이룬다는 개념을 소개하고 있다(권일남 외, 2011). 또한 청소년활동의 효과성을 자아 존중감, 스트레스 해소, 의사결정력, 성취동기, 문제해결력, 갈등관리, 대인관계 개선, 사회성 증진, 기타활동주도성 등 아홉 가지 영역의 효과가 있는 것으로 주장한다(권일남, 2007). 이러한 연구를 바탕으로 청소년이 활동에 참여함으로서 얻게 되는 역량을 자아역량, 갈등조정역량, 문제해결역량, 성취동기역량, 대인관계역량, 리더십역량, 신체건강역량, 시민성역량 등 아홉 가지 영역 36개 지표로 제시한다. 또한 기존의 청소년정책의 문제점으로 청소년 중심의 활동 부재와 효과성에 대한 제공 미흡 등을 들고 있다. 이러한 문제점을 극복할 수 있는 대안으로 청소년활동의 개념이 역량 중심으로 구성되어야 함을 강조하고 있다. 이는 청소년이 청소년기에 반드시 갖추어야 할 기본 역량을 국가가 공공적 관점에서 최소한의 서비스를 제공할 수 있는 요소가 되며 이러한 역량요소를 갖춤으로써 취약 및 위험요인에서 탈출할 수 있는 예방적 요소와 능력을 갖출 수 있는 청소년으로 성장하며 청소년의 사회적응능력을 증진시켜 국가인재 양성에 중요한 기틀로 자리 잡을 수 있다는 전망을 하고 있다. 유성렬(2011)은 청소년역량을 생활역량으로 의사소통, 자기관리, 대인관계, 자율성, 시민성 등 다섯 가지 영역으로, 미래역량으로 지식정보기술 활동, 종합적 사고력, 진로개발 등 3영역으로 구분하여 영역과 주요 내용을 소개하면서, 청소년활동은 청소년 역량을 증진시키는 가장 중요한 수단으로 본다. 즉, 청소년활동의 필요성과 존재 당위성에 대한 질문에 가장 명확하게 답할 수 있는 것을 역량함양으로 보고 있다.

2009년 개정된 교육과정부터 중학교에는 「진로와 직업」이 독립교과로 개설되었고, 그 외 진로교육과 연계하여 교과활동과 창의적 체험활동이 이루어지게 되었다(선곡유화, 2020). 그리고 2015년 「진로교육법」이 제정된 후 2016년부터 중학교에 진로교육을 강조하는 자유학기제가 전면 도입되었으며, 2017년부터는 진로탐색집중학년 · 학기제가 시범적으로 운영되고 있다(서우석, 2017/2018). 이렇듯 청소년의 진로개발역량 함양을 위한 진로교육 활동이 활발히 진행되어 왔음에도 초 · 중등 진로교육 현황 조사에서는 희망직업이 없다는 초 · 중등학생의 응답이 해마다 증가하고 있다. 그중 특히 중학생의 응답비율은 28.1%로 초등학생 12.8%과 고등학생 20.5%보다 높게 나타났다(교육부, 2019). 이러한 결과는 중학교 시기의 청소년이 신체적 · 정서적 · 지적 발달이 불균형한 사춘기를 겪게 된다(Newman & Newman 1984; Tanner 1981: 선곡유화 외, 2020 재인용)는 사실과 무관하지 않을 것으로 생각된다. 따라서 사춘기의 청소년은 어느 때보다 심리적으로 불안정하여 또래와의 갈등, 가족의 간섭, 구속에 대한 반항, 이성에 대한 관심 등 여러 변수들로 인하여 진로발달이 순탄치 않다. 그리고 입시 위주의 교육제도 하에서 우리나라 중학생은 이후, 인문계 또는 전문계 고등학교 진학에 대한 고민에 빠지게 되는 것이 일반적이다(윤지온, 강영배, 2014). 이로 인해 자신의 적성, 소질, 학업능력 등을 충분히 이해하고 아동기에 갖게 된 추상적 진로흥미와 관심에 대해 실질적으로 고민하고 적극 탐색하고 계획하며 스스로 진로개발역량을 함양하는 기회를 충분히 얻지 못하고 있다(김우리, 박영희, 김정섭, 2014). 이러한 현실에서 청소년은 향후 진로선택에 대한 확신이 결여될 수 있으며, 그에 따라 목표와 진로계획을 합리적으로 세우지 못할 수 있다. 이로 인해 개인에게 평생의 고민거리가 될 뿐만 아니라 국가 인적자원관리 측면에서 적지 않은 손실이 초래되고 있다(최상근 외, 2010).

따라서 청소년들의 진로고민에서 예견되는 문제를 예방하고 해소하기 위해서는 청소년기에 진로개발역량 수준을 파악하여 체계적인 진로교육설계를 수립하고 실행한다면 청소년들의 진로에 긍정적인 요인이 될 것이며, 국가인력관리 차원에서 국가 경쟁력의 원동력이 될 것으로 보인다.

# 제14장

# 청소년 관련 전문직

한국 사회에서 청소년의 성장과 자립을 위한 청소년정책은 1980년대 후반 「청소년육성법」의 제정과 폐기, 1991년「청소년기본법」의 제정에 따라 '청소년육성'의 기본 틀을 갖추어 현재에 이르고 있다. 그리고 청소년육성정책의 주요 추진 주체로서 설정된 청소년지도자의 역할은 청소년을 교육하고 지도하는 것에 초점을 맞추고 있다(최창욱 외, 2020).

2020년 현재, 청소년 관련 학과 및 전공(대학 및 대학원 포함)은 전국 13개 시도에서 총 56개교에서 설치 · 운영하고 있으며(여성가족부, 2019), 청소년지도자 중 국가공인 자격인 청소년지도사와 청소년상담사를 양성하기 위한 교육과정이 운영되고 있다. 청소년지도사는 1993년부터 2020년까지 1급 청소년지도사 1,972명, 2급 청소년지도사 41,684명, 3급 청소년지도사 14,363명 등 총 58,019명의 국가공인 청소년지도사를 배출하였다(여성가족부, 2020).

청소년 지원을 위한 청소년지도사와 청소년상담사의 양성은 「청소년기본법」 및 동법 시행령, 시행규칙을 근거로 자격검정과 연수, 보수교육 체계를 갖추고 운영되고 있지만 청소년을 둘러싼 사회환경 변화를 감안한 지도자 양성이 새롭게 요구되고 있다. 그동안의 청소년복지정책은 성인, 중앙정부, 전문가 등이 필요하다고 인식하고, 청소년이 요구할 것으로 예측되는 요구의 충족을 위해 각종 청소년지도자를 비롯한 인적, 물적 자원을 투입하는 성격을 고수해 왔으나, 이는 디지털 기술로 인하여 미래를 예측하기조차 어려운 4차 산업 혁명의 기하급수적 변화 속도 앞에서 의미 있는 성과를 가지기 어렵다(이광호, 강주연, 2018).

특히, 사회 변화에 대응하고, 다각적으로 변화하는 지역사회 청소년 상담 및 복지 현장에서 요구되는 자질과 역량을 갖춘 청소년지도자를 키우기 위하여 제도 개선과 학습, 연구 등 지원 강화 촉진, 전문가로서의 지식과 기술 함양, 청소년정책 환경변화에 따른 청소년지도자 역량제고를 위한 정책을 중 · 장기적으로 추진해 나갈 것임을 명시하고 있다(최창욱 외, 2020).

# 1 청소년지도사

## 1) 청소년지도사의 개념

'청소년지도자'란 「청소년기본법」, 제3조 제7호에 의하면 청소년지도사 및 청소년상담사와 청소년시설 · 청소년단체 · 청소년관련 기관에서 청소년육성에 필요한 업무에 종사하는 사람을 뜻한다. 청소년지도사는 동법 제21조에 따라 '청소년지도사 자격검정에 합격하고 청소년지도사 연수기관에서 실시하는 연수과정을 마친 사람에게 청소년지도사의 자격을 부여한다고 정의하고 있다. 한중상(2009)은 청소년지도자를 "일반적으로 청소년들 속에서, 청소년들과 더불어, 청소년들을 위해, 청소년활동을 전개하는 지도자"로 정의하였다(김정옥, 2004: 이배근, 정하성, 2009 재인용). 오치선(2000)은 청소년지도자를 "광의적으로 국가나 사회가 기대하는 청소년을 지도하는 데 종사하는 모든 사람을 지칭하고 협의적으로는 청소년 관계 전문지식을 가진 전문 직업인으로서 청소년을 주 대상으로 그들을 교육 · 육성 · 지도 · 보호 · 선도하는 활동에 종사하는 사람만을 의미한다."고 정의하였다(김정옥, 2004: 이배근, 정하성, 2009 재인용).

김진화(2000)는 청소년지도의 개념을 정규학교교육(formal education)과 함께 파트너십을 발휘하고 있는 사회교육 시스템으로서의 청소년을 위해 이루어지고 있는 다양한 교육과 활동을 시칭하는 보디 포괄적인 개념으로 규정하고, 구체적으로 '청소년지도란' 청소년이 일상생활에 직면한 여러 가지 문제 즉, 교육적 · 가정적 · 사회적 · 직업적 · 신체적 · 정서적 문제 등을 해결할 수 있도록 지원하며, 청소년의 잠재적 능력(인지적·사회적·정서적·심리적·신체적)이 긍정적(positive)이고, 건전(health)하고, 바람직한(optimal) 상태로 성장하고 발달할 수 있도록 조력하는 일련의 모든 활동으로 정의하고 있다.

이를 토대로 청소년치료, 청소년진로지도, 청소년봉사활동지도, 청소년수련활동지도 등 청소년을 위한 다양한 활동을 포괄적으로 포함시켜 하나의 통합된 직업으로 규정하고 있다(김진화, 2000).

## 2) 청소년지도사의 역할

청소년지도자의 주요 역할은 교수자, 프로그램 개발자, 촉진자, 관리자, 복지사, 상담자, 협력자이고(한상철 외, 2001), 장미(2011)는 전문가, 교육자, 변화촉진자, 정보제공자, 조직자, 프로그램설계 및 개발자, 프로그램운영관리자, 분석가 등으로 설명하였다. 그리고 박창남 등(2012)은 청소년에 대한 전문가, 프로그램 개발자 및 평가자, 조력자, 청소년제도 · 정책 변화자로 청소년지도자의 역할에 대해 기술한 바 있다.

따라서 청소년지도자의 개념에서 '청소년지도사'란 「청소년기본법」 제21조의 규정에 의한 청소년지도사 및 제22조의 규정에 의한 청소년상담사와 청소년시설 · 청소년단체 · 청소년관련 기관에서 청소년육성에 필요한 업무에 종사하는 사람으로 규정되어 있다. 이 규정은 청소년지도사의 역할을 포괄적으로 청소년육성 및 지도업무에서 일정한 역할을 담당하는 자로 해석할 수 있을 것이다(장수한, 2014).

여기에서 '청소년육성'이란 「청소년기본법」제3조 제2호에 따르면 '청소년활동을 지원하고 청소년의 복지를 증진하며 근로 청소년을 보호하는 한편, 사회 여건과 환경을 청소년에게 유익하도록 개선하고 청소년을 보호하여 청소년에 대한 교육을 보완함으로써 청소년의 균형 있는 성장을 돕는 것을 말한다'고 규정되어 있다. 이러한 정의를 볼 때 '청소년지도자의 역할'은 첫째, 청소년 사업가(Youth Worker)로서의 역할, 둘째, 청소년수련활동 지원자로서의 역할, 셋째, 청소년 교류 촉진자로서의 역할, 넷째, 청소년 유익환경 조성자로서의 역할, 다섯째, 청소년의 잠재능력 개발을 위한 교육자로서의 역할 등으로 해석할 수 있을 것이다(장수한, 2014).

## 2 청소년상담사

청소년상담은 청소년들의 문제를 해결하고 발달적 측면에서 자기성장을 돕는 과정으로, 청소년상담서비스는 문제를 가진 청소년이나 가족, 청소년상담종사자 특히 상담자의 인간적 상호작용이라는 수단을 통해 전달되는 것이어서 그 사업의 성공 여부는 유능한 상담자의 확보와 상담 인력을 효과적으로 유지하는 것에 달려 있다(이영순 외, 2007).

또한 상담의 질은 상담자의 자질과 더불어 적절한 직무환경에 의해서도 영향을 받는다. 다시 말해서 상담자들이 상담 활동을 원활하게 진행할 수 있는 적합한 수준의 심리적 · 물질적 · 직무환경들이 제대로 갖춰질 때 비로소 상담의 질은 확보될 수 있다(장선희, 송은경, 2002).

### 1) 청소년상담사의 배치기준

「청소년기본법」에 따르면, 배치대상 청소년시설에는 일정한 기준에 의하여 청소년상담사를 배치하여야 하며, 청소년상담사 배치기준은 다음과 같다.

**표 14-1 청소년상담사 배치기준**

| 배치대상 청소년시설 | 배치기준 |
|---|---|
| 「청소년복지지원법」 제29조에 따라 특별시·광역시·도 및 특별자치도에 설치된 청소년상담복지센터 | • 청소년상담사 3명 이상을 둔다. |
| 「청소년복지지원법」 제29조에 따라 시·군·구에 설치된 청소년상담복지센터 | • 청소년상담사 1명 이상을 둔다. |
| 「청소년복지지원법」 제31조제1호부터 제3호까지의 규정에 따른 청소년복지시설 | • 청소년상담사 1명 이상을 둔다. |

출처: 「청소년기본법」 시행령 제25조 제2항 별표5.

청소년지도사와 마찬가지로 국가 및 지방자치단체는 청소년시설 및 청소년단체에 배치된 청소년상담사에 대하여 예산의 범위 안에서 그 활동비의 전부 또는 일부를 보조할 수 있다(「청소년기본법」 제23조).

청소년상담사는 상담, 청소년동반자(YC) 프로그램, 위기청소년 사회안전망(CYS-net) 구축사업, 청소년대상 집단 프로그램, 학업중단 청소년 심성수련교육 및 디딤돌교실, 부모교육 등을 하는 전문직이다. 청소년상담사의 경우, 여성가족부의 주관으로 '한국청소년상담복지개발원'과 '한국산업인력공단'에 위탁하여 자격검정을 실시하고 자격검정에 합격한 자에 대하여는 실무능력 향상을 위해 100시간 이상 의무 연수를 실시하며, 청소년상담복지센터와 청소년쉼터 등 청소년복지시설에 배치 · 활용된다(장수한, 2014).

## 2) 청소년상담사 자격 및 응시과목

청소년상담사 자격증은 상담관련 분야를 전공하고 상담실무 경력이나 기타 자격을 갖춘 자로서 자격검정에 합격하고, 100시간 이상의 연수를 마친 자에게 부여하는 국가자격증이다. 청소년상담사는 국가차원의 청소년상담 관련 기관인 한국청소영상담복지개발원, 시 · 도 및 시 · 군 · 구 청소년상담복지센터, 초 · 중 · 고 · 대학의 학생상담소, 청소년수련과, 사회복지관, 청소년쉼터, 청소년관련 복지시설, 경찰청이나 법무부 등 청소년업무 지원부서, 사설 청소년상담실, 아동 · 청소년 대상 병원, 일반 청소년관련 사업체, 근로청소년관련 사업체 등에서 청소년상담업무에 종사한다. 청소년상담사 자격검정 등급별 응시자격 기준과 자격 검정의 과목 및 방법은 다음과 같다(여성가족부, 2020).

**표 14-2 청소년상담사 등급별 자격검정 응시자격과 시험과목**

| 등급 | 응시자격 기준 | 검정과목 | |
|---|---|---|---|
| | | 구분 | 과목 |
| 1급<br>청소년상담사 | 1. 대학원에서 청소년[지도]학·교육학·심리학·사회사업[복지]학·정신의학·아동[복지]학·상담학 분야 또는 그 밖에 여성가족부령으로 정하는 상담 관련 분야[이하"상담관련분야"라 한다.]의 박사학위를 취득한 사람<br>2. 대학원에서 상담관련분야의 석사학위를 취득한 후 상담 실무경력이 4년 이상인 사람<br>3. 2급 청소년상담사로서 상담 실무경력이 3년 이상인 사람<br>4. 제1호 및 제2호에 규정된 사람과 같은 수준 이상의 자격이 있다고 여성가족부령으로 정하는 사람 | 필수 | • 상담사 교육 및 사례지도<br>• 청소년 관련법과 행정<br>• 상담연구방법론의 실제 |
| | | 선택 | • 비행상담·성상담·약물상담·위기상담 중 2과목 |
| 2급<br>청소년상담사 | 1. 대학원에서 상담관련분야의 석사학위를 취득한 사람<br>2. 대학 또는 다른 법령에 따라 이와 동등한 학력을 인정받는 기관에서 상담관련분야의 학사학위를 취득한 후 상담 실무 경력이 3년 이상인 사람<br>3. 3급 청소년상담사로서 상담 실무경력이 2년 이상인 사람<br>4. 제1호부터 제3호까지에 규정된 사람과 같은 수준 이상의 자격이 있다고 여성가족부령으로 정하는 사람 | 필수 | • 청소년 상담의 이론과 실제<br>• 상담연구방법론의 기초<br>• 심리측정 평가의 활용<br>• 이상심리 |
| | | 선택 | • 진로상담·집단상담·가족상담·학업상담 중 2과목 |
| 3급<br>청소년상담사 | 1. 대학 및 「평생교육법」에 따른 학력이 인정되는 평생교육시설의 상담 관련 분야의 학사학위를 취득한 사람<br>2. 전문대학 또는 다른 법령에 따라 이와 동등한 학력을 인정받는 기관에서 상담관련분야 전문학사를 취득한 사람으로서 상담 실무경력이 2년 이상인 사람<br>3. 대학 또는 다른 법령에 따라 이와 동등한 학력을 인정받는 기관에서 학사학위를 취득한 후 상담 실무 경력이 2년 이상인 사람<br>4. 전문대학 또는 다른 법령에 따라 이와 동등한 학력을 인정받는 기관에서 상담관련분야 전문학사를 취득한 사람으로서 상담 실무경력이 4년 이상인 사람<br>5. 고등학교를 졸업하고 상담 실무경력이 5년 이상인 사람<br>6. 제1호부터 제4호까지에 규정된 사람과 같은 수준 이상의 자격이 있다고 여성가족부령으로 정하는 사람 | 필수 | • 발달심리<br>• 집단상담의기초<br>• 심리측정 및 평가<br>• 상담이론<br>• 학습이론 |
| | | 선택 | • 청소년이해론·청소년수련활동론 중 1과목 |

출처: 「청소년기본법」 시행령 제23조 제3항 별표3, 별표4.

## 3) 청소년상담사의 주요 업무와 전망

청소년상담사의 주된 업무는 다음과 같다(장수한, 2014).

① 상담: 전화상담, 개인상담, 집단상담, 사이버상담, 심리검사

② 청소년동반자(YC) 프로그램

③ 위기청소년 사회안전망(CYS-net) 구축사업

④ 청소년대상 집단 프로그램: 보호관찰 수강교육, 또래상담 양성교육, 학습 향상 프로그램, 품성계발 프로그램, 인터넷 게임중독 예방 프로그램, 대안교실, 해밀 프로그램

⑤ 학업중단 청소년 심성수련교육 및 디딤돌교실

⑥ 부모교육: 학업중단 청소년 부모교육, 일반 부모교육, 부모 집단상담

⑦ 상담전문가, 상담자원봉사자 전문교육 연수

⑧ 전문회의: 운영위원 및 자문위원회의, 지역상담센터 협의회의, 청소년사회안전망(CYS-net) 실행위원회의, 위기사례자문회의

⑨ 청소년상담기관 간의 중심적 역할수행(지역상담센터 연계지원)

⑩ 청소년상담 관련 정보·자료수집 및 제공

⑪ 청소년상담 워크숍 개최

위의 청소년상담사의 주요 업무에 따른 청소년의 심리·정서적인 지원을 위한 청소년상담 관련 센터가 확대되고 있는 실정이므로 청소년상담지원센터, 청소년활동지원센터, 청소년긴급지원센터 등 청소년상담 관련 전문 인력의 요구가 절실하다. 또한 청소년동반자, 학교폭력상담사, 상담인턴, 청소년상담 분야에서도 사회안전망의 구축을 통한 통합적인 지원시스템을 지향하고 있어 사회복지사와 지역사회 네트워크 구성을 통한 통합적 서비스의 개입이 요구된다(장수한, 2014).

## 3 학교사회복지사

학교사회복지사는 학교에서 일어나는 학생의 문제들을 개인의 문제만이 아닌 개인을 둘러싼 환경과의 상호작용의 문제로 보고 있다. 이러한 심리, 사회적 문제들을 학생-학교-가정-지역사회의 연계(방법)를 통해 예방하고 해결함은 물론, 모든 학생이 자신의 잠재력과 능력을 최대한 발휘할 수 있도록 최상의 교육환경과 공평한 교육기회를 제공한다. 그리고 궁극적으로는 교육의 본질적인 목적을 달성하고, 또한 학생 복지를 실현(목적)할 수 있도록 도와주는 교육기능의 한 부분이며 사회복지의 전문분야이다(한국학교사회복지사협회).

학교사회복지사의 자격시험은 한국사회복지사협의회, 한국학교사회복지학회, 한국학교사회복지사협회와 공동으로 하여 한국학교사회복지사협회에서 주관하고 있으며, 학교사회복지사 자격관리위원회에서 관리하고 있다.

### 1) 학교사회복지사 자격시험 응시자격

학교사회복지사 자격요건은 최대 석사 이상으로, 학교사회복지사 경력이 4년 이상이어야 한다. 자격시험 응시자격은 [표 14-3]과 같다(학교사회복지사협회, 2021).

**표 14-3 2020년 제16회 학교사회복지사 자격시험 응시자격**

<table>
<tr><th>구분</th><th colspan="2">2020년 제16회 학교사회복지사 자격시험 응시자격</th></tr>
<tr><td>필수<br>자격요건</td><td colspan="2">1. 사회복지사 1급 자격증 소지자<br>2. 학교사회복지론1)6)을 이수한 자<br>3. 아동복지론2)6) 또는 교육학3)6) 관련 교과목 중 1과목 이상을 이수한 자</td></tr>
<tr><td>선택<br>자격요건</td><td>사회복지사업법 개정 공포일(2018.12.11.) 이전부터 활동을 시작하여</td><td>4-1. 240시간 이상의 학교사회복지 관련 실습4)6)을 이수한 자, 혹은<br>4-2. 초·중·고등학교에서 학생복지 업무를 전담하는 사회복지사로 6개월 이상 근무한 자, 혹은<br>4-3. 사회복지기관에서 학교사회복지 관련 실무5)를 1년 이상 담당한 경력이 있는 자</td></tr>
</table>

※ 필수자격 요건은 3가지 사항 모두 충족되어야 하며, 선택자격 요건은 3가지 중 한 가지 이상이 충족되어야 한다.

※ 법령에서 고등교육법에 의한 4년제 대학졸업자와 동등 이상의 학력이 있다고 인정하는 자로서 전공학과에 관계없이 보건복지부령이 정하는 「사회복지학 전공교과목과 사회복지관련교과목」(필수10, 선택4)을 이수한 경우로 사회복지사 1급 자격증 취득자라면 응시 가능하다.

1) 학교사회복지론은 학교사회사업론의 명칭도 가능하며, 한국학교사회복지학회 혹은 한국학교사회복지사협회가 주최한 학교사회복지 기초과정 연수(30시간) 이수로 대체할 수 있다.

2) 아동복지론은 청소년복지론 혹은 아동·청소년복지론으로 대체할 수 있다.

3) 교육학 관련 교과목이란 교육학 개론(교육의 이해), 교육행정론(교육행정 및 교육경영, 교육행정의 이해), 교육정책론, 교육사회학, 교육심리학, 교육철학 및 교육사, 교육과정 및 교육평가, 교육방법 및 교육공학 등 교직 필수 과목을 의미하며, 2급 정교사 이상의 자격을 갖고 있는 자는 교과목을 이수한 것으로 간주한다. **[초·중·고등 교육법에 의한 교직 필수과목]**

4) 학교사회복지 관련 실습 240시간 중 120시간은 실습으로 이수해야하며(학점실습이 아니어도 가능), 나머지 120시간은 인턴, 직업체험활동, 자원봉사활동 등(이하 기타)으로 대체할 수 있다.

   ① 활동장소: 학교를 원칙으로 하며 지역교육복지지원센터, 한국학교사회복지사협회를 포함한다.

   - 단, 지역교육복지지원센터의 실습인 경우, 슈퍼바이저의 학교사회복지사 자격증 소지를 증명할 수 있는 경우에만 인정한다.
   - 파견의 인정범위: 단체·센터·기관 등에서 학교 현장으로 파견된 경우, 실습은 인정 불가하나 기타의 경우에는 학교장의 직인이 첨부된 확인서 제출 시, 인정 가능하다.

   ② 실습지도자: 사회복지현장실습 지침의 기준(1급 사회복지사 자격증 취득 후 3년 이상 사회복지관련 경력자, 2급 사회복지사 자격증 취득 후 5년 이상 사회복지 관련 실무경력자)에 의거 하여서만 가능하다. 단, 실습 외 활동은 실습지도자의 자격에 두지 아니한다.

   ③ 활동시간: 실습은 학기 중 활동만 인정하며 기타의 경우에만 방학의 활동도 인정한다.

   - 학교사회복지 관련 실습은 1개월 당 최대 49시간까지만 인정 가능하다.
   - 실습은 3개월 이상 지속해야 하며, 기타의 경우 활동시간을 합산할 수 있다.
   - 동일기간 내 실습과 자원봉사는 중복으로 인정 불가하다.

5) 사회복지기관에서 학교사회복지 관련 실무란 아래 ①, ② 중 한 가지를 의미한다.

   ① 학교에 상주하여 학생 및 기타 관련 체계에 사회복지 서비스 제공

   ② 사회복지 기관에서 학교와 관계하여 사회복지 서비스를 제공하는 아동복지 또는 청소년복지 분야의 실무

※ 아동·청소년을 대상으로 한 단순 서비스가 아닌 학교와의 소통(학교 연계)에 근거하여 각 학생들을 대상(개인사례관리)으로 한 서비스에 관한 실무경력 확인을 위해 실무경력 증빙서류(예: 학교 연계를 증빙하는 협약서·프로그램 진행 기록, 학교 측 공문·학교 직인이 찍힌 확인 문서 사본 등(원본대조필))를 제출해야 함.

②-1 다음과 같은 경우에는 인정 불가

(1) 사회복지기관에서 대상학생의 사례관리를 진행하며 학교와 단순 협력한 경우

(2) 사회복지기관에서 혹은 학교로 파견되어 단순 강사활동을 한 경우

6) 학교사회복지론, 아동복지론, 교육학 관련 교과목 이수의 경우 학점인증제 기관에서 이수한 경우도 인정한다.

## 2) 학교사회복지사 취업기관 및 업무내용

학교사회복지사는 자격을 필요로 하는 경우와 제도 시행(2008)이 일천한 관계로 필요로 하지 않는 경우도 있다. 그러나 현재 교육복지우선사업과 학교사회복지사업이 확대되면서 점차 학교사회복지사 자격을 획득한 전문가를 배치하는 추세이다. 그러한 학교사회복지사의 취업기관의 종류로는 교육부(위센터, 교육복지우선지원사업), 지방자치단체, 보건복지부(드림스타트), 민간기관(위스타트, 한국학교사회복지사협회 외), 종합사회복지관(학교지원사업) 등, 각 기관에서의 학교사회복지 전문가의 구인 요구가 점차 늘어나고 있다.

학교사회복지사의 업무, 역할 및 제공서비스는 [표 14-4]와 같다(학교사회복지사협회, 2021).

**표 14-4 학교사회복지사의 업무 및 역할**

| 역할 | 내 용 |
|---|---|
| 임상전문가 | • 학생을 위한 개별, 집단상담 및 치료적 개입 |
| 교육자/자문가 | • 학습, 진로를 위한 정보의 제공<br>• 사회성 기술, 학습 전략, 의사소통훈련, 각종 예방을 위한 교육 |
| 매개/연계자 | • 학생과 가족에게 필요한 자원의 발굴, 연계 |
| 조정자/중재자 | • 학생, 가족, 교사 간의 이해 증진과 갈등 해소를 위한 중재활동<br>• 전문가팀의 관리, 조정을 통해 서비스를 효과적·효율적으로 제공 |
| 옹호자 | • 학생과 가족의 인권을 보장하기 위한 옹호활동 |
| 자원개발자 | • 학생과 가족, 학교에 필요한 지역사회자원의 발굴 및 개발 촉진 |
| 공조자/협력자 | • 교사를 비롯하여 다양한 전문가, 관련 기관과의 협력, 공조 |
| 조사연구자 | • 실태조사 및 효과성 연구를 통한 효과적 복지서비스 제공 |
| 정책제언가 | • 학생복지 증진을 위해 다양한 수준에서의 정책 감시, 제언에 참여 |

출처: 한국사회복지사협회, 2021.

**표 14-5 학교사회복지사의 제공서비스**

| 서비스 | 내 용 |
|---|---|
| 사례관리 | • 복잡다양한 문제와 욕구를 가진 학생에게 여러 가지 지원방법을 활용하고 학교 내외의 자원을 연계하여 효과적으로 문제를 해결하고 욕구가 충족되도록 모든 서비스 과정을 운영하는 사회복지실천 전문방법 |
| 개별개입 | • 대면상담, 이메일이나 전화상담, 심리검사, 정보 제공 |
| 집단개입 | • 공통의 욕구나 문제를 가진 학생을 집단으로 구성하여 프로그램을 제공하거나 학급단위로 예방교육적인 집단 프로그램을 제공 |
| 가정개입 | • 가정방문 및 학부모 면담을 통한 상담, 학교와 가정 간 연계지원, 생활지원을 위한 서비스 연계 |
| 지역사회연계 | • 학생복지 증진을 위한 학교 밖 자원 개발 및 관계자 네트워크 구축, 학교의 지역사회봉사 |
| 기타 | • 실태조사, 욕구조사, 연구 및 자원봉사 활용 등 |

출처: 한국사회복지사협회, 2021.

### 3) 학교사회복지의 발전방향

학교사회복지는 가출, 자살, 인터넷 중독, 학교생활 부적응, 학교폭력 등의 학생들의 문제해결과 사회양극화 현상에 따른 학생들의 학업성취도 및 신체적·정서적 문제해결을 하는 과정에서 양적 확대를 이루어 왔다. 이는 학교사회복지사가 학생 개인뿐만 아니라 가정, 학교, 지역사회에도 긍정적인 변화를 가져오는 등의 효과가 있었기 때문이다(주석진, 김희영, 최웅, 2019). 그 결과 현재 전국에 약 1,655명의 사회복지사들이 교육복지우선지원사업과 지방자치단체 학교사회복지사업, 한국학교사회복지사협회 주관의 학교사업복지사 파견사업 형태에서 근무를 하고 있다(한국학교사회복지사협회, 2018). 그러나 이들의 사업에 관해서 교육부 훈령이나 지방자치단체 조례에 명시는 되어 있지만 학교사회복지사의 직무라는 표현으로 표준화된 직무와 과업은 없었다. 이는 학교사회복지사 「사회복지사업법」에 명시되어 있지 않았기 때문이다(주석진 외, 2019).

그러나 지난 2018년 말, 「사회복지사업법」 일부 개정 법률안이 통과됨에 따라 학교사회복지사가 국가자격으로 신설되었는 바, 1983년 사회복지사 1, 2, 3급 제도 도입

이후 35년만에 학교 영역에서 활동하는 사회복지사에 대한 전문자격제도를 마련할 수 있는 법적 근거가 마련되었다(보건복지부 복지정책과 보도참고자료, 2018.11.23.). 이로써 2005년 한국사회복지사협회가 공동으로 관리하던 학교사회복지사 자격제도에 큰 변화가 예고된다(주석진 외, 2019).

학교사회복지사의 직무는 개별개입(사정, 개별상담, 사례관리), 집단개입(문제해결집단개입, 학급개입 등), 가족개입(가정방문, 가족지원), 학교체계 지원(교사지원, 정책참여 등), 지역사회 개입(지역사회자원 개발 및 관리, 지역사회연계 등), 일반행정업무 및 기타업무(인력관리, 전문성, 신장활동)로 구분된다(안정선 외, 2006). 직무과업 중요도 및 우선도 분석결과 사례관리가 중요하고 우선적으로 담당해야 하는 직무이며 전략적으로도 강화하고 숙련도가 높은 직무과업으로 나타났다. 안정선과 조성우(2010)는 학교사회복지사에게 중요하게 요구되는 기초능력, 직무능력, 직무과업을 분석하였는데, 학생이해, 지역사회실천, 사례관리가 중요한 직무능력으로 개별상담, 자원개발, 지역사회연계 등이 중요한 직무과업으로 나타났다.

학교사회복지사의 사례관리수행이 효과적으로 이루어지기 위해서는 전문성 신장을 위한 교육과 훈련 지원체계가 정비되고 학교복지 전문가로서 안정된 지위와 경력을 인정받으며 근무할 수 있도록 제도적 뒷받침이 마련되어야 한다(이창숙, 2021).

# 부 록

청소년기본법

청소년보호법

청소년복지지원법

청소년활동진흥법

# 청소년기본법

[시행 2020. 11. 20.] [법률 제17285호, 2020. 5. 19., 일부개정]

## 제1장 총칙

**제1조(목적)** 이 법은 청소년의 권리 및 책임과 가정·사회·국가·지방자치단체의 청소년에 대한 책임을 정하고 청소년정책에 관한 기본적인 사항을 규정함을 목적으로 한다. 〈개정 2015. 2. 3.〉

[전문개정 2014. 3. 24.]

**제2조(기본이념)** ① 이 법은 청소년이 사회구성원으로서 정당한 대우와 권익을 보장받음과 아울러 스스로 생각하고 자유롭게 활동할 수 있도록 하며 보다 나은 삶을 누리고 유해한 환경으로부터 보호될 수 있도록 함으로써 국가와 사회가 필요로 하는 건전한 민주시민으로 자랄 수 있도록 하는 것을 기본이념으로 한다.

② 제1항의 기본이념을 구현하기 위한 장기적·종합적 청소년정책을 추진할 때에는 다음 각 호의 사항을 그 추진 방향으로 한다. 〈개정 2015. 2. 3.〉

1. 청소년의 참여 보장
2. 창의성과 자율성을 바탕으로 한 청소년의 능동적 삶의 실현
3. 청소년의 성장 여건과 사회 환경의 개선
4. 민주·복지·통일조국에 대비하는 청소년의 자질 향상

[전문개정 2014. 3. 24.]

**제3조(정의)** 이 법에서 사용하는 용어의 뜻은 다음과 같다.

1. "청소년"이란 9세 이상 24세 이하인 사람을 말한다. 다만, 다른 법률에서 청소년에 대한 적용을 다르게 할 필요가 있는 경우에는 따로 정할 수 있다.
2. "청소년육성"이란 청소년활동을 지원하고 청소년의 복지를 증진하며 근로청소년을 보호하는 한편, 사회 여건과 환경을 청소년에게 유익하도록 개선하고 청소년을 보호하여 청소년에 대한 교육을 보완함으로써 청소년의 균형 있는 성장을 돕는 것을 말한다.

3. “청소년활동”이란 청소년의 균형 있는 성장을 위하여 필요한 활동과 이러한 활동을 소재로 하는 수련활동 · 교류활동 · 문화활동 등 다양한 형태의 활동을 말한다.
4. “청소년복지”란 청소년이 정상적인 삶을 누릴 수 있는 기본적인 여건을 조성하고 조화롭게 성장 · 발달할 수 있도록 제공되는 사회적 · 경제적 지원을 말한다.
5. “청소년보호”란 청소년의 건전한 성장에 유해한 물질 · 물건 · 장소 · 행위 등 각종 청소년 유해 환경을 규제하거나 청소년의 접촉 또는 접근을 제한하는 것을 말한다.
6. “청소년시설”이란 청소년활동 · 청소년복지 및 청소년보호에 제공되는 시설을 말한다.
7. “청소년지도자”란 다음 각 목의 사람을 말한다.
   가. 제21조에 따른 청소년지도사
   나. 제22조에 따른 청소년상담사
   다. 청소년시설, 청소년단체 및 청소년 관련 기관에서 청소년육성에 필요한 업무에 종사하는 사람
8. “청소년단체”란 청소년육성을 주된 목적으로 설립된 법인이나 대통령령으로 정하는 단체를 말한다.

[전문개정 2014. 3. 24.]

**제4조(다른 법률과의 관계)** ① 이 법은 청소년육성에 관하여 다른 법률보다 우선하여 적용한다.

② 청소년육성에 관한 법률을 제정하거나 개정할 때에는 이 법의 취지에 맞도록 하여야 한다.

[전문개정 2014. 3. 24.]

**제5조(청소년의 권리와 책임)** ① 청소년의 기본적 인권은 청소년활동 · 청소년복지 · 청소년보호 등 청소년육성의 모든 영역에서 존중되어야 한다.

② 청소년은 인종 · 종교 · 성별 · 나이 · 학력 · 신체조건 등에 따른 어떠한 종류의 차

별도 받지 아니한다.

③ 청소년은 외부적 영향에 구애받지 아니하면서 자기 의사를 자유롭게 밝히고 스스로 결정할 권리를 가진다.

④ 청소년은 안전하고 쾌적한 환경에서 자기발전을 추구하고 정신적 · 신체적 건강을 해치거나 해칠 우려가 있는 모든 형태의 환경으로부터 보호받을 권리를 가진다.

⑤ 청소년은 자신의 능력을 개발하고 건전한 가치관을 확립하며 가정 · 사회 및 국가의 구성원으로서의 책임을 다하도록 노력하여야 한다.

[전문개정 2014. 3. 24.]

**제5조의2(청소년의 자치권 확대)** ① 청소년은 사회의 정당한 구성원으로서 본인과 관련된 의사결정에 참여할 권리를 가진다.

② 국가 및 지방자치단체는 청소년이 원활하게 관련 정보에 접근하고 그 의사를 밝힐 수 있도록 청소년 관련 정책에 대한 자문 · 심의 등의 절차에 청소년을 참여시키거나 그 의견을 수렴하여야 하며, 청소년 관련 정책의 심의 · 협의 · 조정 등을 위한 위원회 · 협의회 등에 청소년을 포함하여 구성 · 운영할 수 있다. 〈개정 2017. 12. 12.〉

③ 국가 및 지방자치단체는 청소년과 관련된 정책 수립 절차에 청소년의 참여 또는 의견 수렴을 보장하는 조치를 하여야 한다.

④ 국가 및 지방자치단체는 청소년 관련 정책의 수립과 시행과정에 청소년의 의견을 수렴하고 참여를 촉진하기 위하여 청소년으로 구성되는 청소년참여위원회를 운영하여야 한다. 〈신설 2017. 12. 12.〉

⑤ 국가 및 지방자치단체는 제4항에 따른 청소년참여위원회에서 제안된 내용이 청소년 관련 정책의 수립 및 시행과정에 반영될 수 있도록 적극 노력하여야 한다. 〈신설 2017. 12. 12.〉

⑥ 제4항에 따른 청소년참여위원회의 구성과 운영에 필요한 사항은 대통령령으로 정한다. 〈신설 2017. 12. 12.〉

[전문개정 2014. 3. 24.]

**제6조(가정의 책임)** ① 가정은 청소년육성에 관하여 1차적 책임이 있음을 인식하여야

하며, 따뜻한 사랑과 관심을 통하여 청소년이 개성과 자질을 바탕으로 자기발전을 실현하고 국가와 사회의 구성원으로서의 책임을 다하는 다음 세대로 성장할 수 있도록 노력하여야 한다.

② 가정은 학교 및 청소년 관련 기관 등에서 실시하는 교육프로그램에 청소년과 함께 참여하는 등 청소년을 바르게 육성하기 위하여 적극적으로 노력하여야 한다.

③ 가정은 정보통신망을 이용한 유해매체물 접촉을 차단하는 등 청소년 유해환경으로부터 청소년을 보호하기 위하여 필요한 노력을 하여야 한다.

④ 가정의 무관심·방치·억압 또는 폭력 등이 원인이 되어 청소년이 가출하거나 비행(非行)을 저지르는 경우 친권자 또는 친권자를 대신하여 청소년을 보호하는 자는 보호의무의 책임을 진다.

[전문개정 2014. 3. 24.]

**제7조(사회의 책임)** ① 모든 국민은 청소년이 일상생활에서 즐겁게 활동하고 더불어 사는 기쁨을 누리도록 도와주어야 한다.

② 모든 국민은 청소년의 사고와 행동양식의 특성을 인식하고 사랑과 대화를 통하여 청소년을 이해하고 지도하여야 하며, 청소년의 비행을 바로잡는 등 그 선도에 최선을 다하여야 한다.

③ 모든 국민은 청소년을 대상으로 하거나 청소년이 쉽게 접할 수 있는 장소에서 청소년의 정신적·신체적 건강에 해를 끼치는 행위를 하여서는 아니 되며, 청소년에게 유해한 환경을 정화하고 유익한 환경이 조성되도록 노력하여야 한다.

④ 모든 국민은 경제적·사회적·문화적·정신적으로 어려운 상태에 있는 청소년들에게 특별한 관심을 가지고 이들이 보다 나은 삶을 누릴 수 있도록 노력하여야 한다.

[전문개정 2014. 3. 24.]

**제8조(국가 및 지방자치단체의 책임)** ① 국가 및 지방자치단체는 청소년육성에 필요한 법적·제도적 장치를 마련하여 시행하여야 한다.

② 국가 및 지방자치단체는 근로 청소년을 특별히 보호하고 근로가 청소년의 균형

있는 성장과 발전에 도움이 되도록 필요한 시책을 마련하여야 한다.

③ 국가 및 지방자치단체는 청소년에 대한 가정과 사회의 책임 수행에 필요한 여건을 조성하여야 한다.

④ 국가 및 지방자치단체는 이 법에 따른 업무 수행에 필요한 재원을 안정적으로 확보하기 위한 시책을 수립 · 실시하여야 한다.

[전문개정 2014. 3. 24.]

**제8조의2(교육 및 홍보 등)** ① 국가 및 지방자치단체는 이 법 및 「아동의 권리에 관한 협약」에서 규정한 청소년의 권리와 관련된 내용을 널리 홍보하고 교육하여야 한다.

② 국가 및 지방자치단체는 근로 청소년의 권익보호를 위하여 「근로기준법」 등에서 정하는 근로 청소년의 권리 등에 필요한 교육 및 상담을 청소년에게 실시하여야 하며, 청소년 근로권익 보호정책을 적극적으로 홍보하여야 한다. 〈신설 2016. 3. 2.〉

③ 청소년 관련 기관과 청소년단체는 청소년을 대상으로 청소년의 권리에 관한 교육적 조치를 시행하여야 한다. 〈개정 2016. 3. 2.〉

[본조신설 2012. 2. 1.]

[제목개정 2016. 3. 2.]

## 제2장 청소년정책의 총괄·조정〈개정 2014. 3. 24., 2015. 2. 3.〉

**제9조(청소년정책의 총괄 · 조정)** 청소년정책은 여성가족부장관이 관계 행정기관의 장과 협의하여 총괄 · 조정한다. 〈개정 2015. 2. 3.〉

[전문개정 2014. 3. 24.]

[제목개정 2015. 2. 3.]

**제10조(청소년정책위원회)** ① 청소년정책에 관한 주요 사항을 심의 · 조정하기 위하여 여성가족부에 청소년정책위원회를 둔다.

② 청소년정책위원회는 다음 각 호의 사항을 심의 · 조정한다.

1. 제13조제1항에 따른 청소년육성에 관한 기본계획의 수립에 관한 사항
2. 청소년정책의 분야별 주요 시책에 관한 사항

3. 청소년정책의 제도개선에 관한 사항
4. 청소년정책의 분석 · 평가에 관한 사항
5. 둘 이상의 행정기관에 관련되는 청소년정책의 조정에 관한 사항
6. 그 밖에 청소년정책의 수립 · 시행에 필요한 사항으로서 대통령령으로 정하는 사항

③ 청소년정책위원회는 위원장 1명을 포함하여 30명 이내의 위원으로 구성한다. 이 경우 제4항제15호 및 제16호에 따라 위촉되는 위원이 각각 전체 위원의 5분의 1 이상이어야 한다. 〈개정 2018. 12. 18.〉

④ 위원장은 여성가족부장관이 되고, 위원은 다음 각 호의 사람이 된다. 이 경우 복수 차관이 있는 기관은 해당 기관의 장이 지명하는 차관으로 한다. 〈개정 2017. 7. 26., 2018. 12. 18.〉

1. 기획재정부차관
2. 교육부차관
3. 과학기술정보통신부차관
4. 통일부차관
5. 법무부차관
6. 행정안전부차관
7. 문화체육관광부차관
8. 산업통상자원부차관
9. 보건복지부차관
10. 고용노동부차관
11. 중소벤처기업부차관
12. 방송통신위원회부위원장
13. 경찰청장
14. 그 밖에 대통령령으로 정하는 관계 중앙행정기관의 차관 또는 차관급 공무원
15. 청소년정책에 관하여 학식과 경험이 풍부한 사람 중에서 여성가족부장관이 위

촉하는 사람

16. 청소년정책과 관련된 활동실적 등이 풍부한 청소년 중에서 여성가족부장관이 위촉하는 청소년

⑤ 제4항제15호 및 제16호에 따른 위원의 임기는 2년으로 한다. 〈개정 2018. 12. 18.〉

⑥ 청소년정책위원회에서 심의 · 조정할 사항을 미리 검토하거나 위임된 사항을 처리하는 등 청소년정책위원회의 운영을 지원하기 위하여 청소년정책위원회에 청소년정책실무위원회를 둔다.

⑦ 제1항부터 제6항까지에서 규정한 사항 외에 청소년정책위원회 및 청소년정책실무위원회의 구성, 운영 및 위촉기준 등에 필요한 사항은 대통령령으로 정한다. 〈개정 2018. 12. 18.〉

[전문개정 2015. 2. 3.]

**제11조(지방청소년육성위원회의 설치)** ① 청소년육성에 관한 지방자치단체의 주요 시책을 심의하기 위하여 특별시장 · 광역시장 · 특별자치시장 · 도지사 · 특별자치도지사(이하 "시 · 도지사"라 한다) 및 시장 · 군수 · 구청장(자치구의 구청장을 말한다. 이하 같다)의 소속으로 지방청소년육성위원회를 둔다.

② 지방청소년육성위원회의 구성 · 조직 및 운영 등에 필요한 사항은 조례로 정한다.

[전문개정 2014. 3. 24.]

**제12조(청소년특별회의의 개최)** ① 국가는 범정부적 차원의 청소년정책과제의 설정 · 추진 및 점검을 위하여 청소년 분야의 전문가와 청소년이 참여하는 청소년 특별회의를 해마다 개최하여야 한다. 〈개정 2015. 2. 3.〉

② 청소년특별회의의 참석대상 · 운영방법 등 세부적인 사항은 대통령령으로 정한다.

[전문개정 2014. 3. 24.]

**제13조(청소년육성에 관한 기본계획의 수립)** ① 여성가족부장관은 관계 중앙행정기관의 장과 협의한 후 제10조에 따른 청소년정책위원회의 심의를 거쳐 청소년 육성에 관한 기본계획(이하 "기본계획"이라 한다)을 5년마다 수립하여야 한다. 〈개정 2015. 2. 3.〉

② 기본계획에는 다음 각 호의 사항이 포함되어야 한다.

1. 이전의 기본계획에 관한 분석·평가
2. 청소년육성에 관한 기본방향
3. 청소년육성에 관한 추진목표
4. 청소년육성에 관한 기능의 조정
5. 청소년육성의 분야별 주요 시책
6. 청소년육성에 필요한 재원의 조달방법
7. 그 밖에 청소년육성을 위하여 특히 필요하다고 인정되는 사항

③ 여성가족부장관은 기본계획을 수립한 때에는 지체 없이 이를 국회 소관 상임위원회에 보고하여야 한다. 〈신설 2020. 5. 19.〉

[전문개정 2014. 3. 24.]

**제14조(연도별 시행계획의 수립 등)** ① 여성가족부장관 및 관계 중앙행정기관의 장과 지방자치단체의 장은 기본계획에 따라 연도별 시행계획(이하 "시행계획"이라 한다)을 수립·시행하여야 한다.

② 관계 중앙행정기관의 장과 지방자치단체의 장은 다음 연도 시행계획 및 전년도 시행계획에 따른 추진실적을 대통령령으로 정하는 바에 따라 매년 여성가족부장관에게 제출하여야 한다.

③ 여성가족부장관은 전년도 시행계획에 따른 추진실적을 분석·평가하고, 그 결과를 관계 중앙행정기관의 장과 지방자치단체의 장에게 통보한다.

④ 여성가족부장관 및 관계 중앙행정기관의 장과 지방자치단체의 장은 제3항에 따른 분석·평가 결과를 다음 연도 시행계획에 반영하여야 한다.

⑤ 여성가족부장관은 제3항에 따른 추진실적의 분석·평가를 위하여 필요한 경우에는 국공립 연구기관 또는 「정부출연연구기관 등의 설립·운영 및 육성에 관한 법률」에 따른 정부출연연구기관을 청소년정책 분석·평가에 관한 전문 지원기관으로 지정하여 분석·평가 업무를 지원하게 할 수 있다.

⑥ 시행계획의 수립, 추진실적의 분석·평가 및 제5항에 따른 전문지원기관의 지정

등에 필요한 사항은 대통령령으로 정한다.

[전문개정 2015. 2. 3.]

**제15조(계획 수립의 협조)** ① 여성가족부장관 및 관계 중앙행정기관의 장과 지방자치단체의 장은 기본계획 및 시행계획을 수립·시행하기 위하여 필요한 때에는 관련 기관·법인 및 단체의 장에게 협조를 요청할 수 있다. 〈개정 2015. 2. 3.〉

② 제1항에 따른 협조 요청을 받은 자는 특별한 사정이 없으면 협조하여야 한다.

[전문개정 2014. 3. 24.]

**제16조(청소년의 달)** 청소년의 능동적이고 자주적인 주인의식을 드높이고 모든 국민이 청소년육성에 참여하는 분위기를 조성하기 위하여 매년 5월을 청소년의 달로 한다.

[전문개정 2014. 3. 24.]

## 제3장 삭제〈2008. 2. 29.〉

제16조의2 삭제 〈2008. 2. 29.〉

제16조의3 삭제 〈2008. 2. 29.〉

제16조의4 삭제 〈2008. 2. 29.〉

제16조의5 삭제 〈2008. 2. 29.〉

제16조의6 삭제 〈2008. 2. 29.〉

제16조의7 삭제 〈2008. 2. 29.〉

제16조의8 삭제 〈2008. 2. 29.〉

## 제4장 청소년시설

**제17조(청소년시설의 종류)** 청소년활동에 제공되는 시설, 청소년복지에 제공되는 시설, 청소년보호에 제공되는 시설에 관한 사항은 따로 법률로 정한다.

[전문개정 2014. 3. 24.]

**제18조(청소년시설의 설치·운영)** ① 국가 및 지방자치단체는 청소년시설을 설치·운

영하여야 한다.

② 국가 및 지방자치단체 외의 자는 따로 법률에서 정하는 바에 따라 청소년시설을 설치·운영할 수 있다.

③ 국가 및 지방자치단체는 제1항에 따라 설치한 청소년시설을 청소년단체에 위탁하여 운영할 수 있다.

[전문개정 2014. 3. 24.]

**제19조(청소년시설의 지도·감독)** 국가 및 지방자치단체는 청소년시설의 적합성·공공성·안전성에 대한 국민의 신뢰를 확보하고, 그 설치와 운영을 지원하기 위하여 필요한 지도·감독을 할 수 있다.

## 제5장 청소년지도자

**제20조(청소년지도자의 양성)** ① 국가 및 지방자치단체는 청소년지도자의 양성과 자질 향상을 위하여 필요한 시책을 마련하여야 한다.

② 제1항에 따른 청소년지도자의 양성과 자질 향상을 위한 연수 등에 관한 기본방향과 내용은 대통령령으로 정한다.

[전문개정 2014. 3. 24.]

**제21조(청소년지도사)** ① 여성가족부장관은 청소년지도사 자격검정에 합격하고 청소년지도사 연수기관에서 실시하는 연수과정을 마친 사람에게 청소년지도사의 자격을 부여한다.

② 누구든지 제1항에 따라 발급받은 자격증을 다른 사람에게 빌려주거나 빌려서는 아니 되며, 이를 알선하여서도 아니 된다. 〈신설 2020. 5. 19.〉

③ 여성가족부장관은 청소년지도사 자격검정에 합격한 사람의 연수를 위하여 필요한 경우에는 대통령령으로 정하는 바에 따라 청소년지도사 연수기관을 지정할 수 있다. 〈개정 2020. 5. 19.〉

④ 다음 각 호의 어느 하나에 해당하는 사람은 청소년지도사가 될 수 없다. 〈개정 2015. 6. 22., 2020. 5. 19.〉

1. 미성년자, 피성년후견인 또는 피한정후견인
2. 파산선고를 받고 복권되지 아니한 사람
3. 금고 이상의 형을 선고받고 그 집행이 끝나거나 집행을 받지 아니하기로 확정된 후 3년이 지나지 아니한 사람
4. 금고 이상의 형을 선고받고 그 집행유예의 기간이 끝나지 아니한 사람

4의2. 제3호 및 제4호에도 불구하고 다음 각 목의 어느 하나에 해당하는 죄를 저지른 사람으로서 형 또는 치료감호를 선고받고 확정된 후 그 형 또는 치료 감호의 전부 또는 일부의 집행이 끝나거나(집행이 끝난 것으로 보는 경우를 포함한다) 집행이 유예·면제된 날부터 10년이 지나지 아니한 사람

가. 「아동복지법」 제71조제1항의 죄

나. 「성폭력범죄의 처벌 등에 관한 특례법」 제2조의 성폭력범죄

다. 「아동·청소년의 성보호에 관한 법률」 제2조제2호의 아동·청소년대상 성범죄

5. 법원의 판결 또는 법률에 따라 자격이 상실되거나 정지된 사람

⑤ 청소년지도사 자격검정의 최종 합격 발표일을 기준으로 제4항 각 호의 어느 하나에 해당하는 사람은 청소년지도사 자격검정에 응시할 수 없다. 〈신설 2020.5. 19.〉

⑥ 여성가족부장관은 제1항에 따른 자격검정을 대통령령으로 정하는 바에 따라 청소년단체 또는 「한국산업인력공단법」에 따른 한국산업인력공단에 위탁할 수 있다. 〈신설 2015. 2. 3., 2020. 5. 19.〉

⑦ 제1항에 따른 청소년지도사의 등급, 자격검정, 연수 및 자격증 발급 절차 등에 필요한 사항은 대통령령으로 정한다. 〈개정 2015. 2. 3., 2020. 5. 19.〉

[전문개정 2014. 3. 24.]

**제21조의2(청소년지도사 자격의 취소)** ① 여성가족부장관은 청소년지도사가 다음 각 호의 어느 하나에 해당하는 경우에는 그 자격을 취소하여야 한다. 〈개정 2015. 6. 22., 2020. 5. 19.〉

1. 제21조제4항의 결격사유에 해당하게 된 경우

2. 거짓이나 그 밖의 부정한 방법으로 자격을 취득한 경우
3. 자격증을 다른 사람에게 빌려주거나 양도한 경우

② 여성가족부장관은 제1항에 따라 자격을 취소하려면 청문을 하여야 한다. 〈신설 2020. 5. 19.〉

[전문개정 2014. 3. 24.]

**제21조의3(부정행위자에 대한 제재)** 여성가족부장관은 청소년지도사 자격검정에서 부정행위를 한 사람에 대하여는 그 자격검정을 정지시키거나 무효로 하고, 그 처분을 받은 날부터 3년간 자격검정 응시자격을 정지한다.

[본조신설 2015. 6. 22.]

**제22조(청소년상담사)** ① 여성가족부장관은 청소년상담사 자격검정에 합격하고 청소년상담사 연수기관에서 실시하는 연수과정을 마친 사람에게 청소년상담사의 자격을 부여한다.

② 제1항에 따른 청소년상담사의 자격검정, 연수 및 결격사유 등에 관하여는 제21조제2항부터 제7항까지, 제21조의2 및 제21조의3을 준용한다. 〈개정 2015. 2. 3., 2015. 6. 22., 2020. 5. 19.〉

[전문개정 2014. 3. 24.]

**제23조(청소년지도사·청소년상담사의 배치 등)** ① 청소년시설과 청소년단체는 대통령령으로 정하는 바에 따라 청소년육성을 담당하는 청소년지도사나 청소년상담사를 배치하여야 한다.

② 국가 및 지방자치단체는 제1항에 따라 청소년단체나 청소년시설에 배치된 청소년지도사와 청소년상담사에게 예산의 범위에서 그 활동비의 전부 또는 일부를 보조할 수 있다.

의 보수가 제25조에 따른 청소년육성 전담공무원의 보수 수준에 도달하도록 노력하여야 한다. 〈신설 2015. 2. 3.〉

[전문개정 2014. 3. 24.]

**제24조(청소년지도사·청소년상담사의 채용 등)** ① 「교육기본법」 제9조에 따른 학교

(이하 "학교"라 한다)는 청소년육성에 관련되는 업무를 수행할 때에 필요하면 청소년지도사나 청소년상담사를 채용할 수 있다.

② 국가 및 지방자치단체는 제1항에 따라 채용된 청소년지도사나 청소년상담사의 보수 등 채용에 필요한 경비의 전부 또는 일부를 보조할 수 있다.

[전문개정 2014. 3. 24.]

**제24조의2(청소년지도사 · 청소년상담사의 보수교육)** ① 청소년시설, 청소년단체 및 학교 등에서 각각 그 업무에 종사하는 청소년지도사와 청소년상담사는 자질 향상을 위하여 정기적으로 보수교육을 받아야 한다.

② 청소년시설, 청소년단체 및 학교 등을 운영하는 자는 해당 시설, 단체 및 학교 등에 종사하는 청소년지도사와 청소년상담사에 대하여 제1항에 따른 보수교육을 이유로 불리한 처우를 하여서는 아니 된다.

③ 여성가족부장관은 제1항에 따른 보수교육을 여성가족부령으로 정하는 바에 따라 관계 기관 또는 단체에 위탁할 수 있다.

④ 제1항에 따른 보수교육의 대상 · 기간 · 내용 · 방법 및 절차와 제3항에 따른 위탁 등에 필요한 사항은 여성가족부령으로 정한다.

[전문개정 2014. 3. 24.]

**제25조(청소년육성 전담공무원)** ① 특별시 · 광역시 · 특별자치시 · 도 · 특별자치도(이하 "시 · 도"라 한다), 시 · 군 · 구(자치구를 말한다. 이하 같다) 및 읍 · 면 · 동 또는 제26조에 따른 청소년육성 전담기구에 청소년육성 전담공무원을 둘 수 있다.

② 제1항에 따른 청소년육성 전담공무원은 청소년지도사 또는 청소년상담사의 자격을 가진 사람으로 한다.

③ 청소년육성 전담공무원은 관할구역의 청소년과 청소년지도자 등에 대하여 그 실태를 파악하고 필요한 지도를 하여야 한다.

④ 관계 행정기관, 청소년단체 및 청소년시설의 설치 · 운영자는 청소년육성 전담공무원의 업무 수행에 협조하여야 한다.

⑤ 제1항에 따른 청소년육성 전담공무원의 임용 등에 필요한 사항은 조례로 정한다.

[전문개정 2014. 3. 24.]

**제26조(청소년육성 전담기구의 설치)** ① 청소년육성에 관한 업무를 효율적으로 운영하기 위하여 시·도 및 시·군·구에 청소년육성에 관한 업무를 전담하는 기구를 따로 설치할 수 있다.

② 제1항에 따른 청소년육성 전담기구의 사무 범위, 조직 등에 필요한 사항은 조례로 정한다.

[전문개정 2014. 3. 24.]

**제27조(청소년지도위원)** ① 특별자치시장·특별자치도지사·시장·군수·구청장은 청소년육성을 담당하게 하기 위하여 청소년지도위원을 위촉하여야 한다.

② 제21조제4항 각 호의 어느 하나에 해당하는 사람은 청소년지도위원이 될 수 없다. 〈신설 2020. 5. 19.〉

③ 청소년지도위원이 제21조제4항 각 호의 어느 하나에 해당하게 되는 경우 위원 자격을 상실한다. 〈신설 2020. 5. 19.〉

④ 제1항에 따른 청소년지도위원의 자격·위촉절차 등에 필요한 사항은 조례로 정한다. 〈개정 2020. 5. 19.〉

[전문개정 2014. 3. 24.]

## 제6장 청소년단체

**제28조(청소년단체의 역할)** ① 청소년단체는 다음 각 호의 역할을 수행하기 위하여 최선의 노력을 하여야 한다.

1. 학교교육과 서로 보완할 수 있는 청소년활동을 통한 청소년의 기량과 품성 함양
2. 청소년복지 증진을 통한 청소년의 삶의 질 향상
3. 유해환경으로부터 청소년을 보호하기 위한 청소년보호 업무 수행

② 청소년단체는 제1항에 따른 역할을 수행할 때에 청소년의 의견을 적극 반영하여야 한다.

[전문개정 2014. 3. 24.]

**제28조의2(청소년단체 임원의 결격사유)** ① 청소년단체의 임원은 여성가족부장관으로부터 설립허가를 받은 법인의 임원과 「비영리민간단체지원법」에 따라 등록된 비영리민간단체의 대표자, 관리인 또는 그 밖에 회칙으로 정한 임원으로 한다.

② 다음 각 호의 어느 하나에 해당하는 사람은 청소년단체의 임원이 될 수 없다. 〈개정 2015. 6. 22., 2020. 5. 19.〉

1. 제21조제4항 각 호(제4호의2는 제외한다)의 어느 하나에 해당하는 사람
2. 삭제 〈2015. 6. 22.〉
3. 제1호 및 제2호에도 불구하고 「아동복지법」 제71조, 「보조금 관리에 관한 법률」 제40조부터 제42조까지 또는 「형법」 제28장 · 제40장(제360조는 제외한다)의 죄를 범하거나 이 법을 위반하여 다음 각 목의 어느 하나에 해당하는 사람
   가. 100만원 이상의 벌금형을 선고받고 그 형이 확정된 후 5년이 지나지 아니한 사람
   나. 형의 집행유예를 선고받고 그 형이 확정된 후 7년이 지나지 아니한 사람
   다. 징역형을 선고받고 그 집행이 끝나거나(집행이 끝난 것으로 보는 경우를 포함한다) 집행이 면제된 날부터 7년이 지나지 아니한 사람
4. 제1호부터 제3호까지의 규정에도 불구하고 「성폭력범죄의 처벌 등에 관한 특례법」 제2조(제1항제1호는 제외한다)의 성폭력범죄 또는 「아동 · 청소년의 성보호에 관한 법률」 제2조제2호의 아동 · 청소년대상 성범죄를 저지른 사람으로서 형 또는 치료감호를 선고받고 확정된 후 그 형 또는 치료감호의 전부 또는 일부의 집행이 끝나거나(집행이 끝난 것으로 보는 경우를 포함한다) 집행이 유예 · 면제된 날부터 10년이 지나지 아니한 사람

③ 임원이 제2항 각 호의 어느 하나에 해당하게 되었을 때에는 그 자격을 상실한다.

[전문개정 2014. 3. 24.]

**제28조의3(벌금형의 분리 선고)** 「형법」 제38조에도 불구하고 청소년단체의 임원에게 제28조의2제2항제3호에서 정한 죄와 다른 죄의 경합범(競合犯)에 대하여 벌금형을 선고하는 경우에는 이를 분리하여 선고하여야 한다.

[본조신설 2018. 4. 17.]

**제29조(청소년단체에 대한 지원 등)** ① 국가 및 지방자치단체는 청소년단체의 조직과 활동에 필요한 행정적인 지원을 할 수 있으며, 예산의 범위에서 그 운영·활동 등에 필요한 경비의 일부를 보조할 수 있다.

② 학교 및 「평생교육법」 제2조제2호의 평생교육기관은 청소년단체의 청소년활동에 필요한 지원과 협력을 할 수 있다.

③ 개인·법인 또는 단체는 청소년단체의 시설과 운영을 지원하기 위하여 금전이나 그 밖의 재산을 출연할 수 있다.

④ 제1항에 따른 지원 및 보조의 범위 등에 필요한 사항은 대통령령으로 정한다.

[전문개정 2014. 3. 24.]

**제30조(수익사업)** ① 청소년단체는 정관에서 정하는 바에 따라 청소년육성과 관련한 수익사업을 할 수 있다.

② 제1항에 따른 수익사업의 범위, 수익금의 사용 등에 필요한 사항은 대통령령으로 정한다.

[전문개정 2014. 3. 24.]

**제31조** 삭제 〈2010. 5. 17.〉

**제32조** 삭제 〈2010. 5. 17.〉

**제33조** 삭제 〈2010. 5. 17.〉

**제34조** 삭제 〈2010. 5. 17.〉

**제35조** 삭제 〈2010. 5. 17.〉

**제36조** 삭제 〈2010. 5. 17.〉

**제37조** 삭제 〈2010. 5. 17.〉

**제38조** 삭제 〈2010. 5. 17.〉

**제39조** 삭제 〈2010. 5. 17.〉

**제40조(한국청소년단체협의회)** ① 청소년단체는 청소년육성을 위한 다음 각 호의 활동을 하기 위하여 여성가족부장관의 인가를 받아 한국청소년단체협의회를 설립할

수 있다.

1. 회원단체의 사업과 활동에 대한 협조 · 지원
2. 청소년지도자의 연수와 권익 증진
3. 청소년 관련 분야의 국제기구활동
4. 외국 청소년단체와의 교류 및 지원
5. 남 · 북청소년 및 해외교포청소년과의 교류 · 지원
6. 청소년활동에 관한 조사 · 연구 · 지원
7. 청소년 관련 도서 출판 및 정보 지원
8. 청소년육성을 위한 홍보 및 실천 운동
9. 제41조에 따른 지방청소년단체협의회에 대한 협조 및 지원
10. 그 밖에 청소년육성을 위하여 필요한 사업

② 한국청소년단체협의회는 법인으로 한다.

③ 한국청소년단체협의회는 주된 사무소의 소재지에서 설립등기를 함으로써 성립한다.

④ 한국청소년단체협의회에 관하여 이 법에 규정된 것을 제외하고는 「민법」 중 사단법인에 관한 규정을 준용한다.

⑤ 국가는 한국청소년단체협의회의 운영과 활동에 필요한 경비를 지원할 수 있다.

⑥ 한국청소년단체협의회는 설립 목적에 지장이 없는 범위에서 수익사업을 할 수 있으며, 발생한 수익은 한국청소년단체협의회의 운영 또는 한국청소년단체협의회의 시설 운영 외의 목적에 사용할 수 없다.

⑦ 개인 · 법인 또는 단체는 한국청소년단체협의회의 운영과 사업 등을 지원하기 위하여 금전이나 그 밖의 재산을 출연하거나 기부할 수 있다.

⑧ 한국청소년단체협의회는 제1항에 따른 활동의 일부를 정관에서 정하는 바에 따라 회원단체에 위탁할 수 있다.

[전문개정 2014. 3. 24.]

**제41조(지방청소년단체협의회)** ① 특정지역을 활동 범위로 하는 청소년단체는 청소년

육성을 위하여 그 지역을 관할하는 시·도의 조례로 정하는 바에 따라 시·도지사의 인가를 받아 지방청소년단체협의회를 설립할 수 있다.

② 지방자치단체는 예산의 범위에서 해당 지방청소년단체협의회의 운영경비의 전부 또는 일부를 지원할 수 있다.

[전문개정 2014. 3. 24.]

**제42조** 삭제 〈2012. 2. 1.〉

**제42조의2** 삭제 〈2012. 2. 1.〉

**제42조의3** 삭제 〈2012. 2. 1.〉

**제42조의4** 삭제 〈2012. 2. 1.〉

**제42조의5** 삭제 〈2012. 2. 1.〉

**제43조** 삭제 〈2012. 2. 1.〉

**제44조** 삭제 〈2012. 2. 1.〉

**제45조** 삭제 〈2010. 5. 17.〉

**제46조** 삭제 〈2012. 2. 1.〉

**제46조의2** 삭제 〈2012. 2. 1.〉

## 제7장 청소년활동 및 청소년복지 등〈개정 2014. 3. 24.〉

**제47조(청소년활동의 지원)** ① 국가 및 지방자치단체는 청소년활동을 지원하여야 한다.

② 제1항에 따른 청소년활동의 지원에 관한 사항은 따로 법률로 정한다.

[전문개정 2014. 3. 24.]

**제48조(학교교육 등과의 연계)** ① 국가 및 지방자치단체는 청소년활동과 학교교육·평생교육을 연계하여 교육적 효과를 높일 수 있도록 하는 시책을 수립·시행하여야 한다.

② 여성가족부장관이 제1항에 따른 시책을 수립할 때에는 미리 관계 기관과 협의하여야 하며, 전문가의 의견을 들어야 한다.

③ 제2항에 따른 협의를 요청받은 관계 기관은 특별한 사유가 없으면 이에 따라야

한다.

[전문개정 2014. 3. 24.]

**제48조의2(청소년 방과 후 활동의 지원)** ① 국가 및 지방자치단체는 학교의 정규교육으로 보호할 수 없는 시간 동안 청소년의 전인적(全人的) 성장·발달을 지원하기 위하여 다양한 교육 및 활동 프로그램 등을 제공하는 종합적인 지원 방안을 마련하여야 한다.

② 제1항의 종합적인 지원 방안 마련에 필요한 사항은 대통령령으로 정한다.

[전문개정 2014. 3. 24.]

**제49조(청소년복지의 향상)** ① 국가는 청소년들의 의식·태도·생활 등에 관한 사항을 정기적으로 조사하고, 이를 개선하기 위하여 청소년의 복지향상 정책을 수립·시행하여야 한다.

② 국가 및 지방자치단체는 기초생활 보장, 직업재활훈련, 청소년활동 지원 등의 시책을 추진할 때에는 정신적·신체적·경제적·사회적으로 특별한 지원이 필요한 청소년을 우선적으로 배려하여야 한다.

③ 국가 및 지방자치단체는 청소년의 삶의 질을 향상하기 위하여 구체적인 시책을 마련하여야 한다.

④ 제1항부터 제3항까지의 규정에 관하여는 따로 법률로 정한다.

[전문개정 2014. 3. 24.]

**제50조** 삭제 〈2012. 2. 1.〉

**제51조(청소년 유익환경의 조성)** ① 국가 및 지방자치단체는 청소년이 정보화 능력을 키울 수 있는 환경을 조성하기 위하여 노력하여야 한다.

② 국가 및 지방자치단체는 청소년에게 유익한 매체물의 제작·보급 등을 장려하여야 하며 매체물의 제작·보급 등을 하는 자에게 그 제작·보급 등에 관한 경비 등을 지원할 수 있다.

③ 국가 및 지방자치단체는 주택단지의 청소년시설 배치 등 청소년을 위한 사회환경과 자연환경을 조성하기 위하여 노력하여야 한다.

[전문개정 2014. 3. 24.]

**제52조(청소년 유해환경의 규제)** ① 국가 및 지방자치단체는 청소년에게 유해한 매체물과 약물 등이 유통되지 아니하도록 하여야 한다.

② 국가 및 지방자치단체는 청소년이 유해한 업소에 출입하거나 고용되지 아니하도록 하여야 한다.

③ 국가 및 지방자치단체는 폭력·학대·성매매 등 유해한 행위로부터 청소년을 보호·구제하여야 한다.

④ 제1항부터 제3항까지의 규정에 따른 청소년에게 유해한 매체물·약물·업소·행위 등의 규제에 관하여는 따로 법률로 정한다.

[전문개정 2014. 3. 24.]

**제52조의2(근로 청소년의 보호를 위한 신고의무)** ① 누구든지 청소년의 근로와 관련하여 「근로기준법」, 「최저임금법」 등 노동 관계 법령의 위반 사실을 알게 된 경우에는 그 사실을 고용노동부장관이나 「근로기준법」 제101조에 따른 근로감독관에게 신고할 수 있다.

② 다음 각 호의 어느 하나에 해당하는 사람은 그 직무를 수행하면서 청소년의 근로와 관련하여 「근로기준법」, 「최저임금법」 등 노동 관계 법령의 위반 사실을 알게 된 경우에는 그 사실을 고용노동부장관이나 「근로기준법」 제101조에 따른 근로감독관에게 신고하여야 한다.

1. 「청소년복지지원법」 제12조제2항에 따른 상담전화, 같은 법 제22조에 따른 한국청소년상담복지개발원, 같은 법 제29조에 따른 청소년상담복지센터, 같은 법 제30조에 따른 이주배경청소년지원센터 및 같은 법 제31조에 따른청소년복지시설의 장과 그 종사자
2. 「학교 밖 청소년 지원에 관한 법률」 제12조에 따른 학교 밖 청소년 지원센터의 장과 그 종사자
3. 「아동복지법」 제50조에 따른 아동복지시설의 장과 그 종사자

③ 누구든지 제1항 및 제2항에 따른 신고인의 인적 사항 또는 신고인임을 미루어

알 수 있는 사실을 다른 사람에게 알려주거나 공개 또는 보도하여서는 아니 된다.

[본조신설 2016. 12. 20.]

**제52조의3(청소년 근로권익 보호 지원)** 국가나 지방자치단체는 근로청소년의 부당처우에 대한 해결을 돕는 등 청소년의 근로권익 보호를 위한 사업을 실시하거나 지원할 수 있다.

[본조신설 2020. 5. 19.]

## 제8장 청소년육성기금

**제53조(기금의 설치 등)** ① 청소년육성에 필요한 재원을 확보하기 위하여 청소년육성기금(이하 "기금"이라 한다)을 설치한다.

② 기금은 여성가족부장관이 관리·운용한다.

③ 여성가족부장관은 기금의 관리·운용에 관한 사무의 전부 또는 일부를 다음 각 호의 기관 중에서 선정하여 위탁할 수 있다.

1. 제40조에 따른 한국청소년단체협의회
2. 「청소년활동진흥법」 제6조에 따른 한국청소년활동진흥원
3. 「정부출연연구기관 등의 설립·운영 및 육성에 관한 법률」에 따라 설립된 한국청소년정책연구원
4. 「국민체육진흥법」 제36조에 따른 서울올림픽기념국민체육진흥공단

④ 기금의 관리·운용에 필요한 사항은 대통령령으로 정한다.

[전문개정 2014. 3. 24.]

**제54조(기금의 조성)** ① 기금은 다음 각 호의 재원으로 조성한다. 〈개정 2014. 12. 23.〉

1. 정부의 출연금
2. 「국민체육진흥법」 제22조제4항제1호 및 「경륜·경정법」 제18조제1항제1호에 따른 출연금
3. 개인·법인 또는 단체가 출연하는 금전·물품이나 그 밖의 재산
4. 기금의 운용으로 생기는 수익금

5. 그 밖에 대통령령으로 정하는 수입금

② 제1항제3호에 따라 출연하는 자는 용도를 지정하여 출연할 수 있다. 다만, 특정 단체 또는 개인에 대한 지원을 용도로 지정할 수 없다.

[전문개정 2014. 3. 24.]

**제55조(기금의 사용 등)** ① 기금은 다음 각 호의 사업에 사용한다. 〈개정 2015. 2. 3.〉

1. 청소년활동의 지원
2. 청소년시설의 설치와 운영을 위한 지원
3. 청소년지도자의 양성을 위한 지원
4. 청소년단체의 운영과 활동을 위한 지원
5. 청소년복지 증진을 위한 지원
6. 청소년보호를 위한 지원
7. 청소년정책의 수행 과정에 관한 과학적 연구의 지원
8. 기금 조성 사업을 위한 지원
9. 그 밖에 청소년육성을 위하여 대통령령으로 정하는 사업

② 국가나 지방자치단체는 제53조제2항 및 제3항에 따른 기금의 관리기관(이하 "기금관리기관"이라 한다)의 기금 조성을 지원하기 위하여 기금관리기관에 국유 또는 공유의 시설·물품이나 그 밖의 재산을 그 용도나 목적에 지장을 주지 아니하는 범위에서 무상으로 사용·수익하게 하거나 대부할 수 있다.

③ 기금관리기관은 청소년육성 또는 기금의 조성을 위하여 기금의 일부 또는 기금관리기관의 시설·물품 등 재산의 일부를 청소년단체의 기본재산에 출연하거나 출자할 수 있다.

④ 기금관리기관은 기금 조성의 전망을 고려하여 기금 사용을 조절함으로써 궁극적으로 청소년육성을 위한 재원 확보에 기여할 수 있는 장기계획을 수립하여 시행하여야 한다.

[전문개정 2014. 3. 24.]

**제56조(지방청소년육성기금의 조성)** ① 시·도지사는 관할구역의 청소년활동 지원 등

청소년육성을 위한 사업 지원에 필요한 재원을 확보하기 위하여 지방청소년육성기금을 설치할 수 있다.

② 제1항에 따른 지방청소년육성기금의 조성 · 용도 등에 필요한 사항은 조례로 정한다.

[전문개정 2014. 3. 24.]

## 제9장 보칙

**제57조(국유 · 공유 재산의 대부 등)** ① 국가나 지방자치단체는 청소년시설의 설치, 청소년단체의 육성을 위하여 필요한 경우에는 「국유재산법」 또는 「공유재산 및 물품 관리법」에도 불구하고 그 용도에 지장을 주지 아니하는 범위에서 청소년시설이나 청소년단체에 국유 · 공유 재산을 무상으로 대부하거나 사용 · 수익하게 할 수 있다.

② 제1항에 따른 국유 · 공유 재산의 대부 · 사용 · 수익의 내용 및 조건에 관하여는 해당 재산을 사용 · 수익하려는 자와 해당 재산의 관리청 또는 지방자치단체의 장 사이의 계약에 따른다.

[전문개정 2014. 3. 24.]

**제58조(조세 감면 등)** ① 국가는 다음 각 호의 기관과 그 기관에서 운영하는 청소년시설에 대하여 「조세특례제한법」에서 정하는 바에 따라 조세를 감면할 수 있고, 「부가가치세법」에서 정하는 바에 따라 부가가치세를 감면할 수 있다.

1. 제40조에 따른 한국청소년단체협의회
2. 제41조에 따른 지방청소년단체협의회
3. 「청소년복지 지원법」 제22조에 따른 한국청소년상담복지개발원
4. 「청소년복지 지원법」 제29조에 따른 청소년상담복지센터
5. 「청소년복지 지원법」 제30조에 따른 이주배경청소년지원센터
6. 「정부출연연구기관 등의 설립 · 운영 및 육성에 관한 법률」에 따라 설립된 한국청소년정책연구원
7. 그 밖의 청소년단체

② 국가는 다음 각 호의 재산 등에 대해서는 「조세특례제한법」에서 정하는 바에 따라 소득계산의 특례를 적용할 수 있다.

1. 제1항 각 호의 기관과 그 기관에서 운영하는 청소년시설에 출연되거나 기부된 재산
2. 제54조에 따라 기금에 출연된 금전이나 그 밖의 재산

③ 국가는 제1항 각 호의 기관과 그 기관에서 운영하는 청소년시설에서 청소년활동에 사용하기 위하여 수입하는 다음 각 호의 어느 하나에 해당하는 용품 등에 대해서는 「관세법」에서 정하는 바에 따라 관세를 감면할 수 있다.

1. 실험·실습·시청각 기자재와 그 밖에 필요한 용품
2. 고도의 정밀성 등으로 수입이 불가피한 청소년 시설·설비

[전문개정 2014. 3. 24.]

**제59조(감독 등)** ① 국가 및 지방자치단체는 청소년육성을 위하여 필요하면 다음 각 호의 기관에 대하여 업무·회계 및 재산에 관한 사항을 보고하게 하거나 소속 공무원으로 하여금 그 장부·서류나 그 밖의 물건을 검사하게 할 수 있다.

1. 청소년시설
2. 제40조에 따른 한국청소년단체협의회
3. 제41조에 따른 지방청소년단체협의회
4. 그 밖의 청소년단체

② 제1항에 따라 검사를 하는 공무원은 그 권한을 표시하는 증표를 지니고 이를 관계인에게 보여주어야 한다.

[전문개정 2014. 3. 24.]

**제60조(포상)** 정부는 청소년육성에 관하여 현저한 공로가 있거나 다른 청소년에게 모범이 되는 자에게 포상을 할 수 있다.

[전문개정 2014. 3. 24.]

**제61조(유사명칭의 사용금지)** 이 법에 따른 한국청소년단체협의회가 아닌 자는 한국청소년단체협의회 또는 이와 유사한 명칭을 사용하지 못한다.

[전문개정 2014. 3. 24.]

**제62조(수수료 등)** ① 다음 각 호의 어느 하나에 해당하는 사람은 여성가족부령으로 정하는 바에 따라 수수료를 내야 한다.

1. 청소년지도사 자격검정에 응시하거나 연수과정을 이수하는 사람
2. 청소년상담사 자격검정에 응시하거나 연수과정을 이수하는 사람

② 청소년시설을 설치·운영하는 자 및 위탁운영을 하는 단체는 청소년시설을 이용하는 자로부터 이용료를 받을 수 있다.

[전문개정 2014. 3. 24.]

**제63조(권한의 위임·위탁)** 여성가족부장관은 이 법에 따른 권한의 일부를 대통령령으로 정하는 바에 따라 시·도지사에게 위임하거나 청소년단체에 위탁할 수 있다.

[전문개정 2014. 3. 24.]

**제63조의2(벌칙 적용에서 공무원 의제)** 제21조제6항(제22조제2항에서 준용하는 경우를 포함한다)에 따라 위탁받은 자격검정 업무에 종사하는 사람은 「형법」 제129조부터 제132조까지의 규정을 적용할 때에는 공무원으로 본다. 〈개정 2020. 5. 19.〉

[본조신설 2015. 2. 3.]

## 제10장 벌칙

**제64조(벌칙)** 제30조에 따라 정관에서 정하는 사업 외의 수익사업을 한 자는 2년 이하의 징역 또는 2천만원 이하의 벌금에 처한다.

[전문개정 2014. 3. 24.]

**제64조의2(벌칙)** 다음 각 호의 어느 하나에 해당하는 자는 1년 이하의 징역 또는 1천만원 이하의 벌금에 처한다. 〈개정 2020. 5. 19.〉

1. 제21조제2항(제22조제2항에서 준용하는 경우를 포함한다)을 위반하여 자격증을 빌려주거나 빌린 사람 또는 이를 알선한 사람
2. 제52조의2제3항을 위반하여 신고인의 인적 사항 또는 신고인임을 미루어 알 수 있는 사실을 다른 사람에게 알려주거나 공개 또는 보도한 자

[본조신설 2016. 12. 20.]

**제65조(양벌규정)** 법인의 대표자나 법인 또는 개인의 대리인, 사용인, 그 밖의 종업원이 그 법인 또는 개인의 업무에 관하여 제64조의 위반행위를 하면 그 행위자를 벌하는 외에 그 법인 또는 개인에게도 해당 조문의 벌금형을 과(科)한다. 다만, 법인 또는 개인이 그 위반행위를 방지하기 위하여 해당 업무에 관하여 상당한 주의와 감독을 게을리하지 아니한 경우에는 그러하지 아니하다.

[전문개정 2010. 5. 17.]

**제66조(과태료)** ① 다음 각 호의 어느 하나에 해당하는 자에게는 500만 원 이하의 과태료를 부과한다.

1. 제59조제1항에 따른 보고를 하지 아니하거나 검사를 거부·방해 또는 기피한 자
2. 제61조를 위반한 자

② 제24조의2제1항 및 제2항을 위반한 자에게는 100만 원 이하의 과태료를 부과한다.

③ 제1항과 제2항에 따른 과태료는 대통령령으로 정하는 바에 따라 여성가족부장관 또는 지방자치단체의 장이 부과·징수한다.

[전문개정 2014. 3. 24.]

## 부칙 〈법률 제17285호, 2020. 5. 19.〉

**제1조(시행일)** 이 법은 공포 후 6개월이 경과한 날부터 시행한다.

**제2조(청소년육성에 관한 기본계획에 관한 적용례)** 제13조제3항의 개정규정은 이법 시행 후 최초로 여성가족부장관이 수립하는 청소년육성에 관한 기본계획부디 적용한다.

**제3조(청소년지도사 자격검정 응시에 관한 적용례)** 제21조제5항의 개정규정은 이법 시행 후 최초로 청소년지도사 자격검정을 실시하는 경우부터 적용한다.

**제4조(청소년지도위원의 결격사유 및 자격상실에 관한 적용례)** 제27조제2항 및 제3항의 개정규정은 이 법 시행 후 발생하는 사유로 인하여 종전의 제21조제3항 각 호의 어느 하나에 해당하게 되는 경우부터 적용한다.

# 청소년보호법

[시행 2021. 1. 1.] [법률 제17761호, 2020. 12. 29., 타법개정]

## 제1장 총칙

**제1조(목적)** 이 법은 청소년에게 유해한 매체물과 약물 등이 청소년에게 유통되는 것과 청소년이 유해한 업소에 출입하는 것 등을 규제하고 청소년을 유해한 환경으로부터 보호·구제함으로써 청소년이 건전한 인격체로 성장할 수 있도록 함을 목적으로 한다.

**제2조(정의)** 이 법에서 사용하는 용어의 뜻은 다음과 같다. 〈개정 2013. 3. 22., 2013. 6. 4., 2014. 3. 24., 2016. 1. 6., 2016. 12. 20., 2017. 12. 12., 2018. 12. 11.〉

1. "청소년"이란 만 19세 미만인 사람을 말한다. 다만, 만 19세가 되는 해의 1월 1일을 맞이한 사람은 제외한다.
2. "매체물"이란 다음 각 목의 어느 하나에 해당하는 것을 말한다.

   가. 「영화 및 비디오물의 진흥에 관한 법률」에 따른 영화 및 비디오물

   나. 「게임산업진흥에 관한 법률」에 따른 게임물

   다. 「음악산업진흥에 관한 법률」에 따른 음반, 음악파일, 음악영상물 및 음악영상파일

   라. 「공연법」에 따른 공연(국악공연은 제외한다)

   마. 「전기통신사업법」에 따른 전기통신을 통한 부호·문언·음향 또는 영상정보

   바. 「방송법」에 따른 방송프로그램(보도 방송프로그램은 제외한다)

   사. 「신문 등의 진흥에 관한 법률」에 따른 일반일간신문(주로 정치·경제·사회에 관한 보도·논평 및 여론을 전파하는 신문은 제외한다), 특수일간신 문(경제·산업·과학·종교 분야는 제외한다), 일반주간신문(정치·경제 분야는 제외한다), 특수주간신문(경제·산업·과학·시사·종교 분야는 제외한다), 인터넷신문(주로 보도·논평 및 여론을 전파하는 기사는 제외한다) 및 인터넷뉴스서비스

아. 「잡지 등 정기간행물의 진흥에 관한 법률」에 따른 잡지(정치 · 경제 · 사회 · 시사 · 산업 · 과학 · 종교 분야는 제외한다), 정보간행물, 전자간행물 및 그 밖의 간행물

자. 「출판문화산업 진흥법」에 따른 간행물, 전자출판물 및 외국간행물(사목 및 아목에 해당하는 매체물은 제외한다)

차. 「옥외광고물 등의 관리와 옥외광고산업 진흥에 관한 법률」에 따른 옥외광고물과 가목부터 자목까지의 매체물에 수록 · 게재 · 전시되거나 그 밖의 방법으로 포함된 상업적 광고선전물

카. 그 밖에 청소년의 정신적 · 신체적 건강을 해칠 우려가 있어 대통령령으로 정하는 매체물

3. "청소년유해매체물"이란 다음 각 목의 어느 하나에 해당하는 것을 말한다.

가. 제7조제1항 본문 및 제11조에 따라 청소년보호위원회가 청소년에게 유해한 것으로 결정하거나 확인하여 여성가족부장관이 고시한 매체물

나. 제7조제1항 단서 및 제11조에 따라 각 심의기관이 청소년에게 유해한 것으로 심의하거나 확인하여 여성가족부장관이 고시한 매체물

4. "청소년유해약물등"이란 청소년에게 유해한 것으로 인정되는 다음 가목의 약물(이하 "청소년유해약물"이라 한다)과 청소년에게 유해한 것으로 인정되는 다음 나목의 물건(이하 "청소년유해물건"이라 한다)을 말한다.

가. 청소년유해약물

1) 「주세법」에 따른 주류

2) 「담배사업법」에 따른 담배

3) 「마약류 관리에 관한 법률」에 따른 마약류

4) 「화학물질관리법」에 따른 환각물질

5) 그 밖에 중추신경에 작용하여 습관성, 중독성, 내성 등을 유발하여 인체에 유해하게 작용할 수 있는 약물 등 청소년의 사용을 제한하지 아니하면 청소년의 심신을 심각하게 손상시킬 우려가 있는 약물로서 대통령령으로 정

하는 기준에 따라 관계 기관의 의견을 들어 제36조에 따른 청소년보호위원회(이하 "청소년보호위원회"라 한다)가 결정하고 여성가족부장관이 고시한 것

나. 청소년유해물건

1) 청소년에게 음란한 행위를 조장하는 성기구 등 청소년의 사용을 제한하지 아니하면 청소년의 심신을 심각하게 손상시킬 우려가 있는 성 관련 물건으로서 대통령령으로 정하는 기준에 따라 청소년보호위원회가 결정하고 여성가족부장관이 고시한 것

2) 청소년에게 음란성 · 포악성 · 잔인성 · 사행성 등을 조장하는 완구류 등 청소년의 사용을 제한하지 아니하면 청소년의 심신을 심각하게 손상시킬 우려가 있는 물건으로서 대통령령으로 정하는 기준에 따라 청소년보호위원회가 결정하고 여성가족부장관이 고시한 것

3) 청소년유해약물과 유사한 형태의 제품으로 청소년의 사용을 제한하지 아니하면 청소년의 청소년유해약물 이용습관을 심각하게 조장할 우려가 있는 물건으로서 대통령령으로 정하는 기준에 따라 청소년보호위원회가 결정하고 여성가족부장관이 고시한 것

5. "청소년유해업소"란 청소년의 출입과 고용이 청소년에게 유해한 것으로 인정되는 다음 가목의 업소(이하 "청소년 출입 · 고용금지업소"라 한다)와 청소년의 출입은 가능하나 고용이 청소년에게 유해한 것으로 인정되는 다음 나목의 업소(이하 "청소년고용금지업소"라 한다)를 말한다. 이 경우 업소의 구분은 그 업소가 영업을 할 때 다른 법령에 따라 요구되는 허가 · 인가 · 등록 · 신고 등의 여부와 관계없이 실제로 이루어지고 있는 영업행위를 기준으로 한다.

가. 청소년 출입 · 고용금지업소

1) 「게임산업진흥에 관한 법률」에 따른 일반게임제공업 및 복합유통게임제공업 중 대통령령으로 정하는 것

2) 「사행행위 등 규제 및 처벌 특례법」에 따른 사행행위영업

3) 「식품위생법」에 따른 식품접객업 중 대통령령으로 정하는 것
4) 「영화 및 비디오물의 진흥에 관한 법률」 제2조제16호에 따른 비디오물감상실업 · 제한관람가비디오물소극장업 및 복합영상물제공업
5) 「음악산업진흥에 관한 법률」에 따른 노래연습장업 중 대통령령으로 정하는 것
6) 「체육시설의 설치 · 이용에 관한 법률」에 따른 무도학원업 및 무도장업
7) 전기통신설비를 갖추고 불특정한 사람들 사이의 음성대화 또는 화상대화를 매개하는 것을 주된 목적으로 하는 영업. 다만, 「전기통신사업법」 등 다른 법률에 따라 통신을 매개하는 영업은 제외한다.
8) 불특정한 사람 사이의 신체적인 접촉 또는 은밀한 부분의 노출 등 성적 행위가 이루어지거나 이와 유사한 행위가 이루어질 우려가 있는 서비스를 제공하는 영업으로서 청소년보호위원회가 결정하고 여성가족부장관이 고시한 것
9) 청소년유해매체물 및 청소년유해약물등을 제작 · 생산 · 유통하는 영업 등 청소년의 출입과 고용이 청소년에게 유해하다고 인정되는 영업으로서 대통령령으로 정하는 기준에 따라 청소년보호위원회가 결정하고 여성가족부장관이 고시한 것
10) 「한국마사회법」 제6조제2항에 따른 장외발매소
11) 「경륜 · 경정법」 제9조제2항에 따른 장외매장

나. 청소년고용금지업소

1) 「게임산업진흥에 관한 법률」에 따른 청소년게임제공업 및 인터넷컴퓨터게임시설제공업
2) 「공중위생관리법」에 따른 숙박업, 목욕장업, 이용업 중 대통령령으로 정하는 것
3) 「식품위생법」에 따른 식품접객업 중 대통령령으로 정하는 것
4) 「영화 및 비디오물의 진흥에 관한 법률」에 따른 비디오물소극장업

5) 「화학물질관리법」에 따른 유해화학물질 영업. 다만, 유해화학물질 사용과 직접 관련이 없는 영업으로서 대통령령으로 정하는 영업은 제외한다.
6) 회비 등을 받거나 유료로 만화를 빌려 주는 만화대여업
7) 청소년유해매체물 및 청소년유해약물등을 제작 · 생산 · 유통하는 영업 등 청소년의 고용이 청소년에게 유해하다고 인정되는 영업으로서 대통령령으로 정하는 기준에 따라 청소년보호위원회가 결정하고 여성가족부장관이 고시한 것

6. "유통"이란 매체물 또는 약물 등을 판매 · 대여 · 배포 · 방송 · 공연 · 상영 · 전시 · 진열 · 광고하거나 시청 또는 이용하도록 제공하는 행위와 이러한 목적으로 매체물 또는 약물 등을 인쇄 · 복제 또는 수입하는 행위를 말한다.
7. "청소년폭력 · 학대"란 폭력이나 학대를 통하여 청소년에게 신체적 · 정신적 피해를 발생하게 하는 행위를 말한다.
8. "청소년유해환경"이란 청소년유해매체물, 청소년유해약물등, 청소년유해 업소 및 청소년폭력 · 학대를 말한다.

**제3조(가정의 역할과 책임)** ① 청소년에 대하여 친권을 행사하는 사람 또는 친권자를 대신하여 청소년을 보호하는 사람(이하 "친권자등"이라 한다)은 청소년이 청소년유해환경에 접촉하거나 출입하지 못하도록 필요한 노력을 하여야 하며, 청소년이 유해한 매체물 또는 유해한 약물 등을 이용하고 있거나 유해한 업소에 출입하려고 하면 즉시 제지하여야 한다.

② 친권자등은 제1항에 따른 노력이나 제지를 할 때 필요한 경우에는 청소년 보호와 관련된 상담기관과 단체 등에 상담하여야 하고, 해당 청소년이 가출하거나 비행 등을 할 우려가 있다고 인정되면 청소년 보호와 관련된 지도 · 단속 기관에 협조를 요청하여야 한다.

**제4조(사회의 책임)** ① 누구든지 청소년 보호를 위하여 다음 각 호의 조치 등 필요한 노력을 하여야 한다.

1. 청소년이 청소년유해환경에 접할 수 없도록 하거나 출입을 하지 못하도록 할 것

2. 청소년이 유해한 매체물 또는 유해한 약물 등을 이용하고 있거나 청소년폭력·학대 등을 하고 있음을 알게 되었을 때에는 이를 제지하고 선도할 것
3. 청소년에게 유해한 매체물과 유해한 약물 등이 유통되고 있거나 청소년유해업소에 청소년이 고용되어 있거나 출입하고 있음을 알게 되었을 때 또는 청소년이 청소년폭력·학대 등의 피해를 입고 있음을 알게 되었을 때에는 제21조제3항에 따른 관계기관등에 신고·고발하는 등의 조치를 할 것

② 매체물과 약물 등의 유통을 업으로 하거나 청소년유해업소의 경영을 업으로 하는 자와 이들로 구성된 단체 및 협회 등은 청소년유해매체물과 청소년유해약물등이 청소년에게 유통되지 아니하도록 하고 청소년유해업소에 청소년을 고용하거나 청소년이 출입하지 못하도록 하는 등 청소년을 보호하기 위하여 자율적인 노력을 다하여야 한다.

**제5조(국가와 지방자치단체의 책무)** ① 국가는 청소년 보호를 위하여 청소년유해환경의 개선에 필요한 시책을 마련하고 시행하여야 하며, 지방자치단체는 해당 지역의 청소년유해환경으로부터 청소년을 보호하기 위하여 필요한 노력을 하여야 한다.

② 국가와 지방자치단체는 전자·통신기술 및 의약품 등의 발달에 따라 등장하는 새로운 형태의 매체물과 약물 등이 청소년의 정신적·신체적 건강을 해칠 우려가 있음을 인식하고, 이들 매체물과 약물 등으로부터 청소년을 보호하기 위하여 필요한 기술개발과 연구사업의 지원, 국가 간의 협력체제 구축 등 필요한 노력을 하여야 한다.

③ 국가와 지방자치단체는 청소년 관련 단체 등 민간의 자율적인 유해환경 감시·고발 활동을 장려하고 이에 필요한 지원을 할 수 있으며 민간의 건의사항을 관련 시책에 반영할 수 있다.

④ 국가와 지방자치단체는 청소년을 보호하기 위하여 청소년유해환경을 규제할 때 그 의무를 충실히 수행하여야 한다.

**제6조(다른 법률과의 관계)** 이 법은 청소년유해환경의 규제에 관한 형사처벌을 할 때 다른 법률보다 우선하여 적용한다.

## 제2장 청소년유해매체물의 결정 및 유통 규제

**제7조(청소년유해매체물의 심의 · 결정)** ① 청소년보호위원회는 매체물이 청소년에게 유해한지를 심의하여 청소년에게 유해하다고 인정되는 매체물을 청소년유해매체물로 결정하여야 한다. 다만, 다른 법령에 따라 해당 매체물의 윤리성 · 건전성을 심의할 수 있는 기관(이하 "각 심의기관"이라 한다)이 있는 경우에는 예외로 한다.

② 청소년보호위원회는 매체물이 청소년에게 유해한지를 각 심의기관에서 심의하지 아니하는 경우 청소년 보호를 위하여 필요하다고 인정할 때에는 심의를 하도록 요청할 수 있다.

③ 청소년보호위원회는 제1항 단서에도 불구하고 다음 각 호의 어느 하나에 해당하는 매체물에 대하여는 청소년에게 유해한지를 심의하여 유해하다고 인정하는 경우에는 그 매체물을 청소년유해매체물로 결정할 수 있다.

1. 각 심의기관이 심의를 요청한 매체물
2. 청소년에게 유해한지에 대하여 각 심의기관의 심의를 받지 아니하고 유통되는 매체물

④ 청소년보호위원회나 각 심의기관은 매체물 심의 결과 그 매체물의 내용이 「형법」 등 다른 법령에 따라 유통이 금지되는 내용이라고 판단하는 경우에는 지체 없이 관계 기관에 형사처벌이나 행정처분을 요청하여야 한다. 다만, 각 심의기관별로 해당 법령에 따로 절차가 있는 경우에는 그 절차에 따른다.

⑤ 청소년보호위원회나 각 심의기관은 다음 각 호의 어느 하나에 해당하는 매체물에 대하여는 신청을 받거나 직권으로 매체물의 종류, 제목, 내용 등을 특정하여 청소년유해매체물로 결정할 수 있다.

1. 제작 · 발행의 목적 등에 비추어 청소년이 아닌 자를 상대로 제작 · 발행된 매체물
2. 매체물 각각을 청소년유해매체물로 결정하여서는 청소년에게 유통되는 것을 차단할 수 없는 매체물

⑥ 청소년보호위원회 심의 · 결정의 절차 등에 필요한 사항은 대통령령으로 정한다.

**제8조(등급 구분 등)** ① 청소년보호위원회와 각 심의기관은 제7조에 따라 매체물을

심의·결정하는 경우 청소년유해매체물로 심의·결정하지 아니한 매체물에 대하여는 그 매체물의 특성, 청소년 유해의 정도, 이용시간과 장소 등을 고려하여 이용대상 청소년의 나이에 따른 등급을 구분할 수 있다. 〈개정 2015. 6. 22.〉

② 제1항에 따른 등급 구분의 종류 및 방법 등에 필요한 사항은 대통령령으로 정한다. 〈개정 2015. 6. 22.〉

**제9조(청소년유해매체물의 심의 기준)** ① 청소년보호위원회와 각 심의기관은 제7조에 따른 심의를 할 때 해당 매체물이 다음 각 호의 어느 하나에 해당하는 경우에는 청소년유해매체물로 결정하여야 한다.

1. 청소년에게 성적인 욕구를 자극하는 선정적인 것이거나 음란한 것
2. 청소년에게 포악성이나 범죄의 충동을 일으킬 수 있는 것
3. 성폭력을 포함한 각종 형태의 폭력 행위와 약물의 남용을 자극하거나 미화하는 것
4. 도박과 사행심을 조장하는 등 청소년의 건전한 생활을 현저히 해칠 우려가 있는 것
5. 청소년의 건전한 인격과 시민의식의 형성을 저해(沮害)하는 반사회적·비윤리적인 것
6. 그 밖에 청소년의 정신적·신체적 건강에 명백히 해를 끼칠 우려가 있는 것

② 제1항에 따른 기준을 구체적으로 적용할 때에는 사회의 일반적인 통념에 따르며 그 매체물이 가지고 있는 문학적·예술적·교육적·의학적·과학적 측면과 그 매체물의 특성을 함께 고려하여야 한다.

③ 청소년 유해 여부에 관한 구체적인 심의 기준과 그 적용에 필요한 사항은 대통령령으로 정한다.

**제10조(심의 결과의 조정)** 청소년보호위원회는 청소년 보호와 관련하여 각 심의기관이 동일한 매체물을 심의한 결과에 상당한 차이가 있을 경우 그 심의 결과의 조정을 요구할 수 있으며 요구를 받은 각 심의기관은 특별한 사유가 없으면 그 요구에 따라야 한다.

**제11조(청소년유해매체물의 자율 규제)** ① 매체물의 제작자·발행자, 유통행위자 또는 매체물과 관련된 단체는 자율적으로 청소년 유해 여부를 결정하고 결정한 내용

의 확인을 청소년보호위원회나 각 심의기관에 요청할 수 있다.

② 제1항에 따른 확인 요청을 받은 청소년보호위원회 또는 각 심의기관은 심의결과 그 결정 내용이 적합한 경우에는 이를 확인하여야 하며, 청소년보호위원회는 필요한 경우 이를 각 심의기관에 위탁하여 처리할 수 있다.

③ 제2항에 따라 청소년보호위원회나 각 심의기관이 확인을 한 경우에는 해당 매체물에 확인 표시를 부착할 수 있다.

④ 매체물의 제작자 · 발행자, 유통행위자 또는 매체물과 관련된 단체는 청소년에게 유해하다고 판단하는 매체물에 대하여 제13조에 따른 청소년유해표시에 준하는 표시를 하거나 제14조에 따른 포장에 준하는 포장을 하여야 한다.

⑤ 청소년보호위원회나 각 심의기관은 제4항에 따라 청소년유해표시 또는 포장을 한 매체물을 발견한 경우 청소년 유해 여부를 결정하여야 한다.

⑥ 매체물의 제작자 · 발행자, 유통행위자 또는 매체물과 관련된 단체가 제4항에 따라 청소년유해표시 또는 포장을 한 매체물은 청소년보호위원회나 각 심의기관의 최종 결정이 있을 때까지 이 법에 따른 청소년유해매체물로 본다.

⑦ 정부는 자율 규제의 활성화를 위하여 매체물의 제작자 · 발행자, 유통행위자 또는 매체물과 관련된 단체에 청소년유해매체물 심의 기준 등에 관한 교육 및 관련 정보와 자료를 제공할 수 있다.

⑧ 제1항부터 제6항까지에 따른 청소년 유해 여부의 결정과 확인의 절차 및 방법 등에 필요한 사항은 대통령령으로 정한다.

**제12조(청소년유해매체물의 재심의)** ① 매체물의 제작자 · 발행자나 유통행위자는 제7조에 따른 청소년보호위원회의 심의 · 결정에 이의가 있는 경우 심의 · 결정의 결과를 통지받은 날부터 30일 이내에 청소년보호위원회에 재심의를 청구할 수 있다.

② 제1항에 따른 재심의 청구는 제7조에 따른 심의 · 결정의 효력 및 제21조에 따른 청소년유해매체물 고시 절차의 진행에 영향을 주지 아니한다.

③ 청소년보호위원회는 제1항에 따른 재심의 청구를 받은 날부터 30일 이내에 심의 · 결정하여 그 결과를 청구인에게 통보하여야 한다. 다만, 30일 이내에 재심의 결

정을 하기 어려운 경우에는 청소년보호위원회의 의결을 거쳐 30일의 범위에서 그 기간을 연장할 수 있다. 〈개정 2012. 1. 17.〉

④ 제1항에 따른 재심의 청구 및 결정 등에 필요한 사항은 여성가족부령으로 정한다.

**제13조(청소년유해표시 의무)** ① 다음 각 호의 구분에 따른 자는 청소년유해매체물에 대하여 청소년에게 유해한 것임을 나타내는 표시(이하 "청소년유해표시"라 한다)를 하여야 한다. 다만, 다른 법령에서 청소년유해표시를 하여야 할 자를 따로 정한 경우에는 해당 법령에서 정하는 바에 따른다. 〈개정 2013. 3. 22.〉

1. 청소년유해매체물이 「영화 및 비디오물의 진흥에 관한 법률」에 따른 영화 인 경우: 「영화 및 비디오물의 진흥에 관한 법률」 제2조제9호라목에 따른 영화상영업자
2. 청소년유해매체물이 「영화 및 비디오물의 진흥에 관한 법률」에 따른 비디오물인 경우: 해당 비디오물을 제작·수입·복제한 자 또는 제공하는 자
3. 청소년유해매체물이 「게임산업진흥에 관한 법률」에 따른 게임물인 경우: 해당 게임물을 제작·수입·복제한 자 또는 제공하는 자
4. 청소년유해매체물이 「음악산업진흥에 관한 법률」에 따른 음반, 음악파일, 음악영상물 및 음악영상파일인 경우: 해당 음반, 음악파일, 음악영상물 및 음악영상파일을 제작·수입·복제한 자 또는 제공하는 자
5. 청소년유해매체물이 「공연법」에 따른 공연(국악공연은 제외한다)인 경우: 「공연법」 제2조제3호에 따른 공연자 중 공연을 주재(主宰)하는 자
6. 청소년유해매체물이 「전기통신사업법」에 따른 전기통신을 통한 부호·문언·음향 또는 영상 정보인 경우: 해당 부호·문언·음향 또는 영상 정보를 제공하는 자
7. 청소년유해매체물이 「방송법」에 따른 방송프로그램인 경우: 「방송법」 제2조제3호에 따른 방송사업자
8. 청소년유해매체물이 「신문 등의 진흥에 관한 법률」에 따른 신문, 인터넷신문인 경우: 「신문 등의 진흥에 관한 법률」 제2조제7호에 따른 발행인

9. 청소년유해매체물이 「잡지 등 정기간행물의 진흥에 관한 법률」에 따른 잡지, 정보간행물, 전자간행물, 기타간행물인 경우: 해당 잡지, 정보간행물, 전자간행물, 기타간행물을 제작 · 수입 · 발행한 자 또는 제공하는 자

10. 청소년유해매체물이 「출판문화산업 진흥법」에 따른 간행물, 전자출판물, 외국간행물인 경우: 해당 간행물, 전자출판물, 외국간행물을 제작 · 수입 · 발행한 자 또는 제공하는 자

11. 청소년유해매체물이 광고선전물 중 간행물에 포함된 것인 경우: 해당 간행물의 표시의무자

② 제1항에 따른 청소년유해표시의 종류와 시기 · 방법, 그 밖에 필요한 사항은 대통령령으로 정한다. 〈개정 2013. 3. 22.〉

**제14조(포장 의무)** ① 청소년유해매체물은 포장하여야 한다. 이 경우 매체물의 특성으로 인하여 포장할 수 없는 것은 포장에 준하는 보호조치를 마련하여 시행하여야 한다.

② 제1항에 따라 포장을 하여야 할 매체물의 종류, 포장에 준하는 보호조치, 포장의 무자, 포장방법, 그 밖에 포장에 필요한 사항은 대통령령으로 정한다.

**제15조(표시 · 포장의 훼손 금지)** 누구든지 제13조에 따른 청소년유해표시와 제14조에 따른 포장을 훼손하여서는 아니 된다.

**제16조(판매 금지 등)** ① 청소년유해매체물로서 대통령령으로 정하는 매체물을 판매 · 대여 · 배포하거나 시청 · 관람 · 이용하도록 제공하려는 자는 그 상대방의 나이 및 본인 여부를 확인하여야 하고, 청소년에게 판매 · 대여 · 배포하거나 시청 · 관람 · 이용하도록 제공하여서는 아니 된다.

② 제13조에 따라 청소년유해표시를 하여야 할 매체물은 청소년유해표시가 되지 아니한 상태로 판매나 대여를 위하여 전시하거나 진열하여서는 아니 된다.

③ 제14조에 따라 포장을 하여야 할 매체물은 포장을 하지 아니한 상태로 판매나 대여를 위하여 전시하거나 진열하여서는 아니 된다.

④ 제1항에 따른 상대방의 나이 및 본인 여부의 확인방법, 그 밖에 청소년유해매체물의 판매 금지 등에 필요한 사항은 대통령령으로 정한다.

**제17조(구분 · 격리 등)** ① 청소년유해매체물은 청소년에게 유통이 허용된 매체물과 구분 · 격리하지 아니하고서는 판매나 대여를 위하여 전시하거나 진열하여서는 아니 된다.

② 청소년유해매체물로서 제2조제2호가목부터 다목까지 및 사목부터 자목까지에 해당하는 매체물은 자동기계장치 또는 무인판매장치를 통하여 유통시킬 목적으로 전시하거나 진열하여서는 아니 된다. 다만, 다음 각 호의 어느 하나에 해당하는 경우에는 예외로 한다.

1. 자동기계장치나 무인판매장치를 설치하는 자가 이를 이용하는 청소년의 청소년유해매체물 구입 행위 등을 제지할 수 있는 경우
2. 청소년 출입 · 고용금지업소 안에 설치하는 경우

③ 제1항 및 제2항에 따른 구분 · 격리의 방법 등에 필요한 사항은 대통령령으로 정한다.

**제18조(방송시간 제한)** 청소년유해매체물로서 제2조제2호바목에 해당하는 매체물과 같은 호 차목 · 카목에 해당하는 매체물 중 방송을 이용하는 매체물은 대통령령으로 정하는 시간에는 방송하여서는 아니 된다.

**제19조(광고선전 제한)** ① 청소년유해매체물로서 제2조제2호차목에 해당하는 매체물 중 「옥외광고물 등의 관리와 옥외광고산업 진흥에 관한 법률」에 따른 옥외광고물을 다음 각 호의 어느 하나에 해당하는 장소에 공공연하게 설치 · 부착 또는 배포하여서는 아니 되며, 상업적 광고선전물을 청소년의 접근을 제한하는 기능이 없는 컴퓨터 통신을 통하여 설치 · 부착 또는 배포하여서도 아니 된다. 〈개정 2016. 1. 6.〉

1. 청소년 출입 · 고용금지업소 외의 업소
2. 일반인들이 통행하는 장소

② 청소년유해매체물로서 제2조제2호차목에 해당하는 매체물(「옥외광고물 등의 관리와 옥외광고산업 진흥에 관한 법률」에 따른 옥외광고물은 제외한다)은 청소년을 대상으로 판매 · 대여 · 배포하거나 시청 · 관람 또는 이용하도록 제공하여서는 아니 된다. 〈개정 2016. 1. 6.〉

③ 제1항과 제2항에 따른 광고선전의 제한 방법과 제한 장소, 그 밖에 광고 제한에 필요한 사항은 대통령령으로 정한다.

**제20조(청소년유해매체물의 결정 취소)** 청소년보호위원회와 각 심의기관은 청소년유해매체물이 더 이상 청소년에게 유해하지 아니하다고 인정할 때에는 제7조에 따른 청소년유해매체물의 결정을 취소하여야 한다.

**제21조(청소년유해매체물 결정 등의 통보·고시)** ① 각 심의기관은 청소년유해매체물의 결정, 확인 또는 결정 취소를 한 경우 청소년유해매체물의 목록과 그 사유를 청소년보호위원회에 통보하여야 한다.

② 여성가족부장관은 청소년보호위원회와 각 심의기관이 결정, 확인 또는 결정취소한 청소년유해매체물의 목록과 그 사유 및 효력 발생 시기를 구체적으로 밝힌 목록표(이하 "청소년유해매체물 목록표"라 한다)를 고시하여야 한다.

③ 여성가족부장관은 청소년유해매체물 목록표를 각 심의기관, 청소년 또는 매체물과 관련이 있는 중앙행정기관, 지방자치단체, 청소년 보호와 관련된 지도·단속 기관, 그 밖에 청소년 보호를 위한 관련 단체 등(이하 "관계기관등"이라 한다)에 통보하여야 하고, 필요한 경우 매체물의 유통을 업으로 하는 개인·법인· 단체에 통보할 수 있으며, 친권자등의 요청이 있는 경우 친권자 등에게 통지할 수 있다.

④ 제2항 및 제3항에 따른 청소년유해매체물 목록표의 고시 및 통보 등에 필요한 사항은 여성가족부령으로 정한다.

**제22조(외국 매체물에 대한 특례)** 누구든지 외국에서 제작·발행된 매체물로서 제9조의 심의 기준에 해당하는 청소년유해매체물(번역, 번안, 편집, 자막삽입 등을 한 경우를 포함한다)을 영리를 목적으로 청소년을 대상으로 유통하게 하거나 이와 같은 목적으로 소지하여서는 아니 된다.

**제23조(정보통신망을 통한 청소년유해매체물 제공자 등의 공표)** ① 여성가족부장관은 「정보통신망 이용촉진 및 정보보호 등에 관한 법률」 제2조제1항제1호에 따른 정보통신망을 이용하여 청소년유해매체물을 제작·발행하거나 유통하는 자가 다음 각 호의 어느 하나에 해당하는 경우 해당 청소년유해매체물의 제작자·발행자나 유통

행위자 등의 업체명 · 대표자명 · 위반행위의 내용 등을 공표할 수 있다.

1. 청소년유해매체물임을 표시하지 아니하고 청소년유해매체물을 청소년에게 제공한 경우
2. 청소년유해매체물의 광고를 청소년에게 전송하거나 청소년 접근을 제한하는 조치 없이 공개적으로 전시한 경우

② 여성가족부장관은 제1항에 따라 정보를 공표하기 전에 정보 공표 대상자에게 의견제출의 기회를 주어야 한다.

③ 제1항에 따른 공표의 방법과 절차 등에 필요한 사항은 대통령령으로 정한다.

## 제3장 청소년의 인터넷게임 중독 예방

**제24조(인터넷게임 이용자의 친권자등의 동의)** ① 「게임산업진흥에 관한 법률」에 따른 게임물 중 「정보통신망 이용촉진 및 정보보호 등에 관한 법률」 제2조제1항제1호에 따른 정보통신망을 통하여 실시간으로 제공되는 게임물(이하 "인터넷게임"이라 한다)의 제공자(「전기통신사업법」 제22조에 따라 부가통신사업자로 신고한 자를 말하며, 같은 조 제1항 후단 및 제4항에 따라 신고한 것으로 보는 경우를 포함한다. 이하 같다)는 회원으로 가입하려는 사람이 16세 미만의 청소년일 경우에는 친권자등의 동의를 받아야 한다.

② 제1항의 친권자등의 동의에 필요한 사항은 「게임산업진흥에 관한 법률」에서 정하는 바에 따른다.

**제25조(인터넷게임 제공자의 고지 의무)** ① 인터넷게임의 제공자는 16세 미만의 청소년 회원가입자의 친권자등에게 해당 청소년과 관련된 다음 각 호의 사항을 알려야 한다.

1. 제공되는 게임의 특성 · 등급(「게임산업진흥에 관한 법률」 제21조에 따른 게임물의 등급을 말한다) · 유료화정책 등에 관한 기본적인 사항
2. 인터넷게임 이용시간
3. 인터넷게임 이용 등에 따른 결제정보

② 제1항에 따른 고지에 필요한 사항은 「게임산업진흥에 관한 법률」에서 정하는 바에 따른다.

**제26조(심야시간대의 인터넷게임 제공시간 제한)** ① 인터넷게임의 제공자는 16세 미만의 청소년에게 오전 0시부터 오전 6시까지 인터넷게임을 제공하여서는 아니된다.

② 여성가족부장관은 문화체육관광부장관과 협의하여 제1항에 따른 심야시간대 인터넷게임의 제공시간 제한대상 게임물의 범위가 적절한지를 대통령령으로 정하는 바에 따라 2년마다 평가하여 개선 등의 조치를 하여야 한다.

③ 제2항에 따른 평가의 방법 및 절차 등에 필요한 사항은 「게임산업진흥에 관한 법률」에서 정하는 바에 따른다.

**제27조(인터넷게임 중독 등의 피해 청소년 지원)** ① 여성가족부장관은 관계 중앙행정기관의 장과 협의하여 인터넷게임 중독(인터넷게임의 지나친 이용으로 인하여 인터넷게임 이용자가 일상생활에서 쉽게 회복할 수 없는 신체적 · 정신적 · 사회적 기능 손상을 입은 것을 말한다) 등 매체물의 오용 · 남용으로 신체적 · 정신적 · 사회적 피해를 입은 청소년에 대하여 예방 · 상담 및 치료와 재활 등의 서비스를 지원할 수 있다.

② 제1항에 따른 지원에 관하여 구체적인 사항은 대통령령으로 정한다.

## 제4장 청소년유해약물등, 청소년유해행위 및 청소년유해업소 등의 규제

**제28조(청소년유해약물등의 판매 · 대여 등의 금지)** ① 누구든지 청소년을 대상으로 청소년유해약물등을 판매 · 대여 · 배포(자동기계장치 · 무인판매장치 · 통신장치를 통하여 판매 · 대여 · 배포하는 경우를 포함한다)하거나 무상으로 제공하여서는 아니 된다. 다만, 교육 · 실험 또는 치료를 위한 경우로서 대통령령으로 정하는 경우는 예외로 한다.

② 누구든지 청소년의 의뢰를 받아 청소년유해약물등을 구입하여 청소년에게 제공하여서는 아니 된다.

③ 누구든지 청소년에게 권유 · 유인 · 강요하여 청소년유해약물등을 구매하게 하여

서는 아니 된다. 〈신설 2018. 12. 11.〉

④ 청소년유해약물등을 판매·대여·배포하고자 하는 자는 그 상대방의 나이 및 본인 여부를 확인하여야 한다. 〈개정 2018. 1. 16., 2018. 12. 11.〉

⑤ 다음 각 호의 어느 하나에 해당하는 자가 청소년유해약물 중 주류나 담배(이하 "주류등"이라 한다)를 판매·대여·배포하는 경우 그 업소(자동기계장치·무인판매장치를 포함한다)에 청소년을 대상으로 주류등의 판매·대여·배포를 금지하는 내용을 표시하여야 한다. 다만, 청소년 출입·고용금지업소는 제외한다. 〈신설 2014. 3. 24., 2018. 12. 11., 2020. 12. 29.〉

1. 「주류 면허 등에 관한 법률」에 따른 주류소매업의 영업자
2. 「담배사업법」에 따른 담배소매업의 영업자
3. 그 밖에 대통령령으로 정하는 업소의 영업자

⑥ 여성가족부장관은 청소년유해약물등 목록표를 작성하여 청소년유해약물등과 관련이 있는 관계기관등에 통보하여야 하고, 필요한 경우 약물 유통을 업으로 하는 개인·법인·단체에 통보할 수 있으며, 친권자등의 요청이 있는 경우 친권자 등에게 통지할 수 있다. 〈개정 2014. 3. 24., 2018. 12. 11.〉

⑦ 다음 각 호의 어느 하나에 해당하는 자는 청소년유해약물등에 대하여 청소년유해표시를 하여야 한다. 〈개정 2013. 3. 22., 2014. 3. 24., 2018. 12. 11.〉

1. 청소년유해약물을 제조·수입한 자
2. 청소년유해물건을 제작·수입한 자

⑧ 제6항에 따른 청소년유해약물등 목록표의 작성 방법, 통보 시기, 통보 대상,그 밖에 필요한 사항은 여성가족부령으로 정한다. 〈개정 2014. 3. 24., 2018. 12. 11.〉

⑨ 제5항에 따른 표시의 문구, 크기와 제7항에 따른 청소년유해표시의 종류와 시기·방법, 그 밖에 필요한 사항은 대통령령으로 정한다. 〈신설 2013. 3. 22., 2014. 3. 24., 2018. 12. 11.〉

⑩ 청소년유해약물등의 포장에 관하여는 제14조 및 제15조를 준용한다. 이 경우 "청소년유해매체물" 및 "매체물"은 각각 "청소년유해약물등"으로 본다. 〈신설 2013.

3. 22., 2014. 3. 24., 2018. 12. 11.〉

**제29조(청소년 고용 금지 및 출입 제한 등)** ① 청소년유해업소의 업주는 청소년을 고용하여서는 아니 된다. 청소년유해업소의 업주가 종업원을 고용하려면 미리 나이를 확인하여야 한다.

② 청소년 출입 · 고용금지업소의 업주와 종사자는 출입자의 나이를 확인하여 청소년이 그 업소에 출입하지 못하게 하여야 한다.

③ 제2조제5호나목2)의 숙박업을 운영하는 업주는 종사자를 배치하거나 대통령령으로 정하는 설비 등을 갖추어 출입자의 나이를 확인하고 제30조제8호의 우려가 있는 경우에는 청소년의 출입을 제한하여야 한다. 〈신설 2016. 12. 20.〉

④ 청소년유해업소의 업주와 종사자는 제1항부터 제3항까지에 따른 나이 확인을 위하여 필요한 경우 주민등록증이나 그 밖에 나이를 확인할 수 있는 증표(이하 이 항에서 "증표"라 한다)의 제시를 요구할 수 있으며, 증표 제시를 요구받고도 정당한 사유 없이 증표를 제시하지 아니하는 사람에게는 그 업소의 출입을 제한할 수 있다. 〈개정 2016. 12. 20.〉

⑤ 제2항에도 불구하고 청소년이 친권자등을 동반할 때에는 대통령령으로 정하는 바에 따라 출입하게 할 수 있다. 다만, 「식품위생법」에 따른 식품접객업 중대통령령으로 정하는 업소의 경우에는 출입할 수 없다. 〈개정 2016. 12. 20.〉

⑥ 청소년유해업소의 업주와 종사자는 그 업소에 대통령령으로 정하는 바에 따라 청소년의 출입과 고용을 제한하는 내용을 표시하여야 한다. 〈개정 2016. 12. 20.〉

**제30조(청소년유해행위의 금지)** 누구든지 청소년에게 다음 각 호의 어느 하나에 해당하는 행위를 하여서는 아니 된다.

1. 영리를 목적으로 청소년으로 하여금 신체적인 접촉 또는 은밀한 부분의 노출 등 성적 접대행위를 하게 하거나 이러한 행위를 알선 · 매개하는 행위
2. 영리를 목적으로 청소년으로 하여금 손님과 함께 술을 마시거나 노래 또는 춤 등으로 손님의 유흥을 돋우는 접객행위를 하게 하거나 이러한 행위를 알선 · 매개하는 행위

3. 영리나 흥행을 목적으로 청소년에게 음란한 행위를 하게 하는 행위
4. 영리나 흥행을 목적으로 청소년의 장애나 기형 등의 모습을 일반인들에게 관람시키는 행위
5. 청소년에게 구걸을 시키거나 청소년을 이용하여 구걸하는 행위
6. 청소년을 학대하는 행위
7. 영리를 목적으로 청소년으로 하여금 거리에서 손님을 유인하는 행위를 하게 하는 행위
8. 청소년을 남녀 혼숙하게 하는 등 풍기를 문란하게 하는 영업행위를 하거 나이를 목적으로 장소를 제공하는 행위
9. 주로 차 종류를 조리 · 판매하는 업소에서 청소년으로 하여금 영업장을 벗어나 차 종류를 배달하는 행위를 하게 하거나 이를 조장하거나 묵인하는 행위

**제31조(청소년 통행금지 · 제한구역의 지정 등)** ① 특별자치시장 · 특별자치도지사 · 시장 · 군수 · 구청장(구청장은 자치구의 구청장을 말하며, 이하 "시장 · 군수 · 구청장"이라 한다)은 청소년 보호를 위하여 필요하다고 인정할 경우 청소년의 정신적 · 신체적 건강을 해칠 우려가 있는 구역을 청소년 통행금지구역 또는 청소년 통행제한구역으로 지정하여야 한다. 〈개정 2013. 3. 22.〉

② 시장 · 군수 · 구청장은 청소년 범죄 또는 탈선의 예방 등 특별한 이유가 있으면 대통령령으로 정하는 바에 따라 시간을 정하여 제1항에 따라 지정된 구역에 청소년이 통행하는 것을 금지하거나 제한할 수 있다.

③ 제1항과 제2항에 따른 청소년 통행금지구역 또는 통행제한구역의 구체적인 지정기준과 선도 및 단속 방법 등은 조례로 정하여야 한다. 이 경우 관할 경찰관서 및 학교 등 해당 지역의 관계 기관과 지역 주민의 의견을 반영하여야 한다.

④ 시장 · 군수 · 구청장 및 관할 경찰서장은 청소년이 제2항을 위반하여 청소년통행금지구역 또는 통행제한구역을 통행하려고 할 때에는 통행을 막을 수 있으며, 통행하고 있는 청소년은 해당 구역 밖으로 나가게 할 수 있다.

**제32조(청소년에 대하여 가지는 채권의 효력 제한)** ① 제30조에 따른 행위를 한 자가

그 행위와 관련하여 청소년에 대하여 가지는 채권은 그 계약의 형식이나 명목에 관계없이 무효로 한다.

② 제2조제5호가목3) 및 나목3)에 따른 업소의 업주가 고용과 관련하여 청소년에 대하여 가지는 채권은 그 계약의 형식이나 명목에 관계없이 무효로 한다.

## 제5장 청소년 보호 사업의 추진

제33조(**청소년보호종합대책의 수립 등**) ① 여성가족부장관은 3년마다 관계 중앙행정기관의 장 및 지방자치단체의 장과 협의하여 청소년유해환경으로부터 청소년을 보호하기 위한 종합대책(이하 이 조에서 "종합대책"이라 한다)을 수립·시행하여야 한다.

② 여성가족부장관은 종합대책의 추진상황을 매년 점검하여야 하고, 이를 위하여 관계 기관 점검회의를 운영할 수 있다.

③ 여성가족부장관은 종합대책 수립 및 제2항에 따른 점검회의 운영을 위하여 필요한 자료를 관계 기관의 장에게 요청할 수 있다. 이 경우 관계 기관의 장은 정당한 사유가 없으면 이에 따라야 한다.

④ 여성가족부장관은 종합대책의 효과적 수립·시행을 위하여 청소년의 유해환경에 대한 접촉실태 조사를 정기적으로 실시하여야 하고, 관계 중앙행정기관 또는 지방자치단체의 장과 협력하여 청소년유해환경에 대한 종합적인 점검 및 단속 등을 실시할 수 있다.

⑤ 종합대책의 수립·시행과 제2항에 따른 점검회의의 운영 등에 필요한 사항은 대통령령으로 정한다.

제34조(**청소년의 유해환경에 대한 대응능력 제고 등**) ① 여성가족부장관은 관계 중앙행정기관의 장과 협의하여 청소년의 유해환경에 대한 대응능력 제고와 청소년의 매체물 오용·남용으로 인한 피해의 예방 및 해소 등을 위하여 다음 각 호의 사업을 추진할 수 있다.

1. 청소년의 유해환경에 대한 대응능력 제고를 위한 교육 및 프로그램의 개발과 보급

2. 청소년의 유해환경에 대한 대응능력 제고와 관련된 전문인력의 양성
3. 청소년의 매체물 이용과 관련한 상담 및 안내
4. 매체물 오용·남용으로 피해를 입은 청소년에 대한 전문적 상담과 치료 등
5. 청소년유해약물 피해 예방 및 피해를 입은 청소년에 대한 치료와 재활

② 여성가족부장관은 제1항 각 호의 사업을 청소년 보호를 목적으로 하는 법인 또는 단체에 위탁하여 실시할 수 있다. 이 경우 여성가족부장관은 예산의 범위에서 사업 수행에 필요한 경비의 전부 또는 일부를 지원할 수 있다.

**제34조의2(환각물질 중독치료 등)** ① 여성가족부장관은 다음 각 호의 사항을 지원하기 위하여 중독정신의학 또는 청소년정신의학 전문의 등의 인력과 관련 장비를 갖춘 시설 또는 기관을 청소년 환각물질 중독 전문 치료기관(이하 "청소년전문 치료기관"이라 한다)으로 지정·운영할 수 있다. 이 경우 판별 검사, 치료와 재활에 필요한 비용의 전부 또는 일부를 지원할 수 있다.

1. 환각물질 흡입 청소년의 중독 여부 판별 검사
2. 환각물질 중독으로 판명된 청소년에 대한 치료와 재활

② 여성가족부장관은 환각물질 흡입 청소년에 대하여 본인, 친권자 등 대통령령으로 정하는 사람의 신청, 「소년법」에 따른 법원의 보호처분결정 또는 검사의 조건부기소유예처분 등이 있는 경우 청소년 전문 치료기관에서 중독 여부를 판별하기 위한 검사를 받도록 지원할 수 있다. 이 경우 검사 기간은 1개월 이내로 한다.

③ 여성가족부장관은 환각물질 중독자로 판명된 청소년에 대하여 본인, 친권자 등 대통령령으로 정하는 사람의 신청, 「소년법」에 따른 법원의 보호처분결정 또는 검사의 조건부기소유예처분 등이 있는 경우 청소년 전문 치료기관에서 치료와 재활을 받도록 지원할 수 있다. 이 경우 치료 및 재활 기간은 6개월 이내로 하되, 3개월의 범위에서 연장할 수 있다.

④ 여성가족부장관은 제2항 및 제3항에 따른 결정을 하는 경우에 정신과 전문의 등에게 자문할 수 있다.

⑤ 청소년 전문 치료기관의 장과 그 종사자 또는 그 직에 있었던 사람은 직무상 알

게 된 비밀을 누설하여서는 아니 된다.

⑥ 제1항부터 제4항까지의 규정에 따른 청소년 전문 치료기관의 지정 · 운영, 중독 판별 검사 및 치료와 재활, 친권자 등의 신청 및 자문, 그 밖에 필요한 사항은 대통령령으로 정한다.

[본조신설 2014. 5. 28.]

**제35조(청소년 보호 · 재활센터의 설치 · 운영)** ① 여성가족부장관은 청소년유해환경으로부터 청소년을 보호하고 피해 청소년의 치료와 재활을 지원하기 위하여 청소년 보호 · 재활센터(이하 "청소년 보호 · 재활센터"라 한다)를 설치 · 운영할 수 있다.

② 여성가족부장관은 청소년 보호 · 재활센터의 설치 · 운영을 청소년 보호를 목적으로 하는 법인 또는 단체에 위탁할 수 있다. 이 경우 청소년 보호 · 재활센터의 설치 · 운영에 필요한 경비의 전부 또는 일부를 지원할 수 있다.

③ 청소년 보호 · 재활센터의 설치 · 운영에 필요한 세부사항은 대통령령으로 정한다.

## 제6장 청소년보호위원회

**제36조(청소년보호위원회의 설치)** 다음 각 호의 사항에 관하여 심의 · 결정하기 위하여 여성가족부장관 소속으로 청소년보호위원회(이하 이 장에서 "위원회"라 한다)를 둔다.

1. 청소년유해매체물, 청소년유해약물등, 청소년유해업소 등의 심의 · 결정 등에 관한 사항
2. 제54조제1항에 따른 과징금 부과에 관한 사항
3. 여성가족부장관이 청소년보호를 위하여 필요하다고 인정하여 심의를 요청한 사항
4. 그 밖에 다른 법률에서 위원회가 심의 · 결정하도록 정한 사항

**제37조(위원회의 구성)** ① 위원회는 위원장 1명을 포함한 11명 이내의 위원으로 구성하되, 고위공무원단에 속하는 공무원 중 여성가족부장관이 지명하는 청소년업무 담당 공무원 1명을 당연직 위원으로 한다.

② 위원회의 위원장은 청소년 관련 경험과 식견이 풍부한 사람 중에서 여성가족부

장관의 제청으로 대통령이 임명하고, 그 밖의 위원은 다음 각 호의 어느 하나에 해당하는 사람 중에서 위원장의 추천을 받아 여성가족부장관의 제청으로 대통령이 임명하거나 위촉한다.

1. 판사, 검사 또는 변호사로 5년 이상 재직한 사람
2. 대학이나 공인된 연구기관에서 부교수 이상 또는 이에 상당하는 직에 있거나 있었던 사람으로서 청소년 관련 분야를 전공한 사람
3. 3급 또는 3급 상당 이상의 공무원이나 고위공무원단에 속하는 공무원과 공공기관에서 이에 상당하는 직에 있거나 있었던 사람으로서 청소년 관련 업무에 실무 경험이 있는 사람
4. 청소년 시설·단체 및 각급 교육기관 등에서 청소년 관련 업무를 10년 이상 담당한 사람

**제38조(위원장의 직무 및 회의)** ① 위원장은 위원회를 대표하고 위원회의 업무를 총괄한다.

② 위원장이 부득이한 사유로 직무를 수행할 수 없을 때에는 위원장이 지명한 위원이 그 직무를 대행한다.

③ 위원장은 위원회의 회의를 소집하고 그 의장이 된다.

④ 위원회의 회의는 재적위원 과반수의 출석으로 개의하고, 출석위원 과반수의 찬성으로 의결한다.

**제39조(위원의 임기)** ① 위원의 임기는 2년으로 하며, 연임할 수 있다. 다만, 당연직 위원의 임기는 그 재임기간으로 한다. 〈개정 2018. 12. 18.〉

② 당연직 위원이 아닌 위원에 결원이 생겼을 때에는 결원된 날부터 30일 이내에 보궐위원을 임명하거나 위촉하여야 하며, 보궐위원의 임기는 전임자 임기의 남은 기간으로 한다. 다만, 전임자 임기의 남은 기간이 3개월 미만이고 재임 중인 위원의 수가 8명 이상인 경우에는 보궐위원을 선임하지 아니할 수 있다. 〈개정 2013. 3. 22.〉

**제40조(위원의 직무상 독립과 신분보장)** ① 위원은 직무와 관련하여 외부의 지시나 간섭을 받지 아니한다.

② 위원은 다음 각 호의 어느 하나에 해당하는 경우가 아니면 본인의 의사에 반하여 면직되지 아니한다.

1. 금고 이상의 형을 선고받은 경우
2. 장기간의 심신쇠약으로 직무를 수행할 수 없게 된 경우

**제41조(회의 및 운영)** 이 법에서 정한 사항 외에 위원회의 운영에 필요한 사항은 대통령령으로 정한다.

**제41조의2(유해매체물 심의 분과위원회)** ① 여성가족부장관은 청소년보호위원회의 청소년유해매체물 심의·결정을 지원하기 위하여 유해매체물 심의 분과위원회를 둘 수 있다.

② 제1항에 따른 분과위원회의 구성과 운영 등에 필요한 사항은 대통령령으로 정한다.

[본조신설 2012. 1. 17.]

## 제7장 보칙

**제42조(보고 등)** 여성가족부장관 또는 시장·군수·구청장은 이 법에서 정하고 있는 사항의 이행 및 위반 여부를 확인하기 위하여 필요하다고 인정하면 청소년유해매체물과 청소년유해약물등을 유통하는 자와 청소년유해업소의 업주 등에게 대통령령으로 정하는 바에 따라 필요한 보고와 자료 제출을 요구할 수 있다.

**제43조(검사 및 조사 등)** ① 여성가족부장관 또는 시장·군수·구청장은 이 법에서 정하고 있는 사항의 이행 및 위반 여부를 확인하기 위하여 필요하다고 인정하면 소속 공무원으로 하여금 청소년유해매체물 및 청소년유해약물등의 유통과 청소년의 청소년유해업소 고용 및 출입 등에 관련된 장부, 서류, 장소, 그 밖에 필요한 물건을 검사·조사하게 할 수 있으며, 대통령령으로 정하는 장소에서 당사자·이해관계인 또는 참고인의 진술을 듣게 할 수 있다.

② 여성가족부장관 또는 시장·군수·구청장은 필요하다고 인정하면 특별한 학식·경험이 있는 자에게 감정을 의뢰할 수 있다.

③ 제1항에 따라 업무를 수행하는 공무원은 그 권한을 표시하는 증표를 지니고 이

를 관계인에게 보여주어야 한다.

**제44조(수거·파기)** ① 여성가족부장관 또는 시장·군수·구청장은 청소년유해매체물 및 청소년유해약물 등이 다음 각 호의 어느 하나에 해당하면 소유자나 유통에 종사하는 자에게 그 청소년유해매체물 또는 청소년유해약물등의 수거를 명할 수 있다. 〈개정 2013. 3. 22., 2014. 3. 24., 2018. 12. 11.〉

1. 제13조제1항 및 제28조제7항에 따른 청소년유해표시가 되어 있지 아니하거나 제14조(제28조제10항에서 준용하는 경우를 포함한다)에 따라 포장되지 아니하고 유통되고 있는 경우
2. 청소년에게 유해한지에 대하여 각 심의기관의 심의를 받지 아니하고 유통되고 있는 매체물로서 청소년유해매체물로 결정된 경우

② 여성가족부장관 또는 시장·군수·구청장은 제1항에 따른 수거명령을 받을 자를 알 수 없거나 수거명령을 받은 자가 이에 따르지 아니할 경우에는 대통령령으로 정하는 바에 따라 청소년유해매체물 또는 청소년유해약물등을 직접 수거하거나 파기할 수 있다.

③ 여성가족부장관, 시장·군수·구청장 또는 관할 경찰서장은 청소년이 소유하거나 소지하는 청소년유해약물등과 청소년유해매체물을 수거하여 폐기하거나 그 밖에 필요한 처분을 할 수 있다.

④ 여성가족부장관, 시장·군수·구청장 또는 관할 경찰서장은 제3항에 따른 처분을 한 경우에는 그 품명·수량·소유자 또는 소지자 및 그 처분 내용 등을 관계 장부에 적어야 한다.

⑤ 제1항부터 제3항까지에 따른 수거·파기 등에 필요한 사항은 대통령령으로 정한다.

**제45조(시정명령)** ① 여성가족부장관 또는 시장·군수·구청장은 다음 각 호의 어느 하나에 해당하는 자에게 그 시정을 명할 수 있다. 〈개정 2013. 3. 22., 2014. 3. 24., 2016. 1. 6., 2016. 12. 20., 2018. 12. 11.〉

1. 제13조제1항 및 제28조제7항을 위반하여 청소년유해매체물 또는 청소년유해 약물 등에 청소년유해표시를 하지 아니한 자

2. 제14조(제28조제10항에서 준용하는 경우를 포함한다)를 위반하여 청소년유해매체물 또는 청소년유해약물등을 포장하지 아니한 자

3. 영리를 목적으로 제16조제2항을 위반하여 청소년유해매체물을 청소년유해표시가 되지 아니한 상태에서 판매나 대여를 위하여 전시하거나 진열한 자

4. 영리를 목적으로 제16조제3항을 위반하여 청소년유해매체물을 포장하지 아니한 상태에서 판매나 대여를 위하여 전시하거나 진열한 자

5. 영리를 목적으로 제17조제1항을 위반하여 청소년유해매체물을 구분 · 격리하지 아니하고 판매나 대여를 위하여 전시하거나 진열한 자

6. 영리를 목적으로 제17조제2항을 위반하여 청소년유해매체물로서 제2조제2호 가목부터 다목까지 및 사목부터 자목까지에 해당하는 매체물을 자동기계장치나 무인판매장치를 통하여 유통시킬 목적으로 전시하거나 진열한 자

7. 제19조제1항을 위반하여 청소년유해매체물로서 제2조제2호차목에 해당하는 매체물 중 「옥외광고물 등의 관리와 옥외광고산업 진흥에 관한 법률」에 따른 옥외광고물을 청소년 출입 · 고용금지업소 외의 업소나 일반인들이 통행하는 장소에 공공연하게 설치 · 부착 또는 배포한 자 또는 상업적 광고선전물을 청소년의 접근을 제한하는 기능이 없는 컴퓨터 통신을 통하여 설치 · 부착 또는 배포한 자

7의2. 제28조제5항을 위반하여 주류등의 판매 · 대여 · 배포를 금지하는 내용을 표시하지 아니한 자

8. 제29조제6항을 위반하여 청소년유해업소에 청소년의 출입과 고용을 제한하는 내용을 표시하지 아니한 자

② 제1항에 따른 시정명령의 종류 · 절차 및 그 이행 등에 필요한 사항은 대통령령으로 정한다.

**제46조(처분의 이유 명시)** 여성가족부장관 또는 시장 · 군수 · 구청장은 제44조와 제45조에 따른 처분을 할 때에는 대통령령으로 정하는 바에 따라 처분의 이유를 구체적으로 밝혀야 한다.

**제47조(관계 행정기관의 장의 협조)** ① 여성가족부장관은 이 법의 시행을 위하여 필요

하다고 인정할 때에는 관계 행정기관의 장의 의견을 들을 수 있다.

② 여성가족부장관은 이 법에 따른 의무를 반드시 이행하도록 하기 위하여 필요하다고 인정할 때에는 관계 행정기관의 장에게 필요한 협조를 의뢰할 수 있다.

**제48조(민간단체에 대한 행정적 지원 등)** ① 여성가족부장관 또는 지방자치단체의 장은 청소년유해환경 개선활동을 수행하는 민간단체에 행정적·재정적 지원을 할 수 있으며, 지방자치단체의 장은 필요한 경우 효율적인 업무 수행을 위하여 대통령령으로 정하는 바에 따라 청소년유해환경으로부터 청소년을 보호하는 활동을 하고 있음을 나타내는 증표를 발급할 수 있다.

② 제1항에 따른 민간단체의 구체적인 종류 등은 여성가족부령으로 정한다.

**제49조(신고)** ① 다음 각 호의 어느 하나에 해당하는 경우에는 누구든지 그 사실을 시장·군수·구청장에게 신고하여야 한다.

1. 청소년에게 유해하다고 생각되는 매체물과 약물 등이 청소년에게 유통되고 있는 것을 발견하였을 때
2. 청소년에게 유해한 업소에 청소년이 고용되어 있거나 출입하고 있는 것을 발견하였을 때
3. 그 밖에 이 법을 위반하는 사실이 있다고 인정할 때

② 시장·군수·구청장은 제1항에 따른 신고의 활성화를 위하여 필요한 시책을 시행하여야 하며 필요한 경우 신고자 포상 등을 할 수 있다.

**제50조(선도·보호조치 대상 청소년의 통보)** ① 여성가족부장관, 시장·군수·구청장 및 관할 경찰서장은 제16조제1항, 제28조제1항, 제29조제1항·제2항, 제30조 제1호부터 제3호까지 및 제7호부터 제9호까지를 위반하는 행위를 적극적으로 유발하게 하거나 나이를 속이는 등 그 위반행위의 원인을 제공한 청소년에 대하여는 친권자등에게 그 사실을 통보하여야 한다.

② 여성가족부장관, 시장·군수·구청장 및 관할 경찰서장은 제1항의 청소년 중 그 내용·정도 등을 고려하여 선도·보호조치가 필요하다고 인정되는 청소년에 대하여는 소속 학교의 장(학생인 경우만 해당한다) 및 친권자등에게 그 사실을 통보하

여야 한다.

**제51조(지방청소년사무소의 설치 등)** 특별시장 · 광역시장 · 특별자치시장 · 도지사 또는 특별자치도지사는 그 관할 구역의 청소년을 보호하기 위하여 조례로 정하는 바에 따라 지방청소년사무소를 설치하거나 그 밖에 필요한 조치를 할 수 있다. 〈개정 2013. 3. 22.〉

**제52조(권한의 위탁)** 여성가족부장관은 이 법에 따른 권한의 일부를 대통령령으로 정하는 바에 따라 청소년 보호, 매체물 또는 약물 등과 관련된 비영리법인 또는 단체에 위탁할 수 있다.

**제53조(벌칙 적용 시의 공무원 의제)** 청소년보호위원회의 사무에 종사하는 사람 중 공무원이 아닌 위원 또는 직원은 「형법」 제129조부터 제132조까지 및 「특정 범죄 가중처벌 등에 관한 법률」 제2조를 적용할 때에는 공무원으로 본다.

**제54조(과징금)** ① 여성가족부장관은 제2조제2호사목 · 아목에 따른 매체물을 발행하거나 수입한 자가 제9조제1항 각 호의 심의 기준에 저촉되는 매체물을 제13조 및 제14조에 준하는 청소년유해표시 또는 포장을 하지 아니하고 해당 청소년유해매체물의 결정 · 고시 전에 유통하였거나 유통 중일 때에는 그 매체물을 발행하거나 수입한 자에게 2천만원 이하의 과징금을 부과 · 징수할 수 있다.

② 시장 · 군수 · 구청장은 제58조 각 호의 어느 하나 또는 제59조 각 호의 어느 하나에 해당하는 행위로 인하여 이익을 취득한 자에게 대통령령으로 정하는 바에 따라 1천만원 이하의 과징금을 부과 · 징수할 수 있다. 다만, 다른 법률에 따라 영업허가 취소, 영업소 폐쇄, 영업정지 또는 과징금 부과 등의 처분이 이루어진 경우에는 과징금을 부과 · 징수하지 아니한다.

③ 시장 · 군수 · 구청장은 제58조제1호 · 제3호 · 제4호 또는 제59조제6호 · 제8호에 해당하는 행위로 인하여 이익을 취득한 자에 대하여 과징금을 부과하는 경우 청소년이 위 · 변조 또는 도용된 신분증을 사용하여 그 행위자로 하여금 청소년인 사실을 알지 못하게 한 사정 또는 행위자에게 폭행 또는 협박을 하여 청소년임을 확인하지 못하게 한 사정이 인정되면 대통령령으로 정하는 바에 따라 과징금을 부과 ·

징수하지 아니할 수 있다. 〈신설 2016. 3. 2.〉

④ 제1항 또는 제2항에 따른 과징금을 기한까지 납부하지 아니한 경우에는 여성가족부장관 또는 시장 · 군수 · 구청장이 국세 체납처분의 예 또는 「지방행정제재 · 부과금의 징수 등에 관한 법률」에 따라 징수한다. 〈개정 2013. 8. 6., 2016. 3. 2., 2020. 3. 24.〉

⑤ 여성가족부장관 또는 시장 · 군수 · 구청장은 다음 각 호의 어느 하나에 해당하는 사유로 과징금의 전액을 한꺼번에 납부하기 어렵다고 인정하는 경우에는 그 납부기한을 연장하거나 분할납부하게 할 수 있다. 〈개정 2016. 3. 2.〉

1. 자연재해 또는 화재 등으로 재산에 큰 손실을 입은 경우
2. 영업에 큰 손실을 입어 중대한 위기에 처한 경우
3. 과징금을 한꺼번에 납부하면 생계가 곤란할 것으로 예상되는 경우
4. 그 밖에 제1호부터 제3호까지에 준하는 사유가 있는 경우

⑥ 제1항, 제2항 및 제4항에 따라 과징금으로 징수한 금액은 징수 주체가 사용하되, 다음 각 호의 용도로 사용하여야 한다. 〈개정 2016. 3. 2.〉

1. 청소년유해환경 개선을 위한 프로그램의 개발과 보급
2. 청소년에게 유익한 매체물의 제작과 지원
3. 민간의 청소년 선도 · 보호사업 및 청소년유해환경 개선을 위한 시민운동 지원
4. 그 밖에 청소년 선도 · 보호를 위한 사업으로서 대통령령으로 정하는 사업

⑦ 제1항, 제2항, 제4항 및 제5항에 따른 과징금의 부과기준, 과징금의 부과 및 납부방법, 그 밖에 과징금의 부과 · 징수에 필요한 사항은 대통령령으로 정한다.〈개정 2016. 3. 2.〉

## 제8장 벌칙

**제55조(벌칙)** 제30조제1호의 위반행위를 한 자는 1년 이상 10년 이하의 징역에 처한다.

**제56조(벌칙)** 제30조제2호 또는 제3호의 위반행위를 한 자는 10년 이하의 징역에 처한다.

**제57조(벌칙)** 제30조제4호부터 제6호까지의 위반행위를 한 자는 5년 이하의 징역에

처한다.

**제58조(벌칙)** 다음 각 호의 어느 하나에 해당하는 자는 3년 이하의 징역 또는 3천만원 이하의 벌금에 처한다. 〈개정 2016. 3. 2., 2016. 12. 20.〉

1. 영리를 목적으로 제16조제1항을 위반하여 청소년에게 청소년유해매체물을 판매 · 대여 · 배포하거나 시청 · 관람 · 이용하도록 제공한 자
2. 영리를 목적으로 제22조를 위반하여 청소년을 대상으로 청소년유해매체물을 유통하게 한 자
3. 제28조제1항을 위반하여 청소년에게 제2조제4호가목4) · 5)의 청소년유해약물 또는 같은 호 나목1) · 2)의 청소년유해물건을 판매 · 대여 · 배포(자동기계 장치 · 무인판매장치 · 통신장치를 통하여 판매 · 대여 · 배포한 경우를 포함한 다)한 자
4. 제29조제1항을 위반하여 청소년을 청소년유해업소에 고용한 자
5. 제30조제7호부터 제9호까지의 위반행위를 한 자
6. 제44조제1항을 위반하여 청소년유해매체물 또는 청소년유해약물등을 수거하지 아니한 자

**제59조(벌칙)** 다음 각 호의 어느 하나에 해당하는 자는 2년 이하의 징역 또는 2천만원 이하의 벌금에 처한다. 〈개정 2013. 3. 22., 2014. 3. 24., 2016. 1. 6., 2016. 3. 2., 2016. 12. 20., 2018. 12. 11.〉

1. 제13조제1항 및 제28조제7항을 위반하여 청소년유해매체물 또는 청소년유해 약물등에 청소년유해표시를 하지 아니한 자
2. 제14조(제28조제10항에서 준용하는 경우를 포함한다)를 위반하여 청소년유해매체물 또는 청소년유해약물등을 포장하지 아니한 자
3. 제18조를 위반하여 청소년유해매체물을 방송한 자
4. 제19조제1항을 위반하여 청소년유해매체물로서 제2조제2호차목에 해당하는 매체물 중 「옥외광고물 등의 관리와 옥외광고산업 진흥에 관한 법률」에 따른 옥외광고물을 청소년 출입 · 고용금지업소 외의 업소나 일반인들이 통행하는 장소에

공공연하게 설치 · 부착 또는 배포한 자 또는 상업적 광고선전물을 청소년의 접근을 제한하는 기능이 없는 컴퓨터 통신을 통하여 설치 · 부착 또는 배포한 자

5. 제26조를 위반하여 심야시간대에 16세 미만의 청소년에게 인터넷게임을 제공한 자

6. 제28조제1항을 위반하여 청소년에게 제2조제4호가목1) · 2)의 청소년유해약물 또는 같은 호 나목3)의 청소년유해물건을 판매 · 대여 · 배포(자동기계장치 · 무인판매장치 · 통신장치를 통하여 판매 · 대여 · 배포한 경우를 포함한다)하거나 영리를 목적으로 무상 제공한 자

7. 제28조제2항을 위반하여 청소년의 의뢰를 받아 제2조제4호가목1) · 2)의 청소년유해약물을 구입하여 청소년에게 제공한 자

7의2. 영리를 목적으로 제28조제3항을 위반하여 청소년에게 청소년유해약물등을 구매하게 한 자

7의3. 제28조제5항을 위반하여 주류등의 판매 · 대여 · 배포를 금지하는 내용을 표시하지 아니한 자

8. 제29조제2항을 위반하여 청소년을 청소년 출입 · 고용금지업소에 출입시킨 자

9. 제29조제6항을 위반하여 청소년유해업소에 청소년의 출입과 고용을 제한하는 내용을 표시하지 아니한 자

**제60조(벌칙)** 제15조(제28조제10항에서 준용하는 경우를 포함한다)를 위반하여 청소년유해매체물이나 청소년유해약물등의 청소년유해표시 또는 포장을 훼손한 자는 500만원 이하의 벌금에 처한다. 〈개정 2013. 3. 22., 2014. 3. 24., 2018. 12. 11.〉

**제61조(벌칙)** ① 제34조의2제5항을 위반하여 직무상 알게 된 비밀을 누설한 사람은 2년 이하의 징역 또는 2천만원 이하의 벌금에 처한다. 〈개정 2015. 6. 22.〉

② 제43조를 위반하여 관계 공무원의 검사 및 조사를 거부 · 방해 또는 기피한 사람은 300만원 이하의 벌금에 처한다.

[전문개정 2014. 5. 28.]

**제62조(양벌규정)** 법인의 대표자나 법인 또는 개인의 대리인, 사용인, 그 밖의 종업원

이 그 법인 또는 개인의 업무에 관하여 제55조부터 제57조까지의 어느 하나에 해당하는 위반행위를 하면 그 행위자를 벌하는 외에 그 법인 또는 개인을 5천만 원 이하의 벌금에 처하고, 제58조부터 제61조까지의 어느 하나에 해당하는 위반행위를 하면 그 행위자를 벌하는 외에 그 법인 또는 개인에게도 해당 조문의 벌금형을 과(科)한다. 다만, 법인 또는 개인이 그 위반행위를 방지하기 위하여 해당업무에 관하여 상당한 주의와 감독을 게을리 하지 아니한 경우에는 그러하지 아니하다.

**제63조(형의 감경)** 제59조의 죄를 범한 자가 제45조에 따른 시정명령을 받고 이를 이행하면 그 형을 감경할 수 있다.

**제64조(과태료)** ① 제45조제1항제1호 · 제2호 · 제7호 · 제7호의2 · 제8호에 대한 시정명령을 이행하지 아니한 자에게는 500만 원 이하의 과태료를 부과한다. 〈개정 2014. 3. 24.〉

② 다음 각 호의 어느 하나에 해당하는 자에게는 100만 원 이하의 과태료를 부과한다.

1. 제42조에 따른 보고와 자료 제출을 요구받고도 요구에 따르지 아니한 자 또는 거짓으로 보고하거나 자료를 제출한 자
2. 제45조제1항제3호부터 제6호까지에 따른 시정명령을 이행하지 아니한 자

③ 제1항 및 제2항에 따른 과태료는 대통령령으로 정하는 바에 따라 여성가족부장관 또는 시장 · 군수 · 구청장이 부과 · 징수한다.

## 부칙 〈법률 제17761호,2020. 12. 29.〉(주류 면허 등에 관한 법률)

**제1조(시행일)** 이 법은 2021년 1월 1일부터 시행한다.

**제2조부터 제9조까지 생략**

**제10조(다른 법률의 개정)** ①부터 ⑩까지 생략

⑪ 청소년보호법 일부를 다음과 같이 개정한다.

제28조제5항제1호 중 "「주세법」"을 "「주류 면허 등에 관한 법률」"로 한다.

**제11조 생략**

# 청소년복지지원법(약칭: 청소년복지법)

[시행 2019. 3. 19.] [법률 제15988호, 2018. 12. 18., 일부개정]

## 제1장 총칙

**제1조(목적)** 이 법은 「청소년기본법」 제49조제4항에 따라 청소년복지 향상에 관한 사항을 규정함을 목적으로 한다.

**제2조(정의)** 이 법에서 사용하는 용어의 뜻은 다음과 같다.

1. "청소년"이란 「청소년기본법」 제3조제1호 본문에 해당하는 사람을 말한다.
2. "청소년복지"란 「청소년기본법」 제3조제4호에 따른 청소년복지를 말한다.
3. "보호자"란 친권자, 법정대리인 또는 사실상 청소년을 양육하는 사람을 말한다.
4. "위기청소년"이란 가정 문제가 있거나 학업 수행 또는 사회 적응에 어려움을 겪는 등 조화롭고 건강한 성장과 생활에 필요한 여건을 갖추지 못한 청소년을 말한다.

**제2조(정의)** 이 법에서 사용하는 용어의 뜻은 다음과 같다. 〈개정 2021. 3. 23.〉

1. "청소년"이란 「청소년기본법」 제3조제1호 본문에 해당하는 사람을 말한다.
2. "청소년복지"란 「청소년기본법」 제3조제4호에 따른 청소년복지를 말한다.
3. "보호자"란 친권자, 법정대리인 또는 사실상 청소년을 양육하는 사람을 말한다.
4. "위기청소년"이란 가정 문제가 있거나 학업 수행 또는 사회 적응에 어려움을 겪는 등 조화롭고 건강한 성장과 생활에 필요한 여건을 갖추지 못한 청소년을 말한다.
5. "가정 밖 청소년"이란 가정 내 갈등·학대·폭력·방임, 가정해체, 가출 등의 사유로 보호자로부터 이탈된 청소년으로서 사회적 보호 및 지원이 필요한 청소년을 말한다.
6. "청소년부모"란 자녀를 양육하는 부모가 모두 청소년인 사람을 말한다.

[시행일: 2021. 9. 24.] 제2조

**제2조의2(실태조사)** ① 여성가족부장관은 청소년복지 향상을 위한 정책수립에 활용하

기 위하여 3년마다 청소년의 의식·태도·생활 등에 관한 실태조사를 실시하고 그 결과를 공표하여야 한다.

② 여성가족부장관은 제1항에 따른 실태조사에 필요한 경우에는 관계 중앙행정기관의 장, 지방자치단체의 장 또는 「공공기관의 운영에 관한 법률」에 따른 공공기관의 장, 그 밖의 관련 법인·단체의 장에게 필요한 자료 제출 또는 의견 진술을 요청할 수 있다. 이 경우 요청을 받은 자는 정당한 사유가 없으면 이에 협조하여야 한다.

③ 제1항에 따른 실태조사의 대상, 방법, 절차 및 결과공표 등에 필요한 사항은 여성가족부령으로 정한다.

[본조신설 2018. 12. 18.]

## 제2장 청소년의 우대 등

**제3조(청소년의 우대)** ① 국가 또는 지방자치단체는 그가 운영하는 수송시설·문화시설·여가시설 등을 청소년이 이용하는 경우 그 이용료를 면제하거나 할인할 수 있다.

② 국가 또는 지방자치단체는 다음 각 호의 어느 하나에 해당하는 자가 청소년이 이용하는 시설을 운영하는 경우 청소년에게 그 시설의 이용료를 할인하여 주도록 권고할 수 있다.

1. 국가 또는 지방자치단체의 재정적 보조를 받는 자
2. 관계 법령에 따라 세제상의 혜택을 받는 자
3. 국가 또는 지방자치단체로부터 위탁을 받아 업무를 수행하는 자

③ 제1항 또는 제2항에 따라 이용료를 면제받거나 할인받으려는 청소년은 시설의 관리자에게 주민등록증, 학생증, 제4조에 따른 청소년증 등 나이를 확인할 수 있는 증표 또는 자료를 제시하여야 한다.

④ 제1항 또는 제2항에 따라 이용료를 면제받거나 할인받을 수 있는 시설의 종류 및 청소년의 나이 기준 등은 대통령령으로 정한다.

**제4조(청소년증)** ① 특별자치시장·특별자치도지사 또는 시장·군수·구청장(자치구의 구청장을 말한다. 이하 같다)은 9세 이상 18세 이하의 청소년에게 청소년증을

발급할 수 있다. 〈개정 2018. 12. 18.〉

② 제1항에 따른 청소년증은 다른 사람에게 양도하거나 빌려주어서는 아니 된다.

③ 누구든지 제1항에 따른 청소년증 외에 청소년증과 동일한 명칭 또는 표시의 증표를 제작·사용하여서는 아니 된다.

④ 제1항에 따른 청소년증의 발급에 필요한 사항은 여성가족부령으로 정한다.

## 제3장 청소년의 건강보장

**제5조(건강한 성장지원)** ① 국가 및 지방자치단체는 성별 특성을 고려하여 청소년의 건강 증진 및 체력 향상을 위한 질병 예방, 건강 교육 등의 필요한 시책을 수립하여야 하며, 보호자는 양육하는 청소년의 건강 증진 및 체력 향상에 노력하여야 한다. 〈개정 2016. 12. 20.〉

② 국가 및 지방자치단체는 관련 기관과 협의하여 성별 특성을 반영한 청소년의 건강·체력 기준을 설정하여 보급할 수 있다. 〈개정 2016. 12. 20.〉

③ 국가 및 지방자치단체는 여성청소년의 건강한 성장을 위하여 여성청소년에게 보건위생에 필수적인 물품을 지원할 수 있다. 〈신설 2017. 12. 12.〉

④ 제1항에 따른 시책의 마련, 제2항에 따른 건강·체력 기준의 설정·보급 및 제3항에 따른 물품 지원의 기준·범위 등에 필요한 사항은 대통령령으로 정한다. 〈개정 2017. 12. 12.〉

[제목개정 2017. 12. 12.]

**제5조(건강한 성장지원)** ① 국가 및 지방자치단체는 성별 특성을 고려하여 청소년의 건강 증진 및 체력 향상을 위한 질병 예방, 건강 교육 등의 필요한 시책을 수립하여야 하며, 보호자는 양육하는 청소년의 건강 증진 및 체력 향상에 노력하여야 한다. 〈개정 2016. 12. 20.〉

② 국가 및 지방자치단체는 관련 기관과 협의하여 성별 특성을 반영한 청소년의 건강·체력 기준을 설정하여 보급할 수 있다. 〈개정 2016. 12. 20.〉

③ 국가 및 지방자치단체는 여성청소년의 건강한 성장을 위하여 여성청소년이 생

리용품을 신청하는 경우 이를 지원한다. 〈신설 2017. 12. 12., 2021. 4. 20.〉

④ 제1항에 따른 시책의 마련, 제2항에 따른 건강 · 체력 기준의 설정 · 보급 및 제3항에 따른 생리용품 지원의 기준 · 범위, 방법, 신청 및 지급절차 등에 필요한 사항은 대통령령으로 정한다. 〈개정 2017. 12. 12., 2021. 4. 20.〉

[제목개정 2017. 12. 12.]

[시행일: 2022. 4. 21.] 제5조

**제6조(체력검사와 건강진단)** ① 국가 및 지방자치단체는 청소년의 체력검사와 건강진단을 실시할 수 있다.

② 국가 및 지방자치단체는 제1항에 따른 체력검사 및 건강진단의 결과를 청소년 본인에게 알려주어야 한다.

③ 국가 및 지방자치단체는 제1항 및 제2항에 따른 체력검사 · 건강진단의 실시와 그 결과 통보를 전문기관 또는 단체에 위탁할 수 있다.

④ 제1항 및 제2항에 따른 체력검사 · 건강진단의 실시와 그 결과 통보에 필요한 사항은 여성가족부령으로 정한다.

**제7조(건강진단 결과의 분석 등)** ① 국가 및 지방자치단체는 제6조에 따른 건강진단 결과를 분석하여 청소년의 건강 증진을 위하여 필요한 시책을 수립 · 시행하여야 한다.

② 국가 및 지방자치단체는 제1항에 따른 분석을 전문기관에 의뢰할 수 있다.

**제8조(건강진단 결과의 공개 금지)** 제6조에 따라 건강진단을 실시한 국가 · 지방자치단체 · 전문기관 또는 단체에 근무하였거나 근무하는 사람은 제7조제1항에 따른 시책을 수립하거나 시행하기 위하여 불가피한 경우를 제외하고는 건강진단결과를 공개하여서는 아니 된다.

## 제4장 지역사회 청소년통합지원체계 등

**제9조(지역사회 청소년통합지원체계의 구축 · 운영)** ① 지방자치단체의 장은 관할구역의 위기청소년을 조기에 발견하여 보호하고, 청소년복지 및 「청소년기본법」 제3

조제5호에 따른 청소년보호를 효율적으로 수행하기 위하여 지방자치단체, 공공기관, 「청소년기본법」 제3조제8호에 따른 청소년단체 등이 협력하여 업무를 수행하는 지역사회 청소년통합지원체계(이하 "통합지원체계"라 한다)를 구축·운영하여야 한다.

② 국가는 통합지원체계의 구축·운영을 지원하여야 한다.

③ 통합지원체계에 반드시 포함되어야 하는 기관 또는 단체 등 통합지원체계의 구성 등에 필요한 사항은 대통령령으로 정한다.

**제9조의2(통합지원체계 전담기구)** ① 특별시·광역시·특별자치시·도·특별자치도 및 시·군·구(자치구를 말한다. 이하 같다)는 통합지원체계에 관한 업무를 효율적으로 추진하기 위하여 통합지원체계 전담기구를 설치할 수 있다.

② 제1항에 따른 통합지원체계 전담기구에 여성가족부령으로 정하는 바에 따라 전담공무원 및 민간 전문인력을 배치할 수 있다.

③ 관계 행정기관, 「청소년기본법」 제3조제8호에 따른 청소년단체(이하 "청소년단체"라 한다) 및 같은 법 제3조제6호에 따른 청소년시설을 설치·운영하는 자는 전담공무원 및 민간 전문인력의 업무 수행에 협조하여야 한다.

④ 제1항에 따른 통합지원체계 전담기구의 사무 범위, 조직 및 운영, 제2항에 따른 전담공무원의 임용 등에 필요한 사항은 해당 지방자치단체의 조례로 정한다.

[본조신설 2021. 3. 23.]

[시행일: 2021. 9. 24.] 제9조의2

**제10조(운영위원회)** ① 지방자치단체의 장은 통합지원체계의 원활한 운영을 위하여 필요하다고 인정하는 경우에는 제15조제2항에 따른 특별지원 대상자의 선정 등 대통령령으로 정하는 청소년 지원에 관한 사항을 심의하는 지역사회 청소년통합지원체계 운영위원회(이하 "운영위원회"라 한다)를 둘 수 있다.

② 운영위원회는 통합지원체계를 구성하는 기관·단체의 장 또는 종사자와 그밖에 청소년복지에 대하여 지식과 경험이 풍부한 사람으로 구성한다.

③ 제1항 및 제2항에서 정한 사항 외에 운영위원회의 구성, 위원의 위촉 및 회의절

차 등 운영위원회의 운영에 필요한 사항은 해당 지방자치단체의 규칙으로 정한다.

**제10조(청소년복지심의위원회)** ① 지방자치단체의 장은 통합지원체계의 원활한 운영을 위하여 필요하다고 인정하는 경우에는 위기청소년의 복지 및 보호와 관련된 정책 등 대통령령으로 정하는 사항을 심의하는 청소년복지심의위원회(이하"심의위원회"라 한다)를 둘 수 있다. 〈개정 2021. 3. 23.〉

② 심의위원회는 통합지원체계를 구성하는 기관·단체의 장 또는 종사자와 그밖에 청소년복지에 대하여 지식과 경험이 풍부한 사람으로 구성한다. 〈개정 2021. 3. 23.〉

③ 심의위원회는 심의를 효율적으로 수행하기 위하여 필요하다고 인정하는 경우에는 실무위원회를 둘 수 있다. 〈신설 2021. 3. 23.〉

④ 제1항부터 제3항까지의 규정에서 정한 사항 외에 심의위원회 및 실무위원회의 구성, 위원의 위촉 및 회의 절차 등 심의위원회 및 실무위원회의 운영에 필요한 사항은 해당 지방자치단체의 규칙으로 정한다. 〈개정 2021. 3. 23.〉

[제목개정 2021. 3. 23.]

[시행일: 2021. 9. 24.] 제10조

**제11조(주민의 자원 활동 지원)** 국가 및 지방자치단체는 지역 주민들이 자발적으로 단체를 구성하여 위기청소년의 발견·보호 및 지원을 위한 활동을 하는 경우에는 그 단체의 활동을 지원할 수 있다.

**제12조(상담과 전화 설치 등)** ① 국가 및 지방자치단체는 모든 청소년이 필요한 사항에 관하여 전문가의 상담을 받을 수 있도록 하여야 한다.

② 국가 및 지방자치단체는 제1항에 따른 상담을 위하여 전화를 설치·운영하거나 정보통신망을 운영하여야 한다.

③ 제2항에 따른 전화의 설치·운영 및 정보통신망의 운영에 필요한 사항은 대통령령으로 정한다.

**제12조의2(위기청소년통합지원정보시스템의 구축 및 운영 등)** ① 여성가족부장관은 위기청소년 관련 정보의 효율적 처리, 정보 공유 및 기관 간 서비스 연계 등 통합지원체계를 효율적으로 운영하기 위하여 대통령령으로 정하는 바에 따라 위기청소년

통합지원정보시스템(이하 "통합정보시스템"이라 한다)을 구축·운영할 수 있다.

② 여성가족부장관은 통합정보시스템을 구축·운영하는 데 필요한 정보로서 다음 각 호의 어느 하나에 해당하는 정보를 정보주체의 명시적 동의를 받아 수집·보유·이용·제공·연계할 수 있다.

1. 제9조에 따른 지역사회 청소년통합지원체계 운영에 관한 정보
2. 제12조에 따른 전문가 상담에 관한 정보
3. 제13조에 따른 위기청소년의 가족 및 보호자에 대한 상담 및 교육에 관한 정보
4. 제14조에 따른 위기청소년 특별지원에 관한 정보
5. 제16조에 따른 가정 밖 청소년 지원에 관한 정보
6. 제18조에 따른 이주배경청소년 지원에 관한 정보
7. 제19조에 따른 예방적·회복적 보호지원에 관한 정보
8. 제29조에 따른 청소년상담복지센터에 관한 정보
9. 제31조에 따른 청소년복지시설에 관한 정보
10. 「학교 밖 청소년 지원에 관한 법률」 제12조에 따른 학교 밖 청소년 지원 센터 관련 정보
11. 「청소년보호법」 제27조에 따른 인터넷게임 중독 등의 피해 청소년 지원 관련 정보
12. 「청소년보호법」 제35조에 따른 청소년 보호·재활센터 관련 정보
13. 「사회보장급여의 이용·제공 및 수급권자 발굴에 관한 법률」 제2조제1호 의 사회보장급여 중 청소년 관련 정보
14. 「주민등록법」에 따른 주민등록 자료 또는 정보
15. 「가족관계의 등록 등에 관한 법률」에 따른 가족관계등록 자료 또는 정보
16. 그 밖에 대통령령으로 정하는 위기청소년 지원 관련 업무 수행에 필요한 정보

③ 여성가족부장관은 관계 중앙행정기관, 지방자치단체 및 관련 기관·단체(이하 "관계 중앙행정기관등"이라 한다)에 통합정보시스템의 구축·운영에 필요한 자료·정보의 제공을 요청하고 제공받은 목적의 범위에서 이를 수집·보유·이용할 수 있

다. 이 경우 자료 · 정보의 제공을 요청받은 관계 중앙행정기관 등은 정당한 사유가 없으면 이에 따라야 한다.

④ 여성가족부장관은 위기청소년의 효과적인 보호와 지원을 위하여 제2항 각 호의 정보를 처리하는 민간단체 및 기관과 필요한 정보연계를 위한 조치를 할 수 있다. 이 경우 정보연계 목적의 범위에서 해당 단체와 기관은 연계된 정보를 이용할 수 있다.

⑤ 관계 중앙행정기관 등은 통합정보시스템이 보유하는 자료 · 정보의 활용이 필요한 경우 사전에 여성가족부장관과 협의하여야 한다. 이 경우 여성가족부장관은 관계 중앙행정기관 등이 관련 업무에 필요한 범위에서 정보를 제공할 수 있고 정보를 제공받은 관계 중앙행정기관 등은 제공받은 목적의 범위에서만 이를 보유 · 이용할 수 있다.

⑥ 여성가족부장관은 통합정보시스템의 구축 · 운영의 전 과정에서 개인정보 보호를 위하여 필요한 시책을 마련하여야 한다.

⑦ 통합정보시스템은 제1항에 따른 업무를 수행하기 위하여 「사회보장기본법」 제37조제2항에 따른 사회보장정보시스템 등 관계 전산망을 연계하여 운영할 수 있다.

⑧ 여성가족부장관은 제22조에 따른 한국청소년상담복지개발원에 통합정보시스템의 운영을 위탁할 수 있다.

⑨ 제2항부터 제5항까지의 규정에 따라 통합정보시스템의 자료 또는 정보를 취득하여 관리 · 이용하는 자는 그 직무상 알게 된 자료 · 정보를 목적 외로 사용하거나 제3자에게 제공 · 누설하여서는 아니 된다.

⑩ 그 밖에 통합지원시스템의 구축과 운영에 필요한 사항은 대통령령으로 정한다.

[본조신설 2021. 3. 23.]

[시행일: 2021. 9. 24.] 제12조의2

## 제5장 위기청소년 지원

**제13조(상담 및 교육)** ① 국가 및 지방자치단체는 위기청소년에게 효율적이고 적합한

지원을 하기 위하여 위기청소년의 가족 및 보호자에 대한 상담 및 교육을 실시할 수 있다.

② 위기청소년의 가족 및 보호자는 국가 및 지방자치단체가 상담 및 교육을 권고하는 경우에는 이에 협조하여 성실히 상담 및 교육을 받아야 한다.

③ 국가 및 지방자치단체는 여성가족부령으로 정하는 일정 소득 이하의 가족 및 보호자가 제1항의 상담 및 교육을 받은 경우에는 예산의 범위에서 여비 등 실비(實費)를 지급할 수 있다.

**제14조(위기청소년 특별지원)** ① 국가 및 지방자치단체는 대통령령으로 정하는 바에 따라 위기청소년에게 필요한 사회적·경제적 지원(이하 "특별지원"이라 한다)을 할 수 있다.

② 특별지원은 생활지원, 학업지원, 의료지원, 직업훈련지원, 청소년활동지원 등 대통령령으로 정하는 내용에 따라 물품 또는 서비스의 형태로 제공한다. 다만, 위기청소년의 지원에 반드시 필요하다고 인정되는 경우에는 금전의 형태로 제공할 수 있다.

③ 특별지원 대상 청소년의 선정 기준, 범위 및 기간과 그 밖에 필요한 사항은 대통령령으로 정한다.

**제15조(특별지원의 신청 및 선정)** ① 다음 각 호의 어느 하나에 해당하는 사람은 위기청소년을 특별지원 대상 청소년으로 선정하여 줄 것을 특별자치시장·특별자치도지사 또는 시장·군수·구청장에게 신청할 수 있다. 이 경우 제1호 중 보호자 및 제2호부터 제5호까지의 사람은 해당 청소년의 동의를 받아야 한다. 〈개정 2018. 12. 18.〉

1. 청소년 본인 또는 그 보호자
2. 「청소년기본법」 제3조제7호에 따른 청소년지도자
3. 「초·중등교육법」 제19조제1항에 따른 교원
4. 「사회복지사업법」 제11조에 따른 사회복지사
5. 지방자치단체에서 청소년 업무를 담당하는 공무원

② 특별자치시장·특별자치도지사 또는 시장·군수·구청장은 제1항에 따른 신청

을 받은 경우에는 운영위원회의 심의를 거쳐 선정 여부와 지원 내용 및 기간을 결정하여야 한다. 〈개정 2018. 12. 18.〉

③ 특별자치시장 · 특별자치도지사 또는 시장 · 군수 · 구청장은 긴급하게 지원할 필요가 있다고 판단하는 경우 또는 운영위원회가 구성되지 아니한 경우에는 운영위원회의 심의를 거치지 아니하고 제2항의 결정을 할 수 있다. 〈개정 2018. 12. 18.〉

**제15조(특별지원의 신청 및 선정)** ① 다음 각 호의 어느 하나에 해당하는 사람은위기청소년을 특별지원 대상 청소년으로 선정하여 줄 것을 특별자치시장 · 특별자치도지사 또는 시장 · 군수 · 구청장에게 신청할 수 있다. 이 경우 제1호 중 보호자 및 제2호부터 제5호까지의 사람은 해당 청소년의 동의를 받아야 한다. 〈개정 2018. 12. 18.〉

1. 청소년 본인 또는 그 보호자
2. 「청소년기본법」 제3조제7호에 따른 청소년지도자
3. 「초 · 중등교육법」 제19조제1항에 따른 교원
4. 「사회복지사업법」 제11조에 따른 사회복지사
5. 지방자치단체에서 청소년 업무를 담당하는 공무원

② 특별자치시장 · 특별자치도지사 또는 시장 · 군수 · 구청장은 제1항에 따른 신청을 받은 경우에는 심의위원회의 심의를 거쳐 선정 여부와 지원 내용 및 기간을 결정하여야 한다. 〈개정 2018. 12. 18., 2021. 3. 23.〉

③ 특별자치시장 · 특별자치도지사 또는 시장 · 군수 · 구청장은 긴급하게 지원할 필요가 있다고 판단하는 경우 또는 심의위원회가 구성되지 아니한 경우에는 심의위원회의 심의를 거치지 아니하고 제2항의 결정을 할 수 있다. 〈개정 2018. 12. 18., 2021. 3. 23.〉

[시행일: 2021. 9. 24.] 제15조

**제16조(청소년 가출 예방 및 보호 · 지원)** ① 여성가족부장관 또는 지방자치단체의장은 청소년의 가출을 예방하고 가출한 청소년의 가정 · 사회 복귀를 돕기 위하여 상담, 제31조제1호에 따른 청소년쉼터의 설치 · 운영, 청소년쉼터 퇴소 청소년에 대한

사후지원 등 필요한 지원을 하여야 한다.

② 보호자는 청소년의 가출을 예방하기 위하여 노력하여야 하며, 가출한 청소년의 가정·사회 복귀를 위한 국가 및 지방자치단체 등의 노력에 적극 협조하여야 한다.

③ 여성가족부장관 또는 지방자치단체의 장은 제1항에 따른 청소년 가출 예방 및 보호·지원에 관한 업무를 「청소년기본법」 제3조제8호에 따른 청소년단체(이하 "청소년단체"라 한다)에 위탁할 수 있다.

**제16조(가정 밖 청소년에 대한 지원)** ① 여성가족부장관 또는 지방자치단체의 장은 가정 밖 청소년의 발생을 예방하기 위한 교육·홍보·연구·조사 등 각종 정책을 수립·시행하여야 한다. 〈개정 2021. 3. 23.〉

② 국가 및 지방자치단체는 가정 밖 청소년의 가정·사회 복귀를 돕기 위하여 상담, 보호, 자립 지원, 사후관리 등 필요한 조치를 하여야 한다. 〈신설 2021. 3. 23.〉

③ 보호자는 가정 밖 청소년의 발생을 예방하기 위하여 노력하여야 하며, 가정 밖 청소년의 가정·사회 복귀를 위한 국가 및 지방자치단체 등의 노력에 적극 협조하여야 한다. 〈개정 2021. 3. 23.〉

④ 여성가족부장관 또는 지방자치단체의 장은 제1항 및 제2항에 따른 가정 밖 청소년 발생 예방 및 보호·지원에 관한 업무를 청소년단체에 위탁할 수 있다. 〈개정 2021. 3. 23.〉

[제목개정 2021. 3. 23.]

[시행일: 2021. 9. 24.] 제16조

**제17조** 삭제 〈2014. 5. 28.〉

**제18조(이주배경청소년에 대한 지원)** 국가 및 지방자치단체는 다음 각 호의 어느 하나에 해당하는 청소년의 사회 적응 및 학습능력 향상을 위하여 상담 및 교육 등 필요한 시책을 마련하고 시행하여야 한다.

1. 「다문화가족지원법」 제2조제1호에 따른 다문화가족의 청소년
2. 그 밖에 국내로 이주하여 사회 적응 및 학업 수행에 어려움을 겪는 청소년

제5장의2 청소년부모 지원 〈신설 2021. 3. 23.〉

[시행일: 2021. 9. 24.]

**제18조의2(청소년부모에 대한 가족지원서비스)** ① 국가 및 지방자치단체는 청소년부모에게 다음 각 호의 가족지원서비스를 제공할 수 있다.

1. 아동의 양육 및 교육 서비스
2. 「지역보건법」 제11조제1항제5호사목에 따른 방문건강관리사업 서비스
3. 교육·상담 등 가족 관계 증진 서비스
4. 그 밖에 대통령령으로 정하는 청소년부모에 대한 가족지원 서비스

② 제1항에 따른 가족지원서비스 대상 청소년부모의 선정 기준, 범위 및 기간과 그 밖에 필요한 사항은 대통령령으로 정한다.

[본조신설 2021. 3. 23.]

[시행일: 2021. 9. 24.] 제18조의2

**제18조의3(청소년부모에 대한 복지지원)** ① 국가 및 지방자치단체는 청소년부모와 그 자녀에게 복지지원을 할 수 있다.

② 제1항에 따른 복지지원은 생활지원, 의료지원, 주거지원, 청소년활동지원 등 대통령령으로 정하는 내용에 따라 물품 또는 서비스의 형태로 제공한다.

③ 제1항에 따른 복지지원 대상 청소년부모의 선정 기준, 범위 및 기간과 그 밖에 필요한 사항은 대통령령으로 정한다.

[본조신설 2021. 3. 23.]

[시행일: 2021. 9. 24.] 제18조의3

**제18조의4(청소년부모에 대한 교육지원)** ① 국가 및 지방자치단체는 청소년부모가 학업을 할 수 있도록 청소년부모의 선택에 따라 다음 각 호의 어느 하나에 해당하는 지원을 할 수 있다.

1. 「초·중등교육법」 제2조에 따른 학교에서의 학적 유지를 위한 지원 및 교육비 지원 또는 검정고시 지원
2. 「평생교육법」 제31조제2항에 따른 학력인정 평생교육시설에 대한 교육비 지원
3. 「초·중등교육법」 제28조에 따른 교육 지원

4. 그 밖에 청소년부모의 교육 지원을 위하여 여성가족부령으로 정하는 사항

② 국가 및 지방자치단체는 청소년부모의 학업과 양육의 병행을 위하여 그 자녀가 청소년부모가 속한 「고등교육법」 제2조에 따른 학교에 설치된 직장어린이집을 이용할 수 있도록 지원할 수 있다.

③ 여성가족부장관은 청소년부모가 학업을 계속할 수 있도록 교육부장관에게 협조를 요청하여야 한다.

④ 제1항 및 제2항에 따른 교육지원 대상 청소년부모의 선정 기준, 범위 및 기간과 그 밖에 필요한 사항은 대통령령으로 정한다.

[본조신설 2021. 3. 23.]

[시행일: 2021. 9. 24.] 제18조의4

**제18조의5(청소년부모에 대한 직업체험 및 취업지원)** ① 국가 및 지방자치단체는 청소년부모가 자녀를 안정적으로 양육할 수 있는 환경을 조성하기 위하여 직업의 체험과 훈련을 할 수 있도록 다음 각 호의 사항을 지원할 수 있다.

1. 직업적성 검사 및 진로상담프로그램
2. 직업체험 및 훈련프로그램
3. 직업소개 및 관리
4. 그 밖에 청소년부모의 직업체험 및 훈련에 필요한 사항

② 국가 및 지방자치단체는 청소년부모를 대상으로 취업 및 직무수행에 필요한 지식·기술 및 태도를 습득·향상시키기 위하여 직업교육 훈련을 실시할 수 있다.

[본조신설 2021. 3. 23.]

[시행일: 2021. 9. 24.] 제18조의5

## 제6장 예방적·회복적 보호지원〈개정 2018. 12. 18.〉

**제19조(예방적 · 회복적 보호지원의 실시 등)** ① 특별자치시장 · 특별자치도지사 또는 시장 · 군수 · 구청장은 청소년의 비행 · 일탈을 예방하고 가정 · 학교 · 사회생활에 복귀 및 적응하는 것을 돕기 위하여 다음 각 호의 어느 하나에 해당하는 청소년에 대하여 청소년 본인, 해당 청소년의 보호자 또는 청소년이 취학하고 있는 학교의 장의 신청에 따라 예방적 · 회복적 보호지원(이하 "보호지원"이라 한다)을 실시할 수 있다. 이 경우 해당 청소년의 보호자 또는 학교의 장이 보호지원을 신청하는 때에는 청소년 본인의 동의를 받아야 한다. 〈개정 2018. 12. 18.〉

1. 비행 · 일탈을 저지른 청소년
2. 일상생활에 적응하지 못하여 가정 또는 학교 외부의 교육적 도움이 필요한 청소년

② 보호지원은 해당 청소년이 정상적인 가정 · 학교 · 사회 생활에 복귀 및 적응하는 데에 도움이 되는 방법으로서 상담 · 교육 · 자원봉사 · 수련 · 체육 · 단체활동 등 대통령령으로 정하는 방법에 따라 한다. 〈개정 2018. 12. 18.〉

③ 보호지원의 기간은 6개월 이내로 한다. 다만, 특별자치시장 · 특별자치도지사 또는 시장 · 군수 · 구청장은 보호지원의 결과를 검토하여 보호지원의 연장이 필요하다고 인정하는 경우 청소년 본인의 동의를 받아 6개월의 범위에서 한 번 연장할 수 있다. 〈개정 2018. 12. 18.〉

④ 보호지원 대상자의 선정 기준 및 절차에 관한 사항은 여성가족부령으로 정한다. 〈개정 2018. 12. 18.〉

[제목개정 2018. 12. 18.]

**제20조(시설의 설치 · 운영 등)** 국가 및 지방자치단체는 보호지원에 필요한 시설의 설치 · 운영, 보호지원 프로그램의 개발 · 보급, 보호지원 활동에 대한 지원 및 지도자 교육 등 보호지원의 실효성을 확보하기 위한 노력을 하여야 한다. 〈개정 2018. 12. 18.〉

**제21조(보호지원후견인)** ① 국가 및 지방자치단체(제42조제2항에 따라 보호지원 업무를 위탁한 경우에는 그 보호지원 업무를 위탁받은 청소년단체를 말한다)는 보호지원 대상 청소년을 개인별로 전담하여 지도하는 보호지원후견인을 지정할 수 있다.

〈개정 2018. 12. 18.〉

② 제1항에 따른 보호지원후견인은 「청소년기본법」 제3조제7호에 따른 청소년지도자 및 같은 법 제27조에 따른 청소년지도위원 중에서 지정한다. 〈개정 2018. 12. 18.〉

③ 제1항에 따른 보호지원후견인의 임무·지정기준 등 세부적인 사항은 여성가족부령으로 정한다. 〈개정 2018. 12. 18.〉

[제목개정 2018. 12. 18.]

## 제7장 청소년복지지원기관

**제22조(한국청소년상담복지개발원)** ① 다음 각 호의 사업을 하기 위하여 한국청소년상담복지개발원(이하 "청소년상담원"이라 한다)을 설립한다.

1. 청소년 상담 및 복지와 관련된 정책의 연구
2. 청소년 상담·복지 사업의 개발 및 운영·지원
3. 청소년 상담기법의 개발 및 상담자료의 제작·보급
4. 청소년 상담·복지 인력의 양성 및 교육
5. 청소년 상담·복지 관련 기관 간의 연계 및 지원
6. 지방자치단체 청소년복지지원기관의 청소년 상담·복지 관련 사항에 대한 지도 및 지원
7. 청소년 가족에 대한 상담·교육
8. 청소년에 관한 상담·복지 정보체계의 구축·운영
9. 그 밖에 청소년상담원의 목적을 수행하기 위하여 필요한 부수사업

② 청소년상담원은 법인으로 한다.

③ 청소년상담원은 정관으로 정하는 바에 따라 분원(分院)을 둘 수 있다.

④ 청소년상담원은 그 주된 사무소의 소재지에서 설립등기를 함으로써 성립한다.

**제22조(한국청소년상담복지개발원)** ① 국가는 청소년복지 관련 정책 수립을 지원하고 사업을 효율적이고 체계적으로 수행하기 위하여 한국청소년상담복지개발원(이하 "청소년상담원"이라 한다)을 설립한다. 〈개정 2021. 3. 23.〉

1. 삭제 〈2021. 3. 23.〉
2. 삭제 〈2021. 3. 23.〉
3. 삭제 〈2021. 3. 23.〉
4. 삭제 〈2021. 3. 23.〉
5. 삭제 〈2021. 3. 23.〉
6. 삭제 〈2021. 3. 23.〉
7. 삭제 〈2021. 3. 23.〉
8. 삭제 〈2021. 3. 23.〉
9. 삭제 〈2021. 3. 23.〉

② 청소년상담원은 다음 각 호의 업무를 수행한다. 〈신설 2021. 3. 23.〉

1. 청소년 상담 및 복지와 관련된 정책의 연구
2. 청소년 상담·복지 사업의 개발 및 운영·지원
3. 청소년 상담기법의 개발 및 상담자료의 제작·보급
4. 청소년 상담·복지 인력의 양성 및 교육
5. 청소년 상담·복지 관련 기관 간의 연계 및 지원
6. 청소년상담복지센터, 청소년복지시설 및 「학교 밖 청소년 지원에 관한 법률」 제12조에 따른 학교 밖 청소년 지원센터에 대한 지도 및 지원
7. 청소년 가족에 대한 상담·교육
8. 통합정보시스템의 운영
9. 국가가 설치하는 청소년치료재활센터 및 「청소년보호법」 제35조제1항에 따른 청소년 보호·재활센터의 유지·관리 및 운영
10. 그 밖에 청소년상담원의 목적을 수행하기 위하여 필요한 부수사업

③ 청소년상담원은 법인으로 한다. 〈개정 2021. 3. 23.〉

④ 청소년상담원은 정관으로 정하는 바에 따라 분원(分院)을 둘 수 있다. 〈개정 2021. 3. 23.〉

⑤ 청소년상담원은 그 주된 사무소의 소재지에서 설립등기를 함으로써 성립한다.

〈개정 2021. 3. 23.〉

[시행일: 2021. 9. 24.] 제22조

**제23조(정관)** ① 청소년상담원의 정관에는 다음 각 호의 사항이 포함되어야 한다.

1. 목적
2. 명칭
3. 주된 사무소의 소재지
4. 사업에 관한 사항
5. 임직원에 관한 사항
6. 이사회에 관한 사항
7. 재산 및 회계에 관한 사항
8. 업무와 그 집행에 관한 사항
9. 정관 변경에 관한 사항

② 청소년상담원이 정관을 변경하려는 경우에는 여성가족부장관의 인가를 받아야 한다.

**제24조(사업계획서의 제출 등)** ① 청소년상담원은 대통령령으로 정하는 바에 따라 사업계획서와 예산서를 작성하여 사업연도가 시작되기 전까지 여성가족부장관에게 제출하여 승인을 받아야 한다.

② 청소년상담원은 회계연도가 종료된 때에는 지체 없이 그 회계연도의 결산서를 작성하고 감사원규칙이 정하는 바에 따라 공인회계사나 회계법인을 선정하여 회계감사를 받은 후 다음 회계연도 2월 말일까지 여성가족부장관에게 제출하고, 3월 말일까지 승인을 받아 결산을 확정하여야 한다. 〈개정 2015. 2. 3.〉

**제25조(보조금 및 출연 등)** ① 정부는 예산의 범위에서 청소년상담원의 사업 및 운영에 드는 경비의 전부 또는 일부를 출연하거나 보조할 수 있다. 〈개정 2014. 3. 24.〉

② 개인·법인 또는 단체는 청소년상담원의 운영 또는 사업 등을 지원하기 위하여 금전이나 그 밖의 재산을 출연하거나 기부할 수 있다.

[제목개정 2014. 3. 24.]

**제26조(임원)** ① 청소년상담원에 이사장 1명을 포함한 15명 이내의 이사와 감사 1명을 둔다. 〈개정 2016. 12. 20.〉

② 이사(이사장은 제외한다. 이하 이 조에서 같다) 및 감사는 비상임으로 한다.〈개정 2016. 12. 20.〉

③ 이사는 여성가족부장관이 임면(任免)하고, 그 임기는 2년으로 한다.

④ 감사는 「공공기관의 운영에 관한 법률」 제29조에 따른 임원추천위원회(이하 "임원추천위원회"라 한다)가 복수로 추천한 사람 중에서 기획재정부장관이 임면하고, 그 임기는 2년으로 한다.

**제27조(이사장)** ① 이사장은 임원추천위원회가 복수로 추천한 사람 중에서 여성가족부장관이 임면하고, 그 임기는 3년으로 한다. 〈개정 2016. 12. 20.〉

② 이사장은 청소년상담원을 대표하고 청소년상담원의 사무를 총괄한다. 〈개정 2016. 12. 20.〉

[제목개정 2016. 12. 20.]

**제28조(「민법」의 준용)** 청소년상담원에 관하여 이 법과 「공공기관의 운영에 관한 법률」에서 정한 사항을 제외하고는 「민법」 중 재단법인에 관한 규정을 준용한다.

**제29조(청소년상담복지센터)** ① 특별시장 · 광역시장 · 특별자치시장 · 도지사 및 특별자치도지사(이하 "시 · 도지사"라 한다) 및 시장 · 군수 · 구청장은 청소년에대한 상담 · 긴급구조 · 자활 · 의료지원 등의 업무를 수행하기 위하여 청소년상담복지센터를 설치 · 운영할 수 있다. 〈개정 2018. 12. 18.〉

② 제1항에 따라 특별시 · 광역시 · 특별자치시 · 도 및 특별자치도에 설치된 청소년상담복지센터는 시 · 군 · 구의 청소년상담복지센터의 업무를 지도 · 지원하여야 한다. 〈개정 2018. 12. 18.〉

③ 시장 · 군수 · 구청장은 제1항에 따라 시 · 군 · 구에 설치하는 청소년상담복지센터를 「청소년활동진흥법」 제7조제1항에 따라 시 · 군 · 구에 설치하는 지방청소년활동진흥센터와 통합하여 운영할 수 있다. 〈개정 2014. 1. 21.〉

④ 시 · 도지사 또는 시장 · 군수 · 구청장은 청소년상담복지센터를 청소년단체에 위

탁하여 운영하도록 할 수 있다.

⑤ 시 · 도지사 또는 시장 · 군수 · 구청장은 청소년상담복지센터를 법인으로 설치할 수 있다.

⑥ 제1항에 따른 업무의 구체적인 내용과 청소년상담복지센터의 설치 · 운영 기준 및 종사자의 자격기준 등에 관하여 필요한 사항은 대통령령으로 정한다.

**제30조(이주배경청소년지원센터)** ① 여성가족부장관은 제18조에 따른 이주배경청소년 지원을 위한 이주배경청소년지원센터를 설치 · 운영할 수 있다.

② 이주배경청소년지원센터의 설치 · 운영 등에 필요한 사항은 대통령령으로 정한다.

## 제8장 청소년복지시설

**제31조(청소년복지시설의 종류)** 「청소년기본법」 제17조에 따른 청소년복지시설(이하 "청소년복지시설"이라 한다)의 종류는 다음 각 호와 같다. 〈개정 2016. 5. 29.〉

1. 청소년쉼터: 가출청소년에 대하여 가정 · 학교 · 사회로 복귀하여 생활할 수 있도록 일정 기간 보호하면서 상담 · 주거 · 학업 · 자립 등을 지원하는 시설
2. 청소년자립지원관: 일정 기간 청소년쉼터 또는 청소년회복지원시설의 지원을 받았는데도 가정 · 학교 · 사회로 복귀하여 생활할 수 없는 청소년에게 자립하여 생활할 수 있는 능력과 여건을 갖추도록 지원하는 시설
3. 청소년치료재활센터: 학습 · 정서 · 행동상의 장애를 가진 청소년을 대상으로 정상적인 성장과 생활을 할 수 있도록 해당 청소년에게 적합한 치료 · 교육 및 재활을 종합적으로 지원하는 거주형 시설
4. 청소년회복지원시설: 「소년법」 제32조제1항제1호에 따른 감호 위탁 처분을 받은 청소년에 대하여 보호자를 대신하여 그 청소년을 보호할 수 있는 자가 상담 · 주거 · 학업 · 자립 등 서비스를 제공하는 시설

**제31조(청소년복지시설의 종류)** 「청소년기본법」 제17조에 따른 청소년복지시설(이하 "청소년복지시설"이라 한다)의 종류는 다음 각 호와 같다. 〈개정 2016. 5. 29., 2021. 3. 23.〉

1. 청소년쉼터: 가정 밖 청소년에 대하여 가정 · 학교 · 사회로 복귀하여 생활할 수 있도록 일정 기간 보호하면서 상담 · 주거 · 학업 · 자립 등을 지원하는 시설
2. 청소년자립지원관: 일정 기간 청소년쉼터 또는 청소년회복지원시설의 지원을 받았는데도 가정 · 학교 · 사회로 복귀하여 생활할 수 없는 청소년에게 자립하여 생활할 수 있는 능력과 여건을 갖추도록 지원하는 시설
3. 청소년치료재활센터: 학습 · 정서 · 행동상의 장애를 가진 청소년을 대상으로 정상적인 성장과 생활을 할 수 있도록 해당 청소년에게 적합한 치료 · 교육 및 재활을 종합적으로 지원하는 거주형 시설
4. 청소년회복지원시설: 「소년법」 제32조제1항제1호에 따른 감호 위탁 처분을 받은 청소년에 대하여 보호자를 대신하여 그 청소년을 보호할 수 있는 자가 상담 · 주거 · 학업 · 자립 등 서비스를 제공하는 시설

[시행일: 2021. 9. 24.] 제31조

**제32조(청소년복지시설의 설치)** ① 국가 또는 지방자치단체는 「청소년기본법」 제18조제1항에 따라 청소년복지시설을 설치 · 운영하여야 한다.

② 국가 또는 지방자치단체 외의 자는 청소년복지시설을 설치 · 운영하려면 해당시설이 있는 지역을 관할하는 특별자치시장 · 특별자치도지사 또는 시장 · 군수 · 구청장에게 신고하여야 한다. 〈개정 2018. 12. 18.〉

③ 특별자치시장 · 특별자치도지사 또는 시장 · 군수 · 구청장은 제2항에 따른 신고를 받은 날부터 여성가족부령으로 정하는 기간 내에 신고수리 여부를 신고인에게 통지하여야 한다. 〈신설 2018. 12. 18.〉

④ 특별자치시장 · 특별자치도지사 또는 시장 · 군수 · 구청장이 제3항에서 정한 기간 내에 신고수리 여부 또는 민원 처리 관련 법령에 따른 처리기간의 연장을 신고인에게 통지하지 아니하면 그 기간(민원 처리 관련 법령에 따라 처리기간이 연장 또는 재연장된 경우에는 해당 처리기간을 말한다)이 끝난 날의 다음 날에 신고를 수리한 것으로 본다. 〈신설 2018. 12. 18.〉

⑤ 청소년복지시설을 설치 · 운영하는 자는 대통령령으로 정하는 바에 따라 청소년

복지시설을 이용하는 청소년의 생명 · 신체에 손해가 발생하는 경우 이를 배상하기 위한 보험에 가입하여야 한다. 〈개정 2018. 12. 18.〉

⑥ 제1항과 제2항에 따른 청소년복지시설의 설치 · 운영에 필요한 사항은 대통령령으로 정하고, 제2항에 따른 신고의 방법 · 절차에 관하여 필요한 사항은 여성가족부령으로 정한다. 〈개정 2018. 12. 18.〉

**제32조의2(가출청소년의 청소년쉼터 계속 이용)** 청소년쉼터(가출청소년을 7일의 범위에서 일시적으로 보호하는 청소년쉼터는 제외한다)를 설치 · 운영하는 자는 해당 청소년쉼터에 입소한 가출청소년이 가정폭력, 친족에 의한 성폭력, 그 밖에 가정으로 복귀하여 생활하기 어려운 사유로서 대통령령으로 정하는 사유가 원인이 되어 가출한 경우에는 그 가출청소년 본인의 의사에 반하여 퇴소시켜서는 아니 된다. 다만, 해당 가출청소년이 다음 각 호의 어느 하나에 해당하는 경우에는 그러하지 아니하다.

1. 거짓 또는 부정한 방법으로 청소년쉼터에 입소한 경우
2. 청소년쉼터 안에서 현저한 질서문란 행위를 한 경우

[본조신설 2016. 12. 20.]

**제32조의2(가정 밖 청소년의 청소년쉼터 계속 이용)** 청소년쉼터(가정 밖 청소년을 7일의 범위에서 일시적으로 보호하는 청소년쉼터는 제외한다)를 설치 · 운영하는 자는 해당 청소년쉼터에 입소한 가정 밖 청소년이 가정폭력, 친족에 의한 성폭력, 그 밖에 가정으로 복귀하여 생활하기 어려운 사유로서 대통령령으로 정하는 사유가 원인이 되어 입소한 경우에는 그 가정 밖 청소년 본인의 의사에 반하여 퇴소시켜서는 아니 된다. 다만, 해당 가정 밖 청소년이 다음 각 호의 어느 하나에 해당하는 경우에는 그러하지 아니하다. 〈개정 2021. 3. 23.〉

1. 거짓 또는 부정한 방법으로 청소년쉼터에 입소한 경우
2. 청소년쉼터 안에서 현저한 질서문란 행위를 한 경우

[본조신설 2016. 12. 20.]

[제목개정 2021. 3. 23.]

[시행일: 2021. 9. 24.] 제32조의2

**제33조(휴업 · 폐업 등의 신고)** 국가 또는 지방자치단체 외의 자가 제32조제2항에 따라 신고한 청소년복지시설을 휴업 또는 폐업하거나 그 운영을 재개(再開)하려면 여성가족부령으로 정하는 바에 따라 미리 관할 특별자치시장 · 특별자치도지사 또는 시장 · 군수 · 구청장에게 신고하여야 한다. 이 경우 휴업신고 또는 폐업신고를 받은 특별자치시장 · 특별자치도지사 또는 시장 · 군수 · 구청장은 그 내용을 검토하여 이 법에 적합하면 신고를 수리하여야 한다. 〈개정 2018. 12. 18.〉

**제34조(청소년복지시설의 종사자)** ① 청소년복지시설에는 각 시설의 사업 수행 및 운영에 필요한 종사자를 두어야 한다.

② 여성가족부장관 또는 지방자치단체의 장은 청소년복지시설 종사자를 양성하고 전문성을 높이기 위한 교육 · 훈련을 실시하여야 한다.

③ 제1항 및 제2항에 따른 청소년복지시설 종사자의 자격 및 배치기준, 교육 · 훈련 등에 필요한 사항은 여성가족부령으로 정한다.

**제35조(시설개선, 사업정지, 폐쇄 등)** ① 특별자치시장 · 특별자치도지사 또는 시장 · 군수 · 구청장은 국가 또는 지방자치단체 외의 자가 신고한 청소년복지시설이 다음 각 호의 어느 하나에 해당하면 그 시설의 개선, 1개월 이내의 사업정지, 시설의 장의 교체 또는 시설의 폐쇄를 명할 수 있다. 〈개정 2018. 12. 18.〉

1. 설치기준에 미달하게 된 경우
2. 사회복지법인이나 비영리법인이 설치 · 운영하는 시설인 경우 그 사회복지법인이나 비영리법인의 설립허가가 취소된 경우
3. 회계 부정, 이용자에 대한 인권 침해 등 불법행위가 확인된 경우
4. 사업정지 기간에 사업을 한 경우
5. 이 법 또는 이 법에 따른 명령을 위반한 경우

② 제1항에 따른 위반행위별 처분기준은 여성가족부령으로 정한다.

**제36조(청문)** 특별자치시장 · 특별자치도지사 또는 시장 · 군수 · 구청장은 제35조제 1항에 따라 시설의 개선, 사업정지, 시설의 장의 교체 또는 시설의 폐쇄를 명하려면 청문을 하여야 한다. 〈개정 2018. 12. 18.〉

## 제9장 보칙

**제37조(비밀 누설의 금지)** 청소년상담원, 청소년상담복지센터, 이주배경청소년지원센터(이하 "청소년복지지원기관"이라 한다)나 청소년복지시설에서 청소년복지업무에 종사하거나 종사하였던 사람은 그 직무상 알게 된 비밀을 누설하여서는 아니 된다.

**제38조(동일 명칭의 사용 금지)** 이 법에 따른 청소년복지지원기관 또는 청소년복지시설이 아니면 한국청소년상담복지개발원, 청소년상담복지센터, 이주배경청소년지원센터 또는 청소년쉼터, 청소년자립지원관, 청소년치료재활센터의 명칭을 사용하지 못한다.

**제39조(감독)** ① 국가 및 지방자치단체는 필요한 경우에는 청소년복지지원기관 또는 청소년복지시설에 대하여 업무 · 회계 및 재산에 관한 사항의 보고 또는 자료의 제출을 명하거나, 소속 공무원으로 하여금 해당 장소에 출입하여 장부 또는 그 밖의 서류를 검사하거나 종사자에게 질문하게 할 수 있다.

② 제1항에 따라 출입 · 검사를 하는 공무원은 그 권한을 표시하는 증표를 지니고 이를 관계인에게 보여주어야 한다.

**제40조(예산의 보조)** 국가 및 지방자치단체는 예산의 범위에서 청소년복지지원기관 및 청소년복지시설, 관련 단체의 운영에 필요한 예산의 전부 또는 일부를 보조할 수 있다.

**제41조(기관 · 시설 등의 평가)** ① 여성가족부장관 및 시 · 도지사는 청소년복지지원기관 및 청소년복지시설 또는 이 법에 따라 청소년복지 업무를 위탁받은 기관이나 단체를 대상으로 여성가족부령으로 정하는 바에 따라 그 업무 실적을 정기적으로 평가할 수 있다. 다만, 다른 법령에 따라 성과평가 또는 경영평가를 한 경우에는 그러하지 아니하다.

② 여성가족부장관은 제1항에 따른 평가 결과를 청소년복지지원기관 및 청소년복지시설 등의 감독과 지원에 반영하는 등의 조치를 할 수 있다.

**제42조(권한 등의 위임 및 위탁)** ① 이 법에 따른 여성가족부장관 또는 시 · 도지사의 권한은 대통령령으로 정하는 바에 따라 그 일부를 각각 시 · 도지사 또는 시장 · 군

수 · 구청장에게 위임할 수 있다.

② 이 법에 따른 국가 또는 지방자치단체의 업무는 대통령령으로 정하는 바에 따라 그 일부를 청소년단체에 위탁할 수 있다.

**제42조의2(청소년복지지원기관 등의 위탁운영)** ① 이 법에 따라 국가 또는 지방자치단체가 설치한 청소년복지지원기관 또는 청소년복지시설은 필요한 경우 청소년단체에 위탁하여 운영할 수 있다.

② 제1항에 따른 위탁운영의 기준 및 방법 등에 관하여 필요한 사항은 여성가족부령으로 정한다.

[본조신설 2013. 5. 28.]

## 제10장 벌칙

**제43조(벌칙)** ① 다음 각 호의 어느 하나에 해당하는 사람은 1년 이하의 징역 또는 1천만 원 이하의 벌금에 처한다.

1. 제8조를 위반하여 건강진단 결과를 공개한 사람
2. 제37조를 위반하여 비밀을 누설한 사람

② 다음 각 호의 어느 하나에 해당하는 자는 6개월 이하의 징역 또는 500만 원 이하의 벌금에 처한다.

1. 제32조제2항에 따른 신고를 하지 아니하고 청소년복지시설을 설치 · 운영한 자
2. 제35조제1항에 따른 사업의 정지명령 또는 시설의 폐쇄명령을 받고도 그 사업을 하거나 시설을 운영한 자

**제43조(벌칙)** ① 제12조의2제9항을 위반하여 통합정보시스템의 자료 · 정보를 목적 외로 사용하거나 제3자에게 제공 · 누설한 사람은 5년 이하의 징역 또는 5천만 원이하의 벌금에 처한다. 〈신설 2021. 3. 23.〉

② 다음 각 호의 어느 하나에 해당하는 사람은 2년 이하의 징역 또는 2천만 원 이하의 벌금에 처한다. 〈개정 2021. 3. 23.〉

1. 제8조를 위반하여 건강진단 결과를 공개한 사람

2. 제37조를 위반하여 비밀을 누설한 사람

③ 다음 각 호의 어느 하나에 해당하는 자는 6개월 이하의 징역 또는 500만 원 이하의 벌금에 처한다. 〈개정 2021. 3. 23.〉

1. 제32조제2항에 따른 신고를 하지 아니하고 청소년복지시설을 설치·운영한 자
2. 제35조제1항에 따른 사업의 정지명령 또는 시설의 폐쇄명령을 받고도 그 사업을 하거나 시설을 운영한 자

[시행일: 2021. 6. 24.] 제43조제2항

[시행일: 2021. 9. 24.] 제43조

**제44조(양벌규정)** 법인의 대표자나 법인 또는 개인의 대리인, 사용인, 그 밖의 종업원이 그 법인 또는 개인의 업무에 관하여 제43조의 위반행위를 하면 그 행위자를 벌하는 외에 그 법인 또는 개인에게도 해당 조문의 벌금형을 과(科)한다. 다만, 법인 또는 개인이 그 위반행위를 방지하기 위하여 해당 업무에 관하여 상당한 주의와 감독을 게을리하지 아니한 경우에는 그러하지 아니하다.

**제45조(과태료)** ① 다음 각 호의 어느 하나에 해당하는 자에게는 500만원 이하의 과태료를 부과한다.

1. 제38조를 위반하여 동일 명칭을 사용한 자
2. 제39조제1항에 따른 보고 또는 자료 제출을 하지 아니하거나 검사를 거부·방해 또는 기피한 자

② 제33조를 위반하여 휴업·폐업 또는 운영 재개 신고를 하지 아니한 자에게는 300만 원 이하의 과태료를 부과한다.

③ 다음 각 호의 어느 하나에 해당하는 자에게는 50만 원 이하의 과태료를 부과한다.

1. 제4조제2항을 위반하여 청소년증을 양도하거나 빌려준 사람 또는 양도받거나 빌린 사람
2. 제4조제3항을 위반하여 청소년증과 동일한 명칭 또는 표시의 증표를 제작하거나 사용한 자

④ 제1항부터 제3항까지의 규정에 따른 과태료는 대통령령으로 정하는 바에 따라

특별자치시장 · 특별자치도지사 또는 시장 · 군수 · 구청장이 부과 · 징수한다. 〈개정 2018. 12. 18.〉

### 부칙 〈법률 제15988호, 2018. 12. 18.〉

**제1조(시행일)** 이 법은 공포 후 3개월이 경과한 날부터 시행한다. 다만, 제2조의2및 제33조 후단의 개정규정은 공포한 날부터 시행한다.

**제2조(청소년복지시설의 설치 · 운영 신고에 관한 적용례)** 제32조제3항 및 제4항의 개정규정은 이 법 시행 후 청소년복지시설의 설치 · 운영 신고를 하는 경우부터 적용한다.

## 청소년활동진흥법(약칭: 청소년활동법)

[시행 2020. 11. 20.] [법률 제17286호, 2020. 5. 19., 일부개정]

### 제1장 총칙

**제1조(목적)** 이 법은 「청소년기본법」 제47조제2항에 따라 다양한 청소년활동을 적극적으로 진흥하기 위하여 필요한 사항을 정함을 목적으로 한다.

[전문개정 2014. 1. 21.]

**제2조(정의)** 이 법에서 사용하는 용어의 뜻은 다음과 같다.

1. "청소년활동"이란 「청소년기본법」 제3조제3호에 따른 청소년활동을 말한다.
2. "청소년활동시설"이란 청소년수련활동, 청소년교류활동, 청소년문화활동 등 청소년활동에 제공되는 시설로서 제10조에 따른 시설을 말한다.
3. "청소년수련활동"이란 청소년이 청소년활동에 자발적으로 참여하여 청소년 시기에 필요한 기량과 품성을 함양하는 교육적 활동으로서 「청소년기본법」 제3조제7호에 따른 청소년지도자(이하 "청소년지도자"라 한다)와 함께 청소년수련거리에 참여하여 배움을 실천하는 체험활동을 말한다.

4. "청소년교류활동"이란 청소년이 지역 간, 남북 간, 국가 간의 다양한 교류를 통하여 공동체의식 등을 함양하는 체험활동을 말한다.
5. "청소년문화활동"이란 청소년이 예술활동, 스포츠활동, 동아리활동, 봉사활동 등을 통하여 문화적 감성과 더불어 살아가는 능력을 함양하는 체험활동을 말한다.
6. "청소년수련거리"란 청소년수련활동에 필요한 프로그램과 이와 관련되는 사업을 말한다.
7. "숙박형 청소년수련활동"이란 19세 미만의 청소년(19세가 되는 해의 1월 1일을 맞이한 사람은 제외한다. 이하 같다)을 대상으로 청소년이 자신의 주거지에서 떠나 제10조제1호의 청소년수련시설 또는 그 외의 다른 장소에서 숙박·야영하거나 제10조제1호의 청소년수련시설 또는 그 외의 다른 장소로 이동하면서 숙박·야영하는 청소년수련활동을 말한다.
8. "비숙박형 청소년수련활동"이란 19세 미만의 청소년을 대상으로 제10조제1호의 청소년수련시설 또는 그 외의 다른 장소에서 실시하는 청소년수련활동으로서 실시하는 날에 끝나거나 숙박 없이 2회 이상 정기적으로 실시하는 청소년수련활동을 말한다.

[전문개정 2014. 1. 21.]

**제3조(관계 기관의 협조)** ① 여성가족부장관 및 지방자치단체의 장은 학생인 청소년의 청소년활동 진흥을 위하여 필요하면 「청소년기본법」 제48조에 따라 교육부, 특별시·광역시·특별자치시·도·특별지치도 교육청 및 지역교육청(이하 "교육청"이라 한다)과 협의를 할 수 있다.

② 제1항에 따른 협의를 요청받은 관계 기관은 특별한 사유가 없으면 그 요청에 따라야 한다.

[전문개정 2014. 1. 21.]

**제4조(청소년운영위원회)** ① 제10조제1호의 청소년수련시설(이하 "수련시설"이라 한다)을 설치·운영하는 개인·법인·단체 및 제16조제3항에 따른 위탁운영단체(이하 "수련시설운영단체"라 한다)는 청소년활동을 활성화하고 청소년의 참여를 보장

하기 위하여 청소년으로 구성되는 청소년운영위원회를 운영하여야 한다. 〈개정 2017. 12. 12.〉

② 수련시설운영단체의 대표자는 청소년운영위원회의 의견을 수련시설 운영에 반영하여야 한다.

③ 제1항에 따른 청소년운영위원회의 구성·운영 등에 필요한 사항은 대통령령으로 정한다.

[전문개정 2014. 1. 21.]

## 제2장 청소년활동의 보장

**제5조(청소년활동의 지원)** ① 청소년은 다양한 청소년활동에 주체적이고 자발적으로 참여하여 자신의 꿈과 희망을 실현할 충분한 기회와 지원을 받아야 한다.

② 국가 및 지방자치단체는 청소년활동을 활성화하는 데 필요한 청소년활동시설, 청소년활동 프로그램, 청소년지도자 등을 위한 시책을 수립·시행하여야 한다.

③ 국가 및 지방자치단체는 개인·법인 또는 단체가 청소년활동을 지원하려는 경우에는 그에 필요한 행정적·재정적 지원을 할 수 있다.

[전문개정 2014. 1. 21.]

**제6조(한국청소년활동진흥원의 설치)** ①「청소년기본법」 제3조제2호에 따른 청소년육성(이하 "청소년육성"이라 한다)을 위한 다음 각 호의 사업을 하기 위하여 한국청소년활동진흥원(이하 "활동진흥원"이라 한다)을 설치한다. 〈개정 2016. 3. 2., 2017. 3. 21.〉

1. 청소년활동,「청소년기본법」 제3조제4호에 따른 청소년복지, 같은 법 제3조제5호에 따른 청소년보호에 관한 종합적 안내 및 서비스 제공
2. 청소년육성에 필요한 정보 등의 종합적 관리 및 제공
3. 청소년수련활동 인증위원회 등 청소년수련활동 인증제도의 운영
4. 청소년 자원봉사활동의 활성화
5. 청소년활동 프로그램의 개발과 보급

6. 국가가 설치하는 수련시설의 유지 · 관리 및 운영업무의 수탁
7. 국가 및 지방자치단체가 개발한 주요 청소년수련거리의 시범운영
8. 청소년활동시설이 실시하는 국제교류 및 협력사업에 대한 지원
9. 청소년지도자의 연수
9의2. 제9조의2에 따른 숙박형 등 청소년수련활동 계획의 신고 지원에 대한 컨설팅 및 교육
10. 제18조의3에 따른 수련시설 종합 안전 · 위생점검에 대한 지원
11. 수련시설의 안전에 관한 컨설팅 및 홍보
11의2. 제18조의2에 따른 안전교육의 지원
12. 그 밖에 여성가족부장관이 지정하거나 활동진흥원의 목적을 수행하기 위하여 필요한 사업

② 활동진흥원은 법인으로 한다.

③ 활동진흥원은 그 주된 사무소의 소재지에서 설립등기를 함으로써 성립한다.

[전문개정 2014. 1. 21.]

**제6조의2(정관)** 활동진흥원의 정관에는 다음 각 호의 사항이 포함되어야 한다.

1. 목적
2. 명칭
3. 주된 사무소의 소재지
4. 사업에 관한 사항
5. 임원 및 직원에 관한 사항
6. 이사회에 관한 사항
7. 재산 및 회계에 관한 사항
8. 정관의 변경에 관한 사항

[본조신설 2010. 5. 17.]

**제6조의3(임원)** ① 활동진흥원에 이사장을 포함한 15명 이내의 이사와 감사 1명을 둔다.

② 이사장은 「공공기관의 운영에 관한 법률」 제29조에 따른 임원추천위원회(이하

"임원추천위원회"라 한다)가 복수로 추천한 사람 중에서 여성가족부장관이 임명한다.

③ 상임이사는 활동진흥원 이사장이 임명한다.

④ 비상임이사(활동진흥원의 정관에 따라 당연히 비상임이사로 선임되는 사람은 제외한다)는 여성가족부장관이 임명한다.

⑤ 감사는 임원추천위원회가 복수로 추천하여 「공공기관의 운영에 관한 법률」 제8조에 따른 공공기관운영위원회의 심의 · 의결을 거친 사람 중에서 기획재정부장관이 임명한다.

⑥ 이사장의 임기는 3년, 이사와 감사의 임기는 각각 2년으로 하되, 1년을 단위로 연임할 수 있다.

[본조신설 2010. 5. 17.]

**제6조의4(사업계획서 등의 제출)** ① 활동진흥원은 대통령령으로 정하는 바에 따라 사업계획서 및 예산서를 작성하여 매 사업연도 시작 전까지 여성가족부장관에게 제출하여야 한다.

② 활동진흥원은 회계연도가 종료된 때에는 지체 없이 그 회계연도의 결산서를 작성하고 감사원규칙에서 정하는 바에 따라 공인회계사나 회계법인을 선정하여 회계감사를 받아 매 회계연도 종료 후 2개월 이내에 여성가족부장관에게 제출하여야 한다.

[본조신설 2010. 5. 17.]

**제6조의5(자료의 요청 등)** ① 활동진흥원은 제6조제1항제2호의 사업을 수행하기 위하여 필요할 때에는 공공기관 등에 대하여 간행물이나 자료의 제공을 요청할 수 있다. 이 경우 상당한 대가를 지급하여야 한다.

② 활동진흥원은 제1항에 따라 제공된 간행물이나 자료를 제공받은 목적 외의 용도로 사용하여서는 아니 된다.

③ 제6조제1항제2호의 사업에 종사하는 임직원 및 임직원이었던 사람은 직무상 알게 된 비밀을 누설하여서는 아니 된다.

[전문개정 2014. 1. 21.]

**제6조의6(보조 및 출연 등)** ① 정부는 예산의 범위에서 활동진흥원의 사업 및 운영에

드는 경비의 전부 또는 일부를 출연(出捐)하거나 보조할 수 있다. 〈개정 2020. 5. 19.〉

② 개인·법인 또는 단체는 활동진흥원의 사업 또는 운영을 지원하기 위하여 금전이나 그 밖의 재산을 출연 또는 기부할 수 있다. 〈개정 2020. 5. 19.〉

[본조신설 2010. 5. 17.]

[제목개정 2020. 5. 19.]

**제6조의7(「민법」의 준용)** 활동진흥원에 관하여 이 법과 「공공기관의 운영에 관한 법률」에서 정한 사항 외에는 「민법」 중 재단법인에 관한 규정을 준용한다.

[본조신설 2010. 5. 17.]

**제6조의8(유사명칭의 사용금지)** 이 법에 따른 활동진흥원이 아닌 자는 한국청소년활동진흥원 또는 이와 유사한 명칭을 사용하지 못한다.

[본조신설 2010. 5. 17.]

**제6조의9(벌칙 적용 시의 공무원 의제)** 제6조제1항제2호의 사업에 종사하는 사람은 「형법」 제129조부터 제132조까지의 규정에 따른 벌칙을 적용할 때에는 공무원으로 본다.

[전문개정 2014. 1. 21.]

**제7조(지방청소년활동진흥센터의 설치 등)** ① 특별시·광역시·특별자치시·도·특별자치도(이하 "시·도"라 한다) 및 시·군·구(자치구를 말한다. 이하 같다)는 해당 지역의 청소년활동을 진흥하기 위하여 지방청소년활동진흥센터를 설치·운영할 수 있다.

② 제1항에 따른 지방청소년활동진흥센터(이하 "지방청소년활동진흥센터"라 한다)는 다음 각 호의 사업을 수행한다.

1. 지역 청소년활동의 요구에 관한 조사
2. 지역 청소년 자원봉사활동의 활성화
3. 청소년수련활동 인증제도의 지원
4. 인증받은 청소년수련활동의 홍보와 지원
5. 청소년활동 프로그램의 개발과 보급

6. 청소년활동에 대한 교육과 홍보

7. 제9조의2에 따른 숙박형등 청소년수련활동 계획의 신고에 대한 지원

8. 제9조의4에 따른 정보공개에 대한 지원

9. 그 밖에 청소년활동을 위하여 필요한 사업

③ 지방청소년활동진흥센터는 제2항에 따른 사업을 수행하는 경우 활동진흥원과 연계 · 협력한다.

④ 국가 및 지방자치단체는 예산의 범위에서 지방청소년활동진흥센터의 운영에 필요한 경비의 전부 또는 일부를 지원할 수 있다.

[전문개정 2014. 1. 21.]

**제8조(청소년활동 정보의 제공 등)** ① 활동진흥원과 지방청소년활동진흥센터는 청소년의 요구를 수용하여 청소년의 발달단계와 여건에 맞는 프로그램과 정보를 상시 안내하고 제공하여야 한다.

② 활동진흥원과 지방청소년활동진흥센터는 제1항에 따른 사업을 시행하기 위하여 해당 지역 청소년의 활동 요구를 정기적으로 조사하고, 그 결과를 그 지역의 청소년활동시설과 「청소년기본법」 제3조제8호에 따른 청소년단체(이하 "청소년단체"라 한다)에 제공하여야 한다.

[전문개정 2014. 1. 21.]

**제9조(학교와의 협력 등)** ① 활동진흥원과 지방청소년활동진흥센터는 「청소년기본법」 제48조에 따라 학교 및 평생교육시설과의 협력체제를 구축하여야 한다.

② 활동진흥원과 지방청소년활동진흥센터는 해당 지역 각급학교 및 평생교육시설에서 필요로 하는 청소년활동 관련 사항을 지원할 수 있다.

③ 활동진흥원과 지방청소년활동진흥센터는 제2항에 따라 매년 1회 이상 상호 협의하여 청소년수련거리를 개발하고, 해당 지역의 수련시설에 이를 보급하여야 한다.

④ 활동진흥원과 지방청소년활동진흥센터는 학생인 청소년을 위한 청소년수련거리를 개발할 때 필요하면 교육청 및 각급학교에 관련 자료를 요청할 수 있다. 이 경우 관계 기관은 특별한 사유가 없으면 그 요청에 적극 협조하여야 한다.

[전문개정 2014. 1. 21.]

**제9조의2(숙박형등 청소년수련활동 계획의 신고)** ① 숙박형 청소년수련활동 및 비숙박형 청소년수련활동(이하 "숙박형등 청소년수련활동"이라 한다)을 주최하려는 자는 여성가족부령으로 정하는 절차와 방법에 따라 특별자치시장·특별자치도지사·시장·군수·구청장(자치구의 구청장을 말한다. 이하 같다)에게 그 계획을 신고하여야 한다. 다만, 다음 각 호의 경우는 제외한다.

1. 다른 법률에서 지도·감독 등을 받는 비영리 법인 또는 비영리 단체가 운영하는 경우
2. 청소년이 부모 등 보호자와 함께 참여하는 경우
3. 종교단체가 운영하는 경우
4. 비숙박형 청소년수련활동 중 제36조제2항에 따라 인증을 받아야하는 활동이 아닌 경우

② 특별자치시장·특별자치도지사·시장·군수·구청장은 제1항에 따른 신고를 받은 날부터 14일 이내에 신고수리 여부를 신고인에게 통지하여야 한다. 〈신설 2018. 3. 13.〉

③ 특별자치시장·특별자치도지사·시장·군수·구청장이 제2항에서 정한 기간 내에 신고수리 여부 또는 민원 처리 관련 법령에 따른 처리기간의 연장을 신고인에게 통지하지 아니하면 그 기간(민원 처리 관련 법령에 따라 처리기간이 연장 또는 재연장된 경우에는 해당 처리기간을 말한다)이 끝난 날의 다음 날에 신고를 수리한 것으로 본다. 〈신설 2018. 3. 13.〉

④ 숙박형등 청소년수련활동을 주최하려는 자는 제1항에 따른 신고가 수리되기 전에는 모집활동을 하여서는 아니 된다. 〈개정 2018. 3. 13.〉

⑤ 특별자치시장·특별자치도지사·시장·군수·구청장은 다음 각 호의 어느 하나에 해당하는 사람이 숙박형등 청소년수련활동을 운영 또는 보조하려는 경우에는 신고를 수리하여서는 아니 된다. 〈개정 2018. 3. 13.〉

1. 「아동복지법」 제17조 위반에 따른 같은 법 제71조제1항의 죄, 「성폭력범 죄의

처벌 등에 관한 특례법」 제2조에 따른 성폭력범죄 또는 「아동·청소년의 성보호에 관한 법률」 제2조제2호에 따른 아동·청소년대상 성범죄를 범하여 형 또는 치료감호를 선고받고 그 형 또는 치료감호의 전부 또는 일부의 집행이 끝나거나 집행이 유예·면제된 날부터 10년이 지나지 아니한 사람

2. 「청소년기본법」 제21조제3항에 따라 청소년지도사가 될 수 없는 사람

⑥ 특별자치시장·특별자치도지사·시장·군수·구청장은 관계 기관의 장에게 제5항에 따른 범죄경력 등을 확인하기 위한 자료의 제공을 요청할 수 있다. 이 경우 관계 기관의 장은 정당한 사유가 없으면 그 요청에 따라야 한다. 〈개정 2018. 3. 13.〉

⑦ 특별자치시장·특별자치도지사·시장·군수·구청장은 숙박형등 청소년수련활동 계획의 신고를 수리한 때에는 그 계획을 여성가족부장관에게 통보하여야 한다. 〈개정 2018. 3. 13.〉

⑧ 여성가족부장관은 제7항에 따라 통보받은 숙박형등 청소년수련활동 계획에 보완이 필요하다고 인정될 때에는 그 계획을 통보한 특별자치시장·특별자치도지사·시장·군수·구청장에게 보완사항을 통보하여야 한다. 〈개정 2018. 3. 13.〉

⑨ 제8항에 따라 보완사항을 통보받은 특별자치시장·특별자치도지사·시장·군수·구청장은 그 내용을 숙박형등 청소년수련활동 주최자에게 통보하여야 한다. 〈개정 2018. 3. 13.〉

[전문개정 2014. 1. 21.]

**제9조의3(건강상태 확인 및 의료조치 의무 등)** ① 제9조의2에 따라 신고를 한 자(이하 "신고자"라 한다)는 여성가족부령으로 정하는 방법에 따라 해당 청소년활동에 참가하려는 청소년의 건강상태를 확인하여야 한다. 이 경우 해당 청소년활동에 참가하려는 청소년 및 보호자(친권자, 법정대리인 또는 사실상 청소년을 양육하는 사람을 말한다. 이하 같다)가 해당 청소년의 건강상태를 서면으로 보증한 때에는 신고자가 건강상태를 확인한 것으로 본다.

② 신고자는 해당 청소년활동에 참가하는 청소년에게 질병·사고 또는 재해 등으로

인하여 의료조치가 필요하거나 참가자가 요청할 경우 다음 각 호의 시설에서 신속하고 적정한 치료를 받도록 하여야 한다.

1. 「응급의료에 관한 법률」 제2조제5호에 따른 응급의료기관
2. 「의료법」 제3조에 따른 의료기관
3. 「약사법」 제2조제3호에 따른 약국

[본조신설 2013. 5. 28.]

**제9조의4(숙박형등 청소년수련활동 관련 정보의 공개)** ① 특별자치시장·특별자치도지사·시장·군수·구청장은 제9조의2에 따라 숙박형등 청소년수련활동 계획의 신고를 수리한 경우에는 여성가족부령으로 정하는 절차와 방법에 따라 해당 내용을 인터넷 홈페이지 등을 이용하여 공개하여야 한다.

② 여성가족부장관은 제1항에 따른 공개를 위하여 온라인 종합정보제공시스템을 구축·운영하여야 한다.

③ 여성가족부장관은 제2항에 따른 종합정보제공시스템의 운영을 활동진흥원에 위탁할 수 있다.

[전문개정 2014. 1. 21.]

**제9조의5(숙박형등 청소년수련활동 관련 정보의 표시·고지)** 제9조의2에 따라 숙박형등 청소년수련활동 계획의 신고가 수리된 자는 모집활동 및 계약을 할 경우 여성가족부령으로 정하는 바에 따라 다음 각 호의 사항을 표시하고 고지하여야 한다.

1. 제36조에 따라 인증을 받은 청소년수련활동인지 여부
2. 이 법 또는 다른 법률에 따른 안전관리 기준의 충족 여부
3. 제25조에 따른 보험 등 관련 보험의 가입 여부 및 보험의 종류와 약관

[본조신설 2014. 1. 21.]

**제9조의6(숙박형등 청소년수련활동의 제한)** 이 법 또는 다른 법률에 따라 신고·등록·인가·허가를 받지 아니한 단체 및 개인은 숙박형 청소년수련활동, 비숙박형 청소년수련활동 중 제36조제2항에 따라 참가 인원이 일정 규모 이상이거나 위험도가 높은 청소년수련활동을 하여서는 아니 된다. 다만, 청소년이 부모 등 보호자와

함께 참여하는 경우 또는 종교단체가 운영하는 경우에는 그러하지 아니하다.

[본조신설 2014. 1. 21.]

**제9조의7(관계 기관과의 협력)** ① 특별자치시장 · 특별자치도지사 · 시장 · 군수 · 구청장은 제9조의2에 따라 숙박형등 청소년수련활동 계획의 신고를 수리한 후 필요할 경우에는 그 사실을 관계 기관에 알려 필요한 조치를 요청하여야 한다.

② 제1항에 따라 요청을 받은 관계 기관은 특별한 사정이 없으면 다음 각 호의 조치를 위한 준비를 하여야 한다. 〈개정 2014. 5. 20.〉

1. 내수면, 해수면 등에서 이루어지는 청소년수련활동인 경우 「수상레저안전법」 제45조에 따른 안전점검
2. 제36조제2항 본문에 따른 청소년수련활동인 경우 「119구조 · 구급에 관한 법률」 제3조에 따른 구조 · 구급활동
3. 제9조의2에 따라 신고 수리된 숙박형등 청소년수련활동인 경우 「경찰관 직무집행법」 제4조 및 제5조에 따른 보호조치 등과 위험발생의 방지
4. 그 밖에 다른 법률에서 정하는 안전에 관련한 조치

[본조신설 2014. 1. 21.]

## 제3장 청소년활동시설

**제10조(청소년활동시설의 종류)** 청소년활동시설의 종류는 다음 각 호와 같다.

1. 청소년수련시설
   가. 청소년수련관: 다양한 청소년수련거리를 실시할 수 있는 각종 시설 및 설비를 갖춘 종합수련시설
   나. 청소년수련원: 숙박기능을 갖춘 생활관과 다양한 청소년수련거리를 실시할 수 있는 각종 시설과 설비를 갖춘 종합수련시설
   다. 청소년문화의 집: 간단한 청소년수련활동을 실시할 수 있는 시설 및 설비를 갖춘 정보 · 문화 · 예술 중심의 수련시설
   라. 청소년특화시설: 청소년의 직업체험, 문화예술, 과학정보, 환경 등 특정 목

적의 청소년활동을 전문적으로 실시할 수 있는 시설과 설비를 갖춘 수련시설

마. 청소년야영장: 야영에 적합한 시설 및 설비를 갖추고, 청소년수련거리 또는 야영편의를 제공하는 수련시설

바. 유스호스텔: 청소년의 숙박 및 체류에 적합한 시설·설비와 부대·편익시설을 갖추고, 숙식편의 제공, 여행청소년의 활동지원(청소년수련활동 지원은 제11조에 따라 허가된 시설·설비의 범위에 한정한다)을 기능으로 하는 시설

2. 청소년이용시설: 수련시설이 아닌 시설로서 그 설치 목적의 범위에서 청소년 활동의 실시와 청소년의 건전한 이용 등에 제공할 수 있는 시설

[전문개정 2014. 1. 21.]

**제11조(수련시설의 설치·운영 등)** ① 국가 및 지방자치단체는 「청소년기본법」 제18조제1항에 따라 다음 각 호와 같은 수련시설을 설치·운영하여야 한다.

1. 국가는 둘 이상의 시·도 또는 전국의 청소년이 이용할 수 있는 국립청소년 수련시설을 설치·운영하여야 한다.
2. 특별시장·광역시장·특별자치시장·도지사·특별자치도지사(이하 "시· 도지사"라 한다) 및 시장·군수·구청장은 각각 제10조제1호가목에 따른 청소년수련관을 1개소 이상 설치·운영하여야 한다.
3. 시·도지사 및 시장·군수·구청장은 읍·면·동에 제10조제1호다목에 따른 청소년문화의 집을 1개소 이상 설치·운영하여야 한다.
4. 시·도지사 및 시장·군수·구청장은 제10조제1호 라목부터 바목까지의 규정에 따른 청소년특화시설·청소년야영장 및 유스호스텔을 설치·운영할 수 있다.

② 국가는 제1항제2호부터 제4호까지의 규정에 따른 수련시설의 설치·운영 경비의 전부 또는 일부를 예산의 범위에서 보조할 수 있다.

③ 수련시설을 설치·운영하려는 개인·법인 또는 단체는 특별자치시장·특별자치도지사·시장·군수·구청장의 허가를 받아야 한다. 허가받은 사항 중 대규모의 부지 변경, 건축 연면적의 증감 등 대통령령으로 정하는 중요 사항을 변경하려는 경우에도 또한 같다.

④ 국가 또는 지방자치단체는 제3항에 따른 허가를 받아 수련시설을 설치 · 운영하는 자(이하 "수련시설 설치 · 운영자"라 한다)에게 예산의 범위에서 그 설치 및 운영에 필요한 경비의 일부를 보조할 수 있다.

[전문개정 2014. 1. 21.]

**제12조(수련시설의 허가 요건)** ① 제11조제3항에 따라 수련시설의 허가를 받으려는 자는 다음 각 호의 요건을 모두 갖추어야 한다.

1. 제17조 · 제18조 및 제19조에 따른 시설기준 · 안전기준 및 운영기준에 적합 할 것
2. 해당 시설의 설치 · 운영에 필요한 자금을 조달할 능력이 있을 것
3. 해당 시설의 설치에 필요한 부동산을 소유하거나 사용할 수 있는 권한이 있을 것
4. 그 밖에 여성가족부령으로 정하는 기준에 적합할 것

② 특별자치시장 · 특별자치도지사 · 시장 · 군수 · 구청장은 제11조제3항에 따라 수련시설을 허가할 때 그 시설이 제1항에 따른 허가 요건 중 여성가족부령으로 정하는 경미한 사항을 충족하지 못한 경우에는 일정한 기간을 정하여 이를 보완할 것을 조건으로 허가할 수 있다.

[전문개정 2014. 1. 21.]

**제13조(수련시설의 등록)** ① 수련시설을 운영하려는 자는 이를 운영하기 전에 그 시설의 소재지를 관할하는 특별자치시장 · 특별자치도지사 · 시장 · 군수 · 구청장에게 등록하여야 한다. 등록한 사항 중 여성가족부령으로 정하는 중요 사항을 변경하려는 경우에도 또한 같다. 〈개정 2014. 1. 21.〉

② 삭제 〈2007. 7. 27.〉

③ 제1항에 따른 등록 등에 필요한 사항은 대통령령으로 정한다. 〈개정 2014. 1. 21.〉

**제14조(수련시설의 운영대표자)** ① 수련시설 설치 · 운영자 또는 제16조에 따른 위탁운영단체는 대통령령으로 정하는 자격을 갖춘 사람을 그 수련시설의 운영대표자로 선임하여야 한다. 다만, 대통령령으로 정하는 수련시설에 대해서는 운영대표자를 선임하지 아니할 수 있다.

② 제1항에도 불구하고 수련시설을 설치 · 운영하는 개인 · 법인 또는 단체의 대표

자(이하 "수련시설의 대표자"라 한다) 또는 제16조에 따른 위탁운영단체의 대표자가 제1항에 따른 운영대표자의 자격을 갖춘 경우에는 운영대표자가 될 수 있다.

③ 국가 및 지방자치단체는 제1항 및 제2항에 따른 운영대표자에 대하여 대통령령으로 정하는 바에 따라 연수를 실시할 수 있다.

[전문개정 2014. 1. 21.]

**제15조(결격사유)** 다음 각 호의 어느 하나에 해당하는 사람은 수련시설의 대표자(법인의 경우에는 임원을 포함한다) 또는 운영대표자가 될 수 없다.

1. 미성년자 · 피성년후견인 또는 피한정후견인
2. 파산선고를 받고 복권되지 아니한 사람
3. 금고 이상의 형을 선고받고 그 집행이 끝나거나 집행을 받지 아니하기로 확정된 후 2년이 지나지 아니한 사람
4. 금고 이상의 형의 집행유예를 선고받고 그 유예기간 중에 있는 사람
5. 법원의 판결 또는 법률에 따라 자격이 상실되거나 정지된 사람
6. 제22조에 따라 허가 또는 등록이 취소된 수련시설의 대표자로서 허가 또는 등록이 취소된 날부터 2년이 지나지 아니한 사람

[전문개정 2014. 1. 21.]

**제16조(수련시설 운영의 위탁)** ① 국가 또는 지방자치단체, 제11조제3항에 따라 허가를 받은 수련시설 설치 · 운영자는 수련시설의 효율적 운영을 위하여 청소년단체에 그 운영을 위탁할 수 있다.

② 제1항에 따라 수련시설의 운영을 위탁할 때에는 위탁 업무의 내용, 위탁 계약의 기간 · 조건 · 해지 등에 관한 사항이 포함된 위탁계약서를 작성하여야 한다.〈신설 2017. 12. 12.〉

③ 국가 또는 지방자치단체는 제1항에 따라 수련시설의 운영을 위탁받은 청소년단체(이하 "위탁운영단체"라 한다)에 예산의 범위에서 그 위탁된 수련시설의 운영에 필요한 경비를 지원할 수 있다. 〈개정 2017. 12. 12.〉

④ 위탁운영단체 및 그 대표자와 임원에 관하여는 제14조 및 제15조를 준용한다.

〈개정 2017. 12. 12.〉

[전문개정 2014. 1. 21.]

**제16조의2(수련시설 운영 위탁계약의 해지)** ① 국가 또는 지방자치단체는 위탁운영단체가 다음 각 호의 어느 하나에 해당하는 경우에는 위탁계약을 해지할 수있다. 다만, 제1호에 해당하는 경우에는 위탁계약을 해지하여야 한다.

1. 거짓이나 그 밖의 부정한 방법으로 위탁계약을 체결한 경우
2. 제16조제3항에 따라 지원받은 경비를 목적 외로 사용한 경우
3. 제18조의3제1항에 따른 종합 안전 · 위생점검 또는 제19조의2제1항에 따른 종합평가를 정당한 사유 없이 거부 · 방해 또는 기피한 경우
4. 고의 또는 중대한 과실로 제20조의2제1항 각 호의 어느 하나에 해당하는 사유가 발생한 경우

② 국가 또는 지방자치단체와 위탁운영단체는 위탁계약으로 정하는 바에 따라 계약을 해지할 수 있다.

③ 국가 또는 지방자치단체는 제1항 또는 제2항에 따라 위탁계약을 해지하려면 해당 위탁운영단체에 의견진술의 기회를 주어야 한다.

④ 국가 또는 지방자치단체는 제1항에 따라 위탁계약이 해지된 위탁운영단체에 그 해지된 날부터 2년 동안 해당 수련시설의 운영을 위탁하여서는 아니 된다.

[본조신설 2017. 12. 12.]

**제17조(수련시설의 시설기준)** ①수련시설은 청소년이 다양한 활동을 통하여 기량과 품성을 함양하는 데 적합한 시설 · 설비를 갖추어야 한다.

② 수련시설의 종류별 시설기준에 관하여 필요한 사항은 여성가족부령으로 정한다.
〈개정 2005. 3. 24., 2007. 7. 27., 2008. 2. 29., 2010. 1. 18.〉

**제18조(수련시설의 안전점검 등)** ① 수련시설의 운영대표자는 시설에 대하여 정기 안전점검 및 수시 안전점검을 실시하여야 한다.

② 수련시설의 운영대표자는 제1항에 따라 정기 안전점검 및 수시 안전점검을 실시한 후 그 결과를 특별자치시장 · 특별자치도지사 · 시장 · 군수 · 구청장에게 제출하

여야 한다.

③ 제2항에 따른 결과를 받은 특별자치시장·특별자치도지사·시장·군수·구청장은 필요한 경우 수련시설의 운영대표자에게 시설의 보완 또는 개수(改修)·보수(補修)를 요구할 수 있다. 이 경우 수련시설의 운영대표자는 그 요구에 따라야 한다.

④ 국가 또는 지방자치단체는 예산의 범위에서 제1항부터 제3항까지의 규정에 따른 안전점검이나 시설의 보완 및 개수·보수에 드는 비용의 전부 또는 일부를 보조할 수 있다.

⑤ 제1항 및 제2항에 따른 정기 안전점검 및 수시 안전점검을 받아야 하는 시설의 범위·시기, 안전점검기관, 안전점검 절차 및 안전기준은 대통령령으로 정한다.

[전문개정 2014. 1. 21.]

**제18조의2(안전교육)** 수련시설 설치·운영자 또는 위탁운영단체는 수련시설의 이용자에게 여성가족부령으로 정하는 바에 따라 해당 수련시설의 이용 및 청소년수련활동에 관한 안전교육을 실시하여야 한다.

[본조신설 2014. 1. 21.]

[종전 제18조의2는 제18조의3으로 이동 〈2014. 1. 21.〉]

**제18조의3(감독기관의 종합 안전·위생점검)** ① 여성가족부장관 또는 특별자치시장·특별자치도지사·시장·군수·구청장은 수련시설의 안전과 위생관리를 위하여 정기적으로 수련시설에 대한 종합 안전·위생점검을 실시하고 그 결과를 공개하여야 한다. 〈개정 2015. 2. 3., 2017. 3. 21.〉

② 여성가족부장관 또는 특별자치시장·특별자치도지사·시장·군수·구청장은 제1항에 따른 종합 안전·위생점검을 실시하려면 미리 수련시설의 운영대표자에게 그 종합 안전·위생점검의 절차, 방법 및 기간을 통보하여야 한다. 〈신설 2017. 12. 12.〉

③ 여성가족부장관 또는 특별자치시장·특별자치도지사·시장·군수·구청장은 제2항에 따른 통보를 할 때 또는 그 통보 후에 수련시설의 운영대표자에게 제1항에 따른 종합 안전·위생점검에 필요한 자료의 제출을 요구할 수 있다. 이 경우 수련시설의 운영대표자는 정당한 사유가 없으면 그 요구에 따라야 한다. 〈신설 2017. 12. 12.〉

④ 국가 및 지방자치단체는 제1항에 따른 종합 안전·위생점검 결과에 따라 수련시설의 운영대표자에게 시설의 보완 또는 개수·보수, 위생상태의 개선을 요구할 수 있다. 이 경우 운영대표자는 특별한 사정이 없으면 그 요구에 따라야 한다. 〈개정 2017. 3. 21., 2017. 12. 12.〉

⑤ 제1항에 따른 종합 안전·위생점검의 주기, 절차, 방법 및 점검결과의 공개 등에 필요한 사항은 대통령령으로 정한다. 〈개정 2015. 2. 3., 2017. 3. 21., 2017. 12. 12.〉

[전문개정 2014. 1. 21.]

[제목개정 2017. 3. 21.]

[제18조의2에서 이동 〈2014. 1. 21.〉]

**제18조의4(수련시설의 종사자 등에 대한 안전교육)** ① 여성가족부장관은 수련시설의 운영대표자 및 종사자의 안전관리 역량을 강화하고 수련시설에서의 안전사고를 예방하기 위하여 수련시설의 운영대표자와 그 종사자를 대상으로 안전교육을 실시할 수 있다.

② 제1항에 따른 안전교육의 내용·방법·횟수 등에 필요한 사항은 여성가족부령으로 정한다.

[본조신설 2016. 3. 2.]

**제19조(수련시설의 운영기준)** ① 수련시설의 운영대표자는 그 종사자에 대하여 연 1회 이상 수련시설의 운영·안전·위생 등에 관한 교육을 실시하여야 한다.

② 수련시설의 운영대표자는 제1항에 따라 교육을 실시한 후 그 결과를 여성가족부장관 및 특별자치시장·특별자치도지사·시장·군수·구청장에게 제출하여야 한다.

③ 수련시설의 청소년수련거리 운영, 생활지도, 시설의 관리 및 운영, 종사자교육 등 운영기준은 수련시설 종류별로 여성가족부령으로 정한다.

[전문개정 2014. 1. 21.]

**제19조의2(수련시설의 종합평가 등)** ① 여성가족부장관은 수련시설의 전문성 강화와 운영의 개선 등을 위하여 시설 운영 및 관리 체계, 활동프로그램 운영 등 수련시설 전반에 대한 종합평가를 정기적으로 실시하고 그 결과를 공개하여야 한다.

② 여성가족부장관은 제1항에 따른 종합평가를 실시하려면 미리 수련시설의 운영대표자에게 그 종합평가의 절차, 방법 및 기간을 통보하여야 한다. 〈신설 2017. 12. 12.〉

③ 여성가족부장관은 제2항에 따른 통보를 할 때 또는 그 통보 후에 수련시설의운영대표자에게 제1항에 따른 종합평가에 필요한 자료의 제출을 요구할 수 있다. 이 경우 수련시설의 대표자는 정당한 사유가 없으면 그 요구에 따라야 한다.〈신설 2017. 12. 12.〉

④ 국가 및 지방자치단체는 제1항에 따른 종합평가의 결과 우수한 수련시설에 대하여 포상 등을 실시할 수 있다. 〈개정 2017. 12. 12.〉

⑤ 여성가족부장관은 제1항에 따른 종합평가의 결과에 따라 수련시설의 운영대표자에게 미흡사항에 대한 개선이나 그 밖의 필요한 조치를 하도록 요구할 수 있다. 〈개정 2017. 12. 12.〉

⑥ 여성가족부장관은 제1항에 따른 종합평가의 결과를 교육부장관 등 관계 기관의 장에게 알려야 한다. 〈개정 2017. 12. 12.〉

⑦ 제1항에 따른 종합평가의 주기 · 방법 · 절차 및 평가결과의 공개 등에 필요한 사항은 여성가족부령으로 정한다. 〈개정 2017. 12. 12.〉

[본조신설 2014. 1. 21.]

**제20조(시정명령)** 특별자치시장 · 특별자치도지사 · 시장 · 군수 · 구청장은 수련시설 설치 · 운영자 또는 위탁운영단체가 다음 각 호의 어느 하나에 해당하는 경우 그 시정을 명할 수 있다.

1. 제17조의 시설기준을 위반한 경우
2. 제18조의 안전기준을 위반한 경우
3. 제18조의3제4항에 따른 시설의 보완 또는 개수 · 보수, 위생상태의 개선 요구에 따르지 아니한 경우
4. 제19조의 운영기준을 위반한 경우
5. 제19조의2제5항에 따른 미흡사항에 대한 개선이나 그 밖의 조치 요구에 따르지

아니한 경우

[전문개정 2020. 5. 19.]

**제20조의2(운영 중지 명령)** ① 특별자치시장 · 특별자치도지사 · 시장 · 군수 · 구청장은 수련시설의 운영 또는 청소년활동 중에 다음 각 호의 어느 하나에 해당하는 사유가 발생한 경우에는 수련시설 설치 · 운영자 또는 위탁운영단체, 숙박형등 청소년수련활동 주최자에게 3개월 이내의 기간을 정하여 시설 운영 또는 활동의 중지를 명할 수 있다.

1. 시설이 붕괴되거나 붕괴할 우려가 있는 등 안전 확보가 현저히 미흡한 경우
2. 숙박형등 청소년수련활동의 실시 중 참가자 또는 이용자의 생명 또는 신체에 심각한 피해를 입히는 사고가 발생한 경우
3. 「성폭력범죄의 처벌 등에 관한 특례법」 제2조의 성폭력범죄 또는 「아동 · 청소년의 성보호에 관한 법률」 제2조제2호 및 제3호의 아동 · 청소년대상성범죄 및 아동 · 청소년대상 성폭력범죄가 발생한 경우
4. 「아동복지법」 제17조의 금지행위가 발생한 경우

② 제1항에 따른 행정처분의 자세한 기준은 그 위반행위의 유형과 정도 등을 고려하여 여성가족부령으로 정한다.

[본조신설 2014. 1. 21.]

**제21조(금지행위)** 수련시설 설치 · 운영자 또는 위탁운영단체는 다음 각 호의 행위를 하여서는 아니 된다.

1. 정당한 사유 없이 청소년의 수련시설 이용을 제한하는 행위
2. 청소년활동이 아닌 용도로 수련시설을 이용하는 행위. 다만, 대통령령으로 정하는 용도로 이용하는 경우는 제외한다.
3. 청소년단체가 아닌 자에게 수련시설을 위탁하여 운영하게 하는 행위

[전문개정 2014. 1. 21.]

**제22조(허가 또는 등록의 취소)** 특별자치시장 · 특별자치도지사 · 시장 · 군수 · 구청장은 수련시설 설치 · 운영자가 다음 각 호의 어느 하나에 해당하는 경우에는 그 수련

시설의 허가 또는 등록을 취소할 수 있다. 다만, 제1호 또는 제2호에 해당하는 경우에는 허가 또는 등록을 취소하여야 한다. 〈개정 2016. 5. 29.〉

1. 거짓이나 그 밖의 부정한 방법으로 허가를 받거나 등록을 한 경우
2. 최근 2년 이내에 제72조제2항제8호에 따른 과태료처분을 2회 이상 받고 다시 같은 호에 따른 위반행위를 한 경우
3. 정당한 사유 없이 수련시설의 허가를 받거나 등록을 한 후 1년 이내에 그 수련시설의 설치 착수 또는 운영을 시작하지 아니하거나 특별자치시장·특별 자치도지사·시장·군수·구청장이 정하는 기간에 수련시설의 등록을 하지 아니한 경우
4. 고의 또는 중대한 과실로 제20조의2제1항 각 호의 사유가 발생한 경우
5. 제19조의2에 따른 종합평가에서 가장 낮은 등급을 연속하여 3회 이상 받은 경우

[전문개정 2014. 1. 21.]

**제23조(청문)** 특별자치시장·특별자치도지사·시장·군수·구청장은 제22조에 따른 허가 또는 등록을 취소하려면 청문을 하여야 한다.

[전문개정 2014. 1. 21.]

**제24조(이용료 및 수련비용)** ① 수련시설 설치·운영자 및 위탁운영단체는 수련시설을 이용하는 자로부터 이용료를 받을 수 있다.

② 제36조제1항부터 제3항까지의 규정에 따라 인증받은 청소년수련활동을 실시하는 자는 그 청소년수련활동에 참여하는 청소년으로부터 수련비용을 받을 수 있다.

**제25조(보험 가입)** ① 제9조의2에 따라 숙박형등 청소년수련활동 계획을 신고하려는 자, 수련시설 설치·운영자 또는 위탁운영단체는 청소년활동의 운영 또는 수련시설의 설치·운영과 관련하여 청소년활동 참가자 및 수련시설의 이용자에게 발생한 생명·신체 등의 손해를 배상하기 위하여 보험에 가입하여야 한다.

② 제1항에 따른 보험에 가입하여야 할 수련시설의 종류 및 보험금액 등은 대통령령으로 정한다.

[전문개정 2014. 1. 21.]

**제26조(수련시설의 승계)** ① 제11조제3항에 따라 허가받은 수련시설이 양도·양수, 상속 또는 증여되거나 수련시설을 설치한 법인이 합병되었을 때에는 그 양수인, 상속인, 증여를 받은 자, 합병 후 존속하는 법인 또는 합병으로 설립되는 법인은 수련시설의 허가 및 등록에 따른 권리·의무를 승계한다.

② 다음 각 호의 어느 하나에 해당하는 절차에 따라 여성가족부령으로 정하는 수련시설의 주요 부분을 인수한 자는 수련시설의 허가 또는 등록에 따른 권리·의무를 승계한다. 〈개정 2016. 12. 27.〉

1. 「민사집행법」에 따른 경매
2. 「채무자 회생 및 파산에 관한 법률」에 따른 환가(換價)
3. 「국세징수법」·「관세법」 또는 「지방세징수법」에 따른 압류재산의 매각
4. 그 밖에 제1호부터 제3호까지의 어느 하나에 준하는 절차

[전문개정 2014. 1. 21.]

**제27조(수련시설운영의 휴지·폐지 등)** ① 수련시설 설치·운영자가 시설의 운영을 휴지(休止), 재개(再開), 폐지(閉止)하려는 경우에는 여성가족부령으로 정하는 바에 따라 특별자치시장·특별자치도지사·시장·군수·구청장에게 신고하여야 한다.

② 특별자치시장·특별자치도지사·시장·군수·구청장은 국가 또는 지방자치단체의 특별한 지원을 받은 수련시설로서 대통령령으로 정하는 시설에 대해서는 시설운영의 휴지 또는 폐지를 제한할 수 있다.

③ 특별자치시장·특별자치도지사·시장·군수·구청장은 제1항에 따른 휴지 또는 폐지 신고를 받은 날부터 7일 이내에 신고수리 여부를 신고인에게 통지하여야 한다. 〈신설 2018. 3. 13.〉

④ 특별자치시장·특별자치도지사·시장·군수·구청장이 제3항에서 정한 기간 내에 신고수리 여부 또는 민원 처리 관련 법령에 따른 처리기간의 연장을 신고인에게 통지하지 아니하면 그 기간(민원 처리 관련 법령에 따라 처리기간이 연장 또는 재연장된 경우에는 해당 처리기간을 말한다)이 끝난 날의 다음 날에 신고를 수리한 것으로 본다. 〈신설 2018. 3. 13.〉

[전문개정 2014. 1. 21.]

**제28조(수련시설 건립 시 타당성의 사전 검토)** ① 국가 및 지방자치단체는 제11조제1항에 따라 설치되는 수련시설이 청소년활동에 적합하도록 하기 위하여 입지조건, 내부 구조, 그 밖의 설계사항 등 건립의 타당성에 관한 사항을 포함한 기본계획을 수립하고, 관련 설계사항을 사전에 심의한 후 시행하여야 한다.

② 제1항에 따른 기본계획 및 관련 설계사항의 심의 과정에는 청소년 관련 전문가 및 청소년이 참여할 수 있다.

③ 제1항 및 제2항의 심의 과정에 관하여 필요한 사항은 대통령령으로 정한다.

[전문개정 2014. 1. 21.]

**제29조** 삭제 〈2016. 5. 29.〉

**제30조(민간인의 참여 유도)** ① 국가 및 지방자치단체는 개인·법인 또는 단체가 수련시설을 쉽게 설치할 수 있도록 토지·금융·세제 또는 그 밖의 행정절차상의 지원을 할 수 있다.

② 개인·법인 또는 단체는 국가 및 지방자치단체가 설치하는 수련시설에 대하여 토지·금전 등을 출연할 수 있다. 이 경우 출연자의 성명 등을 그 수련시설의 명칭으로 할 수 있다.

[전문개정 2014. 1. 21.]

**제31조(수련시설의 이용)** ① 수련시설을 운영하는 자는 청소년단체가 청소년활동을 위하여 시설 이용을 요청할 때에는 특별한 사유가 없으면 그 요청에 따라야 한다.

② 수련시설을 운영하는 자는 청소년활동에 지장을 주지 아니하는 범위에서 다음 각 호의 용도로 수련시설을 제공할 수 있다. 〈개정 2020. 5. 19.〉

1. 법인·단체 또는 직장 등에서 실시하는 단체연수활동 등에 제공하는 경우
2. 「평생교육법」에 따른 평생교육의 실시를 위하여 제공하는 경우
3. 청소년수련원, 유스호스텔 및 청소년야영장에서 개별적인 숙박·야영 편의 등을 제공하는 경우
4. 해당 수련시설에 설치된 관리실·사무실 등을 청소년단체의 활동공간으로 제공

하는 경우

5. 그 밖에 여성가족부령으로 정하는 용도로 이용하는 경우

③ 제2항제1호부터 제3호까지에 따른 이용은 여성가족부령으로 정하는 이용 범위를 초과할 수 없다. 〈개정 2020. 5. 19.〉

[전문개정 2014. 1. 21.]

**제32조(청소년이용시설)** ① 제10조제2호의 청소년이용시설을 설치·운영하는 국가·지방자치단체 또는 그 밖의 공공기관 등은 그가 설치·운영하는 시설을 그 시설의 운영에 지장을 주지 아니하는 범위에서 청소년활동에 제공하여야 한다.

② 국가 또는 지방자치단체는 청소년이용시설을 설치·운영하는 개인·법인 또는 단체에 청소년활동 프로그램을 제공하거나 그 밖에 필요한 지원을 할 수 있다.

③ 국가 또는 지방자치단체는 예산의 범위에서 청소년이용시설의 운영에 필요한 경비의 일부를 보조할 수 있다.

④ 청소년이용시설의 종류 등에 관하여 필요한 사항은 대통령령으로 정한다.

[전문개정 2014. 1. 21.]

**제33조(다른 법률에 따른 인·허가 등의 의제)** ① 제11조제3항에 따라 수련시설의 허가를 받은 경우에는 다음 각 호의 허가·인가·해제·지정 또는 신고를 받은 것으로 본다.

1. 「국토의 계획 및 이용에 관한 법률」 제56조·제86조 및 제88조에 따른 개발행위의 허가, 도시·군 계획시설사업 시행자의 지정 및 실시계획의 인가
2. 「자연공원법」 제20조 및 제23조에 따른 공원사업 시행의 허가, 공원구역에서의 행위의 허가
3. 「농지법」 제34조에 따른 농지전용허가
4. 「초지법」 제23조제2항 및 제3항에 따른 초지전용의 허가 및 신고
5. 「산지관리법」 제14조 및 제15조에 따른 산지전용허가 및 산지전용신고, 같은 법 제15조의2에 따른 산지일시사용허가·신고
6. 「산림보호법」 제9조제1항 및 같은 조 제2항제1호에 따른 산림보호구역(산림유

전자원보호구역은 제외한다)에서의 행위의 허가

7. 「사방사업법」 제14조 및 제20조에 따른 사방지에서의 입목·죽의 벌채 등의 허가 및 사방지 지정의 해제

8. 「수도법」 제52조에 따른 전용상수도 설치의 인가

9. 「사도법」 제4조에 따른 사도의 개설허가

② 제13조에 따라 수련시설을 등록한 경우에는 그 수련시설에 대한 다음 각 호의 신고 또는 통보를 한 것으로 본다.

1. 「체육시설의 설치·이용에 관한 법률」 제20조에 따른 체육시설업의 신고
2. 「공중위생관리법」 제3조에 따른 공중위생영업 중 이용업 및 미용업의 신고
3. 「식품위생법」 제37조 및 제88조에 따른 식품접객업 중 휴게음식점영업· 일반음식점영업의 신고 및 집단급식소의 설치·운영의 신고

③ 특별자치시장·특별자치도지사·시장·군수·구청장은 제11조제3항에 따라 수련시설의 허가를 하거나 제13조에 따라 수련시설의 등록을 할 때에는 제1항 각 호 및 제2항 각 호에 따른 관계 법령에의 적합 여부에 관하여 미리 소관 행정기관의 장과 협의하여야 한다. 다만, 제52조제2항에 따라 협의된 사항에 대해서는 그러하지 아니하다.

④ 소관 행정기관의 장은 제3항에 따른 협의를 요청받은 날부터 다음 각 호의 기간 내에 의견을 제출하여야 한다. 〈신설 2017. 3. 21.〉

1. 제1항에 따른 협의 기간: 20일
2. 제2항에 따른 협의 기간: 10일

⑤ 소관 행정기관의 장이 제4항에서 정한 기간 내에 의견을 제출하지 아니하면 의견이 없는 것으로 본다. 〈신설 2017. 3. 21.〉

⑥ 특별자치시장·특별자치도지사·시장·군수·구청장은 제13조에 따라 수련시설의 등록증을 발급하였을 때에는 등록증을 발급한 날부터 15일 이내에 제3항에 따라 협의한 행정기관의 장에게 이를 통보하여야 한다. 〈개정 2017. 3. 21.〉

[전문개정 2014. 1. 21.]

**제33조의2(보고 등)** ① 특별자치시장 · 특별자치도지사 · 시장 · 군수 · 구청장은 다음 각 호의 사항을 여성가족부령으로 정하는 바에 따라 여성가족부장관에게 보고하여야 한다.

1. 제11조제1항에 따라 지방자치단체가 설치 · 운영하는 수련시설의 현황
2. 제12조 및 제13조제1항에 따른 허가 및 등록의 현황
3. 제9조의2에 따른 숙박형등 청소년수련활동 계획의 신고 현황
4. 제18조에 따른 수련시설의 정기 및 수시 안전점검 결과

② 여성가족부장관은 수련시설 설치 · 운영자, 청소년이용시설을 설치 · 운영하는 자 및 숙박형등 청소년수련활동 운영자에게 청소년 이용률 현황, 운영프로그램현황, 그 밖에 여성가족부령으로 정하는 자료의 제출을 요청할 수 있다.

[전문개정 2014. 1. 21.]

## 제4장 청소년수련활동의 지원

**제34조(청소년수련거리의 개발 · 보급)** ① 국가 및 지방자치단체는 청소년수련활동에 필요한 청소년수련거리를 그 이용대상 · 나이 · 이용장소 등을 종합적으로 고려하여 유형별로 균형 있게 개발 · 보급하여야 한다.

② 국가 및 지방자치단체는 청소년의 발달원리와 선호도에 근거하여 청소년수련거리를 전문적으로 개발하여야 한다.

[전문개정 2014. 1. 21.]

**제35조(청소년수련활동 인증제도의 운영)** ① 국가는 청소년수련활동이 청소년의 균형 있는 성장에 기여할 수 있도록 그 내용과 수준을 향상시키기 위하여 청소년수련활동 인증제도를 운영하여야 한다.

② 국가는 청소년수련활동 인증제도를 운영하기 위하여 청소년수련활동 인증위원회(이하 "인증위원회"라 한다)를 활동진흥원에 설치 · 운영하여야 한다.

③ 인증위원회는 위원장과 부위원장 각 1명을 포함한 15명 이내의 위원으로 구성한다. 〈신설 2015. 2. 3.〉

④ 인증위원회의 위원은 다음 각 호에 해당하는 사람으로 한다. 이 경우 제3호에 해당하는 사람이 1명 이상 포함되어야 한다. 〈신설 2015. 2. 3.〉

1. 여성가족부와 교육부의 고위공무원단에 속하는 일반직공무원 또는 이에 상당하는 특정직공무원 중에서 해당 기관의 장이 각각 지명하는 사람
2. 활동진흥원의 이사장
3. 청소년활동의 안전에 관한 전문자격이나 전문지식을 가진 사람 중에서 여성가족부장관이 위촉하는 사람
4. 그 밖에 청소년활동에 관한 지식과 경험이 풍부한 사람 중에서 여성가족부장관이 위촉하는 사람

⑤ 국가는 제36조에 따라 인증을 받은 청소년수련활동(이하 "인증수련활동"이라 한다)을 공개하여야 하며, 인증수련활동에 참여한 청소년의 활동기록을 유지·관리하고, 청소년이 요청하는 경우에는 이를 제공하여야 한다. 〈개정 2015. 2. 3.〉

⑥ 인증위원회의 구성·운영, 청소년의 활동기록의 유지 및 관리 등에 필요한 사항은 대통령령으로 정한다. 〈개정 2015. 2. 3.〉

[전문개정 2014. 1. 21.]

**제36조(청소년수련활동의 인증 절차)** ① 국가와 지방자치단체 또는 개인·법인·단체 등은 청소년수련활동에 필요한 프로그램을 개발하여 실시하려는 경우에는 인증위원회에 그 인증을 신청할 수 있다.

② 제1항에도 불구하고 위탁·재위탁을 포함하여 여성가족부령으로 정하는 바에 따라 참가 인원이 일정 규모 이상이거나 위험도가 높은 청소년수련활동을 주최하려는 자는 그 청소년수련활동에 대하여 미리 인증위원회의 인증을 받아야 한다. 다만, 다음 각 호의 어느 하나에 해당하는 단체가 회원을 대상으로 수련활동을 실시하는 경우에는 그러하지 아니하다.

1. 「스카우트활동 육성에 관한 법률」에 따른 스카우트주관단체
2. 「스카우트활동 육성에 관한 법률」에 따른 걸스카우트주관단체
3. 「한국청소년연맹 육성에 관한 법률」에 따라 운영되는 한국청소년연맹

4. 「한국해양소년단연맹육성에관한법률」에 따라 운영되는 한국해양소년단연맹
5. 「한국4에이치활동 지원법」에 따라 운영되는 4에이치활동 주관단체
6. 「대한적십자사 조직법」에 따라 운영되는 청소년적십자
7. 그 밖에 여성가족부령으로 정하는 단체

③ 제1항 및 제2항에 따라 인증을 신청하려는 자는 청소년지도자와 다음 각 호의 어느 하나에 해당하는 인력(이하 "전문인력"이라 한다)을 갖추어야 한다. 다만, 청소년지도자가 전문인력에 해당하는 경우에는 전문인력을 갖춘 것으로 본다.

1. 여성가족부령으로 정하는 응급처치에 관한 교육을 이수한 사람
2. 청소년활동의 안전에 필요한 전문자격이나 전문지식을 가진 사람으로서 여성가족부령으로 정하는 사람

④ 제1항 및 제2항에 따라 인증을 신청하려는 자는 청소년수련활동에 필요한 프로그램을 진행하는 활동의 장소·시기·목적·대상·내용·진행방법·평가·자원조달·청소년지도자 및 전문인력 등에 관한 사항을 작성하여 인증위원회에 제출하여야 한다.

⑤ 인증위원회는 제1항 및 제2항에 따른 인증을 할 때에는 현장방문 등 필요한 방법으로 인증신청의 내용을 확인할 수 있다.

⑥ 인증위원회는 인증신청의 내용을 확인한 결과 제4항에 따른 신청사항이 누락되거나 신청사항을 보완할 필요가 있는 경우에는 대통령령으로 정하는 바에 따라 20일 이내의 기간을 정하여 보완을 요구할 수 있다.

⑦ 제1항부터 제5항까지의 규정에 따른 청소년수련활동 인증의 절차와 방법 등에 관하여 필요한 사항은 대통령령으로 정한다.

[전문개정 2014. 1. 21.]

**제36조의2(인증의 사후 관리)** ① 인증위원회는 제36조에 따라 인증을 하는 경우 인증의 유효기간을 설정할 수 있다.

② 인증위원회는 인증수련활동의 실시에 대하여 인증사항의 이행 여부를 확인할 수 있다.

③ 인증위원회는 제2항에 따른 확인 결과 인증수련활동의 내용과 실제로 실시되는 청소년수련활동의 내용에 차이가 있는 경우에는 이를 시정하도록 요구할 수 있다.

④ 제1항부터 제3항까지의 규정에 따른 인증의 유효기간, 이행 여부 확인 및 시정 요구에 관하여 필요한 사항은 여성가족부령으로 정한다.

[전문개정 2014. 1. 21.]

**제36조의3(인증의 취소 등)** ① 인증위원회는 청소년수련활동을 인증받은 자가 다음 각 호의 어느 하나에 해당하는 경우에는 그 인증을 취소하거나 6개월 이내의 기간을 정하여 그 인증의 정지를 명할 수 있다. 다만, 제1호의 경우에는 그 인증을 취소하여야 한다.

1. 거짓이나 그 밖의 부정한 방법으로 인증을 받은 경우
2. 인증을 받은 후 정당한 사유 없이 1년 이상 계속하여 인증수련활동을 실시하지 아니한 경우
3. 인증수련활동의 내용과 실제로 실시되는 청소년수련활동의 내용에 중요한 차이가 있는 경우로서 그 원인이 인증받은 자의 고의나 중대한 과실로 인한 경우

② 인증위원회는 인증을 받은 자가 제1항에 따른 정지명령을 위반하여 정지기간 중 인증수련활동을 실시하였을 때에는 그 인증을 취소할 수 있다.

③ 제1항에 따른 행정처분의 세부기준은 그 위반행위의 종류와 위반 정도 등을 고려하여 여성가족부령으로 정한다.

[전문개정 2014. 1. 21.]

**제37조(인증수련활동의 결과 통보 등)** ① 인증수련활동을 실시한 자는 인증수련활동이 끝난 후 대통령령으로 정하는 바에 따라 인증위원회에 그 결과를 통보하여야 한다.

② 제1항에 따른 통보를 받은 인증위원회는 그 결과를 활동진흥원과 지방청소년활동진흥센터에서 기록으로 유지·관리될 수 있도록 조치하여야 한다.

③ 청소년이용시설을 설치·운영하여 인증수련활동을 실시하는 개인·법인·단체 등은 다음 각 호의 어느 하나에 해당하는 경우에는 5년 이내에 청소년수련활동의 인증을 인증위원회에 신청할 수 없다.

1. 제1항에 따른 인증수련활동 실시 결과를 거짓으로 통보한 경우
2. 제36조의3에 따라 인증이 취소된 경우
3. 인증을 받은 사항이 아닌 다른 청소년수련활동을 실시한 경우

[전문개정 2014. 1. 21.]

**제38조(유사명칭의 사용 금지)** 제36조의3에 따라 인증이 취소되거나 인증위원회의인증을 받지 아니한 경우에는 인증수련활동이나 청소년수련활동의 인증 등 인증을 받았음을 나타내는 표시를 하거나 이와 유사한 표시를 하여서는 아니 된다.

[전문개정 2014. 1. 21.]

**제39조(청소년수련활동의 위탁 제한)** ① 청소년수련활동을 실시하는 자(청소년수련활동의 일부를 수탁 받은 자도 포함한다)가 청소년수련활동을 위탁하려는 경우에는 이 법 또는 다른 법률에 따라 신고·등록·인가·허가를 받은 법인·단체 및 개인에게만 위탁하여야 한다.

② 제1항에 따라 청소년수련활동을 위탁하는 경우에도 해당 청소년수련활동의 전부 또는 여성가족부령으로 정하는 중요 프로그램을 위탁하여서는 아니 된다.

[본조신설 2014. 1. 21.]

[종전 제39조는 제40조로 이동 〈2014. 1. 21.〉]

**제40조(한국청소년수련시설협회)** ① 수련시설 설치·운영자 및 위탁운영단체는 수련시설의 운영·발전을 위하여 여성가족부장관의 인가를 받아 다음 각 호의 사업을 하는 한국청소년수련시설협회(이하 "시설협회"라 한다)를 설립할 수 있다.

1. 시설협회의 회원인 수련시설 설치·운영자 및 위탁운영단체가 실시하는 사업과 활동에 대한 협력 및 지원
2. 청소년지도자의 연수·권익증진 및 교류사업
3. 청소년수련활동의 활성화 및 수련시설의 안전에 관한 홍보 및 실천운동
4. 청소년수련활동에 대한 조사·연구·지원사업
5. 제41조에 따른 지방청소년수련시설협회에 대한 지원
6. 그 밖에 수련시설의 운영·발전을 위하여 필요하다고 여성가족부장관이 인정하

는 사업

② 시설협회는 법인으로 한다.

③ 시설협회는 그 주된 사무소의 소재지에서 설립등기를 함으로써 성립한다.

④ 국가는 예산의 범위에서 시설협회의 운영경비의 전부 또는 일부를 지원할 수 있다.

⑤ 시설협회는 제1항에 따른 사업의 일부를 대통령령으로 정하는 바에 따라 제41조에 따른 지방청소년수련시설협회에 위탁할 수 있다.

⑥ 시설협회에 관하여는 이 법에서 규정한 것을 제외하고는 「민법」 중 사단법인에 관한 규정을 준용한다.

[전문개정 2014. 1. 21.]

[제39조에서 이동 〈2014. 1. 21.〉]

**제41조(지방청소년수련시설협회)** ① 특정 지역을 활동범위로 하는 수련시설은 시설의 효율적인 운영·발전을 위하여 그 지역을 관할하는 시·도의 조례로 정하는 바에 따라 시·도지사의 승인을 받아 지방청소년수련시설협회를 설치할 수 있다.

② 지방자치단체는 예산의 범위에서 해당 지방청소년수련시설협회의 운영경비의 일부를 지원할 수 있다.

[전문개정 2014. 1. 21.]

[제40조에서 이동 〈2014. 1. 21.〉

**제42조** 삭제 〈2010. 5. 17.〉

**제44조** 삭제 〈2010. 5. 17.〉

**제45조** 삭제 〈2010. 5. 17.〉

**제46조** 삭제 〈2010. 5. 17.〉

**제47조(청소년수련지구의 지정 등)** ① 특별자치시장·특별자치도지사·시장·군수·구청장은 청소년활동을 지원하기 위하여 필요한 경우 명승고적지, 역사유적지 또는 자연경관이 수려한 지역으로서 청소년활동에 적합하고 이용이 편리한 지역을 청소년수련지구(이하 "수련지구"라 한다)로 지정할 수 있다.

② 특별자치시장·특별자치도지사·시장·군수·구청장은 제1항에 따라 수련지구

를 지정하거나 그 지정 내용을 변경하려면 관계 행정기관의 장과 협의하여야 한다. 다만, 대통령령으로 정하는 경미한 사항을 변경하는 경우에는 그러하지 아니하다.

③ 특별자치시장 · 특별자치도지사 · 시장 · 군수 · 구청장은 제1항에 따라 수련지구를 지정하였을 때에는 수련지구의 구역, 면적, 지정 연월일, 그 밖에 필요한 사항을 고시하여야 한다.

④ 수련지구의 지정 절차, 수련지구에 설치하여야 하는 시설의 종류 · 범위 및 면적, 수련지구에 설치할 수 없는 시설 등에 관하여 필요한 사항은 대통령령으로 정한다.

[전문개정 2014. 1. 21.]

**제48조(수련지구조성계획)** ① 특별자치시장 · 특별자치도지사 · 시장 · 군수 · 구청장은 제47조제1항에 따라 수련지구를 지정한 경우에는 수련지구조성계획(이하"조성계획"이라 한다)을 수립 · 시행하여야 한다.

② 법인 또는 단체는 수련지구를 지정한 특별자치시장 · 특별자치도지사 · 시장 · 군수 · 구청장의 승인을 받아 대통령령으로 정하는 규모 이하의 조성계획을 수립 · 시행할 수 있다.

③ 제1항 및 제2항에 따른 조성계획은 자연 상태를 최대한 보존할 수 있도록 수립하여야 한다.

④ 특별자치시장 · 특별자치도지사 · 시장 · 군수 · 구청장은 제1항 및 제2항에 따라 조성계획을 수립하거나 승인하였을 때에는 그 조성계획을 대통령령으로 정하는 바에 따라 고시하여야 한다.

⑤ 국가는 제1항 및 제2항에 따른 조성계획의 시행에 필요한 비용의 일부를 보조할 수 있다.

[전문개정 2014. 1. 21.]

**제49조(둘 이상의 시 · 군 · 구에 걸치는 수련지구의 지정 등)** 특별자치시장 · 특별자치도지사 · 시장 · 군수 · 구청장은 관할지역이 아닌 인근지역을 포함하여 수련지구로 지정하거나 조성계획을 수립 또는 승인하려는 경우에는 해당 인근지역을 관할하는 특별자치시장 · 특별자치도지사 · 시장 · 군수 · 구청장과 협의하여야 한다.

[전문개정 2014. 1. 21.]

**제50조(수용 및 사용)** ① 제11조제1항에 따라 수련시설을 설치하는 국가와 지방자치단체 또는 조성계획의 시행자는 조성계획 시행에 필요한 토지·건축물 또는 그 밖의 토지 정착물이나 이에 대한 소유권 외의 권리를 수용하거나 사용할 수 있다.

② 제1항에 따른 수용 및 사용에 관하여는 「공익사업을 위한 토지 등의 취득 및 보상에 관한 법률」을 적용한다.

[전문개정 2014. 1. 21.]

**제51조(조성계획에 따른 시설 설치 등)** ① 수련지구에 설치하는 수련시설이나 그 밖의 시설은 제48조제1항 및 제2항에 따라 조성계획을 수립한 자가 설치한다. 다만, 조성계획을 수립한 자 외의 자가 그 조성계획을 수립한 자의 승낙을 받은 경우에는 수련지구에 수련시설이나 그 밖의 시설을 설치할 수 있다.

② 제1항에 따라 수련시설이나 그 밖의 시설을 설치하는 자(특별자치시장·특별자치도지사·시장·군수·구청장은 제외한다)는 제11조제3항에 따른 수련시설의 허가를 받은 것으로 본다.

[전문개정 2014. 1. 21.]

**제52조(다른 법률에 따른 인·허가 등의 의제)** ① 제48조제1항 및 제2항에 따라 조성계획을 수립하거나 조성계획의 승인을 받은 경우에는 다음 각 호의 허가·인가·면허·해제·신고 또는 지정을 받은 것으로 본다. 〈개정 2020. 1. 29.〉

1. 「국토의 계획 및 이용에 관한 법률」 제86조 및 제88조에 따른 도시·군계획시설사업 시행자의 지정 및 실시계획의 인가
2. 「수도법」 제52조에 따른 전용상수도 설치의 인가
3. 「하수도법」 제16조에 따른 공공하수도의 공사시행 또는 유지의 허가
4. 「공유수면 관리 및 매립에 관한 법률」 제8조에 따른 공유수면의 점용·사용허가, 같은 법 제17조에 따른 점용·사용 실시계획의 승인 또는 신고, 같은 법 제28조에 따른 공유수면의 매립면허
5. 「하천법」 제30조에 따른 하천의 공사시행 또는 유지·보수의 허가, 같은 법 제

33조에 따른 하천의 점용허가, 같은 법 제50조에 따른 하천수의 사용허가

6. 「도로법」 제36조에 따른 도로의 공사시행 또는 유지의 허가, 같은 법 제61조에 따른 도로의 점용허가

7. 「항만법」 제9조제2항에 따른 항만개발사업 시행의 허가

8. 「사도법」 제4조에 따른 사도의 개설허가

9. 「산지관리법」 제14조 및 제15조에 따른 산지전용허가 및 산지전용신고, 같은 법 제15조의2에 따른 산지일시사용허가 · 신고

10. 「산림보호법」 제9조제1항 및 같은 조 제2항제1호에 따른 산림보호구역(산림유전자원보호구역은 제외한다)에서의 행위의 허가

11. 「농지법」 제34조에 따른 농지전용허가

12. 「초지법」 제23조제2항 및 제3항에 따른 초지전용의 허가 및 신고

13. 「사방사업법」 제14조 및 제20조에 따른 사방지에서의 입목 · 죽의 벌채 등의 허가 및 사방지 지정의 해제

14. 「자연공원법」 제20조 및 제23조에 따른 공원사업 시행 및 공원시설 관리의 허가, 공원구역에서의 행위의 허가

② 특별자치시장 · 특별자치도지사 · 시장 · 군수 · 구청장은 제48조제1항 및 제2항에 따라 조성계획을 수립하거나 승인할 때에는 제1항 각 호에 따른 관계 법령에의 적합 여부에 관하여 미리 소관 행정기관의 장과 협의하여야 한다.

③ 소관 행정기관의 장은 제2항에 따른 협의를 요청받은 날부터 20일 이내에 의견을 제출하여야 한다. 〈신설 2017. 3. 21.〉

④ 소관 행정기관의 장이 제3항에서 정한 기간 내에 의견을 제출하지 아니하면 의견이 없는 것으로 본다. 〈신설 2017. 3. 21.〉

[전문개정 2014. 1. 21.]

## 제5장 청소년교류활동의 지원

**제53조(청소년교류활동의 진흥)** ① 국가 및 지방자치단체는 청소년교류활동 진흥시책

을 개발·시행하여야 한다.

② 국가 및 지방자치단체는 청소년활동시설과 청소년단체 등에 대하여 청소년교류활동을 장려하기 위한 다양한 형태의 청소년교류활동 프로그램을 개발하여 운영하게 할 수 있다.

③ 국가 및 지방자치단체는 예산의 범위에서 제2항에 따른 청소년교류활동 프로그램의 개발·운영에 필요한 경비의 전부 또는 일부를 지원할 수 있다.

[전문개정 2014. 1. 21.]

**제54조(국제청소년교류활동의 지원)** ① 국가 및 지방자치단체는 정부·지방자치단체·국제기구 또는 민간 등이 주관하는 국제청소년교류활동을 지원하기 위한 시행계획을 수립하고 이를 추진하여야 한다.

② 국가는 다른 국가와 청소년교류협정을 체결하여 국제청소년교류활동이 지속적으로 발전할 수 있는 기반을 조성하여야 한다.

③ 국가 및 지방자치단체는 민간기구가 국제청소년교류활동을 시행할 때에는 이를 지원할 수 있다.

**제55조(지방자치단체의 자매도시협정 등)** ① 지방자치단체는 자매도시협정을 체결할 때에는 청소년교류활동에 관한 사항을 포함하도록 노력하여야 한다.

② 지방자치단체는 청소년 교류를 위하여 청소년단체 등 민간기구의 활동을 지원할 수 있다.

[전문개정 2014. 1. 21.]

**제56조(교포청소년교류활동의 지원)** ① 국가 및 지방자치단체는 교포청소년의 모국방문·문화체험 및 국내 청소년과의 청소년교류활동을 지원하고 장려하여야 한다.

② 국가는 청소년단체 또는 「청소년기본법」 제3조제6호에 따른 청소년시설이 주관하는 교포청소년교류활동의 확대·발전을 위하여 행정적·재정적 지원을 할 수 있다.

[전문개정 2014. 1. 21.]

**제57조(청소년교류활동의 사후 지원)** 국가 및 지방자치단체는 청소년교류활동을 통한 성과가 지속되고 발전·향상되기 위한 시책을 마련하여야 한다.

[전문개정 2014. 1. 21.]

**제58조(청소년교류센터의 설치 · 운영)** ① 국가는 제53조부터 제57조까지의 업무를 효율적으로 지원하기 위하여 청소년교류센터를 설치 · 운영할 수 있다.

② 청소년교류센터의 운영은 대통령령으로 정하는 바에 따라 청소년단체 등에 위탁할 수 있으며, 이 경우 운영에 필요한 경비를 지원할 수 있다.

[전문개정 2014. 1. 21.]

**제59조(남 · 북청소년교류활동의 제도적 지원)** ① 국가는 남 · 북청소년 교류에 관한 기본계획을 수립하고, 남 · 북청소년이 교류할 수 있는 제도적 여건을 조성하여야 한다.

② 국가는 남 · 북청소년 교류를 위한 기반을 조성하기 위하여 필요한 체계적인 통일교육을 실시할 수 있다.

[전문개정 2014. 1. 21.]

## 제6장 청소년문화활동의 지원

**제60조(청소년문화활동의 진흥)** ① 국가 및 지방자치단체는 청소년문화활동 프로그램 개발, 문화시설 확충 등 청소년문화활동에 대한 청소년의 참여 기반을 조성하는 시책을 개발 · 시행하여야 한다.

② 국가 및 지방자치단체는 제1항에 따른 시책을 수립 · 시행할 때에는 문화예술관련 단체, 청소년동아리단체, 봉사활동단체 등이 청소년문화활동 진흥에 적극적이고 자발적으로 참여할 수 있도록 하여야 한다.

③ 국가 및 지방자치단체는 제2항에 따른 자발적 참여에 대해서는 예산의 범위에서 그 경비의 전부 또는 일부를 지원할 수 있다.

[전문개정 2014. 1. 21.]

**제61조(청소년문화활동의 기반 구축)** ① 국가 및 지방자치단체는 다양한 영역에서 청소년문화활동이 활성화될 수 있도록 기반을 구축하여야 한다.

② 문화예술 관련 단체 등 각종 지역사회의 문화기관은 청소년문화활동의 기반구

축을 위하여 적극 협력하여야 한다.

[전문개정 2014. 1. 21.]

**제62조(전통문화의 계승)** 국가 및 지방자치단체는 전통문화가 청소년문화활동에 구현될 수 있도록 필요한 시책을 수립·시행하여야 한다.

[전문개정 2014. 1. 21.]

**제63조(청소년축제의 발굴지원)** 국가 및 지방자치단체는 청소년축제를 장려하는 시책을 수립하여 시행하여야 한다.

**제64조(청소년동아리활동의 활성화)** ① 국가 및 지방자치단체는 청소년이 자율적으로 참여하여 조직하고 운영하는 다양한 형태의 동아리활동을 적극 지원하여야 한다.

② 청소년활동시설은 제1항에 따른 동아리활동에 필요한 장소 및 장비 등을 제공하고 지원할 수 있다.

[전문개정 2014. 1. 21.]

**제65조(청소년의 자원봉사활동의 활성화)** 국가 및 지방자치단체는 청소년의 자원봉사활동을 활성화할 수 있는 기반을 조성하여야 한다.

[전문개정 2014. 1. 21.]

## 제7장 보칙

**제66조(조세 감면 등)** ① 국가는 활동진흥원·지방청소년활동진흥센터·청소년활동시설·시설협회 및 지방청소년수련시설협회 등에 대하여 「조세특례제한법」에서 정하는 바에 따라 조세를 감면할 수 있고, 「부가가치세법」에서 정하는 바에 따라 부가가치세를 감면할 수 있다.

② 국가는 활동진흥원·지방청소년활동진흥센터·청소년활동시설·시설협회 및 지방청소년수련시설협회 등에 출연 또는 기부된 재산에 대해서는 「조세특례제한법」에서 정하는 바에 따라 소득 계산의 특례를 적용할 수 있다.

③ 국가는 활동진흥원·지방청소년활동진흥센터·청소년활동시설·시설협회 및 지방청소년수련시설협회가 수입하는 청소년활동에 직접 사용되는 실험·실습·시청

각 기자재 또는 그 밖의 필요한 용품에 대해서는 「관세법」에서 정하는 바에 따라 관세를 감면할 수 있다.

[전문개정 2014. 1. 21.]

**제67조(감독)** ① 국가 및 지방자치단체는 청소년활동 진흥을 위하여 필요한 경우 활동진흥원 · 지방청소년활동진흥센터 · 청소년활동시설 및 숙박형등 청소년수련활동 운영기관의 업무 · 회계 및 재산에 관한 사항을 보고하게 하거나 소속 공무원으로 하여금 그 장부 · 서류 또는 그 밖의 물건을 검사하게 할 수 있다.

② 제1항에 따라 검사를 하는 공무원은 그 권한을 표시하는 증표를 지니고 이를 관계인에게 보여주어야 한다.

[전문개정 2014. 1. 21.]

**제68조(수수료)** 다음 각 호의 어느 하나에 해당하는 자는 여성가족부령으로 정하는 바에 따라 수수료를 내야 한다.

1. 제11조제3항에 따라 수련시설의 설치 · 운영 허가를 신청하는 자
2. 제13조제1항에 따라 수련시설의 등록을 신청하는 자(국가 또는 지방자치단체가 등록하는 경우는 제외한다)
3. 제48조제2항에 따라 조성계획의 승인을 신청하는 자

[전문개정 2014. 1. 21.]

**제69조(권한의 위임 등)** 이 법에 따른 여성가족부장관의 권한은 그 일부를 대통령령으로 정하는 바에 따라 시 · 도지사에게 위임하거나 청소년단체에 위탁할 수 있다.

[전문개정 2014. 1. 21.]

## 제8장 벌칙

**제70조(벌칙)** ① 다음 각 호의 어느 하나에 해당하는 자는 2년 이하의 징역 또는 2천만 원 이하의 벌금에 처한다.

1. 제6조의5제3항을 위반하여 직무상 알게 된 비밀을 누설한 자
2. 제11조제3항에 따른 허가를 받지 아니하고 수련시설을 설치 · 운영하거나 변경

한 자

3. 제22조에 따라 허가 또는 등록의 취소를 받은 자로서 계속하여 해당 수련시설을 운영한 자

4. 제48조제2항에 따른 승인을 받지 아니하고 조성계획을 시행한 자

② 다음 각 호의 어느 하나에 해당하는 자는 1년 이하의 징역 또는 1천만원 이하의 벌금에 처한다.

1. 제9조의6을 위반하여 이 법 또는 다른 법률에 따라 신고·등록·인가·허가를 받지 아니하고 숙박형등 청소년수련활동을 실시한 자

2. 제20조의2에 따른 시설 운영 중지 또는 활동의 중지 명령을 위반한 자

3. 제39조를 위반하여 청소년수련활동을 위탁한 자

[전문개정 2014. 1. 21.]

**제71조(양벌규정)** 법인의 대표자나 법인 또는 개인의 대리인, 사용인, 그 밖의 종업원이 그 법인 또는 개인의 업무에 관하여 제70조의 위반행위를 하면 그 행위자를 벌하는 외에 그 법인 또는 개인에게도 해당 조문의 벌금형을 과(科)한다. 다만, 법인 또는 개인이 그 위반행위를 방지하기 위하여 해당 업무에 관하여 상당한 주의와 감독을 게을리하지 아니한 경우에는 그러하지 아니하다.

[전문개정 2010. 5. 17.]

**제72조(과태료)** ① 다음 각 호의 어느 하나에 해당하는 자에게는 500만원 이하의 과태료를 부과한다.

1. 제6조의8을 위반하여 한국청소년활동진흥원 또는 이와 유사한 명칭을 사용한 자

2. 제67조제1항에 따른 보고를 하지 아니하거나 검사를 거부·방해 또는 기피한 자

② 다음 각 호의 어느 하나에 해당하는 자에게는 300만원 이하의 과태료를 부과한다. 〈개정 2017. 12. 12., 2018. 3. 13.〉

1. 제9조의2제1항을 위반하여 신고를 하지 아니하거나 거짓 또는 그 밖의 부정한 방법으로 신고한 자

2. 제9조의2제4항을 위반하여 청소년수련활동의 모집을 한 자

3. 제9조의3제2항을 위반하여 필요한 의료조치를 하지 아니한 자

4. 제9조의5를 위반하여 표시 또는 고지를 하지 아니한 자

5. 제13조제1항을 위반하여 등록을 하지 아니하고 수련시설을 운영한 자

6. 제14조제1항을 위반하여 운영대표자를 선임하지 아니한 자(제16조제4항에 따라 준용되는 경우를 포함한다)

7. 제18조의2를 위반하여 안전교육을 실시하지 아니한 자

7의2. 제18조의3제3항 후단을 위반하여 자료 제출의 요구에 따르지 아니한 자

7의3. 제19조의2제3항 후단을 위반하여 자료 제출의 요구에 따르지 아니한 자

8. 제20조에 따른 시정명령을 위반한 자

9. 제21조를 위반하여 같은 조 각 호의 행위를 한 자

10. 제25조를 위반하여 보험에 가입하지 아니한 자

11. 제27조제1항에 따른 신고를 하지 아니하고 수련시설을 휴지, 재개 또는 폐지한 자

12. 제38조를 위반하여 인증을 받지 아니하고 인증수련활동이나 청소년수련활동의 인증 등 인증을 받았음을 나타내는 표시를 하거나 이와 유사한 표시를 한 자

③ 제1항 및 제2항에 따른 과태료는 대통령령으로 정하는 바에 따라 여성가족부장관 또는 특별자치시장·특별자치도지사·시장·군수·구청장이 부과·징수한다.
[전문개정 2014. 1. 21.]

## 부칙 〈법률 제17286호, 2020. 5. 19.〉

이 법은 공포 후 6개월이 경과한 날부터 시행한다.

## 참고문헌


강기호, 차호원, 1987. 『집단상담의 이론과 기술』, 교보문고.

강인애, 2003. 우리 시대의 구성주의, 문음사.

강재원, 2017. 구성주의 이론에 입각한 학습자 중심교육에 대한 연구, 현대영미어문학회 학술대회 발표논문집, 122-125.

강지영, 2013. '창의적 체험활동이 사회성에 미치는 영향', 중앙대학교 행정대학원 석사학위 논문.

관계부처 합동, 2010, 『제4차 청소년정책(수정·보완) 기본계획(2008~2012)』, 여성가족부.

관계부처 합동, 2012, 『제5차 청소년정책 기본계획(2013~2017)』, 여성가족부.

관계부처 합동, 2018, 『제6차 청소년정책 기본계획(2018~2022)』, 여성가족부.

교육과학기술부, 2010. 손에 잡히는 창의적 체험활동(초등학교).

교육부, 2014, 학생 안전의식지수 개발보고서, 교육부.

교육부, 2015a. 창의적 체험활동(안전한 생활 포함) 교육과정, 교육부 고시 제2015-74호 [별책 42].

교육부, 2015b, 초·중등학교 교육과정 총론, 교육부 고시 2015-80호 [별책1](교육부고시 제2015-74호의 부칙개정).

교육부, 2015c. 학생의 꿈과 끼를 키워 행복교육을 실현하는 중학교 자유학기제 시행 계획(안).

교육부, 2016. 2015 개정 교육과정 총론 해설: 초등학교.

교육부, 2017. 2015 개정 교육과정 총론 해설: 중학교.

교육부, 2019, 2019 초·중등 진로교육 현황조사 결과 발표, 교육부.

교육부, 2020, 학교혁신정책과, 교육부.

교육부, https://moe.go.kr/main.do.

교육인적자원부, 1999. 초등학교 교육과정 해설(Ⅱ), 대한교과서주식회사.

권미정, 2020, 뷰티 유튜브 채널 구독 이용 동기가 이용 만족도에 미치는 영향: 영상 길이에 따른 조절효과 및 채널 구독 특성에 따른 매개변수 분석. 박사학위논문, 단국대학교 대학원.

권일남, 1998. "청소년지도의 학문적 방향정립 가능성에 대한 연구". 한국청소년 연구, 28.

권일남, 2007. 『청소년활동지도론』, 학지사.

권일남, 2008. 『청소년활동지도론』, 학지사.

권일남, 2011. 청소년활동 개념 재정립에 관한 연구, 한국청소년정책연구원.

권일남, 2016. 청소년정책의 지속적 성과를 이룰 청소년단체의 새로운 출구전략, 「한국청소년활동연구」, 2(2), 43-73.
권일남, 2018. 『청소년복지론(2판)』, 공동체.
권일남, 김영철, 2006. 청소년수련활동 프로그램의 효과에 관한 연구: 청소년의 적응 유연성을 중심으로, 청소년시설환경, 4(2), 33-43.
권일남, 김진호, 정철상, 2003. 『청소년활동지도론』, 학지사.
권일남, 오해섭, 이교봉, 2011. 『청소년활동론』, 공동체.
권일남, 오해섭, 이교봉, 2020. 『청소년활동론』, 공동체.
권일남, 전명순, 김태균, 김정율, 2016, 청소년프로그램 개발과 평가, 창지사
권일남, 정철상, 김진호, 김영철 공저, 2008, 『청소년활동지도론』, 학지사.
권일남, 최창욱, 2011. 한국청소년정책연구원, 연구보고(수시과제) 11-R16.
김경준, 모상현, 서정아, 김호순, 2010. "국내 우수 청소년활동프로그램", 한국청소년정책연구원, 여성가족부.
김경하, 조용하, 2006. "청소년활동 프로그램 평가시스템 개발 및 운영방안연구", 한국청소년개발편.
김경화, 2012, 대학생의 진로역량 개발을 위한 교육요구도 분석, 청소년학연구, 19(6), 359-379.
김경희, 1999. 『발달심리학: 생애발달』, 학문사.
김광웅, 이종원, 천정웅, 이용교, 길은배, 전명기 외, 2009. 『한국 청소년정책 20년사-한청소년정책의 성과와 전망』, 한국청소년정책연구원.
김기헌, 최정원, 변금선, 이종원, 이민정, 정지희, 2019. "청소년정책 재구조화 방안연구", 『한국청소년정책연구원 연구보고서』, 1-554.
김년수, 2005. 중학생 수련활동 운영실체와 참여 학생의 만족도, 경남대학교 석사학위논문.
김대환, 2014, 국가의 국민안전보장의무, 공법학연구, 15(3), 3-41.
김동찬, 2018, 청소년들의 세상, 디지털을 중심으로 움직이다, 여성우리(60), 10-13.
김명순, 2018, 4차 산업혁명의 사회적 변화에서 아동과 아동학의 방향, 한국아동학회 학술발표논문집, 11-43.
김문수, 2017. 청소년활동 안전사고에 대한 청소년지도자의 의식과 책임에 관한 연구, 중앙대학교 대학원 석사학위논문.
김문수, 지영섭, 2021. 청소년안전사고 판례를 통해 본 청소년지도자의 법적 책임, 한국청소년정책연구원, 32(2), 61-89.
김민, 2010, 청소년활동 및 청소년체험(수련)활동 개념에 대한 문화론적 비판, 한국청소년정책연구원 세미나자료집: 청소년 체험활동 개념정립을 위한 세미나(세미나자료집

10-S22), 126-141.

김소희, 권일남, 2008. 청소년수련활동 체험이 생활효과성에 미치는 영향, 미래청 소년학회지, 5(3), 155-176.

김양은, 2016, <소셜 미디어 리터러시>, 서울: 커뮤니케이션북스.

김영순, 오영훈, 김미라, 2012. 창의적 체험활동 운영 실태에 관한 연구, 열린교육연구, 20(2), 285-304.

김영인, 2007. 청소년의 대한민국청소년의회 참여경험과 시민성 변화, 청소년학연구, 14(6), 99-127.

김영희, 2006, 학교안전사고에 대한 교원의 법적 책임, 전남대학교 대학원 석사학위 청구논문.

김우리, 박영희, 김정섭, 2014, 중학생의 기본심리욕구, 자아정체감, 진로정체감, 간의 구조적 관계, 교육심리연구, 28(2), 333-352.

김윤나, 박옥식, 2009, 청소년활동의 효과에 관한 비교분석-자아존중감, 직업성숙도, 학업성취, 생활만족도, 스트레스, 비행과의 관계를 중심으로, 청소년복지연구, 11(1), 79-99.

김윤나, 정건희, 진은설, 오세비, 2019. 『청소년활동론』, 신정.

김재건, 2007. Vygotsky의 인지 발달 이론의 초등 국어 교육에의 시사, 학국국제경상교육학회, 4(1), 123-144.

김정국, 2002. 청소년수련활동의 만족도와 성취도에 관한 연구, 대진대학교 박사학위논문.

김정옥, 2004, 청소년수련활동 활성화를 위한 청소년지도사의 전문성 강화방안 연구, 성산효도대학교 대학원 석사학위논문.

김지경, 이윤주, 이민정, 2018, 20대 청년 심리정서 문제 및 대응방안 연구, 한국청소년정책연구원 연구보고서, 1-137.

김진호, 2008, 청소년활동프로그램 참여자의 몰입경험 결정요인 구조분석, 미래청소년학회, 5(4), 1-25.

김진호, 권일남, 이광호, 최창욱, 2008. 『청소년활동론』, 한국방송통신대학교출판부.

김진호, 권일남, 이광호, 최창욱, 2009. 『청소년활동론』, 한국방송통신대학교출판부.

김진호, 권일남, 이광호, 최창욱, 2020, 『청소년활동론』, 한국방송통신대학교출판문화원.

김진화, 2002, 청소년지도사의 전문성과 자격검정제도에 관한 연구, 명지대학교 대학원 박사학위논문.

김진화, 2004. 청소년지도방법의 이해, 청소년지도방법론, 한국청소년개발원편, 교육과학사.

김창대, 2002. 몰입(Flow) 이론을 적용한 직업상담모형, 청소년상담연구. 10(1), 5-30.

김창현. 김정현, 김영숙, 2016. 『청소년활동론』. 동문사.

김창환, 김본영, 박종효, 이광현, 채재은, 2014, 한국의 교육지표 지수 개발 연구(Ⅲ): 대학생

역량지수 개발 연구, 서울: 한국교육개발원.

김현철, 임희진, 정효진, 민경석, 안지선, 김신경, 2013, 국가 청소년활동정책 체계화 연구, 한국청소년정책연구원 연구보고서, 1-343.

김현철, 최창욱, 민경석, 2010, 초중고 창의적 체험활동과 청소년활동정책의 연계방안연구, 한국청소년정책연구원, 1-183.

김형주, 2016. "청소년수련시설의 역할에 대한 청소년 인식과 정책적 함의", 미래청소년학회지, 13: 105-133./

김호순, 2004. 청소년수련활동에서 체육활동의 정체성 및 활성화방안 연구, 청소년시설환경, 2(1), 76-92.

나일주, 2010. 교육공학 관련이론(개정판), 교육과학사.

남수정, 2011. 고교생의 진로교육의 현황 및 진로교육역량과 관계 연구, 청소년연구, 18(11), 283-304.

노은정, 2021, 청소년의 온라인활동이 사회적지지에 미치는 영향 명지대학교 사회교육대학원 석사학위논문.

노지혜, 2018, 학교 밖 청소년의 진로 관련 변인 분석, 중앙대학교 대학원 석사학위논문.

농촌진흥청, 2017, 2018년도 한국4-H활동 지원 기본시책.

다음백과, www.daum.net.

다함께돌봄 홈페이지, https://dadol.or.kr.

도종수, 성준모, 2015. 청소년활동 경험이 사회성 발달에 미치는 영향, 청소년복지연구, 15(2), 145-122.

맹영임, 길은배, 전명기, 2010. "청소년시설 지도인력의 역량 강화 및 복지개선 방안 연구", 한국청소년정책연구원, 1-381.

문기섭, 장영철, 2014. 안전분위기 구성요소에 관한 실증적 연구, 노동정책연구, 14(1), 131-154.

문성호, 문호영, 2010. 청소년활동의 참여실태, 만족도 및 영역별 효과성, 청소년복지연구, 12(2), 95-122.

문성호, 박승곤, 윤동엽, 정지윤, 2016. 청소년진로활동의 실태와 프로그램분석, 청소년복지연구.

문성호, 윤동엽, 박승곤, 정지윤, 2016. 청소년활동 영역의 재정립에 관한 연구, 미래청소학회지, 13, 1-23.

문화관광부, 1997. 『청소년백서 1997』, 문화체육부.

문화관광부, 1998. 『제2차 청소년육성5개년계획』, 문화관광부.

문화관광부, 2000. 『청소년육성5개년계획 2000년도 시행계획』, 문화관광부.

문화체육부, 1993. 『청소년백서 1993』, 문화체육부.

민수빈, 2017. 진로탐색활동이 학생의 창의성에 미치는 영향에 관한 종단 분석, 중앙대학교 대학원 석사학위논문

박가나, 2009. 청소년 참여활동이 공동체의식에 미치는 효과, 청소년학연구, 16(10), 273-306.

박경미, 박한솔, 최연정, 2020. 청소년활동의 효과에 대한 유형화 분석, 한국청소년활동연구, 6(4), 95-121.

박동, 2021. "학교 밖 청소년을 위한 진로교육의 역할과 과제", 한국진로교육학회 학술대회지, 5, 113-120.

박병기, 2003. 장이론의 발전과정 및 내용이 교육학에 던지는 도전적 과제들, 교육원리연구,(1), 165-205.

박선영, 2020. 포스트 코로나19시대 청소년활동과 청소년정책의 과제, 한국청소년활동연구, 6(4), 173-194./

박은희, 2021. 미발표논문.

박재숙, 2011. 초기 청소년의 온, 오프라인 참여활동이 삶의 만족도에 미치는 영향: 공동체의식의 매개효과를 중심으로, 청소년복지연구, 13(4), 47-69.

박재향, 2002, 학교안전사고와 교사의 책임 한계, 동아대학교 대학원 석사학위 청구논문.

박정배, 송병국, 2011. 청소년활동몰입 관련요인에 대한 구조분석. 한국청소년연구, 22(4), 187-213.

배규환 외, 2007. 『청소년학개론』, 교육과학사.

배상률, 박남수, 고은혜, 2017, 한국청소년정책연구원 연구보고서

백경민, 유미현, 강혜연, 조문석, 2020, 사회적 관계가 게임 이용 행태에 미치는 영향: 게임선용 정도와 게임 과몰입을 중심으로. 한국콘텐츠학회논문지, 20(4), 77-85.

백종헌, 2005. 청소년 복지증진을 위한 청소년 수련시설 만족도에 관한 연구: 고양시 청소년 수련관을 중심으로, 서강대학교 석사학위논문.

백혜련 외, 2015. 학교 밖 청소년 지원 정책 체계화 방안 연구, 한국청소년정책연구원, 1-310.

법제처, 2021, 청소년보호법.

법제처, 2021. 청소년기본법.

법제처, 2021. 청소년활동진흥법.

변영계, 1998. 『교수 학습의 이론의 이해』, 학지사.

보건복지가족부, 2008, 『2008 아동·청소년백서』, 보건복지가족부.

보건복지가족부, 2009. 『아동·청소년백서』, 보건복지가족부.

서경선, 조고미, 2019), 청소년의 뷰티관련 유튜브 이용동기, 자아존중감, 또래관계와의 연관

성 연구. 한국디자인문화학회지. 25(4),271-282.

서연, 2021. 미발표논문.

서우석, 2017, 4차 산업혁명과 진로교육: 실과교육에 주는 함의, 한국실과교육학회 동계 학술대회논문집, 23-75.

서우석, 2018, 한·일 초등학교 진로교육 비교 연구, 실과교육연구, 24(1), 195-218.

서우석, 2020, 중학생의 진로개발역량과 진로교육 경험, 부모지지 및 자기주도 학습간의 구조적 관계, 26(4), 645-669.

서진원, 2005. 학교교육방법의 핵심장치로서의 학교도서관에 관한 연구 - 구성 주의교수-학습이론을 중심으로-한국문헌정보학회지, 39(4):163-175.

선곡유화, 서우석, 2020. 중학생의 진로개발역량과 진로교육 경험, 부모지지 및 자기주도 학습 간의 구조적 관계, 교육문화연구, 26(4), 645-669.

성병창, 이상철, 2019. "혁신교육지구 운영에 대한 학교 구성원의 인식 연구",수산해양교육연구, 31(4).

송병국, 최창욱, 조혜영, 오민아, 2017, 청소년의 휴대전화 의존도가 학교생활적응에 미치는 영향: 또래애착과 자아인식의 매개효과. 청소년학연구, 24(7), 303-331.

쉬징보, 2021. 미발표논문.

신선미, 2013, 프랑스의 청소년활동정책, 한국청소년정책연구원 세미나자료집: 독일·프랑스·덴마크의 청소년활동정책 현황과 과제(세미나자료집 13-S29S), 33-65.

신성철, 정희정 이지복, 조민식, 김정일, 김동주, 이동성, 김윤배, 2020. 『청소년활동론』, 정민사.

신성철, 정희정, 이지복, 조민식, 김정일, 김동주, 이동성, 김윤배, 2020. 『청소년활동론』, 정민사.

신성희, 2021. 미발표논문.

안병욱, 2020. 청소년 활동 참여에 영향을 미치는 지역사회 요인에 관한 연구, 인천대학교 정책대학원 사회복지학과.

안소진, 김용찬, 2020. 한국 10대 청소년 유튜버(You Tuber): 제작자로서의 능동적 이용자 개념 연구, 한국언론학보, 64(6), 275-318.

안정선, 조성우, 2010. "교과과정 개선을 위한 학교사회복지사 직무분석", 학교사회복지, 19, 1-35.

안정선, 진혜경, 윤철수, 2006. "학교사회복지사의 직무분석과 직무표준안 개발", 한국아동복지학, 21, 147-179.

양혜인, 2004. 수련활동이 청소년의 생활효율성에 미치는 영향, 명지대학교 석사학위논문.

여성가족부, 2015. 청소년수련시설 관리·운영 지침, 여성가족부.

여성가족부, 2018. 제6차 청소년정책 기본계획.

여성가족부, 2020. 『2019 청소년백서』, 여성가족부.

여성가족부, 2020. 『2020 청소년백서』, 여성가족부.

여성가족부, 2020. 『2020 청소년통계』, 여성가족부.

여성가족부, 2021. 여성가족부 조직 및 기능. http://mogef.go.kr.

여성가족부, 한국청소년정책연구원, 2019. 『청소년안전망의 새로운 변화 모색 제20회 청소년정책포럼』.

오윤주, 2019. 디지털 시대 청소년 학습자의 서사 경험 변모 양상 및 서사 교육 내용 연구, 167(0), 157-188./

오재호, 2020. 코로나19가 앞당긴 미래, 교육하는 시대에서 학습하는 시대로, 이슈&진단, 1-2.

오치선, 2000, 『청소년지도방법론』, 학지사.

오치선, 김성이, 조아미, 김호영, 박명윤, 김현주, 김문섭, 조영승, 천정웅, 권이종, 권일남, 최충옥, 임영식, 한상철, 설인자, 최윤진, 이용교, 남상인, 박진규, 김정주, 1999. 『청소년학총론』, 양서원.

오해섭, 2002, 『교육학개론』, 학지사.

유성렬, 2011. '역량의 개념정립과 역량 개발로써의 청소년활동',2011년 미래를 여는 청소년학회 춘계학술대회 자료집, 1-16.

유예주, 2021. 미발표논문.

유제순, 2019. 창의적 체험활동의 발전을 위한 일고(一考), 교육문화연구, 25(5), 129-150.

유진이, 2003. "청소년수련관 공간 분석을 통한 시설개선방안에 관한 연구", 한국청소년개발원.

윤세민, 김선남, 2016 창의적 체험활동 프로그램 운영의 장애요인에 관한 연구, 한국출판학연구, 42, 87-111.

윤은종, 2003. 청소년수련활동의 효과분석: 활동 만족도와 인식된 자기변화에 초점, 중앙대학교 박사학위논문.

윤지온, 강영배, 2014, 예술치료프로그램을 통한 청소년 진로결정 자기효능감 증진연구, 청소년문화포럼, 3(-), 33-69.

이광호, 2005. 청소년수련활동인증제 도입·시행의 교육적 의의에 관한 연구: 미국 ACA, NAA 인증제도와의 비교를 중심으로, 청소년시설환경, 3(1), 39-54.

이광호, 강수연, 2018, 4차 산업혁명시대의 혁신 속성 및 새로운 청소년활동정책의 기조와 과제.

이기호, 2005. 학교안전사고에 대한 법적 책임과 대법원 판례의 경향 연구, 한국교원대학교 대학원 석사학위 청구논문.

이무근, 2004. 『진로와 직업』, 교학사.

이무진, 2018. 청소년 진로활동이 사회적 자본 형성에 미치는 영향, 광운대학교 상담복지대학원 석사학위논문.

이배근, 정하성, 2009. 변화하는 사회의 청소년지도자의 역할과 기능강화 전략, 청소년학연구, 16(4), 215-238.

이설영, 2008, 학교안전사고의 판례 분석을 통한 교원의 법적 책임연구, 부산교육대학교 대학원 석사학위 청구논문.

이수용, 2017. "청소년 활동시설 운영의 중요성공요인에 관한 AHP연구", 중앙대학교 사회개발대학원.

이승미, 이수정, 정영근, 2020. 창의적 체험활동에서 편성·운영되는 다양한 교육활동의 실태 및 개선방향 탐색, 교육연구논총, 41(2), 53-80.

이영순, 정봉희, 조혜경, 2007. 청소년상담사의 직무만족도에 따른 직무특성 분석, 교육실천연구, 6(2), 67-86.

이용교, 1995, 『한국청소년정책론』, 인간과 복지.

이용교, 이중섭, 2010. 청소년의 사회참여활동이 시민성에 영향을 미치는 경로: 사회참여의식, 사회적 신뢰, 친사회성의 매개효과를 중심으로, 청소년학연구, 17(2), 203-232.

이윤지, 2021. 미발표논문.

이재경, 2006, "사회학습이론에 근거한 청소년 음주 행위영향 요인 간의 관계", 중앙대학교 석사학위논문.

이정림, 조영아, 2017. "고졸검정고시를 준비하는 학교 밖 청소년드링 지각한 사회적 지지와 진료장벽의 관계: 소외감의 매개효과", 한국산학기술학회논문지, 18(6), 90-102.

이지연, 2009. "지역사회 중심 청소년 복지 욕구에 관한 연구: 인천광연시 부평구 중심으로", 중앙대학교 사회개발대학원 석사학위논문.

이창숙, 2021. 학교 내 복지 전문 인력의 직무특성과 사례관리수행에 관한 연구-학교사회복지사와 교육복지사 비교를 중심으로, 53, 81-106.

이해주 외, 2009. 『평생교육 프로그램 개발』, 한국방송통신대학교출판부.

이현림, 김영숙, 2006. 『인간발달과 교육』, 교육과학사.

이혜경, 권오영, 이양, 2002. 인지발달에 대한 삐아제 이론과 비고츠키 이론의 비교, 회과학연구, 20(1), 5-18.

이혜란, 2010. 학교안전사고 판례분석: 대법원판례와 교원소청심사결정례를 중심으로, 광주교육대학교 대학원 석사학위 청구논문.

이희도 외, 1996. 『수업의 이론과 실제』, 중앙적성출판사.

임경화, 2020. 포스트 코로나 시대, 온라인 플랫폼을 활용한 공학 교육의 활성화, 기계저널, 60(7), 26-31.

장미, 2011, 청소년지도자 직무역량 척도개발에 관한 연구, 청소년문화포럼, 28, 114-144.

장상호, 2004. 학문과 교육(하), 서울대학교 출판부.

장상호, 2006. 학문과 교육(중), 서울대학교 출판부.

장선희, 송은경, 2002. 중·고등학교 음악교사의 직무만족도에 관한 조사연구, 교과교육학연구, 6(1), 63-95.

장성철, 2021. 미발표논문.

장수한, 2014, 『청소년활동론』, 양서원.

장영수, 2012. 공무원의 정치적 기본권 보장 범위의 확대화 그 전제조건, 안암법학, 37, 1-26.

장윤재, 2020. 오락, 편의, 정보추구를 위한 스마트폰 이용이 학업적응에 미치는 영향: 주의집중과 친구관계의 매개효과. 한국청소년연구. 31(2), 321-342.

장재현, 2018. 청소년의 사회적 지지와 지역사회환경이 주관적 안녕감에 미치는 영향, 부산대학교 박사과정.

장희선, 2019. 일반계 고등학생의 진로역량 잠재전이분석과 진로교육 및 활동의 영향요인 분석, 교육심리연구, 33(4), 603-628.

전광석, 2015. 憲法學者 金箕範, 법학연구, 25(1), 251-299.

전동만, 2021. 미발표논문.

전명기, 2006.'청소년활동론 정립을 위한 시론', 미래청소년학회지, 3(2), 89-118.

전명기, 2010. 청소년활동의 재개념화(청소년육성에서 창의적 체험활동까지), 한국청소년정책연구원 세미나자료집: 청소년 체험활동 개념정립을 위한 세미나(세미나자료집 10-S22), 41-60.

전명순, 2017. 중학생의 진로활동을 위한 자아역량 프로그램 제안, 한국청소년활동학회, 3(1), 1-27.

전명순, 2018. 청소년수련활동인증제의 인증기준(공통영역) 분석과 개선방안, 한국청소년활동연구, 4(2), 77-104.

정건희, 2020. 『청소년활동론』, 어가.

정군식, 2010. "국립청소년시설 성책의 바람직한 방향", 한국청소년시설환경학회 국제심포지엄, 11-22.

정영신, 2003. 학교안전사고에 대한 교원의 법적 책임 연구, 한남대학교 대학원 석사학위 청구논문.

정옥분, 2000.『청년발달의 이해』, 학지사.

정윤경, 2011. "창의적 체험활동"에 관한 이론적 고찰-체험 활동의 교육적 가치를 중심으로,

한국교육학연구, 73-95.

정재우, 2020. “포용국가 실현의 첫걸음, 청소년안전망, 새로운 시작과 지역사회의 책무”, 『경사연리포트』, 17.

정치학대사전편찬위원회, 2021, 21세기 정치학대사전, http://terms.naver.com.

정형원, 이대응, 2008. 최근 구성주의 학습이론 중심의 교육용게임의 이론적 배경고찰,(사)한국컴퓨터게임학회, 14(0), 149-158.

정혜숙, 문유경, 최윤정, 권소영, 이현주, 2015. 진로교육 및 청소년 진로체험활동 특정성별영향분석평가, 여성가족부.

정혜욱, 2020. 코로나19로 인한 온라인 개학:실태조사와 청소년의 심리적 건강에 미친 영향 연구

조 희, 1999. “한국 대학생의 음주 행위 예측 모형 구축”, 연세대학교 대학원 박사학위논문.

조난심, 김성열, 박순경, 이광우, 이미숙, 정영근, 김진숙, 민용성, 이근호, 백경선, 김경자, 이원희, 소경희, 강현석, 홍후조, 김재춘, 이용순, 전성은, 이승미, 김동원, 권영민, 2010. 2009 개정 초·중등학교 교육과정(총론) 시안 개발 연구, 한국교육과정평가원연구보고.

조미영, 권일남, 2011. 경험학습 모형에 따른 청소년활동의 경로분석. 한국청소년연구, 22(4);91-114.

조민식, 2017. 청소년 온라인 게임문화에 관한 고찰: 상호작용성을 기준으로 한 문화파동을 중심으로, 한국융합인문학, 5:1, 85-105.

조아미, 이진숙, 강영배, 2016. 청소년지도자의 청소년활동 안전의식 평가척도 개발, 청소년복지연구, 18(3), 151-170.

조영승, 1998, 청소년정책; 청소년육성법론 연구를 위한 서설-청소년육성법론의 의미와 연구방법, 한국청소년학회, 5(3), 197-230.

조용하, 2004. 『청소년수련활동론』, 동문사.

조혜영, 2018, “한국의 청소년정책 중장기계획 변화 동향 분석과 과제”, 『인문사회 21』, 9(5), 1125-1140.

주석진, 진혜경, 조성심, 박경현, 2019. 학교사회복지사의 직무능력표준 개발을 위한 탐색적 연구, 학교사회복지, 47, 23-62.

진은설, 임영식, 2008. 자기효능감, 또래영향, 부모모니터링이 친사회적 행동에 미치는 영향: 청소년활동의 매개효과를 중심으로, 미래를 여는 청소년확회, 5(4), 27-47.

차갑부, 1993. 『성인교육방법론』, 양서원.

청소년백서, 2018 여성가족부.

청소년백서, 2020. 여성가족부.

청소년활동서비스, 2021. e청소년홈페이지(www.youth.go.kr).

체육부, 1989, 『청소년백서 1989』, 서울: 체육부.

체육청소년부, 1991, 『청소년백서 1991』, 서울: 체육청소년부.

최경옥, 2017, 지역사회 청소년활동 참여와 학교생활적응의 관계에서 자기효능감의 매개효과, 청소년복지연구, 19(3), 231-261.

최상근, 양순경, 남기곤, 권경림, 연보라, 2010, 학업중단위기 학생의 실태와 지원 방안 연구, 한국교육개발원 연구보고 RR 2010-12, 1-534, 서울 한국교육개발원.

최순여, 2021. 미발표논문.

최인수, 전대욱, 2014. 지역공동체 활성화를 위한 선진형 행.재정적 지원체계 연구, 한국지방행정연구원.

최인재, 2019. "지역사회 네트워크를 활용한 청소년 성장지원 정책 추진체계 구축방안 연구Ⅰ", 『한국청소년정책연구원 연구보고』, 19-R13.

최일섭, 이현주, 2006, 『지역사회복지론』, 서울대학교출판부.

최지혜, 2017, 20대의 자아존중감과 SNS 활동 특성, <KSIDT STAT REPORT>, 17(3), 1-10.

최창욱, 김정주, 송병국, 2005. 청소년 동아리활동이 리더십생활기술에 미치는 영향, 미래청소년학회지, 2(2), 57-76.

최창욱, 좌동훈, 이종원, 남화성, 정지희, 2020, "청소년지도자 양성시스템 재구축방안연구Ⅱ: 청소년상담사를 심으로. 한국청소년정책연구원.

최형임, 이재성, 문영경, 2012. 청소년의 동아리활동 만족도가 학교생활적응에 미치는 영향: 자아탄력성의 매개효과, 미래청소년학회지, 9(1).

최혜림, 홍혜인, 김훈호, 2019. 창의적 체험활동 운영에 영향을 미치는 학교 요인 분석-고등학교 동아리 활동을 중심으로, 교육연구, 33(2), 95-125.

최혜영, 2021. 미발표논문.

한국4-H, 2018. 4-H회원 활동실태 및 의식조사.

한국4-H본부, 2007. 한국4-H 40년사.

한국산업안전관리공단, 1999. 안전문화 정착 및 활성화방안 연구, 한국산업안전관리공단.

한국산업안전보건공단, 2003. 학교 안전교육 실태 분석을 통한 안전교육 개선 방향, 안전보건공단.

한국청소년개발원, 1994. 『집단지도론』, 삼진기획.

한국청소년개발원, 1997. 『프로그램의 개발과 운영』, 인간과 복지.

한국청소년개발원, 2006. 『청소년지도방법론』, 교육과학사.

한국청소년개발원, 2013. 『청소년 프로그램 개발 및 평가론』, 교육과학사.

한국청소년정책연구원 역음, 2007. 『청소년학개론』, 교육과학사.
한국청소년정책연구원, 2009. 2009 한국 아동 · 청소년 온라인게임 및 가족여가활동실태조사.
한국청소년정책연구원, 2011. 『청소년수련활동론』, 교육과학사.
한국청소년정책연구원, 2019. 한국 아동 · 청소년 패널조사X: 데이터분석보고서-청소년 생활시간 유형.
한국청소년활동진흥원, 2016. 청소년수련활동 안전종합메뉴얼, 여성가족부.
한국청소년활동진흥원, 2021. "2020 청소년프로그램 공모사업"
한국청소년활동진흥원, 2021. 한국청소년활동진흥원홈페이지(www.kywa.or.kr).
한국학교사회복지사협회, https://www.kassw.or.kr
한상철 외, 2004. 『청소년학: 청소년이해와 지도』, 학지사.
한상철, 2008. 『청소년학』, 학지사.
한상철, 2008. 청소년지도 프로그램 평가모형 개발에 관한 이론적 고찰, 청소년학연구, 5(1), 53-76.
한상철, 권두승, 방희정, 설인자, 김혜원, 2001, 『청소년지도론』, 학지사.
한정훈, 2007. 학교안전사고의 법적 책임과 분쟁해결 방안 연구, 인천대학교 대학원 석사학위 청구논문.
허철수, 강옥련, 2010. 동아리활동 참여 청소년과 미참여 청소년의 자기효능감 비교, 청소년복지연구, 12(3), 25-46.
황윤미, 2010.'청소년활동 프로그램의 참여경험과 학교생활 적응에 관한 연구', 동아대학교 대학원 석사학위논문.
황진구, 허효주, 안현미, 2013. 청소년의 체험활동 참여변화와 자아인식·사회적 발달, 한국청소년정책연구원 연구보고서, 1-128.

EBS, 2016, 교육대토론 4차산업혁명 미래교육방향(특집대담프로그램).
Ginzberg, E, 1984, *Career development, Career choice and development: Applying contemporary theories to practice*, 169-191.
National 4-H Council, 2008, S*tep Up to Leadership ; My Leadership Journal for Grade* 6-8.
Rychen, D. S, Salganik, L. H, 2001, *Definition and selecting key compentencies*, Germany: Horefe & Huber.
Super, D. E, 1980, A life-span, life-space approach to career development, *Journal of Vocational Behavior*, 16(3), 282-298.

# 찾아보기

## 인명

## 단어

### ㅇ



### ㅈ

## ▶▶▶ ㅎ

# 저자소개

## 전동만

전) 부산예술대학교 강사
영산대학교 원격평생교육원 강사
가정폭력피해자보호시설 법인사무국장
한국아동학대예방협회 김해지회장
현) 한국사회복지학교 시설장

## 장수한

전) 부산광역시 청소년종합상담실 상담부장
김해시 종합사회복지관 관장
현) 김해시 건강가정·다문화가족지원센터 센터장
인제대학교 사회복지학과 교수

# 청소년활동론

1판 1쇄 발행 2021년 8월 25일
1판 2쇄 발행 2023년 2월 5일

지 은 이 | 전동만, 장수한
발 행 인 | 박철용
발 행 처 | 양서원
주 소 | 경기도 파주시 직지길 522 파주출판도시
전 화 | 031-955-8000(代)
팩 스 | 031-955-8005
홈페이지 | www.yswpub.co.kr
이 메 일 | ysworoup@naver.com
출판등록 | 1987년 11월 24일 제 406-2003-037 호

ISBN 978-89 994-1179-3

정가 20,000원